따라만 하면 달인이 되는

황은경 약사의 나의 복약지도 노트

황은경 약사의
나의 복약지도 노트

초판인쇄 1쇄	2014년 10월 28일
초판발행 1쇄	2014년 11월 1일
초판인쇄 2쇄	2014년 11월 12일
초판인쇄 3쇄	2015년 1월 9일
초판인쇄 4쇄	2015년 8월 10일
초판인쇄 5쇄	2016년 10월 31일
초판인쇄 6쇄	2017년 10월 13일
초판인쇄 7쇄	2022년 8월 22일
초판인쇄 8쇄	2022년 11월 28일
초판인쇄 9쇄	2024년 2월 1일

지은이　황은경
펴낸이　정동명
펴낸곳　(주)동명북미디어 도서출판 정다와
주　소　경기도 과천시 뒷골1로 6 용마라이프 B동 2층
전　화　02)3481-6801
팩　스　02)6499-2082
홈페이지　www.dmbook.co.kr / www.kmpnews.co.kr
디자인　김희선
교　열　정지은
인쇄소　(주)재능인쇄

출판신고번호　2008-000161
ISBN　978-89-6991-003-5
정가　19,000원

더 나은 약국서비스 위해
실험하고 변화한 결과물

IMF 다음해인 1999년 나의 첫 약국인 오거리약국을 개국하였다.

"경기가 이렇게 나쁜데 약국을 열어서 어쩔려고?"란 우려 가득한 시선 속에 시작하였다.

다음해인 2000년 의약분업이 시작되었고 한두 해 동안은 의약분업에서 살아남기 위해 조제부분에만 신경을 바짝 썼다. 이후 약국 경기가 매년 나빠져 항상 작년보다 못하다고 생각하며 지냈다.

약학대학 재학 시절엔 졸업 후 약국을 하리란 생각을 못하고 내가 하고 싶은 일만 하면서 지냈다. 그러나 막상 개국을 하고 보니 참 아쉽고 부족한 부분이 하나 둘이 아니었다.

뭔가 물어보고 싶은 일이 있어도 어디에, 누구한테 물어야 할지 알 수 없었고, 지금처럼 약사교육이 활성화되지 못하던 때라 계속되는 실수 속에서 좌충우돌하면서 약국을 겨우겨우 운영하였다고 생각된다.

그때 그래도 의지를 하였던 책이 온누리약국체인에서 출간한 박영순 회장님의 약국경영에 관한 책이었다. 온누리 체인에 가입하지 않았던 나는 다른 약사님의 책을 복사해서 책이 다 닳을 때까지 읽고 또 읽었던 기억이 난다.

처음 약국 문을 열 때 '사하구의 랜드마크 오거리약국이 되자'는 명제 하나만을 가슴에 품고 출발했다. 그리고 지난 15년을 뒤 돌아볼 사이도 없이 치열하게 지내왔다.

아직은 오거리약국의 위치가 처음 마음먹은 것의 절반에도 미치지 못하지만 많은 환자나 고객들이 "약사의 설명이 친절하고 정확해서 온다"는 말씀을 하실 때 더욱 열심히 해야겠다는 사명감을 느끼게 되었다.

이번에 발간되는 책은 복약지도나 약국경영의 완성본이 절대 아니다.

한 개인약국에서 좀 더 나은 약국 서비스를 위해서 실험하고 변화한 결과를 많은 약사들이 공유하고 함께 적용해 보고자 비즈앤이슈 파머시에 연재했던 글을 모은 것뿐이다.

그래서 내용이 지금 이 책을 읽고 있는 약사님 약국의 사정과 다소 다를 수도 있고, 약국에 적용하기가 힘들지도 모른다고 생각된다. 그러나 아무것도 없는 상태에서 창조하는 것보다 무언가 희미하고 잘못된 그림이라도 보고 생각하며 변화하는 것이 훨씬 쉬울 수 있기 때문에 미완성인 글을 감히 책으로 묶을 욕심을 내어본다.

지난 4년 동안 계속해서 이 글을 쓸 수 있도록 배려와 용기를 주신 비즈앤이슈 정동명 사장님과 독자들에게 더 나은 이해를 돕기 위해 항상 교정을 봐준 정지은 기자, 그리고 예쁜 편집디자인으로 나의 글의 더욱 돋보이게 만들어 준 김희선 디자인팀장에게 감사의 인사를 보낸다.

마지막으로 지난 10년 약국의 모든 것을 함께해 준 김세진 부국장에게 진심으로 고마운 마음을 전하고 앞으로 다가올 30년의 약국생활도 함께 파이팅할 것을 부탁해 본다.

2014년 10월의 마지막 주

부산시 사하구 오거리약국에서 **황은경**

일본 약사 능가한 현실감 있고
전문성 갖춘 '약국경영 종합 노트'

정동명 | (주)동명북미디어 비즈앤이슈 발행인

황은경 약사님은 우리 비즈앤이슈가 매년 실시해 온 '일본 약국경영 연수 프로그램'에 세번을 함께했다. 첫 번째는 개인적으로 참여하여 일본 약국을 견학했고, 두 번째는 대한약사회 복약지도 경연대회 입상자에게 주어지는 일본 연수 프로그램에 참가했다. 그리고 세 번째는 올해 부산시약사회 약국경영지원본부 이사 자격으로 부산시 회원들에게 새로운 약국경영 정보를 제공하기 위해 임원들과 함께한 것이다.

황은경 약사는 방문하는 약국마다 비치된 각종 리플렛을 빠짐없이 챙긴다. 함께 간 약사님들이 "짐 되게 그런 건 왜 다 챙기느냐"고 핀잔을 주면 "그림이라도 보면 아이디어가 생기지 않겠어요?"라고 대꾸한다. 이것이 황은경 약사의 진지하고 학구적인 모습인 것이다.

그 후 일본의 유명 약국전문잡지에서 개국약사들의 복약지도 수기를 연재하는 것을 참고하여 '나의 복약지도 노트'란을 만들고 황 약사에게 원고 청탁을 하였다. 몇 차례 원고를 받아 보면서 크게 감동했다. 황 약사가 쓴 글은 일본 잡지에 실린 복약지도 보다 훨씬 현실감이 있고 훌륭한 내용이 들어 있었기 때문이다.

황은경 약사의 '나의 복약지도 노트'에는 다음과 같은 장점이 있다.

첫째는 읽고 이해하기 쉬운 문장이다. 글을 잘 쓴다는 것은 남을 잘 이해시키는 것이다. 그의 글은 쉽고 논리 정연하며 맞춤법 하나 실수하는 법이 없는 뛰어난 문장이었다.

두 번째는 글에 현장감이 있다. 남의 얘기가 아니라 자기의 약국에서 자신이 직접 체험하고 실천에 옮긴 내용이기 때문에 약사가 환자에게 상담하는 모습을 옆에서 지켜보고 있는 것 같은 그림을 보여준다.

세 번째는 전문성이다. 환자에게 서비스 언어 몇 마디를 건네는 내용이 아니라 약학적으로, 또는 약국경영학적 측면에서 전문적인 지식과 통계자료 등을 정확히 인용하고 반영하는 것이다.

네 번째는 주제의 다양성이다. '복약지도 노트'라고 해서 복약지도 한 가지에 머물지 않고, 다양한 고객들을 대응하는 접객서비스나 상권 분석 등 '나의 복약지도 노트'가 아니라 '나의 약국경영 종합 노트'라고 할 정도로 폭 넓은 주제를 소화하고 있다.

이번에 본사가 '황은경 약사의 나의 복약지도 노트'를 책으로 출간한 것은 황 약사 개인의 노력에 대한 하나의 결과물을 만들어 낼 수 있었다는데 큰 의미가 있다. 그러나 또 한 가지 추가하고 싶은 것은 많은 개국약사들이 갖고 있는 잠재된 능력과 의욕을 하나의 실체로 만들어 내는 일이 충분히 가능하다는 것을 보여주는 계기가 되었으면 하는 것이다.

모쪼록 '황은경 약사의 나의 복약지도 노트'가 전국 개국약사님들의 복약지도와 환자 상담, 그리고 약국 경영 전반에 좋은 길잡이가 될 것을 기대한다.

약과 건강의 전문가이자
전문경영인으로 인도하는 '복약지도 노트'

박영순 | 전 온누리약국체인 회장 · 약학박사

국민소득 2만불을 넘어서고 있는 21세기의 우리나라 약사님들은 '약을 조제해 주는 약의 전문가'에서 벗어나 '국민건강 전반을 책임지는 건강 전문가' 그리고 '약국이라는 기업을 경영하는 경영인'으로 정체성을 새롭게 확립해야만 한다.

비록 개설약사가 아닌 근무약사로 카운터 앞에 섰다해도 고객을 대면할 때 처방전 약물의 효능과 부작용을 짧은 시간에 밀도 있게 전달하는 방법을 알지 못하여 당황하고, 그 질병과 연관된 건강제품과 건강생활에 대한 질문에 정확한 답을 찾지 못하여 쩔쩔매고, 고객응대에 대한 기본을 몰라 허공을 헤매기는 마찬가지이다.

개설약사가 되려하면 모르는 것은 더 많아진다.

간판을 비롯한 약국의 익스테리어는 어떻게 하면 좋을까? 인테리어는 어떻게 하면 좋을까하는 고민으로부터 시작하여 고객에게 친밀한 내부의 진열, 심지어 약국 내부 벽면의 색깔을 고르는 것조차 결코 만만하지 않다.

이 책은 처음으로 약국을 개설하고자 하는 약사나, 처음으로 약국 카운터에 서는 모든 초보 약사들에게 알파부터 오메가까지 정보를 제공해 주는 필독서이다.

약국은 기업이면서도 건강과 약과 질병에 대한 정보를 고객들에게 전달하여 국민을 건강하게 하는 건강정보센터이다.

이 책은 질병을 치료하는 처방약물의 주작용과 부작용을 비롯하여 건강의 견인차가 되는 영양제, 식습관과 생활요법, 건강제품 등을 총괄하여 약사들이 고객들에게 전해야할 필수적인 정보를 정확하고도 다양하게 수록하고 있다.

특히 고객들에게 꼭 전해야할 복약지도 기법을 자신만의 노하우로 쉽고 간편하게 요약 정리하여 독자들에게 전하고 있다.

이 책을 쓴 저자인 황은경 박사는 나에게는 사촌 언니의 손녀이다. 그러니까 나의 기특하고 특출난 손녀인 셈이다. 평소에 질병을 치료하는 약물의 작용과 부작용에 대하여 끊임없이 공부하고, 약국경영과 건강정보에 대하여 열심히 체득하고, 그 공부하고 체득한 내용을 약국 현장에서 실천함으로써 본인의 약국을 성공적으로 경영하고 있는 현역 개설약사이다.

본인의 다양한 경험과 학문이 이 책 한권에 그대로 녹아있어서 약국 일선에서 건강하고자 하는 고객들을 접하고 있는 모든 약사님들께 귀하고도 소중한 자료가 될 것이다.

〈내가 처방전대로 조제만 해주는 조제사냐?〉 하는 자조 섞인 한탄을 하는 일부 약사님들이 만약 계시다면 이 책을 반드시 읽으시기를 권하고 싶다.

모든 약사님들을 조제사의 영역에서 벗어나 훌륭하게 복약지도를 하는 약사이자, 건강 전문가이자, 약국이라는 기업을 경영하는 자부심 있는 경영자로 반드시 탈바꿈 시켜드릴 것이다.

아주 쉽게 약국에서 따라 해볼 수 있도록 정리한 참고서

유영진 | 부산시약사회장

오랫동안 부산시약사회 황은경 약사님이 비즈앤이슈에 기고한 글을 관심 깊게 보아왔다. 그래서 이번에 그간의 글을 모아서 한권의 책으로 묶는다는 얘기를 들으니 참 잘된 일이구나 하는 생각이 들었다.

황은경 약사님 글은 그간 비즈앤이슈에 기고되었던 다른 약사님들의 글에 비해 주제가 상당히 다양하여 읽는 재미가 있었는데 그 재미가 지금까지 꾸준히 이어지고 있다.

황은경 약사님은 부산시약사회 회보 지면을 통해서도 꾸준히 글을 써왔으며, 올해는 부산시약사회에서 '2014 부산약사회보 특집 학술지'를 발간할 수 있게 하였다.

부산시약사회보에서도 알 수 있지만 황은경 약사님이 쓰는 글의 내용은 딱딱한 교과서 같은 글이 아니라 아주 쉽게 주로 약국에서 따라해 볼 수 있는 내용들로 이루어져 있다.

나 홀로 약국이 어떻게 인테리어를 고치지 않고 약국을 변신시키는지, 조제와 관련하여 어떻게 조제사고를 예방할 건지, 까다로운 환자는 어떻게 상대를 할 건지, 일반의약품을 매개로 환자와 어떤 대화법으로 만날 것인지 등 정말 다양한 내용의 글을 만날 수 있다.

또한 오랜 기간 동안 황은경 약사님은 부산시약사회의 전문건강강좌 강사로서 재능 기부를 통해 지역 사회에 봉사하고 있으며, 부산약사회보 편집위원으로도 활약하고 있다. 그를 볼 때마다 두 가지 단어를 떠 올리게 되는데 '에너지'와 '열정'이다.

약국을 하면서 공부를 하며 꾸준히 글을 쓴다는 것이 쉽지 않다는 것을 잘 알기에 책을 발간하는 마당에 무한한 축하와 함께 그간의 노고에 심심한 격려를 보내며, '나의 복약지도 노트'가 모든 약국에서 감 처럼 잘 활용되길 기대해 본다.

그리고 어려운 약업 환경 속에서도 꾸준히 약사를 위한 격수간지를 발행하고 있는 비즈앤 이슈 정동명 사장님에게도 감사의 인사를 보낸다.

현장에서 체득한 생생한 노하우
개국가의 바이블 역할 하기를

최병철 | 건강보험심사평가원 상근심사위원 · 약학박사

먼저 4년 동안 비즈앤이슈에 연재된 '나의 복약지도 노트'가 하나의 책으로 탄생한다고 하니 무척 반갑게 생각된다.

나는 황은경 약사가 연재한 '나의 복약지도 노트'를 보면서 매번 새로운 주제를 선정하는 것도 놀랍지만, 그것을 풀어내는 저자의 글 솜씨와 그 글을 위해 열심히 노력하는 모습에 찬사를 보내곤 했다.

그간 비즈앤이슈에 많은 약사들이 글을 기고해왔지만 대부분 약이나 질환에 관한 내용이 전부였다. 그러나 '나의 복약지도 노트'는 질환별로 몇 주씩 이어진 글도 있었지만 개국약사나 근무약사로서 조제, 투약, 복약지도 전반에 관해 지켰으면 하는 가이드라인에 관한 글, 약국의 인테리어, 약국 마케팅에 이르기까지 매우 다양한 주제의 글을 읽는 즐거움이 있었다. 또한 딱딱한 경영 실전서 같은 글이 아닌, 당장 약국에서 바로 적용할 수 있는 아이템을 재미나고 잘 읽힐 수 있도록 쉽게 써서 바쁜 약사들이라도 자기가 필요한 꼭지만 골라서 읽을 수 있는 특징을 가지고 있다고 생각했다.

이제 책으로 발간되는 '나의 복약지도 노트'는 무엇보다 국내에서 처음으로 선보이는 약국경영의 실전서라는데 의미가 있다고 할 것이다. 특히 6년제

약사의 탄생을 앞두고 있는 이 시점에서 이 책은 많은 후배들에게 개국과 경영의 길라잡이가 되어줄 것이며, 선택의 기로에 있는 다른 개국약사들에게도 좋은 자극제가 되어줄 것이라 판단된다.

저자인 황은경 박사는 현재 개국약사이면서 부산대학교 및 경성대학교 외래교수이기도 하다. 늦은 시각까지 공부하고 후학을 가르치며, 항상 새로운 아이템을 찾아 열심히 뛰어다니는 저자는 분명히 우리나라 약사의 귀감이 된다 할 수 있다.

약국을 경영하면서 늘 변화하기 위해 노력하고 그 결실을 글로써 드러낸다는 것이 쉽지 않은 것을 알기에 긴 시간 한결같이 좋은 글을 쓰고자 노력하는 황 약사에게 응원과 격려의 박수를 보낸다.

한편으로는 책이 발간되기까지 필자를 격려하며 개국약사들을 위해 자기 일처럼 뛰어다녔을 (주)비즈엠디의 정동명 사장께도 고맙다는 인사말을 전하고 싶다.

이 책이 개국약사가 현장에서 겪고 체득한 생생한 경영 노하우를 전달하는 개국가의 바이블이 되길 바라며, 언젠가 발간될 '나의 복약지도 노트 2'도 기대해 본다.

CONTENTS

Part. **1**

업무 매뉴얼

황은경 약사의 나의 복약지도 노트

단계별 업무 매뉴얼을 만든다 (상)

고객은 만족 넘어 감동을 요구하는 시대, 숙련된 업무자세 필요
접수에서 대체조제 피크타임 등 상황에 맞는 업무수순서 만들어야

가정용 전자제품을 살 때 주저 없이 한국제품을 고르는 이유는 기술이나 품질력에 대한 믿음에 만족스러운 서비스 수준 때문일 것이다.

싼 가격으로 승부하던 초기 산업화의 시대와 제품의 질을 우선시하는 산업화의 시대가 불과 10여 년 사이에 서비스가 좋은 제품이 사랑받는 포스트 산업화시대로 이행한 것이다.

서비스도 '고객만족'에서 '고객감동'으로 발전하고 있으며, 소비자의 서비스에 대한 만족역치(satisfaction threshold)가 점점 높아지는데 대비해 각 회사는 서비스를 3단계 B/S(Before Service), I/S(Instore Service), A/S(After Service)로 세분화하여 실천하고 있다.

LG, 삼성 가전제품사의 고객 서비스센터를 방문한 기억을 떠올려보자.

전화 접수, 방문 접수 시 안내 직원의 응대하는 모습(B/S)에 한 번, 센터 내 직원의 서비스(I/S)에 두 번, 서비스가 끝난 후 고객 콜센터로부터의 서비스 만족도 확인전화(A/S)로 세 번의 감동을 준다는 것이다.

LG, 삼성만이 아니다. 은행, 맥도날드, 스타벅스 등 유수의 업체에서는 고객 응대 시에 제공하는 서비스에 대해서 고객의 입장에서 생각하고 고객이 원하는 게 무엇인지, 어떻게 처리해야만 만족하는지, 무엇으로 그 고객을 충성도 높은 (단골)고객으로 남게 할 수 있을까를 고민한다. 그리고 그 문제에 대한 해결책을 매뉴얼화하고 그 매뉴얼에 따라 직원들에게 지속적으로 교육함으로써 소비자의 사랑을 받고 성장하고 있다.

이 매뉴얼의 제1장은 매장을 방문하는 고객을 처음으로

응대하는 직원의 표정, 말투, 행동 등이 고객의 매장에 대한 호감을 결정짓는 절대적인 변수로 작용한다는 것이다.

약국의 서비스는 어떤가?

이제는 우리가 서비스를 제공하는 약국으로 돌아와 보자.

약국은 입점 위치마다 다른 종류의 서비스를 제공한다. 병원급 문전약국은 복약지도 등의 대고객 서비스를 잘 실현할 수 있지만 일반매약 부분의 가격 경쟁력은 서비스화되지 않는다. 기존의 시장이나 터미널 근처 대형약국들은 옛날 방식이긴 하지만 일반 매약부분의 가격 경쟁력이 서비스이다. 이 이외의 약국 위치는 이러한 점들이 뒤섞여서 싼 약값과 좋은 품질의 약(=TV 광고로 인지도가 높은 약)과 높은 고객 서비스를 제공해야 하는 삼중고를 겪는다.

또한 약국은 영업시간이 타 전문 직종에 비해 길어서 서비스를 제공하는 약사의 체력이 바탕이 되지 않으면 절대적인 서비스를 제공할 수가 없다. 그러나 보니 약국마다 제공되는 서비스의 기준이나 종류가 달라서 환자들을 헛갈리게 한다.

우선 이번에는 가격 서비스는 예외로 하고 타 업종에서 도입하는 환자에 대한 접객 서비스와 매뉴얼에 대해 알아보고자 한다.

우리가 하루 종일 근무하는 약국에도 바이오리듬이 있고 피크타임이 있다.

하루에 약국을 방문하는 고객을 200명에서 300명을 기준으로 하면 고객들이 1시간에 30명 정도로 나누어서 오면 참 좋을 텐데, 불행히 환자들은 계모임을 하듯이 한꺼번에 몰려서 약국을 정신없게 하고 간다.

또한 그러한 시간에 꼭 약값 시비하는 환자가 생기고 조제나 투약 사고가 동반된다.

그럼 약국의 피크타임은 언제일까?

소아과 앞 약국의 경우는 약국 문을 열고 나서 아이들이 학교나 유아원에 가기 전의 시간이 제일 바쁠 것이고, 아이들이 하교하고 엄마들이 직장에서 돌아와 저녁 준비를 하기 전이 또 한 번의 피크타임이다.

노인인구가 많은 약국의 경우 역시 아침 개문 직후가 가장 바쁜 피크타임일 것이고, 젊은 층 인구가 많다면 환자들은 이른 퇴근을 하고 약국은 마지막 사무를 마무리하는 저녁 6시경이 그때일 것이다. 점심시간 이후 오후 진료가 막 시작되었을 때도 한차례 바쁘다.

피크타임 시의 대응 방안

약국에선 피크타임을 어떻게 대응하고 있을까?

처방전을 들고 온 환자는 이미 병원에서 오래 기다리다가 왔기 때문에 약국에 들어온 순간부터 마음이 바쁘다. 그러기에 모든 것이 불만스러운 상태가 되어 있다.

직원들은 밀려오는 처방전을 보고 미리 경직되어 허둥지둥하게 된다.

얼른 처방전 입력하고 빨리 조제실로 넘겨야겠다는 일념에 환자들과 눈도 마주치지 않고 컴퓨터 화면만 열심히 들여다보고 일을 하고 있다.

그러면 환자나 고객들은 무작정 기다리며 서서히 불평불만이 끓어 오르고 방문한 약국의 무성의한 서비스에 대해 과장된 불평을 한다.

"도대체 언제까지 기다려야 하는가."

"환승을 해야 하는데 왜 이리 오래 걸리는 거야. 이 약국은 늘 이런 식이야."

"☆☆약국은 얼마나 친절한데."

"내가 먼저 왔는데 왜 저 사람을 먼저 주는 거야."

"저번에 보니까 약이 하나 빠졌던데, 신경 써서 조제해 주세요!!!"

드디어 원자폭탄이 조제실에 투하된다!

이러한 고객의 불평에 같이 동요를 하게 되면 약사는 조제 속도가 떨어지고 집중력도 덩달아 떨어지면서 조제실수를 하게 되는 악순환이 발생한다. 약을 교부받는 환자는 짜증 섞인 기분에 플라시보 효과는 하나도 기대할 수가 없다.

약국을 방문하는 고객들은 몸이 불편하여 병원 진료를 받고 처방전을 가지고 왔거나, 약국에서 상담을 통해 자신의 불편한 점을 해결하고 싶어 하며, 빨리 약을 받는 것과 정확한 약을 먹을 것을 기대한다.

그러나 빠른 약교부가 힘든 상황이라면 어떻게 환자의 맘을 잡을 수 있을까?

고객은 누구라도 자기를 알아주기 바란다. 단골약국은 그런 의미를 지니는 곳이다. 한꺼번에 많은 환자가 몰려와 정신이 없는 상황이라도 잠깐의 눈웃음, 한마디의 관심 있는 말로 기다리는 시간에 지쳐 삐져가는 환자의 마음을 되돌리는 것이다.

약국의 고객응대 매뉴얼

그래서 약국에도 다른 업종과 같이 고객응대 매뉴얼을 준비해 보자!!

아주 혼잡한 시간의 은행을 떠올려보자.

점심시간 등 피크 타임에 사람이 많아도 언제나 동일한 인사와 순서에 따라 일을 진행한다. 서두르는 법 없이 차례로 진행하고 고객들은 내 차례가 먼저라고 항의하지 않는다.

약국에서는 접수나 대기 상황과 수납 약 교부의 두 단계로 나누어서 살펴볼 수 있다.

●● 접수에서의 매뉴얼은 4가지를 기억한다.

① 고객과의 인사

② 처방전 스캔이나 바코드를 처리

③ 입력 내용 확인하기

④ 조제실에 처방전 넘기기

● 우선 접수를 위해 대기하고 있는 환자와 만나는 경우이다.

–"어서 오세요. 병원서도 많이 기다리셨지요? 신속하게 조제할게요. 잠시만 기다리세요(환한 웃음)"

–"처방을 보니 한 달 분 약을 준비해야 하네요. 빨리 하겠습니다만 다른 분들보다 조금 더 걸릴 수 있으니 양해 바랍니다."

–"아기 약이라 갈아야 하므로 조제 시간이 좀 더 걸릴 수 있겠어요 조금 이해해 주세요."

–"기다리시는 동안 천천히 차 한 잔 드세요."

접수하는 직원이 고객과 눈을 마주치면서 이렇게 한마디 해준다면 환자는 서비스를 받는다는 인식을 하게 되고 긴장과 불만은 어느덧 사라지고 차분하게 기다리게 된다.

단골환자의 얼굴이 보인다면 "갑자기 환자분들이 많이 오셔서 좀 기다리시게 되었네요."라고 말을 건다. 그것으로 평소와 다른 약국 상황을 환자들에게 자연스럽게 인지시킬 수 있다.

평소 사이가 좋은 단골환자라면 이렇게도 반응을 해주어서 약국을 노와주기도 한다.

"그러게, 평소에는 빨리 주는 약국인데 오늘은 조금 기다려야겠네. 약이나 잘 지어줘. 천천히 기다릴테니"라고 응원을 보낼 수도 있을 것이다. 단골환자의 이러한 한마디가 다른 기다리는 고객에게 많은 긍정적인 영향을 미치게 된다는 것은 달리 설명할 필요가 없다.

이러한 역할을 하는 것이 치과 진료에서 고객서비스 개념을 처음으로 도입한 예치과네트워크의 '서비스 코디네이터'이다. 그러나 약국에서 이러한 직원을 고용할 수는 없는 노릇이다. 따라서 접수 직원이 이런 일을 능숙하게 할 수 있도록 환자 응대방법을 대표적인 케이스로 매뉴얼화해서 교육시키는 것이 올바른 길인 것이다.

대체조제 시의 고객 설명

대체조제를 해야 하는 상황이거나 다른 지역의 처방전이 왔을 경우에는 대기실에서의 고객응대가 더욱 중요해진다.

약국을 가득 메운 환자들 사이에서 특정한 환자를 호명해서 약의 대체 동의를 구하는 것이 쉽지는 않다. 이럴 때 자신 없이 쭈뼛거리면서 환자를 대하면 환자뿐 아니라 주변 환자들까지도 불신의 눈초리를 보낸다. 약사가 직접 환자의 이름을 호명하고 다가가서 몸을 낮추어 환자와 눈을 마주친 이후 "인근 병원의 처방이 아니다 보니 처방전 중에서 ○○한 역할을 하는 약을 구비하지 못하였습니다. 약 성분(혹은 하는 일)은 똑같지만 약 이름만 다른 약(혹은 제약회사의 이름이 다른 약)으로 지어드려도 되겠습니까?"라고 정중히 동의를 구한다. 약사가 자신감을 가지고 환자를 응대하면 환자의 동의를 구하기가 훨씬 쉽다.

"그래도 몸에는 이상이 없나요?"라는 질문에는 원래의 약과 100% 동일한 효능을 가진 것만을 정부에서 허가를 해주기 때문에 원래의 약과 동일하다고 설명해 준다.

또는 다른 지역의 처방전이어서 동일 성분으로 대체할 약이 없어 구해야 하거나 왈파, 디고신 등 대체를 할 수 없는 약이 준비되지 못한 경우라면 역시 약사가 환자를 정중히 호명한 다음 "처방전의 약이 준비되어 있지 않습니다. 약을 구해서 정확하게 조제해 드릴 수 있는데 2시간 정도의 시간이 걸릴 것으로 예상됩니다. 어떻게 하시겠습니까?"라고 자신 있게 설명하고 환자에게 양해를 구한다.■

단계별 업무 매뉴얼을 만든다 (하)

바쁠수록 매뉴얼 확인하며 조제해야 실수 없어
수납 시 약값 반드시 복명복창하여 환자에 신뢰

1. 조제실 내 매뉴얼

다음은 조제실 내의 매뉴얼이다.

바쁠수록 반드시 매뉴얼을 확인하고 약을 짓도록 하고 이러한 매뉴얼은 출력을 한 이후 조제실의 제일 잘 보이는 곳이나 책상에 게시하도록 한다.

1) 조제하는 약사 매뉴얼

① 처방의 오류가 없는지 검토한다.
② 약이 같은 이름을 가진 다른 함량이 아닌지 확인한다.
   - 약국 내 비치된 약의 함량을 포스트잇으로 분류
③ 캡슐과 정제를 다시 한 번 확인(함량에 따른 제형의 차이도 파악)해야 한다.
④ 비슷한 모양의 다른 약이 아닌지 확인
⑤ 한 알과 반 알 확인하고 약 짓기, 반 알 분할 정확히 할 것
⑥ 약 봉투 정확히 기입하고 포수 확인할 것(이름, 용량, 용법, 날짜 기입, 소아 시럽에 용도 적어주기, 무지 포장이나 병으로 나간다면 처방전에 포수와 병임을 표기)
⑦ 대체가 있을 때 가능하면 재고가 많은 것, 유사 약값 고려해서 환자의 동의 구하기

2) 검수하는 약사의 매뉴얼

① 처방의 오류가 없는지 검토한다.
② 약 모양을 확인한다.(올바른 약인지, 반 알과 한 알, 다른 포에 들어간 건 없는지 확인)
③ 포수를 확인한다.(처방전에 약국만의 표시를 해서 포수 확인한 기록을 남긴다.)

④ 약 봉투를 확인한다.
   - 이름, 용법, 용량 날짜 표시, 시럽 용도 확인, 안약

2. 수납 매뉴얼

이번엔 약이 지어져서 약을 내어주고 수납하는 경우를 살펴보자.

- "어서 오세요. 많이 기다리셨죠? 약은 월요일 오전이나 토요일을 피해오시면 훨씬 빨리 지어 가실 수 있습니다. 다음엔 그때 뵙겠습니다."
- "찬바람이 불어 환자분이 좀 늘었네요."
- "얼굴을 보니 많이 아프신가 봐요. 아침은 드셨어요?"
- "아버님, 너무 늦었지요. 늘 드시는 약 아시지요?"
- "한 달 만에 오셨는데 하필 바쁜 날 오셨네요. 다음엔 화요일이나 목요일에 오세요."

이런 인사와 함께 약을 내어주는데 이럴 때의 장황한 복약지도는 독이다.

오래 기다려 집중력이 떨어진 환자들이므로 약 복용법을 주지시키고 확인하는 정도로 간단한 설명만을 하고 대신 꼼꼼히 검수를 해서 내보낸다.

3. 교부 매뉴얼

처방약 교부 단계의 매뉴얼이다. 바쁘기 때문에 더욱 매뉴얼대로 따라 해야 실수가 없다. 역시 매뉴얼은 교부하는 책상 위에 꼭 붙여둔다.

1) 처방약 교부 단계의 매뉴얼

① 이름 확인하기

② 검수 철저히 하기(약 모양과 반 알과 한 알 구분, 이물질 혼입 확인)

③ 봉투 확인하기

　– 이름, 용법 용량 표시가 정확한지 확인

　– 일수와 포수, 특정 메모 여부 확인

　– 스티커 붙이기

④ 물약이 나갈 때 시럽 컵, 투약 병 챙기기

⑤ 자료 드리기

⑥ 약 효능, 주의 사항 등 알려주기

　– 자료는 정확해야 하므로 반드시 정보 확인 사이트에서 확인하고 얘기할 것

환자 앞 검수 단계에서 조제실수 가 됐다고 판단될 때는 당황하며 잘못 지어졌다고 환자에게 말하지 말고 처방일수 보다 적게 약이 지어져 나왔거나 먼지가 들어갔다고 하고 조제실에 들어가서 고친다(조제실수와 조제일수가 부족한 것은 신뢰도의 차이가 있다).

약 포수의 확인은 약국마다 나름의 방법을 반드시 정해서 처방전에 처방된 날수와 지어진 포수를 확인한 사인을 한다. 이럴 때 가능하다면 인쇄포장을 하면 좋고 인쇄포장이 안된다면 처방약포지에 1과 30 등의 숫자를 적어 환자에게 확인을 시킨다.

덕용포장을 소분해 용기에 담아주는 경우에도 반드시 포장용기 위에 나가는 알약의 숫자와 나가는 날짜를 병기해서 내보낸다.

4포씩 접으면 4*_, 3포씩 접으면 3*_ 이런 식으로 처방전에 표시를 해놓으면 약포수가 부족하다는 환자의 항의에 확인이 가능하고 눈으로 보면서 포수를 한 번 더 확인할 수 있으므로 좋다. 안약의 경우도 마찬가지이다.

아침, 저녁으로 지어져나간 약 중 아침 약이 모자라다는 경우는 저녁 약을 먹지 않았을 가능성이 높다. 만일 환자들이 몰려 정신없는 시간대에 약포수가 모자라다고 항의를 하러 온 환자가 있다면 절대 당황하지 말고 약사가 아닌 다른 직원에게 맡긴다. 환자를 투약구와 다른 쪽으로 이동시켜 처방받은 날짜를 대조하면서 차분히 설명한다.

●● 이럴 때 메모의 위력을 실감해 보시라.

약국에도 머피의 법칙은 통하는데 꼭 실수는 까칠한 환자에게 하게 되고 한 번 실수한 환자에게 또 한 번 실수할 확률이 높다.

약국에서 사용하고 있는 처방접수 청구 프로그램에는 고객들마다 고객 메모란이 있다. 까다로운 환자나 약 복용법, 조제 방법, 투약 방법이 조금이라도 특이한 환자일 경우에는 상세하고 꼼꼼하게 기록해 놓으면 약국경영에 상당히 도움이 된다.

1) 투약이나 복약습관을 적는다면

① 아침 식전 약을 눈 뜨자마자 5시에서 5시 반에 먹는 환자임

② 저녁 약속이 많아 저녁 약이 항상 남는데 아침 약이 모자란다 함–눈앞 포수 반드시 확인

③ 아침, 저녁 약을 봉투에 따로 달라고 함

2) 환자의 특징을 적는다면

① 성격 까칠

② 사소한 거스름돈으로 시비

③ 무조건 빨리 달라고 함–복약 설명하면 화냄

④ 다 인다고 하니 복약 설명하지 말 것

⑤ 보험회사 영수증 항상 발행

등등 사소한 경우를 메모하고 이런 멘트를 투약 시에 참고를 하거나 특징적인 부분을 한번 언급해 주면 환자들은 관심을 받고 있다고 상상이상으로 좋아한다.

4. 수납 시 주의할 점

마지막으로 혼잡할 때의 수납 시의 주의점을 알아보자.

1) 수납 시 주의사항 매뉴얼

① 고객의 이름을 호명한 이후 약값을 얘기한다.

② 고객이 수납을 하면 복명복창을 한다.

③ 카드고객에게도 친절히 한다.

④ 현금 고객인 경우는 현금 영수증 발급을 철저히 한다.

은행, 맥도날드류 패스트푸드점, 이마트 등 대형할인점 수납원들의 행동을 자세히 살펴보면 공통적인 면을 확인할 수 있는데, 현금을 주고받거나 카드결제를 하는 수납원들은 업종을 망라하고 항상 복명복창을 생활화하고 있다(사고를 예방하는 최선의 길이기 때문이다).

[예를 들어 약값이 4,800원이고 현금수납의 경우이다]

– 약국: 오거리님, 약값 4,800원입니다.

– 환자: (지갑에서 만 원 지폐를 꺼내며)여기 있어요.

– 약국: 예, 만 원 받았습니다. 5,200원 드리겠습니다. (트레이 위에 놓으며) 5,200원 받으세요. 감사합니다. 영수증 챙기시구요.

만 원을 복창함으로써 수납을 하는 사람과 환자로 하여금 만 원을 주고받았음을 상기시키려 함이다. 일본에서는 거스름돈을 먼저 준비하고 고객이 거스름돈을 가져갈 때까지 고객이 낸 돈을 고객 앞에서 치우지 음으로써 거스름돈 시비를 없애는 방법을 택하고 있다.

[카드로 결제할 경우도 마찬가지로 복명복창이 생명이다]

– 약국: 오거리님!! 약값이 4,800원입니다.

– 환자: (지갑에서 카드를 꺼내들며) 카드 되죠??

– 약국: (밝고 환한 미소와 목소리로)예. 그럼요. 언제든지 가능합니다.

(카드를 받으며) 카드 받았습니다. 그러면 4,800원 결제하겠습니다.

오거리님! 결제금액 확인하시고 사인해 주십시오.

환자가 사인을 하고 나서 결제가 완료되면

– 약국: 카드 받으시고요. 영수증도 받으세요. 감사합니다.

기왕 하는 카드 수납과 보험회사 영수증 출력이라면 좀 더 수월하게 발급해 주는 것이 다음 번 우리약국으로의 방문을 예약하는 것과 같다.

그리고 매뉴얼화할 수 없어 쉽진 않지만 불평하는 환자일수록 약국에 관심이 있는 환자라고 생각하고 감사히 응대를 하여야 한다. 정말 불만이 있다면 아무 말도 없이 다른 약국을 이용할 것이기 때문이다.

그리고 이러한 불평이 많은 환자에게 매뉴얼을 뛰어넘는 공을 들여 절친 단골환자로 삼게 되면 영원한 고객이 될 뿐 아니라 약국을 위한 입소문 고객도 된다.

본인을 알아준다는 개인적인 배려와 문제에 대한 진심 어린 사과 그리고 지속적인 관심으로 입소문 고객을 하나하나 만들어 나가자.■

나 홀로 약국 조제 잘하는 법

동일한 약 성분 코드로 함량 확인, 소아약 시럽제 준비하고 가루약 조제
조제약 포장 방법 처방전·컴퓨터에 표시하면 조제 오류, 환자 클레임 대처

전국 약국 10곳 중 7곳 이상(76%)이 약사가 한 명만 근무하는 '나 홀로 약국'이라고 한다. 2인 이상의 약사가 근무하는 곳은 17% 정도이고 3인 이상의 약사가 근무하는 비율은 7% 미만으로 나타났다.

근무약사가 상시적으로 근무하는 약국에 신입 근무약사가 들어왔을 때나 나 홀로 약국에서 일일 근무약사를 채용할 때 업무에 차질 없이 약국이 순조롭게 흘러가기 위해서는 매뉴얼이 필요하다.

근무약사가 약국에서 할 수 있는 역할은 무엇일까?

대한약사회에서 발간된 근무약사 교육교재를 보면
1) 조제업무-약사의 대표적인 고유 영역, 정확성이 필요
2) 복약지도-환자의 눈높이에 맞추어 질환에 대한 핵심적인 복약지도 포인트 설명
3) 일반의약품 판매-환자에게 정확한 정보제공으로 환자의

약 선택을 돕는다.
4) 본인이 행한 조제, 복약지도, 일반의약품 판매에 대하여 책임을 진다.
5) 청구업무, 의약품 등의 구매와 관리 등 개설 약사와 협의하여 정하는 업무에 대해서 성실히 수행하여야 한다.

실제 약국 현장에서 근무약사들이 제일 쉽게 접근하는 업무 영역이 조제업무이다. 조제업무는 환자와 직접 대면하지 않고 처방을 읽고 매뉴얼에 따라 실시하면 되기 때문이다. 복약지도나 일반약 판매의 경우는 우선 환자와 직접 부딪혀야 하는 부분이라 약국 환경이나 병원의 지시에 익숙해질 필요가 있다.

조제란 일정한 처방에 따라 두 가지 이상의 의약품을 배합하거나 한 가지 의약품을 그대로 일정한 분량으로 나눔으로써 특정한 용법에 따라 특정인의 특정된 질병을 치료하거나 예방하는 등의 목적으로 사용되도록 약제를 만드는 것이다.(약사법 제2조 제11호)

따라서 개인의 특성에 맞는 약을 만드는 만큼 조제과정에 있어서도 환자의 복약 방법과 일치하여 짓는 것이 중요하다.

환자의 요구가 있을 때에는 질병분류기호를 기재하지 아니합니다.		
처방 의약품의 명칭	1회 투약량	1일 투 횟 여 수
802770_*파티겔정	0.5000	3
402940_고사메드정5밀리그램	1.0000	3
200550_클래리시드엑스엘서방정500밀리그람	0.3333	3
2902790_세노바엘정	0.5000	2
6901790_아티란캡슐200밀리그람	1.0000	3
7801970_*타이리콜이알정	1.0000	3

조제를 잘하는 약사가 되기 위해서는

1. 처방상의 오류가 없는지 입력상의 문제가 없는지 검토한다.
처방상의 오류는 용법·용량을 중심으로 확인한다.

1) 항생제는 1일 총량과 용법이 상이한지 확인

2) 소염진통제는 1일 총 투약량이 상회하지 않는지 확인한다.

- 덱시부프로펜 – 1일 1,200mg까지 사용, 약효가 이부프로펜의 두 배에 해당
- 타이레놀 – 1일 최대 허용량 4,000mg, 최근 식약처에서 3,000mg으로 낮추도록 권고
- 타이레놀 최대량과 이부프로펜이 같이 처방 나온 경우 확인 후 조제
- 각 소염진통제의 병용금기는 심평원 DUR로 확인
- 나이에 따른 연령 금기 확인 – 13세 이하 탈니플루메이트, 16세 미만 케토라신, 18세 미만 로녹시캄 조제 금기 등 심평원 DUR로 확인
- 임부 금기 확인

3) 슈도 에페드린 – 1일 240mg까지 가능

4) 처방전에 병기된 다른 약과 투약 횟수가 다르게 나온 건 없는지 확인

5) 소아약의 경우 kg당 함량을 반드시 확인하여 과투약 되지 않도록 한다.
   항생제, 소염진통제, 기관지 확장제(기관지 확장 패치 포함), 항히스타민제

6) 두 곳의 병원을 다녀온 경우 심평원 DUR에 걸리지는 않으나 같은 효능군의 약이 중복되는지 점검

7) 처방전의 주민등록번호를 확인하여 성별, 연령에 따른 금기약은 의사에 의문 확인 후 조제 – 퀴놀론 항생제 18세 미만 조제 금기, 피나스테리드 여성에 처방된 경우 의문 확인 후 조제

8) 병원에서는 1일 총량을 횟수로 분할하여 처방을 내기 때문에 간혹 분할이 잘못되는 경우가 있으므로 정상 용법인지 병원에 의문 확인 후 조제

9) 처방전의 내용과 이질적인 약이 없는지 확인

2. 조제 전 확인사항

1) 동일한 약이 두 가지 이상의 함량으로 제형화되어 있으므로 성분 코드를 통해서 함량을 확인한 후 조제를 한다.

- 항생제: 세프라딘캡슐, 아목시실린캡슐, 세파클러캡슐, 클래리시드건조시럽, 오구멘틴(듀오) 건조시럽
- 혈압약: ARB 혈압약, ACEI 혈압약, CCB 혈압약, BB 혈압약 특히 딜라트렌은 3종류
- 혈당 강하제: 디아미크롱정, 굴루코파지정, 아마릴정, 베이슨정, 글루코반스정, 자누메트정, 가브스메트정
- 위장약: 라니티딘정, 시메티딘정, 액시티딘정(캡슐), PPI 위장약
- 혈액순환제: 니세르골린정, 칼리크레인정, 엔테론정, 바스티난정
- 소염진통제: 아세트아미노펜정, 울트라셋정, 이부프로펜정, 덱시부프로펜정, 모빅캡슐
- 고지혈증약: 심바스타틴정, 아토르바스타틴정
- 그 외: 비타메진캡슐, 유시락스정, 마도파정, 시네메트정, 질산이소소르비드(정, 캡슐), 와르파린나트륨정, 슈도에페드린정, 우루사정, 포사맥스
   약국 내 비치된 약의 함량을 포스트잇으로 분류해 놓으면 쉽게 분별이 가능하다.

2) 캡슐과 정제를 다시 한번 확인한다(함량에 따른 제형의 차이를 기억한다).
   예. 아크라톤정, 아목시실린 정과 캡슐, 세파클러 서방정과 세파클러 캡슐, 이소켓 서방정과 서방캡슐, 트리돌 캡슐과 트리돌 서방정

3) 비슷한 모양의 다른 약이 아닌지 확인하면서 짓는데 각 약의 고유 식별기호를 기억한다.

- 소론도와 유시락스, 디고신, 모티리움 종류

- 펙사딘 캡슐과 비오딘에스 캡슐
- 뮤테란 캡슐과 브로드세프 캡슐
- 후라시닐과 록소프로펜, 혹은 제산제

4) 처방전에서 한 알과 반 알 확인 후 동그라미 표시하고 약 짓기, 반 알 분할 정확히 할 것

(처방전에 메모하는 습관은 중요하다. 확인할 때 다시 환기가 가능하다)

3. 외용제 및 비경구 투여약을 준비한다.
(안약이나 연고는 함량 %를 확인하고 준비)

안약이나 연고를 준비하면서 처방전에 나가는 수량이나 양을 표기하고 약 봉투에도 표시해 준다. 그리고 각 약의 용기 내 양을 알고 있어야 환자와의 의사소통이 쉽다.

예. 베타덤지 20g 처방 시 – 10g 연고통 2개로 나갈 건지 15g 튜브와 5g 통으로 나갈 건지 안약 20ml 처방 시 5ml 4개로 나갈지, 10ml 2개로 나갈 건지 확인한다.

4. 경구약 조제 시 약의 특성이나 용법에 따라 포장을 함께 할 것인지 따로 할 것인지 결정

1) 인습성이 많은 약은 따로 포장하는 것이 원칙이다. 다만 장기간 복용하는 노령환자의 경우 건망증으로 복용이 힘들다고 호소하면 컴퓨터에 메모를 남긴 후 같이 포장을 하고 인습에 주의하도록 복약지시를 한다.

(오구멘틴 항생제 류, 오팔몬 등의 척추 협착 치료제, 니세틸 등의 뇌혈관 치료제, 빌프로산의 혼합 포장 조제, 여름철 연질 캡셀 혼합 포장 조제, 딜라트렌 등의 개봉 혼합조제 등)

2) 복용법에 따른 포장의 경우 조제 포장을 원하는지, 포장된 케이스로 받기를 원하는지 환자의 편의 위주로 메모를 하여 항상 같은 방법으로 포장한다.

또한 약을 지은 후 반드시 처방전에 포장방법을 명기하고 컴퓨터에도 표시해놓으면 처방 조제 오류 감사와 환자의 클레임에 대처하기 쉽다.

- 혈압 당뇨약이 아침저녁이 다른 경우 아침약, 저녁약을 따로 짓거나 아니면 아침저녁 순으로 포장할 것인지, 아니면 통으로 줄 것인지의 여부
- 작용기전이 다른 혈당 강하제를 함께 포장할 것인지, 용법대로 따로 지을지 결정
- 고지혈증 약을 아침에 포장할 것인지 저녁에 투약할 것인지
- PPI 위장약을 아침 식전인지, 취침 전으로 할 것인지 아니면 식후 같이 포장할 것인지
- 위장약과 만성 질환약을 같이 넣어서 포장을 할 것인지
- 수면, 안정제를 통에 담을 것인지 포장을 할 것인지
- 전립선 약을 저녁에 줄 것인지 취침 전으로 줄 것인지의 여부
- 글자를 모르는 할머니를 위해 약포지에 1, 2, 3을 표시하거나 점심 약에 동그라미를 해주는 방법을 사용하고 만성 질환약의 경우 아침저녁 약을 잘 확인시키는 것이 중요
- 만성 질환자의 경우 다회 투약인 경우 주로 아침 약을 먹어서 저녁 약이 남으면 아침약이 모자란다고 떼를 쓰는 경우가 많으므로 날짜를 잘 확인할 것

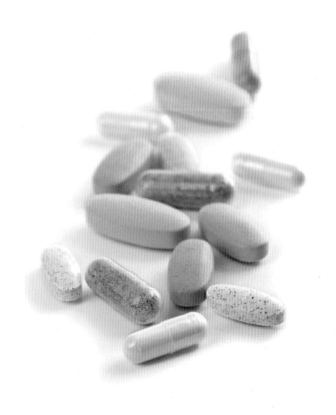

그 외 각 약국에 정해진 여러 가지 포장방식이 있다. 자주 처방 나오는 병원에서 원하는 포장방법에 맞추어 환자들에게 복약지도를 하는 것이 중요하다.

3) 보관방법에 따른 분리 포장 – 차광포장(리보트릴정, 퍼킨정, 마도파정, 데파킨크로노정, 카르베딜롤정, 아니스틴정)이 원칙이나 상황에 따라 환자와 상의해서 결정. 후로스판액, 외용제 바롤액의 경우 호일 포장을 해준다.
4) 약물 상호작용을 고려–동시 포장 시 변색이나 약물의 파손이 있다.
   아미노필린과 베로텍, 칼리크레인과 엘카르니틴

5. 처방전 한 장에 두 가지 이상의 질환에 관한 약이 있을 경우 질환별로 어떻게 포장할 것인지 결정
특별한 지시가 없으면 처방 날짜의 상이로 구별하고, 만성질환약과 감기약(특히 항생제의 경우), 위장약 등 급 만성질환을 구별하는 연습을 한다.

6. 시럽제의 경우는 함량 %를 반드시 확인하고 처방된 약품명을 정확히 확인한 후 조제를 시작한다.
자주 나오지 않는 건조시럽의 경우 소분을 하여 쓰는데 가루와 시럽과의 비율을 잘 계산하고 소분한 시럽은 냉장고에 보관하도록 한다. 세파클러 건조시럽을 상대적으로 안전하나 오구멘틴류는 물을 섞지 않아도 개봉하면서 상하는 경우가 많다. 오구멘틴 투약 시 설사를 하면 식전에 복용하면 조금 낫고 색깔이 달라져도 약효에는 큰 변화가 없다고 한다. 가루약 조제 시 사용한 유발유봉이나 정제 분쇄기는 조제 후 반드시 오염방지를 위해 청소를 하도록 한다.

7. 조제 순서를 정리해 보자.
1) 소아과의 경우 시럽을 먼저 준비하고 가루약을 짓는다. (함량, 색깔 확인, 약 이름 확인 철저) 소아의 시럽에는 용도를 적어주는데 알리미팜을 이용하면 편리하다.
2) 인습성이 있는 포장은 그대로 소분하는 경우 약의 개수를 정확히 계산한 후 포장을 한다. 소분약이 통으로 나가

는 경우 2번 이상 확인하고 통에는 나가는 날짜와 개수를 적어주고 복용법을 표시한다.
3) 약을 포장한 후 약 봉투에 환자 이름, 약품명과 용법을 표기하되 표기 전에 반드시 내용물과 기재된 약품명이 일치하는지 다시 한번 확인한다. 전산 봉투를 사용하면 편리하다.
4) 조제 과오 방지를 위해 꼭 검수하는 것을 생활화한다.

처음 조제를 익힐 때 이런 사소한 습관들을 익혀놓으면 힘들이지 않고 조제 오류를 줄일 수 있다.■

대학병원 처방전 오류 범하기 쉬워

함량 표시 없거나 처방코드 없는 영문표기 반드시 병원에 확인
처방일수 많으면 숫자 나오도록…글 모르는 환자는 숫자로 표기

최근 약국전문 언론에 '왈파정' 조제사고로 인한 사망 사건이 보도되었다.

환자의 처방은 '왈파정 5mg'을 2.5mg로 분할해 조제토록 하는 것이었는데 약사가 2.5mg를 2.5T로 착각하면서 사실상 12.5mg이 1회분으로 조제되었고 이를 복용한 환자는 약물과다로 전신출혈이 발생해 인근 병원에서 입원 치료를 받았지만 끝내 사망했다.

와르파린나트륨에 의한 사고가 잦은 이유는 대학병원에서 발행한 처방전 표기가 동네약국에서 보지 않던 낯선 표기 방식이기 때문이다. 타 약제처럼 처방용량에 대해 1~2 알씩의 표기를 하지 않고 총용량을 명기하기 때문에 처방전을 읽을 때 오류를 범하기 쉽다.

처방전을 읽고 조제를 하는 것은 아주 단순한 일이어서 누구나 다 할 수 있는 일 같지만 처방 감사를 하고 약을 짓는 것이 전문가의 일이 되는 이유가 여기에 있다.

늘 보던 처방전이지만 다시 한 번 조제 사고의 관점에서 살펴보기로 하자.

1. 함량 표시 없는 수기 처방전

근처 약국으로 처방이 유입될 것으로 믿고 내는 처방으로 주로 치과나 성형외과, 혹은 나이 드신 의사들 처방에서 흔히 볼 수 있다.

항생제나 소염진통제의 함량을 전화로 확인한 후 짓는다.

함량 변화는 임의 변경에 해당되므로 조심해야 한다.

2. 처방 코드 없는 영어표기 처방전

중소형 종합 병원 등에서 흔히 발행되는 처방으로 역시 근처 문전약국으로 처방이 유입될 것을 기대하고 내는 처방이다. 어쩌다 동네약국으로 오면 다 아는 약 이름도 영어로 표기가 되어 있다 보니 혼동이 될 수 있다.

조금이라도 미심쩍다면 병원에 약 이름과 함량을 반드시 확인한다. 이런 경우에 함량 확인 미스로 조제 오류가 발생할 수 있다.

흔히 많이 처방되는 울트라셋 제네릭의 경우는 생동성 시험을 통과한 경우 울트라셋으로 대체가 가능한데 간혹 생동성 시험을 거치지 않은 경우가 있으므로 꼭 확인을 한다.

3. 처방 코드 없는 한글 표기 처방전

치과, 성형외과, 수술 전문 안과, 요양 병원의 처방에서 흔히 볼 수 있고 종합병원 처방에서도 간혹 볼 수 있다. 역시 근처 인근약국으로 유입될 것을 생각하고 낸 처방이다.

이런 경우는 처방전 응대를 간호사가 하는 경우가 많으므로 처방대체가 용이한 편이다.

한 장이라도 처방이 아쉬운 이때 적극적인 대체로 약을
지어보자.

4. 와르파린나트륨 처방전

무조건 와르파린나트륨 처방을 피할 필요는 없다. 처음에
언급한대로 대학병원에서는 와르파린나트륨 처방을 총용량
으로 내지만 동네 1, 2차 의료기관에서는 다른 약과 동일한
방식으로 처방을 하기 때문이다.

대학병원의 처방이 왔다면 우선 처방량 칸에 동그라미를
치고 '총용량'인지 '알 수'인지 확인을 한다.

그리고 와르파린나트륨을 먹는 시간은 그동안 환자가 먹
었던 시간에 맞추어준다.

저녁 8시를 지정하는 대학병원이 있지만 그 시간을 고집
하기보다는 기존에 먹었던 시간이 중요하다. 분리 조제를
할 필요는 없고 다른 약과 한포 조제해도 무방하다.

중요하게 환자에 주지시켜야 할 것은 한약이나 소염진통
제에 의한 약효 변화가 심하므로 병원에서 처방한 것과 다
른 종류의 약은 함부로 먹지 않도록 한다.

특히 봄에 많이 먹는 산나물을 녹즙 등으로 섭취하거나
낫도나 청국장 등을 과량 먹는 것은 체내 비타민 K 함량 변
동으로 출혈을 야기할 수 있으니 꼭 주의를 환기시킨다.

5. 단기 처방전 중간에 외용제나 시럽이 들어간 경우

처방전에 경구용 정제나 캡슐이 먼저 표기가 되고 시럽이
나 외용제가 차례대로 표시가 되어있으면 혼동이 되지 않는
데 처방 중간에 탄툼이나 비액 등이 처방 되어있고 다시 경
구용 약이 나오는 경우, 특히 경구용 약이 날짜가 다르게 나
오는 경우는 실수하기 쉽다.

외용제는 별표, 시럽제는 동그라미, 날짜 다른 경우는 동
그라미 두 개 이런 식으로 약속을 정해서 전산 입력단계에
서 한번 표시를 해주면 혼동을 막을 수 있다.

특히 시럽과 탄툼, 혹은 헥사메딘 외용제가 같이 나온 경
우는 환자분이 혼동하지 않게 가글 하라거나 먹으면 안 된
다는 표시를 반드시 해준다.

2일분을 3일분으로 잘못 분배한 사례

따로 먹게 되어 있는 PPI
종류의 위장약, 오구멘틴
종류의 항생제, 취침 전 변
비약 등은 같이 교부하는 것
을 잊어버리기 쉬우므로 꼭
처방전에 표시를 해서 확인
을 한 번 더 한다.

6. 처방 목록이 많은 처방전

① 처방일수가 짧아도 약 알 수를 정확히 처방전에 적어
놓는다.

② 처방 일수가 많으면 우선 당황하기가 쉽다.

우선 처방전의 환자 특이사항을 확인하여 환자가 원하는
조제방법을 선택한 이후 처방전에 아침·점심·저녁의 약
알 수를 적어놓고 따로 나가야 할 약이 있으면 확인하여 표
시를 한다. (카베딜롤 제제의 혈압약, 엘카르니틴 제제, 하
루날D 제제)

처방일수가 많을 때는 반드시 숫자가 나올 수 있게 조제
를 하는 게 좋다. 숫자가 나오지 않는다면 환자 앞에서 처
방약 포수를 반드시 확인시켜주고 처방전에 적어 놓는다.

처방 방법도 아침·점심·저녁 순으로 포장했는지 아
침·저녁 봉투를 따로 했는지 처방전에 적어 둔다.

처방일수가 긴 약일수록 복약 순응도가 떨어지므로 약을
다 챙겨먹지 못하는데 환자들은 남아있는 약을 기준으로 약
이 부족하다고 약국에 항의를 하기 때문이다.

약을 교부하는 책상 앞에 대표적인 약의 식별코드를 적어
두고 한 번 더 확인하고 약을 교부한다.

요즘은 제네릭 제품이 많아서 한 가지 성분에 대해 많은
제약회사에서 약이 나와서 혼동하는 경우가 많으므로 처방
전을 볼 때 제약회사를 한번 써보는 것도 도움이 된다.

7. 소아과 처방전의 경우

소아과 처방의 경우는 좀 더 신경을 써야 한다.

시럽과 가루약이 순서 없이 뒤섞여 표기된 경우에는 혼동
이 오기 때문에 우선 시럽에 동그라미 표시를 한다.

정확한 용량 계산과 목측법에 의한 고른 분배가 중요하다. 간혹 분배를 3회가 아닌 4회로 할 경우가 있으므로 표시를 하고, 처방약 특성상 2회 분배되는 것이 한 처방 안에 한꺼번에 처방되기도 하므로 분배 수량이 다르다면 역시 표시를 한다.

3일 분의 약을 2일 치로 분배를 하는 경우도 있으므로 처방일수도 잘 살핀다.

처방전에는 시럽의 개수를 명기하고 같이 나가야 할 외용제도 표시를 하여 빠지지 않도록 한다.(연고, 패치 포함)

형제의 약을 한꺼번에 짓는 경우에는 가루약에 반드시 형제의 순서에 따라 1, 2, 3 등의 숫자를 적어준다. 약국에 따라서는 선의 색깔로 표시를 하는 경우도 있다.

팜 2000 알리미시스템의 시럽 라벨은 안전한 소아과 조제에 큰 도움을 준다.

시럽에 이물질은 없는지 확인하고 시럽 용량 부족도 변경 조제에 해당되므로 조심한다.

엘카니틴의 개봉조제로 습기가 찬 약포지

가루약에 머리카락이 혼입된 사례

50대 후반 이상의 여성 환자분들은 글을 모르는 경우도 간혹 있어서 점심 약이 다른 경우는 점심 약에만 동그라미를, 아침·점심·저녁 약이 다른 경우는 1, 2, 3의 숫자 표기를 해주어야 복용이 가능하므로 환자 정보란에 꼭 미리 표시를 해두었다가 신경을 써준다.

신경과에서 잘 처방되는 엘 카르니틴 제제의 경우 흡습성이 있어서 개봉조제하면 안 되지만 약 복용을 자꾸 잊는 경우 간혹 개봉해서 일포화 조제를 하기도 한다. 이런 경우 봄·가을·겨울은 건조하므로 큰 문제를 일으키지 않지만 여름의 경우는 아세트산이 분해되면서 공기 중의 수분을 흡습하여 문제를 일으킨다.

조제 약포지 내에 물이 맺히는 것은 물론 때로는 정제가 깨어지기도 한다.

데파킨 크로노의 경우도 여름에는 타 약제와 혼합하여 조제하면 정제 스웰링이 발생하므로 주의한다.

8. 안약, 연고제의 처방전

① 안약은 처방전에 교부되는 용량과 숫자를 표시한다.

② 연고는 연고통에 사용부위나 연고의 내용을 표시하고 소분한 날짜를 통 뒷면에 적도록 한다. 한꺼번에 많은 소분 연고를 받아가는 경우에는 사용기한에 따라 랩으로 둘러싼 이후 비닐봉지에 넣어 보관을 해야 크림의 수분이 마르지는다.

약국에서는 덕용 연고를 소분할 때 한꺼번에 너무 많은 연고를 소분해서 표면의 수분이 마른 연고가 나가지 않도록 주의한다.

연고의 경우 소분용기가 아닌 튜브로 나간다면 약의 안전성과 안정성이 보장되는 것이므로 소포장 튜브포장이었으면 하는 것이 바람이다.

9. 고령 환자의 처방전을 조제하는 경우

따로 교부하는 약을 껍질을 까지 않은 채 복용하는 경우가 의외로 많이 있으므로 한 번씩 주의를 환기시키도록 한다.(오구멘틴 제제. 하루날D 제제)

10. 처방약 검수 시 체크할 점

마지막으로 우리가 처방약을 검수할 경우에 체크해야 할 점만 정리해 보자.

1. 항생제, 소염진통제 외 여러 가지 약의 함량 확인
2. 다른 약 분포 여부 확인
3. 알약의 개수 확인(반 알, 한 알 반, 두 알, 두 알 반 등을 한 번 더 보자)
4. 일포화 조제 시 알약이 다른 데로 튀어가지 않았는지 확인
5. 투여 횟수와 포수가 맞는지 확인
6. 약 포장 내 머리카락 등 없는지 확인
7. 포장지 바깥의 오염 확인
8. 약봉투의 기재 오류 확인 ■

함량 착오하면 인체에 큰 피해 주의!

항생제의 1일 최대량 등 메모해 조제 책상에 붙여 놔야
수기 처방은 한 번 더 살펴…오류 발견은 집중력 필요

"약사란 직업이 과연 유망한가?"란 우문에 우리가 현답을 낼 수 있는 단 하나의 방법은 기본을 지키는 것이다.

그간 본란에서는 복약지도에 관해 여러 가지 얘기를 해왔는데 이번 호에서는 조제사고 유형분석과 방지대책에 대해 논의를 해보고자 한다.

우선 최근에 이슈화되었던 조제사고를 한번 되돌아보자.

> 1. A약국은 수면제 스틸녹스10mg을 0.5T를 조제해야 했지만 실수로 1.5T를 조제했다. 이 약을 복용한 피해자가 졸음운전으로 교통사고를 당했다.(→ 약국에서는 향정신성의약품 관리에도 문제가 있다.)
>
> 2. B약국은 알츠하이머 치료약인 디멘틴정을 처방받은 환자에게 혈당 강하제인 디마릴정을 잘못 조제해 피해자가 입원치료를 받았다.
>
> 3. C약국은 시나롱5mg 처방을 10mg으로 잘못 조제했다. 어지러움 등으로 직장 업무방해를 주장하는 환자에게 합의금을 제공하였다.
>
> 4. D약국은 스틸녹스 1회 1정 10일분 처방을 아디펙스정으로 잘못 조제했다. 위로금을 지급하였다.
>
> 5. F약국은 동시에 처방전을 접수한 8개월 환자와 4살 환자의 약을 바꿔 조제했다. 해당 약을 복용한 8개월 환자의 보호자의 연락으로 이를 확인·교환했다.

일본 약제사회가 2001년 1년간 전국의 약사를 대상으로 조제실수 의 내용과 원인을 조사했더니 같은 의약품의 규격 실수(21.4%), 정제(캡슐제)의 계수 실수(21.0%), 다른 약을 조제한 경우(18.6%)가 전체의 60%를 차지하고 약 봉투 기

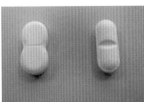

◀잘못 조제된 스틸녹스와 아디펙스

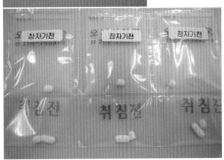

▲스틸녹스 용량을 잘못 조제

재 오류가 그 다음이며 액제의 계량 실수 등이 뒤를 이었다.

일본은 대부분의 약이 PTP로 교부가 되므로 복약지시서와 약제 정보제공이 중요하지만 한국은 일포화 조제이므로 실제 일포화상의 실수나 조제 누락 등이 더 빈번하다.

조제 매뉴얼을 중심으로 조제 사고가 생길 수 있는 곳들을 점검해 보자.

1. 처방의 오류 검사하기

① 처방전 확인

수기 처방전이 왔다면 전산 입력된 처방보다 여러 가지로 정보가 미비하기 때문에 한 번 더 살펴야 한다. 글자 확인이 어렵거나 함량이 미 기재된 경우는 반드시 병원에 확인을 하는데 우선 전산 입력을 통해 함량 정보를 확인한 후

의사와 통화를 한다.

② 처방약의 함량 확인

일반적인 처방전에는 고유의 의약품 코드와 약품명이 병기되므로 약품의 함량 확인이 용이하다. 두 가지 이상의 함량을 가진 약이 생산될 때 각 회사마다 먼저 생산되어 등록된 약은 고유의 이름을 가지게 되고 나중 생산된 약에는 함량을 병기하여 이름이 등록이 된다. 예를 들면 종근당의 딜라트렌이 3가지의 함량이 있고 그중 딜라트렌정은 25mg이며 나머지 딜라트렌들은 딜라트렌 12.5mg, 딜라트렌 6.25mg이란 이름을 가지게 된다.

처음에 약을 접할 때 함량 정보와 최대 사용량, 상용량 등을 확인하면 근거리 처방에서 조제실수를 할 확률이 낮아진다.

이러한 함량 착오는 환자의 인체에 큰 위해를 가할 수 있는 실수이므로 세심한 주의가 필요하다.(시나롱 5mg 처방에 10mg을 투여한 사례 참조)

그리고 두 가지 이상의 함량의 약이 포장이 비슷한 경우가 많으므로 신중히 살펴야 한다.

③ 용법, 용량의 적정성 확인

최대 사용량의 확인은 처방감사에서 상당히 중요한데 글리메피리드 제제(총량 8mg),아세트아미노펜(최근 간독성 때문에 총사용량 한도를 줄이고 있음), 이부프로펜(총량 3,200mg) 등의 해열진통제, PPI제제, 각 항생제의 1일 최대량 등을 메모하여 조제 책상에 붙여 놓는다. 또한 소아의 나이별, 몸무게별 상용량노 메모한다.

소아약의 경우 소아과 전문의가 아닌 경우는 용량이 부정확한 경우가 많기 때문에 용량 감사를 꼭 해야 하며 특히 해열제의 과다투여는 사망에도 이를 수 있기 때문에 주의한다.

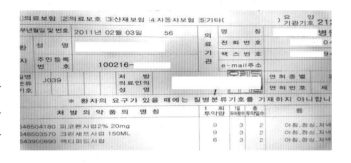

④ 입력상의 오류 확인하기

근처 병원의 경우는 비슷한 처방패턴을 가지지만 처방감사 단계에서 오류를 발견하는 것은 집중력이 필요하다.

처방 나온 의약품명이 전체 처방의 흐름과 다르다면, 혹은 처방약품의 투여량이 너무 많거나 적을 때, 용법을 다시 확인하고 전회 처방과 비교를 한 후에 병원에 전화를 하도록 한다. 필요하다면 환자와 대화를 하여 판단할 수도 있다.

와르파린나트륨으로 인해 발생했던 의약분업 초기의 의료사고는 잘못 오기된 처방전을 병원에 확인하지 않고 조제하여 환자가 사망한 사건이다.

⑤ 환자의 약력상 주의할 약은 없는지 확인

복합제의 경우는 DUR로도 걸러질 수 없으므로 더욱 주의하도록 한다.

⑥ 복용일, 휴약일이 정해져 있는 약의 경우 해당 지시사항이 기재되어 있는지 확인

메토트렉세이트의 경우는 매일 복용하는 약이 아니므로 반드시 용법을 확인 후 조제한다.

⑦ 기타: 배합으로 약의 외형에 변화가 있다면 조제 시 분리 조제를 할 수 있다. 올메살탄과 메트포르민의 경우는 색깔이 분홍색으로, 베로텍과 아미노필린의 경우는 색깔이 노랗게 변한다. 또한 개봉된 엘 카르니틴이나 데파킨크로노 등을 다른 약과 같이 조제할 경우 인습 작용에 의해 밀봉된 약포지에 물이 맺히거나 약이 부서지기도 한다.

2. 약의 함량과 제형 확인

① 약의 함량 확인

처방전을 받았을 때 우선 숫자가 보이면 동그라미를 친다.

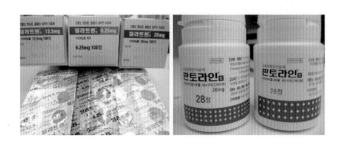

전산원이 입력하면서 함량 부분에 동그라미를 쳐놓으면 조제시 확인을 하므로 실수가 적다.

낯선 곳의 처방이 오면 처방 코드를 일일이 쳐서 약의 함량을 확인하고 약국 내 두 가지 이상의 함량의 약이 비치되어있다면 위치를 떨어뜨리고 포스트잇이나 마커로 표시를 한다.

② 제형의 확인

동일 함량이 제형이 두 가지인 것도 있고 제형에 따라 함량이 달라지는 것도 있다.

다른 제형의 동일 함량 간에도 대체조제가 인정되지 않기 때문에 주의가 요하다.

제형을 확인하지 못하고 다른 함량을 넣게 되는 경우에는 약화사고로 이어지므로 약사가 아닌 전산 직원들도 입력 시 낯선 약이 입력되고 재고가 0으로 뜨지 않는지 확인한다.

3. 비슷한 모양의 다른 약으로 잘못 조제하는 경우

약병을 그대로 회전 투약대에 얹어놓고 쓰는 경우는 함량에 색깔 마커로 표시를 한다.

서랍식 용기에 두 가지 약을 붓는 경우라면 동일한 흰 색깔의 약을 같이 붓지 않는다.

약을 투약할 때 한 번 더 약을 확인해서 조제 오류를 방지하는데 대표적인 약의 식별코드를 투약대 위에 메모를 하여 비치를 하고 항상 약학정보원의 DIK를 열어둔다.

4. 반 알 처방, 처방일수 정확히 확인
그 외 확인 사항들

① 처방전상 반 알이 나온 의약품 위에 동그라미를 치고 분할을 정확히 한다.

② 처방일수가 다른 경우에 반드시 동그라미를 치고 처방전에 교부된 약포수를 반드시 기록.

③ 따로 교부되는 알약이 빠지지 않도록 한다. 이 경우에도 처방전에 동그라미로 표시한다.

④ 아침 점심 저녁의 용법이 다르다면 정확하게 표시를 해준다(하루 한 번, 두 번도 정확히).

⑤ 외용제의 경우 용기를 정확히 확인한다.(벤토린 외용액과 벤토린 에보할러 혹은 더모베이트액과 더모베이트 연고)

⑥ 탄툼 같은 외용제를 먹지 않도록 주의를 준다.

⑦ 소아약의 경우 약이 바뀌지 않도록 주의하고 가루약이나 시럽 내 이물질 혼입 방지에 신경을 쓴다. 시럽의 용량, 개수도 논란이 되기 쉬우므로 주의하고 시럽 보관법을 정확히 주지시킨다. 알리미팜의 시럽 라벨은 아주 유용하다.

⑧ 스틸녹스와 같은 불면증치료제는 가능하다면 포에 넣어서 환자가 확인 가능하게 한다.

5. 약 봉투 정확히 기입하고 포수 확인할 것

이름, 용량, 용법, 날짜 기입, 소아 시럽에 용도 적어주기, 무지 포장이나 병으로 나간다면 처방전에 포수와 병임을 표기한다.■

의문조회 대체조제 시의 전화 방법

사소한 의문도 반드시 문의하고 메모 남기는 습관 길러야
DUR 1일 총용량·용법 등 걸러내지 못해 세심한 관찰 후 전화

한 약국에서 특정한 병원의 처방을 70% 이상 받으면 담합이라고 처벌한다고도 하지만 실제 약국을 하다 보면 여러 곳의 처방전을 고루 받기 마련이다. 특히, 병원과 조금 거리가 떨어져있는 나 홀로 약국의 경우는 한 병원의 다수 처방보다는 여러 곳의 처방전으로 하루의 조제 건수를 채워나간다.

Ⅰ. 전화와 친해지자

전화와 친해져야 타 병원, 약국과도 친해질 수가 있다.

병원에 전화할 경우는 각 병원마다 약을 바꾸는 주기가 달라 바뀐 약을 구비하는 동안은 계속 대체 전화를 해야 하고 또한 처방전을 읽은 후 사소한 의문이 생기면 꼭 전화를 해서 메모를 남겨야 한다.

약국에 전화할 경우는 처방약이 바뀐 경우 대체를 원하지는 환자가 있거나 약을 짓다가 수량이 모자라다면 각 병원 밑에 있는 약국에 전화를 해서 약을 빌려야 한다.

또 약값 시비가 났을 때도 환자와 다툼을 하기보다는 직전에 지은 약국에 확인을 해보는 것이 좋다. 현 처방과 지난 처방, 각각의 약값을 비교하여 확인을 하면 더 이상 말썽이 생기지 않는다. 혹은 환자가 타 병원의 처방전을 리필 해서 처방받은 경우 용법이나 용량이 미심쩍을 때에 직전에 지은 약국에 확인을 해서 지을 수 있다.

병원에 전화를 해야 하는 경우를 살펴보자.

Ⅱ. 의문 처방인 경우

약사법 제26조에 따르면 처방전을 발행한 의사, 치과의사의 동의 없이 처방을 변경하거나 수정하여 조제할 수는 없다. 처방전의 내용에 의심스러운 점이 있으면 그 처방전을 발행한 의사에게 문의하여 그 의심스러운 점을 확인한 후가 아니면 조제를 해서는 안 된다. 그리고 발행한 의사에게 변경 또는 수정하고자 하는 사유 및 내용에 대하여 전화·모사전송·컴퓨터 통신 등을 이용하여 동의를 얻어야 한다고 되어있다.

또한 2008년 1월 1일 이후부터는 의사 응대 의무화가 시행되었다. 처방전을 발행한 의사 또는 치과의사는 처방전에 따라 의약품을 조제하는 약사가 약사법(제23조 3항)에 따라 의심되는 점을 문의한 경우 즉시 이에 응하도록 의무화하고 이를 위반하는 경우 300만 원 이하의 벌금형에 처하도록 규정하고 있다.

▶변경조제나 수정조제를 할 때 처방전의 입력은 처방내역과 조제내역을 동일하게 수정, 변경된 내용으로 기재하고 환자 교부용 및 약국 보관용 처방전에 그 내용을 기재한다.

1. 의문 처방전 중 변경조제

처방되지 않은 의약품을 추가하거나 처방된 의약품을 삭제, 분량 또는 투약일수 등을 바꿔서 조제하는 것이 여기에 해당된다. 또 두 곳 이상의 병원을 다녀와서 중복된 성분의 약을 삭제해야 할 경우도 여기에 해당된다.

환자들은 白衣 공포증이 있어서 의사 앞에서는 할 말을 다 못하고 약국으로 와서 불평을 하기가 일쑤지만 복약지도의 첫걸음은 환자와의 눈높이를 맞추는 것이므로 환자들의 사소한 불평도 약국에서 해결해 주자.

처방 입력은 처방 내역과 조제 내역을 동일하게 기재하고 EDI 청구 시 참고사항에도 이러한 사항들을 꼼꼼히 입력을 해 놓아야 처방전의 보험 청구 시 심평원 심사에서 삭감당하는 불이익을 막을 수가 있다. 다행히 스캔을 이용하여 입력하는 약국의 경우에는 스캔 이미지가 컴퓨터에 저장되어 있으므로 일일이 처방전을 찾아서 확인하지 않아도 쉽게 문제 처방전을 확인할 수 있다.

2. 의심 처방전 중 수정조제

처방상의 오류를 바로 잡아 조제하는 것을 말하며 오류를 범할 수 있는 지점을 확인해 보자.

a. 처방 입력의 실수

처방 나온 의약품명이 전체 처방의 흐름과 다르거나 동일 성분이 두 가지 이상 입력되어 있다면 입력상의 오류를 의심하고 처방전을 검토한다.

병원에서는 약어를 이용하여 처방하기 때문에 다른 성분의 약으로 잘못 처방 나는 경우가 간혹 있다. 이런 오류는 늘 일상적으로 나오던 범주에서 벗어나기 때문에 문의를 한다.

또 때로는 오프 더 라벨의 용법도 있을 수 있기 때문에 전회 처방과 조회를 한 후 문의를 하도록 한다. 예를 들어 피부과의 도란사민 처방은 미백효과를 위해 처방하는 것이다.

b. 처방 약품의 분량, 용법·용량의 적정성 확인

정확하게 오류를 확인하기 위해서는 지난 번 처방과의 비교가 필수 사항이다.

① 수기 처방전인 경우에는 반드시 용량이나 함량에 대한 조회를 실시한다.

② 처방의약품의 분량이 너무 많거나 적다면 용법을 다시 확인하고 전회 처방과 비교를 한 후에 병원에 전화를 하도록 한다. 필요하다면 환자와의 대화를 통해 판단할 수도 있다. 처방 약품의 최대량, 용법·용량의 적정성 확인은 원거리 처방일수록 중요하다. 당뇨약, 혈압약, 고지혈증약, 해열·소염진통제, 슈도에페드린을 포함한 항히스타민제, PPI제제, 각 항생제 등의 1일 최대량과 용량·용법을 늘 찾아보고 확인을 하는데 다 기억하기 힘들다면 처방빈도에 따라 최대 사용량을 메모하여 조제 책상에 붙여 놓는다.

③ 소아의 나이별, 몸무게별 상용량도 메모한다. 의사들은 처방 시 하루 총량을 분할하여 처방하는데 분할을 잘못하면 용량·용법이 과다하게 되므로 확인을 해야 한다. 또한 소아과 전문의가 아닌 경우는 용량이 부정확한 경우가 많기 때문에 용량 감사를 꼭 해야 하며 특히 해열제의 과다투여는 사망에도 이를 수 있기 때문에 주의한다. 항생제, 소염진통제, 기관지확장제(기관지 확장 패취 포함), 항히스타민제, 시럽제의 용량 과다에 대해 감사한다.

④ 와르파린나트륨 용량 관련 의료 사고는 잘못 표기된 처방전을 병원에 확인하지 않고 조제하여 문제가 되었는데 항상 용량을 주의해서 살핀다. 특히 처음 방문한 환자의 처방이라면 환자에게 지난번에는 어떻게 먹었는지 물어보는 것도 좋다.

c. 환자의 약력 상 주의할 약은 없는지 확인하고 개인의 약물 부작용에도 유의한다.

① 재진 환자의 경우 약물 알레르기를 호소한 것이 있다면 약국의 환자 조제기록부에 기록했다가 확인하도록 한다(항생제, 해열·소염진통제, 항히스타민제, 본렉

스 이알 포함. 근이완제, 울트라셋, 레보설피리드, 스테로이드, 타이레놀 등 약물 부작용은 제한된 범주가 없다. 따라서 환자의 말을 잘 들어준다).

② 저용량 아스피린이나 혈액순환제를 늘 먹는 분이 치과 치료를 해야 할 때는 며칠간 아스피린류를 뺄 수 있도록 한다.

d. 처방약 간의 금기 확인

처방 입력 시 거치게 되는 심평원 처방전 DUR의 유용성은 동시에 복용하게 될 두 처방전의 약들 중 동일 성분 중복이나 처방 금기의 처방 오류를 걸러주는 데 있다.

그러나 동일 성분의 중복만 걸러질 뿐 1일 총용량이나 용법의 경우는 확인하지 못하므로 약사의 세심한 관찰이 필요하다. 복합제의 경우도 DUR로 걸러질 수 없다(다시 말하면 카듀엣과 스포라녹스는 걸러지지 않는다는 뜻이다).

e. 타이레놀 최대량과 이부프로펜이 같이 처방 나온 경우, DUR로 걸리지 않지만 확인하기.

심평원 DUR에서 걸러지는 다빈도 상위 조합

* 위장장애가 심한 소염진통제의 중복
  (케토롤락은 아세클로페낙, 덱시부프로펜, 디클로페낙, 에토롤락, 멜록시캄, 메페남산, 나부메톤 등 대부분 소염진통제와 금기)
* 아스피린과 에토롤락, 메토트렉세이트
* 심바스타틴과 클래리스로마이신, 에리스로마이신, 이트라코나졸
* 이트라코나졸과 알프라졸람, 아토르바스타틴, 심바스타틴, 트리아졸람
* 케토코나졸과 알프라졸람
* 플루코나졸과 트리아졸람
* 아미트리프틸리노가 피모짓, 셀레길린
* 아미오다론과 리도카인
* 나이에 따른 연령 금기─ 탈니플루메이트(13세 이하), 케토라신(16세 미만), 로녹시캄(18세 미만), 퀴놀론 항생제(18세 미만) 금기 등이 걸러진다.

---

f. 임부 금기 확인

g. 복용일, 휴약일이 정해져 있는 약의 경우 해당 지시사항이 기재되어있는지 확인

메토트렉세이트의 경우는 매일 복용하는 약이 아니므로 반드시 용법을 확인한 후에 조제한다.

Ⅲ. 처방의 대체 조제

처방전의 대체 조제에 대해서는 약사법 제27조에서 정하고 있다.

1. 성분 · 함량 및 제형이 같은 다른 의약품으로 대체하여 조제하려는 경우에는 미리 그 처방전을 발행한 의사의 동의를 받아야 한다.

2. 의사의 동의 없이 대체 조제가 가능한 경우

① 생물학적 동등성이 있다고 인정한 품목으로 대체 조제하는 경우. 다만 의사가 처방전에 대체 조제가 불가하다는 표시를 하고 임상적 사유 등을 구체적으로 적은 품목은 제외한다.

② 처방전에 기재된 의약품의 제조업자와 같은 제조업자가 제조한 의약품으로서 처방전에 적힌 의약품과 성분 · 제형은 같으나 함량이 다른 의약품으로 같은 처방용량을 대체 조제하는 경우. 다만, 일반의약품은 일반의약품으로, 전문의약품은 전문의약품으로 대체 조제하는 경우만 해당한다.

③ 약국이 소재하는 시 · 군 · 구 이외의 지역에 소재하는 의료기관에서 발행한 처방전에 적힌 의약품이 해당 약국이 있는 지역의 지역처방의약품 목록에 없고, 해당약국의 지역처방의약품 목록 중 처방전에 적힌 의약품과 그 성분 함량 및 제형이 같은 의약품으로 대체 조제하는 경우로서 그 처방전을 발행한 의사 또는 치과의사의 동의를 미리 받기 어려운 부득이한 사정이 있는 경우라고 정하고 있다.

그러나 의약분업 10년이 지나는 동안 각 지역의사회에서 지역처방의약품 목록을 제출하지 않았으므로 실제로는 처방전에 나온 약이 없다면 대체해서 지을 수 있다.

오거리약국의 경우 낮에는 약이 없으면 우선 병원에 전화를 하거나 약을 사 오는 경우가 많다. 근처 병원의 최근에 바뀐 처방약은 병원에 전화를 해서 지난번 처방약으로 바꾸거나 병원 밑 약국에서 약을 사와서 짓고, 멀리 떨어져 있는 경우는 환자의 동의를 얻어서 대체를 시도한다. 열 건 중 한두 건을 제외하고는 대체에 대해서 대부분 긍정적인데 젊은 사람들이 대체에 대한 이해가 부족한 편이다.

그리고 저녁에는 각 약국들이 대체를 하지 않고 약이 없다고 환자들을 돌려보내서 몇 군데 약국을 거쳐 오거리약국으로 와서 대체를 해서 약을 지어가는 경우가 많다.

대체 불가 처방의 경우에도 임상적 사유를 적지 않으면 대체가 가능한데 제일 중요한 것은 환자의 동의를 얻어서 짓는 것이다. 그리고 처방전을 발행한 의사에게 대체 조제한 내용을 1일(부득이한 경우는 3일) 이내에 통보를 하면 된다. 그러나 처방을 발행한 의사에게 사전에 전화로 동의를 구하고 대체를 한 경우는 통보를 하지 않아도 된다.

이렇게 의사의 사전 동의 없이 처방전에 적힌 의약품을 대체 조제한 경우에는 그 대체 조제한 의약품으로 인하여 발생한 약화 사고에 대해 의사는 책임을 지지 않는다. 이러한 점이 간혹 약파라치에게 이용당하는 경우도 있으므로 항상 동의를 받고 표시를 해두고 의사와 전화를 한 경우에도 통화시간을 기록해 둔다.

3. 대체조제 절차

대체 조제에 대해 정리를 해보자면 동일 성분·함량·제형의 의약품으로 약효 동등성이 입증된 생동성 시험을 통과한 품목에 대해 대체가 가능하다. 요즘은 단일 성분이 아니라도(울트라셋, 오구멘틴, 알비스 등)대체가 가능하다.

▶ 대체의 경우에는 처방내역에는 처방전대로 기록하고 조제내역에는 대체 조제나 동일성분을 클릭하여 대체 내역을 기재하면 된다.

① 약을 확인하고 대체할 약을 정한 후 우선 환자에게 대체에 대한 동의를 구한다.

　예. 약사가 직접 환자의 이름을 호명하고 다가가서 몸을 낮추어 환자와 눈을 마주친 이후 "인근 병원의 처방이

아니다 보니 처방전 중에서 ○○한 역할을 하는 약을 구비하지 못하였습니다. 약 성분(혹은 하는 일)은 똑같지만 약 이름만 다른 약(혹은 제약회사의 이름이 다른 약)으로 지어드려도 되겠습니까?"라고 정중히 동의를 구한다. 약사가 자신감을 가지고 환자를 응대하면 환자의 동의를 구하기가 훨씬 쉽다. "그래도 몸에는 이상이 없나요?"라는 질문에는 원래의 약과 100% 동일한 효능을 가진 것만을 정부에서 허가를 해주기 때문에 원래의 약과 동일하다고 설명해 준다.

② 대체조제 품목 중에서 약국에 구비된 것으로 조제하는데 수가가 비싼 것은 가능한 피해서 조제를 한다(우리가 지어준 약 중에서 원처방의 약과 약값 차이가 많은 경우에는 저가약 대체에 따른 인센티브도 적용된다).

③ 의사에게 FAX를 보낼 때는 처방의약품 대체약명, 날짜, 시간, 분, 약국명, 약사명, 전화번호를 기재하여 3일 이내에 보낸다.

④ 어떤 경우에도 와르파린 제제는 대체를 하지 않는다.■

Part. **2**

환자별 복약지도

황은경 약사의 나의 복약지도 노트

환자의 언어를 배우고
그들의 눈높이에서 말하라

전문 지식 바탕으로 식이요법 곁들이면 만족도 높아져
먼저 알은체하고 말 붙이는 것이 기본, 브로슈어도 효과

동네 약국에서 환자에게 약을 투여하기 위해 1~5분 정도 소요되는 실전 복약지도는 종합예술이다. 의사의 코드 없는 처방전을 보고 그 행간의 의도를 파악하여야 하고 환자의 지금의 기분상태, 신체 상태를 파악하여야 하며 그동안 투약하고 있던 약과 현재의 약을 검토하여 상호작용을 확인하고 개개인별로 컴퓨터에 기록된 투약 방법에 따라 조제되었는지 살핀 이후 환자를 호출하게 된다.

약사법에 명시된 복약지도라 함은 의약품의 명칭, 용법, 용량, 효능, 효과, 저장방법, 부작용, 상호작용 등의 정보를 제공하는 것이다. 그러나 복약지도의 진정한 의의는 그러한 기계적인 지식의 전달이 아니라 환자와의 지식을 매개로 한 상호작용을 통해 환자의 복약 순응도를 높이고 부작용을 막는 것이다.

다시 말해 의사가 전문적인 용어를 사용하여 환자에게 설명한 것을 다시 약사가 환자의 언어를 이용해 환자의 상태를 설명하고 복용하게 되는 약에 대해 효능과 부작용, 상호 작용 등의 설명을 곁들이는 것이다. 이럴 때 약사의 말 한마디에 환자의 질병 상태가 나아질 수도 있다면 이야 말로 진정한 복약지도가 될 것이다.

환자로서는 약사의 복약지도를 통해 자신이 복용하는 약에 대한 정보를 알고 의사에게 다 묻지 못했던 궁금증을 풀 수 있고 나아가 자신의 질병상태에 따라 병원을 선택하거나 건강 기능식품을 이용해 건강을 증진할 수도 있다.

복약지도 받은 적 없다 30%

그러나 사실 우리 약사들의 복약지도가 만족스럽지 않다는 조사결과는 많다.

2008년 대전 YMCA에서 조사한 바에 따르면 복약지도를 받은 적이 없다는 답변이 30%, 복약지도를 받았지만 약의 복용법에 대한 설명과 약의 처방일수에 관한 복약지도를 받았다는 응답이 각각 95%, 67.6%인 반면 부작용이나 상호작용에 대한 복약지도를 받았다는 응답은 19.3%, 3%에 불과했다. 평균 1분 이내의 복약지도가 79%, 1~5분의 복약지도가 19%로 나타나 약국의 실상을 잘 반영하고 있는 조사라 생각되었는데 이 조사에서 복약지도가 약을 잘 복용하는데 도움이 된다고 생각하는 응답자는 58%였지만 약사의 복약지도에 대해서는 만족도가 보통이라고 생각하는 응답자가 절반 이상이었다.

2008년 소비자 연맹의 복약지도에 대한 만족도조사의 결과도 별반 다르지 않고 이로 인해 복약지도료 인상을 반대하는 대한의사협회와 의사의 입장을 대변하는 국회의원의 공격을 매년 받고 있는 실정이다.

복약지도, 어떻게 해야 할까

그렇다면 실제 1분을 넘기기 어려운 실전 약국 복약지도를 어떻게 해야 효율적으로 환자를 만족시킬 수 있을까?

서울시약사회 하지영 약학위원장은 "복약지도를 잘하기 위해서는 많은 공부를 해야 한다"며 "요즘의 일부 젊은 약사들처럼 조제실에만 있어서는 안 된다"고 강조했다. "조제만 해서는 약사직능의 영역 확대나 약국 경영 활성화에 한계가 있다"는 것이다.

다시 말해 책으로 배운 복약지도는 의사와 마찬가지로

전문용어로 무장된 복약지도라는 것이다. 환자와 접하고 만나면서 환자의 언어를 배우고 환자의 눈높이에 맞는 복약지도를 하는 것이 환자의 마음을 사고 환자의 병을 낫게 돕는 것이다. 뿐만 아니라 인간인 이상 실수를 하게 되어 있는 여러 가지 상황에서도 평소에 충분한 복약지도를 하여 환자와의 교감이 있다면 사소한 실수에 대해서는 환자의 양해를 구할 수도 있을 것이다.

환자에 맞는 복약지도라는 의미는 이렇게 설명할 수 있다.

> Rx) 아목시실린 500mg 1C, 메페남산 500mg 1T, 세라치오펩티다제 5mg 1T, 알리벤돌 1T

이러한 처방을 받았다고 했을 때 우리는 우선 이 환자가 어느 병원을 다녀왔는지 살펴보게 된다. 내과라면 우선 감기로 인한 상기도염이나 편도염, 발열 여부를 생각할 것이고 이비인후과라면 편도염이나 중이염, 안과라면 맥립종, 성형외과라면 수술 후의 처방이고 피부과의 경우는 화상이나 발톱 염증, 정형외과라면 상처치료나 혹은 관절염까지 생각해야 하므로 처방은 한 가지 이지만 실제 사용되는 곳은 종잡을 수가 없다.

환자의 경우 내과에서 처방을 가져왔다고 생각을 해 보자.

"어서 오세요, 내과에서 처방을 가져오셨네요. 감기 때문이신가 봐요. 이 흰색 약은 메페남산인데 소염진통제이고 해열작용을 하고요. 캡슐 약은 항생제이고요. 조그만 주황색 약은 목 부은 것을 가라앉히는 소염제이고 빨간 알약은 소화제입니다."

어제 열심히 드러그인포를 보고 각 약의 효능효과를 익힌 대로 신나게 설명을 하고 환자의 얼굴을 쳐다보면 황당한 표정을 짓고 있다.

"뭐라고요? 의사선생님이 그렇게 처방하셨어요? 처방이 잘못되었나? 병원에 갔다 올께요."

당장 처방전을 돌려달라고 말할 기세로 서 있으면 당황해서 다시 묻게 된다.

"어디가 아프신데요?"

요즘은 내과에서 처방을 내지만 감기라고 단정을 지을

수는 없다. 가끔은 임파선이 부어서 올 수도 있고, 구내염, 손발톱에 염증이 생겨서 올 수도 있고 또한 흔하진 않지만 종기나 다른 신체의 염증에도 쓸 수 있는 처방이기 때문이다.

따라서 복약지도를 할 때에는 제일 먼저 환자에게 묻는 것이 우선이다.

"어디가 아프셔서 병원에 다녀오셨는지요? 다른 약을 드시는 것이 없으십니까?"

환자의 설명이 끝나면 거기에 따라 각 약의 효능효과와 용법을 설명하고 따르는 부작용은 우리가 흔히 감지할 수 있는 것을 지적한다. 졸음이 오는 부작용이나 술을 같이 먹으면 안 되는 것, 햇빛에 민감해지는 약물이나 대소변의 색깔이 바뀌는 약물, 자리에서 일어나면 현기증을 일으키는 약물, 입이 마르는 약물, 변비를 일으키거나 속이 쓰릴 수 있는 약들에 대해 설명한다. 그리고 상호작용을 살펴줄 수 있다.

특히 꿀이 인후염에는 좋다거나 오랜 감기에는 비타민이 도움이 된다거나 흡연자는 비타민 C 복용이 좋다는 등 환자가 평소에 들었던 얘기지만 약사의 입을 통한 식이요법은 환자들의 공감 속에 복약지도의 만족도를 높일 수 있다.

그리고 그 환자가 다음날 다시 약 처방을 위해 방문한 경우에는 먼저 아는 체를 한다. 그러기 위해서는 컴퓨터에 약력 확인이 우선이고 가능하다면 환자의 특징을 컴퓨터에 적어두는 것도 좋다.

"어제 약 드셔보셨는데, 어떠셨어요?"

"약이 바뀌셨네요. 많이 불편하셨어요?"

"어제 약이 잘 들었나 봐요. 똑같이 처방이 나왔네요?"

여러 가지로 1분 이내에 복약지도가 가능하다.

장기복용환자에겐 채찍과 당근이 필요하다

다음으로 장기적으로 약을 복용해야 하는 환자의 경우를 살펴보자.

우선 제일 먼저 시도해 볼 수 있는 복약지도 방법이라면 아래 그림과 같은 자료를 주는 것이다. 이는 우리보다 복약지도에서 앞서 있는 일본식 복약지도의 일종이다.

이 정도야 우리가 조금만 성의를 보인다면 흔히 방문하는 드러그인포나 킴스 온라인을 이용해서 아래의 모양으로 자료를 출력하는 것이 가능하다. 그러나 막상 출력을 해서 배부를 하다 보면 환자의 현증상과 관계없는 각종 효능효과와 쓸데없이 많이 달려있는 주의사항 등으로 인해 정확한 약을 먹고 있는지에 대한 불안감이 생기고, 혹 생길지도 모르는 부작용이 겁이 나서 지레 약물 복용을 중단하는 경우가 생길 수가 있다.

일본의 경우는 대부분 일포 조제(한 번에 먹을 양을 한 봉안에 조제하는 시스템)를 하지 않고 각 약을 PTP로 준비 조제한 후 환자들이 아침, 점심, 저녁에 맞는 약을 챙겨서 먹어야 하기 때문에 복용법을 지키기 위해서는 아래와 같은 복약 지시서를 꼭 약물 복용이 끝나는 시기까지 보관 확인할 필요가 있다.

그 다음 적용할 수 있는 방법은 각종 만성질환에 대한 브로슈어를 나름대로 준비하는 것이다. 혈압, 당뇨, 전립선질환, 통풍, 골다공증, 무좀, 결핵, 고지혈증 등의 질환이 여기에 해당된다.

이 때 초진 환자와 재진 환자를 구별하고 또한 조절을 잘 하는 환자와 못하는 환자를 구분하여 당근과 격려를 아끼지 않는다. 환자에게 1분 동안 당뇨병 전체에 대해 한마디로 설명하거나, 5분 내내 고혈압의 합병증이나 식이요법을 설명한다는 것은 현실적으로 너무나 어려우므로 브로슈어를 이용하고 작성에 필요한 자료는 식약처 복약지도방이나 건강보험공단의 자료들을 이용하면 검증된 지식을 알려줄 수 있다.

아래의 브로슈어는 초진 환자나 쉽게 조절되지 않는 환자의 경우에 이용이 되는 것이다.
초진 환자의 경우는 각 약의 기전을 간단히 설명하면서 브로슈어를 건네고 재진 환자가 오면 우선 혈압이나 당이 얼마로 조절이 되었는지 물어보고 잘 되었다면 100점, 90점 혹은 금메달, 은메달 감이라고 칭찬을 한다. 조절이 안 되었다면 스트레스나 추위, 혹은 다른 이유 때문에 그렇지만 다음 달은 조절이 잘 될 거라고 격려를 해주고 운동과 식이요법을 실천하도록 충고한다. 젊은 환자의 경우는 만성질

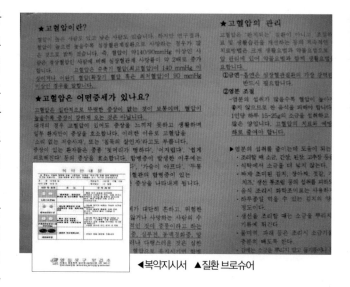

◀복약지시서　▲질환 브로슈어

환자를 위한 약수첩도 큰 도움이 된다.

노인 환자는 무조건 칭찬하라

특히 노인 환자에게는 칭찬 요법이 효과가 크다.

노인 환자의 특징을 보면 신체 기능의 노화로 약효 발현은 젊은 사람보다 늦고 부작용 발생 가능성은 훨씬 많아진다. 또한 시력이나 청력의 약화, 인지기능의 저하로 인해 약물 오남용의 가능성이 커지고, 특히 동시에 여러 곳의 병원을 다니게 되어 중복처방을 받는 경우가 흔하다. 게다가 약물 이상반응을 부작용으로 인지하지 못하고 다른 특정 질환으로 오해하여 또 다른 병원을 가는 악순환에 빠지게 된다. 이러한 경향은 복용 중인 약물의 수와 연령에 따라 증가한다. 따라서 약국에서는 어떤 약을 무슨 이유로 언제 먹어야 하는지를 이해시키는 것이 부작용 예방의 핵심이 될 것이다.

실제 노인들의 약물 복용법에 대한 이해도 조사를 보면 식후 약의 경우 식사를 거르는 경우라도 83%의 환자가 빠지지 않고 복용했지만 식전 약을 잊고 식사를 한 경우 43%의 환자만이 식후에라도 약물 복용을 했던 것으로 답변하고 있어 식간이나 식전 복용에 대한 강조가 필요하다.

또한 점심 · 저녁 약 복용도 잊지 않도록 강조해야 한다. 왜냐하면 실제 약국에서 환자와 다툼을 하는 가장 흔한 사례는 아침 약을 부족하게 지어주었다고 항의하는 환자 때

문이다. 이러한 경우는 대부분 점심, 저녁 약 복용을 잊고 아침 약만 먹어서 생겼으며, 이러한 환자는 컴퓨터에 기록을 한 후 환자 보는 앞에서 반드시 포수를 확인하거나 일일이 약포에 번호를 매겨 교부하도록 하면 다툼을 줄일 수 있다.

또한 용법이 복잡해지면 약물 복용에 대한 순응도가 떨어지므로 가능한 한 매회 복용하는 분을 모아서 1회분 포장으로 투여하고 명확히 복용 시간을 인지하게 하여 임의로 투약을 중지하거나 약 용량을 증감하지 않도록 하는 것이 복약지도의 핵심이다. 복약 순응도가 현저히 낮은 환자는 투약 보조도구를 이용하는 방법도 고려해 볼 수 있다.

구체적으로 복약지도 예시를 한다면 노인 환자들은 되물어서 확인하는 것을 원칙으로 삼고 단기 처방약이라면 "어머니, 어디가 아파서 오셨습니까?"

환자의 반응에 따라 "예. 맞습니다. 이 약은 어머니 말씀하신대로 ○○○에 먹는 약입니다. 선생님께서 특별히 비싸고 좋은 약으로 처방하셨으니 식후에 잘 챙겨 드세요. 혹시 속이 쓰리면 식사하고 바로 드시고 물을 조금 더 드시면 됩니다."

혈압이나 당뇨약이라면 "아버님, 오늘 혈압이나 당뇨는 어땠습니까?"

역시 환자의 반응에 따라 "아버님 오늘 100점은 안되어도 90점은 받으셨네요. 다음 달에는 운동 좀 더 하시고 식사 조심하셔서 꼭 100점 받으세요. 그리고 약 한번 보세요. 지난달과 똑같지요? 그동안 드시던 대로 드시면 됩니다." 라고 응대한다.

또한 주의를 기울여야 할 점은 정형외과를 다니는 고혈압이나 당뇨환자의 경우는 혈압이나 당 조절이 원활치 않을 수 있다. 소염진통제에 대한 영향이 일시적이라면 환자의 식이를 조절하도록 얘기를 해보고 만성적으로 먹어야 한다면 각 병원에 서로 먹는 약을 반드시 알려야 한다. 이러한 예는 고혈압약과 전립선약을 동시에 먹는 환자와 신경과와 내과에서 혈전용해제를 다제로 처방받아 먹는 환자에게도 적용이 된다.

은행잎 제제가 비급여로 전환되고 나서는 아스피린, 칼리크레인, 니세르골린, 니카메이트, 트리플루살, 클로피도그렐, 인도부펜, 사포그릴레이트, 베라프로스트, 펜톡시필린 등 각종 항혈전제가 혈액순환장애 개선을 위해 다제로 처방되고 있다. 특히 요즘은 안과에서 비키늄마르틸루스 제제를 많이 처방하고 있는데 이 약은 항혈전제는 아니지만 병용하게 되면 혈액 응고시간에 영향을 주어 멍이 쉽게 들 수 있다.

2가지 정도의 병용은 큰 문제가 되지 않지만 3가지 이상이 병용되면 쉽게 멍이 들거나 심한 경우 잇몸 출혈이나 코피를 흘릴 수도 있다. 특히 정형외과의 소염진통제와 같이 복용하는 경우는 멍이 드는 것 외에도 위장 장애를 심하게 느낄 수가 있다.

그러나 이러한 경우에도 "멍이 잘 드는 약이 처방되었으니 병원에서 바꾸어 달라고 하세요"보다는 약국에서의 모범 답안이라면 "멍이 들거나 양치할 때 간혹 피가 나는 경우가 있을 수 있는데 이건 약이 몸속에서 일을 잘 하고 있어서 그런 거예요. 혹시 변을 보실 때 짜장면 색의 혈변이 섞여 나오는 경우가 있는데 이럴 경우에는 병원에 바로 알리셔야 해요"가 될 것이다.

무조건 말을 붙여라

약국 복약지도의 첫걸음은 무조건 말 붙이기이다.

실제로 50대 이상 남자 환자의 경우는 여약사들이 무안할 정도로 무뚝뚝하거나 설명이 필요 없다고 얼른 약이나 내놓으라고 하는 경우가 있고, 젊은 환자들의 경우에는 인터넷으로 모든 자료를 조사해 와서 약사를 당황하게 하기도 한다.

그러나 전문지식의 기반 위에 환자와 눈높이를 맞추고 여러 가지 상식으로 환자와 상대를 하며 환자를 배려하는 마음으로 하루하루를 보낸다면 모든 약사님들의 복약지도는 국민들의 마음의 만족도를 높여나갈 수 있을 것이라 본다.■

'원칙 있는 약사 행동이 환자 마음 산다'

환자 신뢰 확보하는 길은 자기만의 특색을 살리는 것
고객이 마음 주는 단골약국 돼야 가벼운 시비서 벗어나

경기가 자꾸 나빠지고 상위 10%의 부자들도 지갑을 열지 않는다고 한다. 약국도 경기를 타고 있다. 약국 밖으로 지나가는 수많은 행인들이 고객이라면 좋겠지만 그림의 떡이다. 가끔 고맙게도 들어와 주는 고객들은 상당히 까다롭다.

환자가 약국을 보는 시각

환자들은 약국이 처방전에만 목매는 것을 알고 있다. 환자를 유치하기 위한 약국의 호객행위를 다년간 겪어온 탓에 마음대로 요구하고, 원하는 대로 되지 않으면 딴 약국에 가겠다는 약간의 협박도 서슴지 않는다. 또한 소비자 불만이라는 TV 프로그램을 통해 약국 내부의 치부도 여러 번 드러낸 탓에 약국을 보는 시선도 곱지 않다.

우리가 일반의약품의 약국 외 판매를 막기 위한 100만인 서명을 받고 국민들에게 정서적으로 일반의약품 판매의 독점권을 호소했을 때 실질적으로 모든 국민이 동의를 했을까?

일반 국민들은 약의 안전성을 지키려는 자존심 싸움이 아닌 살만한 사람들의 밥그릇 다툼으로 보는 측면이 많다. 약사의 입장에서 보면 2011년 7월을 기점으로 조제료의 일부가 삭감되었으니 경영상의 어려움도 생겼고 자존심도 구겨지는 내우외환을 겪고 있는 것이다.

인터넷, TV서 건강정보 범람

또한 약국에 오지 않더라도 인터넷으로 모든 약의 정보를 확인할 수 있고 각종 TV나 신문에 건강 칼럼이 매일 쏟아져 나오는 상황이니 약사만 독점적으로 환자의 건강 상

담권을 가지고 있지 않다.

솔깃한 말은 백화점의 건강기능식품 판매사나 홈쇼핑의 쇼호스트들이 훨씬 알아듣기 쉽게 잘할 뿐 아니라 항시 무이자 몇 개월의 가격적 이점을 가지고 있다. 그들의 말을 듣고 그 제품을 먹으면 당장 다 나을 것 같다.

백화점, 홈쇼핑, 마트와 가격과 제품의 다양성 경쟁을 해야 하다 보니 홈쇼핑에 길들여진 소비자들은 순간의 비교와 선택, 또한 사은품과 마일리지, 카드 결제에 익숙해 있다. 약사법의 테두리 안에 서 있는 약국은 합법적으로 마일리지를 제공하거나 사은품을 제공할 수 없고 또한 마진이 보장된 홈쇼핑과 달리 마진이 별로 없는 광고품목 일반약도 카드 결제를 제공해야 하니 약국을 해서 큰 부자가 된다는 것은 어렵다.

고객의 끊임없는 서비스 욕구

자, 우선 우리의 상황을 한번 돌아보자.

지금 대부분의 약국은 자판기를 설치했거나 야쿠르트를 서비스하고 있다. 남들이 다 제공하는 서비스이기에 준비하지 않으면 환자들의 사소한 시비에 종일 시달려야 한다. 게다가 간혹 약을 먹도록 드링크를 달라고 하거나 다른 ○○약국에는 약값이 싸다고 하거나 일회용 밴드를 주니 여기에서도 달라고 요구하는 등 말로 시비를 건다. 시럽 병을 공짜로 달라고 요구하는 경우도 많다.

아마 하루에 한 두건은 일어날 것이다.

약을 제대로 짓고 정확히 확인하고 내주는 것만으로도 항상 신경이 곤두서 있는데 가격 난매나 다른 서비스를 끼워달라는 것으로 시비를 하고 나면 평상심을 잃고 다음 조제가 정확히 되지 않는다.

동네약국과 환자의 접근성

이번에는 평일 약국에 들르는 고객의 입장에서 어떤 약국을 택하는지 생각해 보자.

병원 처방전에 의한 조제라면 병원 근처 약국을 이용하는 행태가 우선이다. 환자들에게 있어 가장 중요한 이점이 지리적 접근성이기 때문이다.

다른 이점은 빠른 조제시간을 들 수 있는데 동네약국으로 오게 되는 이유가 되기도 한다. 약국에서 조제를 위해 기다리는 시간을 줄이기 위해서 동네약국에 처방을 맡기고 다른 일을 보고 나서 약을 찾는 경우이다. 동네약국으로서는 단골환자를 확보하는 좋은 방법이지만 약의 재고가 늘 수 있으므로 경영적인 측면에서 판단을 잘해야 한다. 환자

들이 싼 약값으로 약국을 고르게 해서는 안 된다.

야간조제료 할인이나 전체 약값 할인은 약국 경영을 악화시킬 뿐 아니라 전체 약국의 공멸을 불러일으킬 수 있으므로 절대 해서는 안 된다.

비만치료제나 발기부전 치료제의 경우 거의 대부분 카드 결제이므로 조제료를 받던지 마진을 확보해야 한다. 또 다른 요인을 보면 조제 외에 다양한 일반상품의 구색이 많은 약국을 찾게 된다.

환자의 마음을 사는 약사의 행동

그렇다면 약사인 우리는 어떻게 해서 환자의 마음을 살 수 있을까?

약국의 지리적 접근성과 조제 약값은 우리가 마음대로 할 수 있는 것이 아니다. 그렇지만 시비의 많은 부분을 차지하는 것이 조제 약값이니 조금이라도 언쟁을 줄일 방법을 알아보자.

1. 같은 약인데 전보다 약값이 비싸졌다고 하는 경우

전산 기록을 이용해서 과거 조제내역을 살펴보고 야간조제료 할증이나 공휴 조제료 가산 혹은 약값의 변동 등에 대해 차분히 설명을 한다.

환자의 착각에 의한 경우는 지난 번 영수증을 끊어 확인시키거나 집에 가서 확인해 보라고 한다. 그렇지만 본인의 착각을 너무 강하게 우기면 약국에서 자꾸 저자세로 나가지 말고 한 환자쯤 안와도 좋다고 생각하고 대응한다.

2. 다른 약국보다 비싸다고 하는 경우

조제 내역을 면밀히 살펴보고 우리의 실수나 잘못이 없다면 환자에게 내역을 자세히 설명한다. 이 때 환자는 이미 화가 나서 우리의 설명을 잘 듣지 않으므로 차라리 지정하는 약국으로 전화해서 환자가 지정하는 날짜의 약값을 환자 앞에서 물어보고 확인시키는 것이 낫다.

환자의 말만 듣고 깎아주는 방법을 택하면 다음 조제 시에도 계속 깎아줄 것을 요구하기 때문에 차라리 환자 한사람을 잃는 쪽을 택한다.

그런 환자는 다른 약국에 가서도 우리 약국에서 약값을 깎아 주었다고 얘기하고 부당한 요구를 하게 된다.

기억해야 할 중요한 포인트 하나는 우리 약국에서 별난 환자는 다른 약국에서도 별나다. 약국을 오래하면 결국 환자는 돌고 돈다. 부당한 요구를 자꾸 하는 환자는 다른 약국에서도 진상환자이다. 아마도 환자들은 약사들이 기억하지 못한다고 생각하거나 손님이 왕이라고 생각해서 모질게 구는 게 아닐까?

약사들은 서비스를 해야 환자들이 온다고 생각하고 다 알면서도 어쩔 수 없이 다시 친절을 베풀게 된다. 그러나 친절한 것과 저자세는 다르므로 부당한 요구는 과감히 거절 한다.

우리가 환자에게 친절하게 하고, 관심을 지속적으로 가져서 단골이 되었다고 생각하고 기대를 많이 하게 되면 한두 번 다른 약국에 갔다는 사실에 속상하고 배신감을 느끼게 된다.

환자들은 그 날의 선호도에 따라 약국을 가게 되므로 장기적인 관점에서 환자를 대한다.

3. 서비스를 주지 않는다고 항의하는 경우

환자들은 약값이 비싸면 절반은 약국의 이윤이라고 생각하는 경우가 많다.

특히 동네 약국에 대학병원의 장기 처방전을 가져온 경우 소비자는 약국에 큰 은혜를 베풀었다고 생각하고 많은 것을 요구한다. 환자의 요구에 따라 드링크를 제공하거나 밴드를 제공하기 시작하면 다음번에도 당연히 그렇게 해주어야 섭섭해 하지 않는다.

서비스는 우리가 감당할 수 있을 만큼만 제공해야 하고 드링크를 줄 때도 정해진 규칙을 만든다.

오거리약국의 경우는 환자가 드링크를 요구하면 약은 물로 복용하시는 게 제일 효과가 좋다고 얘기하고 주지 않는다. 물론 일반의약품을 사고 요구하는 경우도 마찬가지이다.

다만 약국의 문제로 약을 좀 기다려서 받아야 하는 상황일 때 즉, 기계 고장 혹은 옆 약국에서 약을 사와야 해서 시간이 걸리는 경우는 미리 양해를 구하고 드링크를 드리면

시간지연에 대한 미안함을 덜어줄 수 있다.

그리고 드링크를 줄 것을 여러 번 요구했으나 자꾸 거절했던 사람에게는 다른 기회를 봐서 약국으로 들어온 제약회사 판촉물을 준비했다가 챙겨주면서 기분 좋게 드링크를 무상으로 제공할 수 없음을 얘기한다.

물론 물질적인 서비스는 환자의 중요한 유인 수단이지만 그로 인해 약국이 고객에 끌려 다니고, 약국의 경영에 압박을 받고, 스트레스를 받는다면 과감히 고리를 끊도록 한다.

자동화 포장기기 이용도 스트레스 경감

조제 시간을 줄이는 방법은 조제 매뉴얼을 정하는 것 외에 자동화 포장기기를 이용해 짓는 방법, 약의 소포장을 같이 준비하는 방법 등이 있다.

조제 매뉴얼은 여러 번 소개를 했기 때문에 이번 호에서는 논의하지 않으려 한다.

자동화 포장기에서 약이 지어져 내려오는 속도는 사실 조금 늦다. 그러나 컴퓨터로 조제를 지시한 이후 다른 조제를 하거나 봉투를 준비할 수 있으므로 시간이 빨라진다. 게다가 이미 지어진 조제를 이중으로 검수해서 내 보낼 수 있으므로 정확한 투약이 가능하고, 환자가 조제에 대해 불만을 가지고 시비를 하는 경우 조제 기록이 컴퓨터에 남아 있어 확인 가능하다. 그리고 처방 조제의 단순 반복 행위에서 오는 약국 업무의 스트레스를 상당히 경감시킨다.

또 요즘은 소포장 제도가 활성화되어 있으므로 혈압강하제나 혈당조절약이 한 달 분씩 한 가지만 포장해야 할 경우 따로 새어 포장할 필요 없이 미리 준비가 가능하다. 보기에 깨끗하고 완제품 포장을 환자가 직접 확인할 수도 있고 혹시 약의 개수가 모자라더라도 약사의 실수가 아니므로 안심을 할 수 있다.

오거리약국에서는 이런 약 한 통만 받아 갈 경우 복약지도를 "혈압이나 혈당 수치는 어떠셨어요?"라는 질문과 지난 달 약과의 비교, 그리고 간단히 생활상의 수칙을 한 번 더 일러준다. 주로 운동의 중요성을 강조한다.

약사의 역할이 약 알을 약 포에 담는 처방 조제보다는 환자와의 소통과 약 복용에 있어서의 의문을 해소하고 잘 먹

을 수 있게 도와주는 복약지도라고 생각하기 때문이다.

일반상품 구색 갖추기

이번에는 일반 상품의 구색에 대해서 생각해 보자.

근처 병원의 특성에 따라, 약국 내방객의 비율에 따라 상품을 구비하도록 한다.

피부과 근처라면 습윤 드레싱 밴드나 화장품, 광고 중인 미백을 위한 의약품이 꼭 필요하고 정형외과 근처에는 각종 보호대와 탄력 붕대, 코반, 기네시오테이프 등을 가격대별로 준비한다. 파스도 여러 종류를 준비해서 부위별, 성별로 달리 판매한다.

젊은 사람들의 유동인구가 많다면 TV 광고에 의한 상품 구색과 신제품을 구비한다. 직장인들은 카드 사용이 활성화되어 있어 가격대가 높은 제품도 구매를 잘 하는 편이다. 싱글족을 위한 용품, 심장사상충 같은 동물 약품도 많이 나간다.

아기 엄마들은 유아용품이 다양한 약국을 찾는데 엄마들끼리 모여서 오는 경우가 많기 때문에 서로 정보가 많다. 제품의 안전성과 브랜드를 많이 따지면서도 가격에 민감하다.

어르신이 많은 곳은 홈쇼핑이나 신문 광고의 유행에 따라 제품을 구비한다. 오메가 3, 글루코사민 등은 꾸준히 나간다. 반면 JBB, 초록입 홍합, 정어리 펩타이드, 폴리코사놀 같은 상품들은 광고를 하는 동안은 팔리지만 금방 재구매가 없는 제품주기가 짧은 제품이라 재고에 늘 신경을 써야 한다. 그리고 이런 노인층이 많은 약국은 서비스로 제공하는 발마사지기를 구비하면 좋다. 약을 조제하는 동안 발마사지기로 시간을 보낼 수 있어 대기시간에 대한 불만을 줄일 수 있다.

생활습관병 꼼꼼히 지도, 환자 이름 기억

마지막으로 평소에 환자의 신뢰를 확보하는 길은 자기만의 특색을 살리는 것이다. 가벼운 감기나 위장병으로 약국을 찾은 환자에게 일반의약품을 판매할 때 한약 과립제를 잘 이용하여 효과를 보게 하거나 복약지도를 할 때 약 복용 외의 생활 습관을 꼼꼼히 지도하거나 환자의 이름을 기억해 주는 등 본인이 잘 할 수 있는 서비스를 지속적으로 시도를 해서 환자가 마음을 주는 단골약국이 되어야 가벼운 가격 시비와 서비스 요구에서 벗어날 수 있다. ■

약 줄 때는 '솔'
권위 세울 때는 '미'

만성환자 처방 변경 시 환자 상태 따라 응대법 달라야
환자 중심 약료서비스 위해 많이 듣고 교감 쌓는 자세 필요

1999년 5월 처음 개국했던 시점과 지금을 비교해서 가장 많이 변한 부분이 있다면 고객에 대한 응대이다. 개국 당시의 고객은 모두 낯선 이방인이었지만 지금은 그 고객이 약국의 단골이 되었다. 고객에 대한 경계심이 가득 했던 약사의 마음도 이젠 항상 누굴 향해서나 웃어줄 수 있는 열린 마음으로 변했다.

그럼에도 평일에 친근한 단골을 대할 때와 다른 약국이 문을 닫은 공휴일에 낯선 내방객을 맞을 때의 마음의 부담은 여전히 숙제로 남아 있다.

30초 만에 어색함이 사라지는 '잡담이 능력이다'

일본의 사이토다카시가 쓴 책인데 제목부터가 30초 만에 사람의 맘을 확 사로잡는다.

지금 6년제 약대 시스템은 다양한 전공기초를 가진 예비약사들이 약학대학에 입학하여 인간의 소중한 생명을 다루는 약학이라는 새로운 전공을 익혀 약사로 졸업을 하게 된다.

6년제 약사의 가장 중요한 모토는 약물을 중심으로 공부하고 취급하던 예전의 약사가 아니라 환자를 중심으로 하는 약료(Pharmaceutical care)를 펼쳐야 한다는 점이다. 따라서 6년제 약사의 교육에는 환자와의 응대, 소통, 서비스의 개념이 포함된다.

이미 배출된 기존 약사들의 성향을 문과와 이과라는 이분법으로만 나눈다면 많은 분들이 이과에 가까운 성향을 지녔다고 볼 수 있다.

이과의 정확함은 조제를 완벽하게 하고 실수 없이 복약지도를 수행하며 투약하고 재고를 잘 관리하고 경영을 잘하는데 강점이 있어 약국 운영에 있어 주요한 장점이 된다. 그러나 사람을 대하는 점에서는 융통성이 부족해서 트러블이 생기기 쉽다.

문과 성향이 강한 약사는 환자의 마음을 얻는데 탁월한 소질이 있고 약국을 아기자기하게 운영한다.

같은 약대를 졸업했다 하더라도 남자 약사이면서 이과 성향이 강한 사람과 여자 약사이면서 문과 성향이 많은 소질을 가진 사람 간에는 얼마나 큰 차이가 나겠는가?

필수로 지정된 문서복약지도를 제외한 환자에 대한 응대는 여러 가지 모습을 가질 것이다.

이과적인 복약지도는 질병 전반에 관한 설명부터 부작용, 식생활에 이르기까지 아주 정확히 매뉴얼대로 행하는 것이라 보면 된다. 만일 하나라도 빠지면 잠을 못자고 끙끙거리게 된다.

문과적인 복약지도는 설명이 좀 미진하더라도 환자와의 교감 상태에 따라 임기응변식으로 하게 된다. 무엇이 좋다고는 할 수 없지만 환자가 복약지도를 100% 알아듣는 사람이 없다고 전제할 때는 어떤 인상을 남기는 복약지도도 강점이 있다.

매뉴얼대로 하는 단점을 극복하려면 자기계발서 보다는 인문학적인 책, 소설을 많이 읽거나 다양한 경험을 하는 것이 중요하다. 아는 만큼 들리고 보이기 때문이다.

약국 운영에는 이과적인 성향이 아주 중요한 장점이지만

다른 장점을 더하기 위해 이러한 독서나 운동, 여행 등 약국 외적인 활동을 하는 것이 중요하다.

우선 이번 호에서는 처방전을 받았을 때의 환자 응대에 대해 같이 생각해 보기로 하자.

처방전을 받았을 때의 응대

말 한 마디로 천 냥의 빚을 갚는다는 말이 있다. 그만큼 진심 어린 말은 사람의 마음을 편안하게 하는 데 큰 도움이 된다.

우선 처방을 받아서 약을 지으러 오는 사람들은 마음이 편하고 즐거운 사람은 드물다. 가벼운 감기부터 만성질환인 고혈압, 당뇨, 혹은 암환자까지 본인으로서는 작은 티끌도 많이 거슬리고 불편하기 때문에 예민한 사람들이 많다.

그래서 환자를 맞아 접수하고 약을 내어줄 때 약사는 '솔'의 음계[1]로 응대한다.

1. 병원처방 조제 시에 절대 빠트리지 말아야 할 말 한마디

병원을 안내할 때나 병원에서 내려오는 환자들에게 버릇처럼 병원에서 참 좋은 약을 써서 빨리 낫는다고 얘기를 한다. 두 가지의 효과가 있는데 환자에게 병원과 의사에 대한 신뢰를 주는 효과와 병원에서 약국에 대한 신뢰를 심어 주는 효과가 있다. 오랜 기간 이어지면 알게 모르게 약국에 대한 좋은 이미지를 형성한다.

2. 제일 좋은 복약지도는 환자의 말을 경청하는 것

대부분의 환자는 병원에서 자기가 하고 싶은 말을 다하고 내려오는 경우는 드물다.

의사 앞에서 고혈압처럼 혈압이 오르는가 하면 메모지에 자기가 하고 싶은 말을 다 적어가지 않는 한 항상 10에 6도 다 얘기하기가 힘들다. 그러다 보니 약 처방전을 받아 조제를 하고 복약지도를 하다 보면 환자가 자기 얘기를 하는 경우가 있다.

이럴 때는 환자의 말을 끊고 내가 해야 할 복약지도를 매뉴얼대로 하기 보다는 환자의 얘기를 경청한 후 환자의 불편한 부분을 도와준다. 단지 얘기를 들어주었을 뿐인데도 환자는 이 약국 복약지도 정말 잘한다고 칭찬한다. 좋은 복약지도는 환자의 맘을 열고 눈을 맞추는 것이다.

3. 병원에서 처방약이 바뀌어서 내려오는 경우

감기약이나 피부과 약처럼 짧은 기간 투여하는 경우에는 병원 처방약이 바뀌어도 큰 문제가 되지는 않는다. 하지만 혈압약이나 당뇨약처럼 만성질환의 경우는 신중히 접근한다.

1) 혈압이나 혈당 수치에 변동이 없었는데 약이 바뀌는 경우

모양이나 색깔이 같으면 환자들이 별 무리 없이 받아들이지만 그렇지 않을 때는 환자의 마음을 다스려줄 필요가 있다.

약사: 오늘 약이 바뀌었어요. 혈압(혈당)은 잘 조절되고 계시지요?
환자: 아 선생님은 도대체 조절이 잘 되고 있는 약을 왜 바꾼대요? 똑같이 지어달라고 했는데….

이 경우 3가지 정도의 경우를 생각해 보자.

> **① 오리지날 제네릭으로 바꾼 경우**
> 약사: 효과는 똑같고 약값이 조금 싸진 한국약이 새로 나왔어요. 오래 먹는 거 약값도 중요하잖아요. 그래서 바꾸셨어요.
>
> **② 제네릭 중 다른 회사나 다른 계열 약으로 바뀐 경우**
> 이 경우는 두 가지 응대법이 있다.
> 약사: 효과는 똑같고 부작용이 조금 줄어든 약이 새로 나왔어요. 오래 먹는 약 부작용 없이 건강하게 먹어야 하잖아요.
> 또는,
> 약사: 효과는 똑같아요. 같은 약을 너무 오래 먹으면 약이 잘 안 듣는 수도 생기거든요.
>
> **③ 혈압이나 혈당의 변화가 없는데 약이 증량된 경우**
> 약사: 혈압(혈당)을 쟀더니 얼마나 나왔어요? 병원에 뭐가 불편하다고 말씀하셨어요?
> 환자: 혈압(혈당)이 지난번과 별 차이 없는데요. 왜 약이 바뀌었지요?
> 약사: 우선 처방 나온 약은 지난번보다 약이 증량이 된 약이에요. 병원에 전화로 한번 문의해 봐드리겠습니다. (혹은) 병원을 새로 가셔서 의사선생님을 다시 만나보시겠습니까?

물론 드문 일이지만 간혹 처방 오류로 양이 증량되는 경우가 있다.

혈압이나 당뇨의 경우에는 증량으로 인한 부작용이 심각한 경우가 있으니 환자에게 집중하여 대화하며 처방 변경을 이끌어낸다. 만일 처방 변경이 이루어지지 않는다면 환자의 전화번호를 받아두고 언제든지 불편할 때 병원과 약국에 전화를 하도록 한다.

혈압의 경우는 지나친 혈압 강하에 따른 기립성저혈압이나 어지러움이 있을 수 있고 혈당의 경우에는 저혈당에 따른 오심, 구토, 어지러움, 떨림 정신 혼미함 등의 부작용이 있음을 일러주도록 한다.

2) 혈압이나 혈당 수치의 변동으로 약이 바뀌거나 약이 증량된 경우

약사: 오늘 약이 바뀌었어요. 혈압(혈당)은 많이 올랐던가요?

① 혈압이 오른 경우

혈압이 오르면 중풍이나 뇌졸중이 올 수 있다고 우려하는 환자가 많으므로 환자를 안심시키기 위해서 혈압이 오를 수 있는 경우의 수를 말해준다. 그리고 혈압 조절이 잘 되면 다시 예전에 복용하던 약으로 줄여서 복용할 수 있는데 약에만 의존하면 자꾸 약이 세지고 부작용이 따라온다고 알려준다.

  ⅰ) 노화에 따른 관절질환으로 수술을 하거나 소염진통제를 장기 복용하는 경우
  ⅱ) 스테로이드제나 면역억제제를 장기간 복용하는 경우
  ⅲ) 체중이 갑자기 늘어난 경우
  ⅳ) 감정적으로 흥분했거나 스트레스가 너무 심할 때
  ⅴ) 겨울을 맞아 체온 저하를 우려해서 운동을 줄인 경우
  ⅵ) 흡연량이나 카페인 섭취가 늘어난 경우

이럴 경우 환자에게 혈압을 조절할 수 있도록 식이요법과 운동요법을 도와주어야 하는데 이때 환자의 태도가 두 가지로 나뉜다.

CASE 1

> 환자1: 약만 먹으면 되지. 운동이니 뭐니 다 스트레스야.
> 약 사: 약을 잘 챙겨먹는 것이 제일 중요합니다만 약도

가끔 잊어버리실 때도 있지요?

환자1: 어떻게 알았어요? 이 약사님 도사시네. 아이고, 바빠서 정신이 없는데 운동은 언제하노?

약 사: 아무리 바쁘고 정신없어도 아침에 눈 못 뜨면 그만이지요. 혈압은 낫는 병은 아니라도 친구처럼 잘 사귀면 건강하게 사는데 아무 문제가 없어요. 바쁘다고 약 빼먹고 술 먹고 담배 태우시면… 아실텐데… 중풍 오는 거.

환자1: 어쩌라고요?

약 사: 좀 짜게 먹은 날은 바나나, 토마토 하나 더 먹고요. 술 먹을 때 안주 야채로 먹고요. 술자리는 1차에서 마쳐야죠.

환자1: 진짜 혈압이 떨어져요?

약 사: 걸으실 때는 '세월아 네월아'하지 마시고 누가 잡으러 오는 것처럼 심장이 두근두근할 정도로 좀 빨리 걸으셔야 해요. 30분 운동하는 거 부담스러우시죠? 15분씩 나눠서 아침에 좀 걷고 점심밥 먹고 좀 걷고 이렇게 하시면 돼요. 하실 수 있지요?

환자1: 어렵지 않아서 좋네요. 한번 해보지요 뭐.

약 사: 딱 한 달만 해보시면 감이와요. 뱃살부터 빠지고 좀 숨이 차던 게 오늘 다르고 내일 다르고 점점 편해지실 거예요.

환자2: 약사님 말 믿고 한번 해봅시다. 안 그래도 중풍 올까 겁이 나긴 나더라니까요.

다른 환자의 경우를 보자.

CASE 2

환자2: 약사님, 이 약 꼭 먹어야 하나요? 혈압약은 부작용이 심하다던데…. 발기도 안된다하고. 그냥 내가 운동하고 음식 조심하면 안될까요?

약 사: 운동하시고 음식 조심하시면 혈압이 떨어지는 건 사실이에요. 그런데 환자분이 드셨던 혈압약은 초기에 먹는 가벼운 혈압약이 아니라서 지금 당장 끊으면 안되요. 만일 혈압조절이 안 되고 있는데 혈압약을 갑자기 끊으시면 중풍이 올

수도 있어요.

환자2: 내가 혈압도 높지 않은데 왜 중풍이 온다는 거예요?

약 사: 이미 나의 혈관은 기름때가 낀 조금 많이 쓴 고무호스라서 탄력도 없고 딱딱하지요. 혈압약을 먹는 동안 매일매일 혈관이 확장되고 혈액량이 조절되어 혈압이 조절되지요. 혈관 상태가 아기 때처럼 부드럽고 찌꺼기도 붙어있지 않은 혈관이 되어 약을 먹지 않기 위해서는 짜게 먹지 않고 기름진 것을 먹지 않는 기본적인 식이요법과 운동을 최소한 1년 이상 지속하셔야 돼요. 그러면서 혈압 상태에 따라 서서히 약을 줄여나가는 거지요.

일 안하고 쉬면서 운동요법과 식이 요법을 지속하면 몰라도 돈도 벌어야 되고 스트레스도 받잖아요?

좀 편하게 조절하려고 약을 먹는 거고 더 심해지지 않기 위해서 생활을 교정하는 겁니다.

혈압약의 강도가 줄어들면 부작용도 줄어듭니다.

언제든 약을 제대로 정확하게 먹도록 하는 복약순응도의 향상이 약사의 목표이다.

② 혈당이 오른 경우

혈당 조절은 내인성 호르몬인 인슐린의 분비와 인슐린 수용체 결합과도 관련이 있다 보니 혈압 상승의 요인인 약 외에 수술이나 교통사고, 감기, 과로 같은 내외상에도 영향을 많이 받는다.

혈당 조절은 혈압 조절보다 쉽지 않고 환자가 많이 불안해할 수 있기 때문에 환자가 혈당이 오른 원인을 상담을 통해 파악한다.

약사: 너무 걱정하지 마시고요 우선 약이 조절되었으니 혈당이 조금 떨어질 거예요. 그래도 다음에 올 때까지 한 달간 불안해하지 마시고 우선 음식 조절을 한 번 해봅시다.

우선 아침 식전 혈당이 오른 경우와 식후 혈당 조절이 안 되는 경우로 나누어 알아보자.

ⅰ) 아침 식전 혈당이 오른 경우는 저녁 6시 이후의 음식을 금지한다.

6시 이후에 음식을 먹지 않는데도 식전 혈당이 높다면 음식을 먹는 순서를 교정해 본다.

우선 토마토나 드레싱 없는 야채 혹은 싱거운 나물을 먹은 후 단백질인 두부나 생선을 먹고 그 이후에 현미밥을 먹도록 하면 식전 혈당 조절에 도움이 된다.

이후의 간식은 당근이나 양배추 삶은 것, 미역 삶은 것을 먹거나 사과, 바나나 등을 먹는다. 6시 음식은 제대로 잘 챙겨먹지만 의외로 야간 간식을 먹는 분들이 많다.

인삼, 마그네슘, 밀크시슬이 식전 혈당강하에 도움이 된다.

ⅱ) 식후 혈당이 오른 경우

음식 먹는 순서를 교정해 주거나 밥과 기름진 음식을 줄이고 단백질의 양을 늘리도록 상담을 한다. 이눌린, 크롬 오메가 3(인크레틴 분비증가)가 도움이 되는 음식이다.

고혈압, 당뇨의 경우에 한정해서 대화법을 소개했는데 이어지는 내용에서는 여러 가지 상황을 다루어볼 계획이다. 정률제로 비싼 약값을 내게 된 노인환자 응대법, 자꾸 시비를 거는 환자 응대법 등 블랙 컨슈머들에 대한 대화법을 같이 생각해 보았으면 한다. ■

[각주]

1) 부산시약사회 홈페이지에서 열린약국 김종헌 약사님께서 소개하신 방법. 달달하고 달콤한 목소리라 함. 해동온누리약국 정은주 약사님은 권위를 세워야 할 경우에는 '미'의 음계로 얘기한다고 소개함.

복약지도, 환자 배려 전략으로 접근하자

TV 프로그램에 나온 약 찾는 환자 많아 출연자의 말 인용하면 도움
필요한 부분 꼭 집어 설명, 처방약과 일반약 성분 겹치지 않게 지도

요즘 환자들은 똑똑하다. 닥터콘서트, 황금알, 엄지의 제왕, 살림 9단 만물상 등 종편 TV의 밤 시간대 프로그램이 걸러지지 않은 각종 건강 정보를 쏟아내고 있다. 손에 든 스마트폰 역시 넓고 넓은 정보의 바다여서 무엇이든 금방 확인할 수 있다.

반면 약사들은 바쁜 약국 업무에 지쳐 환자들이 보는 TV를 모두 챙겨보지 못하므로 환자의 정보력을 당하지 못한다.

그럼에도 환자들은 궁금한 것은 무엇이든지 약국에 와서 물어보려 한다. 그것은 그간 약사들이 건강에 관한 모든 것에 대해 사랑방의 역할을 해왔기 때문이다.

1. "약사님 하나 물어봅시다"

비타민 A 연고, 비타민 C, 비타민 D, 멀티비타민, 유산균, 오메가 3, 개똥쑥, Ca&Mg, 코미인, 발모차 등 TV에서 패널들이 언급한 제품들은 다음날 반드시 약국에 고객들이 찾으러 온다.

이럴 때 우리가 대응하는 방법을 한번 생각해 보자.

고객이 유산균을 구입하러 온 경우이다.

"약사님, 유산균 하나 주세요. 여기는 어떤 게 있어요?"

1) 가격 경쟁력을 내세우는 경우
유산균은 생균과 사균이 있는데요. 생균은 장에서 직접 살아 작용하고 사균은 생균의 먹이로 작용해서 효과를 보는 거예요. 우리 약국의 A와 B는 둘 다 생균 제품이라 좀 비싸요. A는 2달분 6

만 원이고요, B는 3달분 7만원이예요. B가 가격이 더 저렴해요. 좀 더 저렴하게 하려면 사균제제를 먹을 수도 있어요.

2) 제형에 대해 설명하려는 경우
유산균은 생균과 사균이 있는데요. 생균은 장에서 직접 살아 작용하고 사균은 생균의 먹이로 작용해서 효과를 보는 거예요. 우리 약국의 A는 캡슐형태로 되어 있고요, B는 과립이예요. 위가 나쁘시면 과립도 괜찮고요. 둘 다 효과는 좋아요.

"약사님 다른 건 없어요? 어제 홈쇼핑에 팔던 게 좋아 보이던데."

이렇게 대화를 나누다 보면 고객에게 주도권을 내어주면서 억지로 약 하나 판다는 느낌을 줄 수 있으므로 주의해야 한다.

따라서 TV 프로그램 패널의 설명을 적당히 이용하면서 대화를 시작해 본다.

아, 어제 프로그램에 나온 유산균 찾으시는구나.
우리 약국의 유산균은 모 박사님이 말씀하신 것처럼 두 가지 균종으로 이루어져 있고(락토바실러스, 비피도박테리움) 균마다 이중 코팅이 되어서 장까지 살아서 가요. 냉장 보관이 된 제품도 있고 냉장 보관을 할 필요가 없는 제품이 있어요.
가격은 약마다 조금씩 차이가 있어요.

"그래요? 한 번 볼 수 있어요?"

이 제품은 과립 형태고 이 제품은 캡슐 형태로 되어있어요.

성분은 위와 소장에 작용하는 락토바실러스와 대장에 작용하는 비피도박테리움으로 이루어져 있어요.

"그럼 어떻게 먹어요?"

아침에 눈 뜨시면 큰 머그컵으로 따뜻한 물 한 잔을 마셔서 위산을 씻어낸 뒤 한 알 드시면 더욱 효과를 보실 수 있어요.[1]

"아 그래요? 감사합니다. 잘 먹겠습니다."

냉장 보관용 제품이라면 아이스팩을 같이 챙겨서 조금 두꺼운 종이백에 담아주면 고객의 만족도가 많이 올라간다.

2. 아로나민골드 얼마예요?

요즘 아로나민골드 광고가 히트를 치면서 구매자가 많이 늘었다. 마진이 없는 품목이고 가격 시비가 있는 약이라고 하더라도 복약지도를 빠뜨리지 않는다.

아로나민골드가 좋은 약이 아니라고 한들 약효를 확신하고 온 고객의 귀에는 들리지 않는다. 이럴 때는 더 잘 먹을 수 있게 도와주는 게 맞고 친분이 쌓인 다음에 고객에게 필요한 약을 권해줄 수 있다.

"비타민제는 식후에 복용해야 해요. 위장장애가 있을 수도 있고요. 밥이 휘발유라면 비타민제는 불스원샷 같은 역할을 해요. 휘발유 없이 차가 달릴 수 없잖아요."

"어머니 식사 꼭 하시고 드세요. 아로나민골드는 불이 잘 붙는 번개탄 같은 거예요."

"아로나민골드를 드시면 피로는 확실히 잘 풀리는데 만약 하루 이틀 복용을 중단하시면 더 피로할 수도 있어요."

3. 소포장약에 대한 복약지도

오거리약국은 복약지도든 약국의 서비스든 작은 것부터 세심하게 챙겨야 한다는 생각으로 고객을 대하는 편이다.

감기약, 구내염약, 다래끼약, 소화불량약, 속쓰림약, 복통약, 두드러기약, 티눈 제거제, 고약, 파스 등 품목을 불문하고 소포장약을 팔 때는 언제나 한두 마디씩 복약지도를 더 한다.

가벼운 소화제, 종합 감기약을 사러 와도 종류에 상관없이 버릇처럼 얘기를 해야 한다.

약사가 해줄 수 있는 말은 무궁무진하다.

그리고 반드시 약통에 용법을 네임펜으로 크게 써준다.

고객들은 "어떻게 먹어요?"라고 자주 묻는데 이 말속에는 바르게 약을 먹는 방법, 약을 먹을 때 주의할 음식, 복용기간이 언제까지인지를 포함하고 있다고 생각한다. 특히 생활습관에 의해서 아플 수 있다는 점은 환자들이 미처 생각하지 못하는 부분이므로 필요한 사항은 반드시 얘기해 준다.

1) 감기나 각종 염증약
① 약을 먹어도 효과가 별로라는 반응
"많이 피곤하신가 봐요. 좀 쉬셔야 빨리 나아요."

"약만 먹는다고 낫는 게 아니에요. 비타민도 드시고 평소에 운동도 하셔야죠."

"맥립종은 피곤하고 신경을 많이 쓰면 계속 재발합니다. 기름진 음식과 술은 줄이고 비타민을 많이 먹어야 빨리 나아요."

② 목이 부었을 때
"잠을 잘 못자고 피곤해서 그래요. 꿀물이나 비타민 먹는 양을 늘리시고 일찍 주무세요. 종류는 비타민 C · B 둘 다 중요합니다."

③ 코감기
"코감기는 찬 음식을 먹거나 찬바람에 쐬어도 심해지거든요. 온수를 많이 마시고 피곤하지 않게 쉬거나 비타민을 보충하면 금방 좋아집니다."

"졸릴 수 있어요. 운전하실 때 조심하시고 따뜻한 물 많이 드세요."

④ 감기약이나 맥립종약, 염증약을 원할 때
"밥맛이 없어도 식사는 꼭 하셔야 해요. 뭘 먹어야 낫는 힘이 생겨요."

"이렇게 아플 때는 비타민 복용량을 평소보다 늘리면 빨리 회복돼요."

"요 며칠 많이 피곤했지요? 잠도 못 자고 힘들면 더 아파요. 푹 쉬세요."

⑤ 기침 가래약
"기침은 기가 떨어졌을 때는 낫지를 않아요. 온수를 자주 마셔야 기관지염으로 발전하는 걸 막을 수 있어요."

"기침이 심하면 입맛이 없지요? 그래도 억지로 밥을 먹고 비타민도 2배 이상 섭취해야 기침을 쉽게 잡을 수 있어요."

"기침이 오래가서 걱정되시지요? 처음에는 가래가 생기다가 조금 나아져서 없어지면 가래가 차 있던 곳 때문에 간질간질하고 마른기침을 하게 돼요. 너무 걱정하지 마시고 따뜻한 물 많이 마시고 식사 많이 하세요. 좋아지고 있어요. 병원에서 링거를 맞으시거나 고단위 비타민을 먹는 것도 좋은 방법이에요."

2) 구내염이나 단순 헤르페스성 물집이 있는 환자
"많이 피곤하신가 봐요. 고용량 비타민 B군을 드시면 도움이 되지요. 비타민 C와 비타민 A도 필요하고요. 집에 비타민이 없으시면 낱개로 몇 개 사서 한번 드셔 보세요."

"비타민 B군은 우유나 치즈, 돼지고기에 많아요. 따로 챙겨 드시는 비타민이 없으면 돼지고기를 많이 드시고요. 입이 헐었을 때는 우유를 머금고 있으면 환부에 도포되면서 훨씬 덜 아파요."

"감기에 잘 걸리는 것처럼 구내염이 자주 생기는 사람이 있어요. 부위가 크고 심하거나 한 달 내내 달고 있다면 베체트병일지도 몰라요. 병원에 꼭 가보세요."

3) 위장이 나쁜 환자
섭취하는 음식이나 습관도 지도한다.

① 소화제
"누가 먹어요? 속을 비웠다가 한꺼번에 많이 먹으면 더 힘들어져요. 항상 천천히 드세요. 빈속에 먹어도 됩니다."

"성격이 급하신가 봐요. 나이가 들면 위의 움직임이 느려져요. 한 숟가락을 먹어도 꼭꼭 씹어 드세요."

"잇몸이 안 좋으면 우물우물 씹어서 넘기잖아요. 그럼 음식 덩어리가 위에 그대로 남게 돼서 위산도 많이 나오고 소화도 안 돼요. 음식은 부드러운 걸로 골라 드세요."

② 지사제

"뭐 드셨어요? 음식 조심하셔야 해요. 찬 음식, 기름기 있는 음식, 우유, 과일, 돼지고기, 조개, 전어, 각종 회나 해산물 등을 드시면 더 심해져요."

"설사에는 끓인 보리차나 게토레이 같은 이온음료가 좋아요."

어린이의 경우 "찬물, 아이스크림, 햄버거, 라면, 닭튀김, 꼬치 등을 먹으면 안 돼요. 집에서 엄마가 해주신 것만 먹어야 합니다."

"배를 따뜻하게 하면 아랫배 꾸룩거리는 게 조금 나아질 거예요."

③ 속이 쓰릴 때

"혹시 커피를 많이 드세요? 커피를 줄이셔야 해요. 맵고 짜고 기름진 음식도 속을 쓰리게 할 수 있어요."

"약은 소화가 덜 되는 음식이라고 생각하세요. 약을 먹고 속이 쓰릴 때는 투약을 중단하지 말고 부드럽고 소화가 잘되는 음식으로 드세요."

"고추[2]가 위에 좋다고 해도 속이 아프지 않을 때 먹어야 도움이 됩니다. 당장 속이 쓰릴 때는 피해 주세요."

④ 복통이 있을 때

"복통은 병원에 가서 주사를 맞으면 훨씬 빨리 나아요. 약을 먹어도 낫지 않으시면 바로 병원으로 가보세요."

"배를 따뜻하게 하면 복통이 멎기도 합니다. 핫팩을 대보세요."

"부드러운 음식을 드시고 손으로 배를 살살 문지르는 것도 도움이 됩니다."

4) 두드러기약

"약을 먹고 졸릴 수가 있어요. 이 점 염두에 두시고 물을 많이 드세요. 우유나 계란, 육류, 기름기, 술은 두드러기를 더 심하게 할 수 있으니 담백한 음식을 드세요."

"약을 먹어도 두드러기가 심해지면 병원으로 가셔야 해요. 원인을 해결하지 않으면 차후에 같은 원인으로 아주 심한 알레르기 반응을 일으킬 수도 있어요."

"말벌에 쏘이면 반드시 병원에 가셔야 해요. 봉독을 해독하지 않으면 다음에 다시 벌에 쏘였을 때 증상이 아주 심해집니다."

5) 파스

"통증 때문에 파스를 떼기 힘든 경우 물을 묻히면 쉽게 잘 떨어져요."

"파스를 떼서 아픈 부위에 다시 붙이면 피부 발진이 생길 수도 있어요. 한두 시간 기다렸다가 다른 부위에 붙여야 합니다."

6) 병원약과 일반의약품을 같이 구입하는 경우

병원조제약에 항생제가 포함된 경우엔 "항생제는 끝까지 챙겨 드셔야 해요. 염증 뿌리가 남아있는데 상태가 호전돼 투약을 중단하면 금방 재발할 뿐 아니라 염증이 더 심해지기도 해요."

이 같은 약사의 조언은 환자가 약을 끝까지 먹을 힘을 주고 병원과의 신뢰를 유지시킨다.

일반의약품과 병원 조제약에 겹치는 성분이 없는지 반드시 확인하도록 한다. ∎

[각주]

1) 실제로는 위산에 살아남도록 이중코팅이 되어 있으므로 언제든지 편하게 먹을 수 있다. 아침 공복에 온수 한잔을 마시면 장기능을 원활하게 하여 유산균의 효과를 높일 수 있으므로 큰 머그컵 그림을 그려주면서 같이 먹도록 얘기한다.

2) 건강을 위해 식초는 식사 직후 바로 마시되 위가 나쁘면 즉시 중단하도록 한다.

인식 부족 · 부작용 염려 넘어 순응도 향상으로

복용법과 시간 지도 외에 상호작용 검토까지 이뤄져야
눈높이 맞춘 복약지도로 노인환자 건강관리 역할 앞장

(1) 노인 환자의 특성 및 국내 투약 실태　　(2) 노인 환자의 약물 불순응 개선법 ①　　(3) 노인 환자의 약물 불순응 개선법 ②

　　의약분업이 시작된 2000년은 우리나라 65세 이상 노인 인구가 총인구의 7.2%인 340만 명을 넘어 고령화 사회에 진입한 해이다. 우리나라는 여타 선진국에 비해 고령화가 급속히 진행되고 있는데 노인 인구 비중이 높아지면서 건강보험 재정에서 지불되는 노인의료비도 기하급수적으로 늘어나 문제가 되고 있다.[1]

　　노인환자는 정상적인 신체 상태에서도 자연적인 노화 현상에 따라 약물의 대사 및 배설 기능이 저하되어 약의 용량

조절이 필요한데, 많은 경우 2가지 이상의 만성 병합 질환을 앓는 비율이 높다. 또한 약물 반응에 있어 20대와 다른 약리학적, 약동학적인 차이를 나타내어 불량 반응이 훨씬 다양한 형태로 나타나고 더욱 많이 발생하게 된다. 게다가 병합 질환이 있는 경우는 동일 성분의 중복 투약도 많이 이루어지고 있는 실정이다.

　　더욱이 인지기능의 순차적인 저하로 약물 오남용이 이루어질 가능성이 아주 크다. 따라서 약물 복용법과 복용시간에 관한 복약지도 외에 다수의 동일 성분들 간의 상호작용 검토까지 같이 이루어져야 한다. 특히 복약 순응도가 현저히 낮은 점을 감안하면 약사들은 노인환자의 눈높이에 맞는 복약지도와 건강관리라는 새로운 역할을 해야 할 것이다.

따라서 이번호부터 3회에 거쳐 동네약국에서 적용할 수 있는 방법으로 노인환자의 약물복용에 있어 약물치료가 중복되지 않도록 할 뿐 아니라 복약 순응도(adherence)를 높일 수 있는 방법들을 여러 가지 사례들을 활용해서 설명해 보고자 한다.

1. 노인 환자의 생리학적 특성

1) 약동학적인 변화

① 흡수

위장관에서의 흡수는 크게 영향을 받지 않으나 약물의 분해 및 흡수에 중요한 영향을 미치는 무위산증이나 췌장염의 경우와 cimetidine, 제산제, digitalis, thiazide 등의 약물과 동시에 병용하게 될 때 신중한 약물 투여가 필요하다. 서방정과 장용정의 약효가 저하되고 소장에서 능동적으로 흡수되는 vitamin B, 철분제제, 칼슘 등의 흡수가 저하된다.

② 분포

약물의 체내 분포는 체내 조성, 혈장 단백과의 결합 및 각 장기로 가는 혈류량에 의해 영향을 받는다. 체내 총 수분량의 감소로 수용성 약물의 경우 분포 용적이 작아지므로 약물 투여 후 초기 혈장 농도와 부작용이 증가한다(예 digitalis, antipyrine, cimetidine, warfarin, furosemide).

반면 체지방이 상대적으로 증가하여 지용성 약물의 분포 용적은 커지게 되므로 diazepam, calcium channel blocker 혈압약 등은 약물의 혈중농도가 낮아지고 소실 반감기가 길어지며 작용시간이 연장되므로 주의해야 한다. 또한 naproxen과 같은 산성 약물은 혈청 알부민과 결합하지 않은 유리 약물의 혈장 농도가 두 배에 이르게 되므로 투여 용량을 감량하여야 한다.

③ 대사

약물 대사 능력은 phase I (산화, 환원, 가수분해 등)은 노인에서 20%~40% 정도 감소하나 포합반응인 phase II (glucuronidation, acetylation, sulfation 등)은 별로 변화가 없다. 다만 노인에서는 알코올이나 바이러스성 간염 등에 의한 간 손상으로부터 회복하는 기능이 저하되어 있고 간 혈류량이 절반 정도이므로 간 대사 약물 투여 시에는 특히 주의하여야 한다.

그리고 초회 통과 효과의 변화로 생체 이용률에 변화가 올수 있는 약물은 amitriptyline, diltiazem, hydralazine, nifedipine, propranolol, verapamil 등이다.

④ 배설

가장 뚜렷한 변화가 신장 배설 능력의 감소인데 이로 인해 많은 약물들의 반감기가 길어지므로 약물 투여의 용량과 횟수를 줄여야 약물의 체내 축적으로 인한 독작용을 유발할 위험을 줄일 수 있다. 특히 치료범위가 좁은 aminoglycoside, digoxin 등의 약물은 감량이 필요하다.

2) 약력학적인 변화

① 수용체 반응성

β-아드레날린성 수용체에 대한 반응성의 감소로 benzodiazepine의 정신운동 기능장애가 초래되고 warfarin, diltiazem, enalapril 등의 반응이 예민해진다.

② 항상성 반응의 저해

노인은 평균 혈압은 매년 높아지나, 심장 일회 박출량이 늘어나므로 기립성 저혈압 발생빈도가 현저하게 증가한다. 또한 식후 혈당이 매년 1 mg/dl씩 높아지며 온도조절 기능의 저하, 수분 배설 기능의 저하가 유발되어 약물의 유해작용뿐 아니라 약물에 의한 과민반응이 초래되기 쉽다.[2]

(가) 고혈압치료제, 혈관이완제, 이뇨제, 삼환계 항우울제, 항히스타민제, 항파킨슨약, barbital류, benzodiazepine 등의 복용으로 기립성 저혈압이 일어날 수 있다.

(나) 삼환계 항우울제나 benzodiazepine, opioid, alcohol, 근육이완제, 혈관이완제를 장기 복용하면 체온 조절 기능의 손상으로 체온이 저하되고 근육의 운동 및 활력이 감소된다.

(다) 항콜린 약물, 삼환계 항우울제 ,항히스타민제 등의 경우에는 위장 운동을 감소시키므로 변비를 일으킬 수 있다.

(라) 약물에 의해 요실금이 일어날 수도 있다.[3]

③ 표적 장기의 감수성 감소

나이가 들면 대뇌 혈류 및 산소 소비의 감소, 대뇌 혈관 저항이 증가한다. 중추신경계의 흥분 및 억제 경로의 불균형이 초래되고 콜린 수용체가 결핍되기 때문에 기억력의 손상이 일어난다. 또 β-수용체와 α-2수용체의 반응성이 감소한다.

④ 각종 호르몬 생성 저하

3) 임상적인 변화

① 시력 약화

노인이 되면 시력이 현저히 약화되는데 물체의 삼차원적인 위치를 분간하지 못하여 잘 넘어지는 것으로 밝혀져 있다. 이때 다초점 안경의 착용이 상황을 악화시키는 것으로 알려졌으므로 노인환자가 집안에서는 다초점 안경을 착용하더라도 외출할 때는 단일 초점 안경을 착용하도록 지도해야 한다.

또한 시력 저하 환자가 항히스타민제 chlorpheniramine, 부교감신경차단제 hyoscine, 항정신병약 haloperidol, olanzapine, 멀미약 promethazine, 수면제 diazepam, lorazepam 등 현훈을 유발하는 약제를 먹는다면 각별히 주의할 것을 지도하고, 대체약이 필요하다면 2세대 항히스타민제 중에 fexofenadine이 이러한 부작용이 제일 적으므로 적극적으로 환자에게 권하는 것이 좋다.

65세 이상의 노인 환자에게 조제되는 약품의 약 봉투에는 약품명과 복용법을 큰 글씨로 써서 돋보기 없이 쉽게 읽을 수 있도록 배려하는 것이 좋다.

② 청력 약화

자연스러운 노화 이외에 약물 복용의 부작용으로 아미노글리코사이드 계열의 항생제를 쓰거나, 부정맥 치료제 quinine, 아스피린, indomethacin 등에 의해 청력 손실이 되는 경우가 있고 항우울제와 항정신병약에 의해서도 난청과 환청이 발생할 수 있다.

[표1] 노인환자에 부적절한 약물의 처방 현황

성분명	2003		2004		2005	
	처방전건수	1인당 평균 사용량	처방전건수	1인당 평균 사용량	처방전건수	1인당 평균 사용량
diazepam	5,333,465	70.4	5,511,533	75.4	5,588,498	60
chlordiazepoxide	23,836	118	21,057	120.6	20,134	123
flurazepam	48,361	36.9	51,554	39.4	52,415	39
amitriptyline	808,786	89.4	920,055	104.5	1,014,663	95
indomethacin	34,924	52.6	33,607	56.9	29,618	71
cycolbenzaprine	33,297	35.6	39,849	42	34,477	29
methocarbamol	349,856	55.1	344,751	53.5	364,960	41
orphenadrine	1,540,514	55.3	1,433,632	56.6	1,278,538	43
propranolol	316,850	142.6	346,880	147.6	383,466	179
methyldopa	–	–	–	–	1	3
합계	8,489,889	655.9	8,702,918	696.5	8,766,770	683

청력이 약화된 노인이 이러한 약물을 복용한다면 의사와 상의하여 동일 효능군의 다른 약제로 전환할 수 있도록 상의하는 것이 좋다.

청력이 약화된 노인에게 지나치게 큰 소리로 말하여 수치감을 느끼지 않게 하고 구두로 전달할 것이 많을 때에는 그 내용을 종이에 적어 귀가 후 읽어 볼 수 있게 배려해야 한다. 그렇게 하지 않으면 약사의 복약지도 사항을 이해하지도 못한 채 알았다고 대답하는 경우가 있기 때문이다.

③ 미각 변화

약을 복용한 후 전혀 맛을 느끼지 못하거나 맛을 전혀 다른 맛으로 느끼는 경우가 있다.

노인환자에게 입맛의 변화를 주어 불편을 주는 약물의 예는 ACE inhibitor, clarithromycin, D-penicillamine 등이고 특히 ACE inhibitor 중에는 captopril이 맛을 느끼지 못하는 정도가 심한 약으로 알려져 있다.

Clarithromycin의 경우는 복용한 후 모든 음식에서 금속 비린내가 나고 씁쓸하다고 느끼는 경우가 7%에 이를 만큼 뚜렷한 부작용을 나타낸다.

약 2~3개월이 지나면 본래의 미각으로 돌아오는 특징이 있으므로 임의로 투약을 중단하지 말고 꾸준히 복용하도록 지도하는 것이 중요하다. 당장 약물 복용을 중단한다 하더라도 3주는 지나야 원래 미각이 회복된다는 점을 잘 설명해야 한다. 특히 의치나 보철물을 착용한 환자에게 이러한 부작용이 더 예민하게 나타난다고 한다.

④ 기억력 감퇴

70세가 넘으면 기억력 감퇴가 점차적으로 진행되는데 특히 단기 기억력 소실이 먼저 나타나고 이어 장기 기억력 소실이 일어난다. 이중 단기 기억력 소실은 약국에서 들은 복약지도 내용을 집에 돌아오면 잊어버리기 쉽다는 것과 관계가 있다. 따라서 약국에서는 복약지도를 구두로만 할 것이 아니고 가급적 인쇄물을 이용하여 환자가 집에 돌아가서도 참고할 수 있도록 하면 좋을 것이다.

특히 기억력 유지에 바람직하지 않은 약물을 조제 투여할 때는 신경을 많이 써야 한다. 이러한 약으로는 항콜린 효능을 가진 진경제 hyoscine, 항콜린성 과민성 방광 치료제인

[표2] Beer's Criteria에 수록된 성분명의 2003년 이후 부작용 보고실적

성분명	년도	의심되는 의약품명	부작용 내용
디아제팜	2003	아지스로마이신 세푸록심 트라넥사민산 디아제팜 로라제팜	간기능수치 이상
	2004	자이로릭정 하이트린정 카두라XL정 자트랄XL정, 메로드정	망막이상
	2004	바리움정(로슈)	불면증, 발작, 심한 두통
염산아미 트리프틸린	2004	테그레톨정(노바티스) 에나폰	말이 어눌함, 방향감각을 잃은 것 같은 행동, 하루 종일 잠을 잠
	2006	에트라빌(PO)	배뇨곤란
메토카르바몰	2005	메토카르바몰주(미상)	두통
염산 프로프라놀롤	2005	토파맥스정(얀센) 씨베리움캅셀(얀센) 인데놀정10mg(동광)	인식능력 저하, 행동이 느려짐, 우울, 의욕상실, 성욕 감소, 체중 감소
	2006	씨프람 프라놀(PO)	소화불량

자료: 식품의약품안전처, 2006. 9

oxybutinin과 tolterodine, 항히스타민제인 chlorpheni-ramine, loratadine, diphenhydramine 항정신병약인 haloperidol, clozapine, 항우울약인 amitriptyline, 근육이완제인 methocarbamol, benzodiazepine 등이 있다.[4] 이외에도 H₂blockers, 베타차단제 등도 신중히 투약해야 한다. 이러한 기억력 감퇴는 뇌에서 acetylcholin을 만드는 choline acetyltransferase 효소 활성이 저하되어 일어난다.

2. 한국 노인의 약 투약 실태

노인환자에서는 약물 처방을 하였으나 약물의 효과가 나타나지 않는 경우를 쉽게 경험할 수 있다. 만성질환을 가진 노인환자는 인식능력 부족과 기억력 감퇴 등으로 인해 질병의 심각성을 자각하지 못하거나 과거의 기억으로 부작용을 지나치게 염려하여 약물 복용을 등한시하는 경우가 많다.

이러한 사용실태의 문제점을 보자면,

1) 다제복용(polypharmacy)

한 번에 5개 이상의 약을 복용하는 경우를 다제 복용이라 정의할 때 만성질환의 개수가 많을수록 처방약 복용 경험이 높다는 보고가 있었고[5] 1개 병원 이용환자를 대상으로 한 연구에서는 입원환자의 경우 하루 평균 처방약의 개수는 18개였고 연령이 증가할수록 그 개수가 증가하였다.

외래의 경우는 평균 약 복용수는 6.4종이었고, 2개 이상의 병원이나 진료 과를 다니는 환자의 0.4%가 같은 종류의 약물을 중복 처방받았다.[6]

이렇게 노인계층에서 다제 복용이 흔한 이유는 두 가지 이상의 만성 질환을 앓기 때문인데 이러한 환자에게서 약물 간 상호작용, 약물-음식 상호작용, 혹은 adverse drug reaction 등이 나타날 가능성이 많아 어떤 약을 무슨 이유로 언제 먹어야 하는지를 이해시키는 것이 부작용을 예방하는 핵심이다.

2) 약물유해반응

노인에서의 약물 부작용의 빈도는 5~35%인데 약물 부작용을 잘 인지하지 못하고, 이러한 부작용을 비슷한 어떤 특정 질환으로 오해할 수 있기 때문에 실제 빈도는 더 높을 수 있다.

그리고 복용 중인 약물의 수와 연령에 따라 증가한다. 따라서 항상 치료약물의 혈중농도와 치료 효과적인 측면을 면밀히 검토하고 유해 작용의 발현에 주의를 기울여야 한다.

특히 부작용이 잘 생기는 약물은 β-아드레날린성 차단제, 칼슘차단제, 교감 신경 흥분약, furo-semide, thiazide, NSAID steroid, benzodiazepine, theophylline 등이다.

우리나라 노인환자의 복약 실태와 처방전 상의 약물 상호작용을 연구한 논문에 따르면 65세 이상 노인은 월 평균 1.9개과 진료와 2.5매의 처방전에 의해 9.2종의 약물을 22.3일 복용하여 월 평균 205개의 약을 복용하는 것으로 나타났다.[7]

이 가운데 약물 상호 부작용을 경험한 환자들은 월평균

[표3] 65세 이상 노인환자에게 처방하기에 부적절한 이유

약물	이유
diazepame chlordiaexpoxide flurazepam meprobamate pentobarbital secobarbital	다른 진정, 수면제에 비해 긴 작용시간을 가지고 있어 장시간 약효를 나타내서 부작용의 위험성이 커질 우려가 있음. 따라서 같은 계열의 약물 중 작용시간이 좀 더 짧은 진정, 수면제를 사용하는 것이 더 안전함
amitriptyline	다른 삼환계 항우울제와 비교하여 독성과 항콜린 작용이 높음
indomethacin phenylbutazone	CNS(중심신경계)에 부작용을 일으킬 우려가 크며, 신독성의 우려가 있으므로 다른 소염진통제를 사용하는 것이 더 안전함
chlorpropamide	긴 반감기를 가지고 있어 약물작용이 오래 지속되고, 항 이뇨호르몬을 부적절하게 분비시킬 우려가 있음
propoxyphene pentazocine	약물의 축적으로 CNS와 심장계에 심각한 독성을 일으킬 우려가 있음. 특히 pentaxocine은 약물을 지속적으로 사용하면 체내에 축적되어 발작이나 심장계에 독성을 나타냄
isoxsuprine cyclandelate	다른 약에 비해 효력이 있다고 증명할 수 없음
dipyridamole	고용량에서는 두통, 현기증, CNS에 이상을 일으킴
cycolbenzaprine methocarbamol carisoprodol orphenadrine	치료 효과보다는 CNS 부작용이 더 큼
trimethobenzamide	다른 제제에 비해 효력이 미비하고, 졸음, 설사, 발진 등을 일으킬 수 있음
propranonol methyldopa reserpine	노인환자에서 CNS 부작용이 큼

2.5개과 진료로 3.3매 처방전을 받아서 평균 13.8종 약물을 월 평균 24.6일 복용한 것으로 나타났고, 이는 전체 성인 환자의 부작용 발생 비율보다 6배나 높은 수치이다. 제산제와의 상호작용 건수가 전체의 62.8%를 차지한 것으로 볼 때 제산제를 처방할 때 상호작용 유무를 확인하는 것이 필수이다.

평균적으로 발행 처방전의 19% 정도에서 상호작용이 있다하였는데 특히 진통소염제와 항고혈압제, 항균제 등에서 많이 발생하였다. 예로 TC 항생제, Quinolone 항생제와 제산제;β-blocker와 NSAID; benzodiazepine과 시메티 딘;insulin과 salicylate; digoxin과 loop diuretics; warfarin과 salicylate, lovastatin; theophylline와 quinolon; ACEI와 loop diuretics, spironolactone 등이다.

3) 부적절한 처방

노인에게 사용하기 부적절한 의약품을 처방받음으로써 인지기능의 저하나 낙상, 골절 혹은 중추신경계 부작용 등으로 악영향을 입는 경우가 생긴다. 전 세계적으로 노인환자의 약물 사용을 평가하기 위해 'Beer's criteria'란 지침을 정해놓고 이 기준에 따라 약물 사용이 부적절한지 아닌지를 평가한다. 아래의 자료는 2006년 국정 감사에서 심사평가원이 안명옥 의원에게 제출한 'Beer's Criteria에 수록된 성분명의 2003년 이후 부작용 보고내용'에서 발췌한 자료이다.

이 기준에 따르면 노인환자에 부적절한 약물 전체 처방 건수는 2003년 848만 건, 2004년 870만 건, 2005년 876만 건 등 해마다 증가하고 있음이 밝혀졌다.

실제 노인이 복용했을 때 졸음, 인지기능저하 균형 이상으로 인한 낙상·골절 등의 우려가 있는 diazepam이나 중추신경계의 부작용이 치료 효과보다 크다고 분류된 propranolol, methocarbamol, indomethacin, 항콜린 독성이 높아 시야혼탁, 환각, 배뇨장애 등의 부작용이 있는 amitriptyline의 처방이 해마다 증가하고 있는 것을 알 수 있다. 특히 디아제팜의 경우 2005년 노인환자에게 투여된 부적절한 약물 전체 처방 건수의 63.7%를 차지하고 있는 것으로 분석되었다.[8] ■

[각주]

1) 통계청, 우리나라 인구추이, 2000
2) 손동렬 ; 노인환자의 약동·역학적 특징과 약물 사용의 주의사항, 2005 대한 임상 노인의학회 추계학술대회
3) 최병철 ; 노인 약물의 복약지도, 의약정보 2003년 29권 제7호 120~122
4) 용철순 외 ; 노인 환자에 대한 약사의 복약지도, 한국임상약학회지 제14권 제2호
5) 선우덕 외 ; 고령화시대의 노인보건·복지정책, 한국보건사회연구원(2004)
6) 분당서울대병원노인센터 ; 65세 이상 고령자의 약물복용현황, 메디칼 트리뷴 1095호(2004)
7) 최용순 외 ; 노인환자들의 복약실태와 처방전상의 약물상호작용의 검토, 약학회지47(6), 390(2003)
8) 안명옥 ; 2006년 9월 국정감사

시각자료 활용하고 일상생활과 연계해야

약물요법 이득, 급여 혜택 상담해 가족 구성원 참여 유도
글씨 크기 및 색상 고려해 스티커 활용하면 이해력도 UP

(1) 노인 환자의 특성 및 국내 투약 실태 　　(2) 노인 환자의 약물 불순응 개선법 ① 　　(3) 노인 환자의 약물 불순응 개선법 ②

　오늘은 저번 시간에 이어 약국에서 노인 환자에 대해 어떻게 복약지도를 해야 하는지에 대해 이야기해 보려고 합니다. 지난 시간에 노인 환자의 특성과 국내 투약 실태 등 포괄적인 범위를 다루었다면 오늘은 실질적으로 약국에서 활용할 수 있는 방법에 대해 소개해 보겠습니다.

3. 순응도(adherence)에 대한 이해

　순응은 환자가 자신의 약물을 얼마나 잘 복용하는지 복용 행태를 측정하는데 사용되는 용어로 WHO는 2002년에 복약 순응에 관해 '순응은 보건의료자의 권고에 동의하며 약물요법, 식사요법수행 그리고 생활 습관 변화를 실천하는 정도이다'라고 정의하였다.[1]

1) 약물 불순응의 주요 요인[2]
① 약물 관련 요인

　1일 복용 횟수의 증가, 동시에 복용하는 약물 종류 증가, 불쾌한 부작용 경험, 장기간의 치료, 예방적인 치료, 무증상에 대한 관리치료인 경우, 약의 색깔이 변경된 경우 등.

② 환자 관련 요인

정신질환이나 우울증 앓음, 바쁜 스케줄, 신체적 기동력이 떨어지거나 활동 불능, 불안정한 생활환경, 의사의 언어에 서툴거나 문맹인 경우, 질병에 대한 이해도가 낮음, 치료에서 상당한 행위 변화가 요구되는 경우, 약물 남용, 약물이 중요하지 않다고 믿음.

③ 의료서비스 제공자 관련 요인

의사와 환자의 관계가 좋지 않음, 다니는 진료과가 많은 경우, 의사의 의사소통 기술이 나쁨, 의사의 질병에 대한 적극적인 설명이 없는 경우.

④ 보건의료체계 관련 요인

약값이 비쌈, 외래 이용 또는 약품비에 대한 높은 본인부담률, 의료기관이나 약국에 대한 접근성 부족.

1999년 우리나라 노인환자의 복약 순응도에 관한 연구에서는 노인 환자의 35%에서 복약 순응도가 떨어지는 것으로 나타났으며, 이때 복약 순응도에 미치는 요인 중에서 환자 관련 요인이나 질병 관련 요인보다는 주치의에 대한 만족도, 처방의사의 수 같은 의료 서비스 제공자 관련 요인, 약의 개수, 복용방법의 복잡성 같은 약물 관련 요인이 더 영향을 미치는 것으로 나타났다.[3]

2) 복약 불순응을 개선하기 위한 방법
① 복약 지식 조사

1995년 한국에서 1년 이상(조사 대상의 80%) 성인병을 앓는 노인환자의 복약 실태를 알아본 논문에 따르면 용법 지시에 대한 노인 환자들의 이해 및 복약 순응도는 86%로 나타나 약물 투여에 익숙한 것으로 나타났는데 식간이나 식중의 용법 지시에 대해서는 전반적으로 이해도가 낮았다.[4]

잘 잊어버리는 시간은 식간, 식전 30분, 식후 30분의 순으로 나타났고, 자기 전 및 아침 복용보다는 저녁, 점심시간에 더 잘 잊어버리는 것으로 나타났다.

복약을 잊은 경우에는 80%의 환자가 생각날 때 복용하고, 식후 약의 경우 식사를 거르는 경우라도 83%의 환자가 빠지지 않고 복용한다고 대답한 반면 식전 약을 잊고 식사를 한 경우 43%의 환자만이 식후에라도 약물 복용을 했던 것으로 답변해서 식전약을 잊은 경우 복용을 그만 두는 경우가 더 많은 것으로 밝혀졌다.

이 논문에 따르면 부작용의 발현, 복잡한 용법 지시, 기대하는 약리 효과의 발현 부족 등이 복약 불이행의 주원인이며 경험한 주요 부작용은 위장장애가 제1위로 나타났다. 이들 중 56%의 환자가 의료진과 상담을 한 후에 부작용에 대응하였다고 하였는데 지시된 용법이 복잡하여 복약 준수가 필요한 경우에는 시간대를 통일하거나 조정해서 복약하도록 하였다.

이때 약효 발현이 미진한 경우는 약물 복용 후 수일이 지나서 약효가 나타나는 것이 있으므로 환자에게 인내심을 가지고 복약을 하도록 지시하여야 한다. 또한 식이나 생활요법에 대한 지시사항은 60%의 정도가 준수한 것으로 나타났고 병이 만성화, 장기화될수록 한약 및 건강식품의 선호도가 높은 것으로 나타났다.

환자들이 얻으려 하는 복약 정보는 약의 효과 외에도 약물 간 상호작용, 음식물과의 상호 작용 등의 순이었고 동시에 두 개과 이상의 진료를 받는 경우 동일한 약물 또는 약리작용이나 부작용이 유사한 약제가 중복처방 된 경우가 많았다.

② 노인 투여 계획

약국에서 환자의 복약 상태를 확인하려면 환자에게 사용하고 있는 약병을 모두 갖고 오게 하고 정기적으로 사용하는 약물과 필요시 사용하는 약물을 구분하여 약물사용을 평가하도록 한다.

약의 이름이 무엇인지, 약을 복용하는 이유가 무엇인지, 매번 복용하는 약물의 개수가 몇 개인지, 언제 복용하는지, 약 보관 장소가 어딘지, 다음 약 탈 날짜가 언제인지, 환자가 기대하는 약물요법의 효과는 무엇인지를 물어보고 복약 지식의 정도에 따라 수준에 맞는 복약지도를 행하는 것이 좋다.[5][6]

3) 노인의 순응도 향상을 위한 중재법
① 노인의 복약 순응도에 영향을 줄 수 있는 요인
◆ 인지: 인지기능 저하에 따른 기억력 감퇴로 불순응을

초래할 가능성이 높아진다.

◆ 부작용: 부작용 때문에 처방을 바꾸는 원인이 된다.

◆ 처방내용: 한 번에 복용할 약의 개수가 많거나 다회 복용법, 혹은 잦은 약 색깔의 변경은 불순응을 유발한다.

◆ 환자−의사 간의 불충분한 의사소통: 환자의 시력, 청력, 감각의 저하가 양측의 의사소통을 힘들게 하고 의사의 전문용어의 사용도 효과적인 정보교환을 힘들게 한다. 장기적인 합병증 예방 치료를 위해 의사가 좀 더 신중하고 폭넓게 노인환자를 접해야 한다.

◆ 의료서비스에 대한 접근성과 비용: 의료 인프라가 낮은 농촌지역 노인환자의 복약 불순응을 유발할 수 있다.

◆ 의사에 대한 신뢰: 의사에 대한 신뢰가 처방된 약을 복용하고자 하는 의자를 결정할 때 더 큰 비중을 갖는 것으로 나타났다.

② 노인 환자의 순응도를 향상 시키는 중재법

기억 보조도구, 교육 및 상담, 투약 계획, 전화 상담 등 다각적인 방법[7]을 이용하거나 투약을 식사나 수면처럼 일상생활과 연계시키는 것도 효과가 입증되어 있다.[8]

또한 약의 부작용에 대해 의료인과 상담하는 기회를 갖는 것도 환자가 임의로 약을 중단하는 것을 막을 수 있다[9].

처방 기록을 가지고 다니는 것이 환자와 의료인 모두가 투약 상태를 확인하고 잠재적인 약물상호작용이나 약물의 중복을 피하는데 도움이 된다.

다음은 노인의 순응도를 향상시키기 위한 방법이다.[10]

◆ 환자의 전반적인 치료계획에 약물용법을 통합시킨다. 의사, 간호사, 약사가 참여하여 통합된 중재를 제공한다.

◆ 환자가 의학적 치료의 중요성을 이해하고 있는지 확인한다. 치료 받을 질병과 초래될 결과에 대해 설명하고 약물요법의 이득을 설명한다.

◆ 처방을 단순화한다. 환자에게 실제 처방된 약과 일반 의약품을 모두 복용할 필요가 있는지 확인하고 가능하면 하루에 1번 복용할 수 있게 한다. 또한 약 복용을 환자의 생활 습관에 통합시킨다.

◆ 환자가 약복용 방법을 이해하고 있는지 확인한다. 보기 좋게 글자로 쓴 지침을 제공하고 환자에게 새로운 약품을 사용하는 방법을 보여준다.

◆ 환자가 기억할 수 있게 돕는다. 복약 달력, 약통, 유사한 알리미 도구를 사용한다.

◆ 환자의 장애를 인식한다. 산만하지 않고 조용한 환경에서 지침을 제공하고 인쇄된 지침은 시력 장애가 있는 사람도 쉽게 읽을 수 있는 글씨체로 만들어야 한다.

◆ 보험에 의한 급여와 의료서비스를 최대한 많이 받을 수 있도록 돕는다.

③ 건강 소양이 부족한 환자의 순응도를 높이기 위한 중개 방법[11]

◆ 조심스럽게 건강 소양 수준을 확인한다.

◆ 복약 지침을 반복해서 여러 번 설명한다.

◆ 복약 지침을 설명하면서 시각 자료를 활용한다.

◆ 일회 용량을 놓을 수 있는 약통을 사용한다.

◆ 가족 구성원이 순응도를 높이는 것을 돕도록 참여시킨다.

다음 시간에는 더 많은 스티커 활용법과 함께 노인 환자 복약 수칙에 대해 정리해 보는 시간을 갖도록 하겠다.■

[각주]

1) 이때의 순응은 adherence라는 용어를 사용하며 환자와 의료제공자간의 협력적 의사결정을 의미하고 기존에 사용하던 compliance라는 용어는 의사의 처방 지시에 따르는 '순종'으로 해석하며 환자가 보건의료 제공자의 지시와 충고를 따르도록 하는 수동적인 접근을 의미한다.

2) Vermeire,2001; Miller,1997;Osterberg,2005

3) 김경철외; 노인환자의 복약순응도와 이에 영향을 미치는 요인, 가정의학회지 제20권 10호1999

4) 김옥녀외; 노인환자의 복약지도, 병원약사회지 제12권 제2호 pp93~97, 1995

5) 복약 순응도 ,한국사 관리연구회 역, 현문사 pp28~29

6) 이러한 복약 순응도에 대한 조사는 모리스키 도구를 사용해서 측정한다.

7) Chang,1991; Airashed2002; Rich,1996; Espoito,1995

8) Spiers,2004

9) Novielli,2001**25,26,27모두 복약 순응도 ,한국사 관리연구회 역, 현문사 pp48~49

10) Calif, State Board of Pharmacy, 2003

11) ngoh,1997; Hussey,1994;Nicholas−English,2000

[노인 환자들의 시각적인 이해를 돕기 위한 스티커 활용법]

▲ A4 사이즈 2배 되는 크기 비닐로 30일 이상의 많은 양을 투약할 때 사용되는 봉투이다. 큰 글씨의 스티커를 라벨지를 이용하여 만들어 붙인 것인데 비닐이라 장기 보관이 가능하다.

▲ 15일 분에서 30일 분까지의 약을 넣는 A4 사이즈의 종이봉투로 봉투 위에는 손으로 그린 옆의 봉투처럼 손을 바로 넣을 수 있는 홈이 있다.

▲ 잠자기 전을 표시할 때는 따로 도장을 찍거나 라벨지를 붙여서 사용한다. 수면을 위해서 나오는 스틸녹스 등을 한 알씩 찍어 줄 때 이용한다.

▲ 일반 사이즈 봉투로 내복약 봉투와 외용약 봉투의 색깔을 달리하여 만들었다.

▲ 3가지 종류의 분포지를 사용하는데 아침 점심 저녁이 다를 경우의 약포지와 아침 저녁 약포지이다.

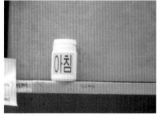

▲ 한 달분 혈압약 30알이 나가는 경우로 약 알을 세어서 위에다 한번 적어주고 나가는 날도 반드시 적는다(약 개수의 시비가 줄어듭니다).

▲ 따로 먹는 알약도 꼭 다시 한 번 볼 수 있게 주의를 환기시켜야 한다.

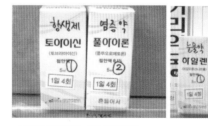

▲ 내복약에 바르는 약이 같이 동봉된 경우(왼쪽)이고, 가능한 각종 지시 스티커를 붙인다.

▲ 안약에 들어가는 지시사항이다.

◀ 잊어버리기 쉬운 것은 반드시 라벨지로 출력을 해서 꼭 붙여 준다. 아침 식전, 필요 시, 설사 시, 아침, 저녁 이런 종류들을 라벨지로 출력하여 사용하고 인쇄소에서 대량 인쇄할 수도 있다(소량인 경우는 라벨지가 개별 단가가 좀 비싸도 더욱 경제적이다).

'직접 보여주고 질환별 주의사항 숙지해야'

트레이 · 환자교육용 책자 활용하고 흡입기는 직접 시연
만성질환 따른 식이 · 운동요법 지도하고 복약 수칙 세워야

(1) 노인 환자의 특성 및 국내 투약 실태　　(2) 노인 환자의 약물 불순응 개선법 ①　　(3) 노인 환자의 약물 불순응 개선법 ②

4. 노인 환자를 위한 시각 자료 활용법

1) 시각적인 이해를 돕기 위한 스티커 활용법

▲ 노인들의 정량 이용을 위해서 네임펜으로 표시를 한다.

◀ 연고제는 통 아래 위에 모두 적용 부위를 적는다. 오른 그림은 문전약국에서 사용되는 색깔별 스티커이다.

◀ 가글액은 주의가 필요하여 빨간색을 삽입하였다.

2) 한글을 모르는 노인을 위한 숫자 사용법

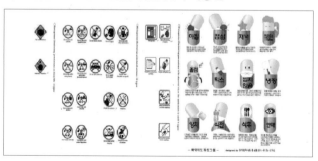

▲ 왼쪽은 일본에서 기획 · 도안하여 전 세계에 무료 제공된 픽토그램이고, 오른쪽은 2005년 경기도약사회 홍승표 약사님께서 개발해서 무료로 약사님들께 나누어 주신 픽토그램이다.

▲ 글자 아침, 점심, 저녁, 취침 전을 1, 2, 3, 4의 숫자로 표시하였다.

▲ 픽토그램 스티커를 이용한 복약 사례

3) 용법에 따른 복용이 불가능한 환자를 위한 트레이 활용법

◀ 아침 1회 복용하는 약의 1주일분 트레이다.

◀ 1일 4회와 식후 2시간, 따로 먹는 알약이 들어가는 6칸 트레이, 4칸 트레이이다.

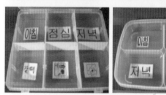

▲ 가족이 하루분만 지정 칸 안에 약을 넣어 놓으면 먹고 나서는 글자가 나오게 되는 시스템이다.

▲ 여러 병원의 약인 경우도 아침, 점심, 저녁 등으로 모아서 용기에 담아 한 번에 복용하게 한다.

▲ 글자를 모르는 분들을 위한 트레이로 고안된 것이다.

4) 만성질환자를 위한 복약 수첩 활용법

◀ 제약회사 발행 각종 복약 수첩이고, 오른쪽은 일본 단골약국 수첩이다.

▲ 병원에서 재온 혈압과 당을 약국에서 기록하면서 투약 내용도 적는다. 자가로 측정한 경우는 스스로 기록하는데 가능하면 잰 시간을 같이 적도록 한다. 일본은 단골약국 수첩에 복약 지시사항을 적고 프린트 해주는 개별 행위에 모두 수가가 매겨진다.

복약 수첩의 경우 노인 환자가 동시에 복용하여야 하는 약 개수를 줄이고 중복 투약과 부작용을 방지하는데 가장 큰 기능이 있고 환자에게 나의 약국을 단골약국으로 인식하게 하는 장점이 있다.

복약 수첩에는 처방약뿐만이 아니고 약국에서 구입한 일반약과 자가 구입 건강기능식품까지 모두 기록하도록 해서 환자의 모든 약력을 관리하도록 한다.

◀ 왼쪽의 가이드북은 포사맥스를 먹고 있는 환자가 가입대상인 본 맥스플러스 클럽의 책자이다. 이 클럽은 1주일에 1번씩 노인환자들에게 포사맥스 복용을 알려주는 알람시스템을 운영하기 위해 만들어졌다.

5) 만성 환자 교육용 책자 이용

 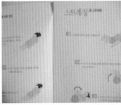

◀ 병원에 배부되고 있는 환자교육용 책자이다.

◀ 일본제약회사에서 발행한 약국용 환자 교육책자이다. 제약회사의 힘이 필요한 대목이다.

◀ 자체 제작한 만성질환자 교육용 리플렛이다.

6) 노인환자 흡입기 사용 교육

▲ 흡입기는 제약회사에서 제공한 샘플을 이용해서 시연을 하면서 설명을 한다.

▲ 세레타이드 디스커스와 터부할러의 경우는 약을 흡입한 느낌이 없어 환자들이 불편을 호소한다.

위의 그림은 세레타이드 내부의 그림이다. 가스를 충전하지 않고 고동 모양으로 돌아가 있는 알미늄 호일방안에 약물이 들어있다. 따라서 약을 한번 열면 환자들이 급히 들이마실 필요 없이 편안한 숨으로 약 5번 정도 빨아들인 이후 잠시 숨을 참게 하면 숨이 짧은 노인 환자도 완전히 약을 흡입할 수 있다.

레바를 쓸데없이 내리면 약을 사용하지도 못하고 넘버링 됨과 동시에 돌아가 버리므로 주의할 것을 교육하여야 한다.

터부할러의 경우에도 첫 사용 시는 딸깍 소리가 날 때까지 3번을 돌려야 하고 아무 느낌이 없으나 역시 가스가 없으므로 한번 약을 연 상태에서 두세 번 더 빨아들인 이후 잠시 숨을 멈추게 한다.

두 가지 약 모두 흡입 후 반드시 물로 입을 헹구거나 물을 한 컵 마시도록 지시한다.

스피리바 핸디핼러는 위의 그림처럼 캡슐을 삽입한 이 후 용기를 닫고 옆으로 나온 녹색 레바를 눌러 약가루가 나오게 하여 흡입하는 방식이다.

벤토린의 경우는 세게 흔든 이후에 챔버를 사용하여 흡입을 하는 경우가 최적의 효과를 얻을 수 있음이 연구에서 밝혀져 있다.

노인들에게 있어 흡입기 사용 복약지도는 복약 이행도에 큰 영향을 미치게 되므로 아주 중요하다.[1]

5. 약국의 노인 환자 복약지도법

1) 노인 환자 복약지도에 필요한 복약지도 문구

혈압과 당뇨의 경우 목표 혈당과 목표 혈압을 정해준 이후 질병에 대한 쉬운 비유와 정확한 약 복용의 필요성이 느껴지게 설명을 해야 한다.

앞으로 있을 합병증 관리 역시 약국에서는 중요한 부분이고 약물 복용으로 모든 것이 끝나는 것이 아니므로 식이요법과 운동 요법을 같이 하도록 설명한다.

Part 2. 환자별 복약지도

— 노인 환자 복약지도(3)

① 고혈압의 예

약사: 혈관을 고무호스에 비유할 수 있습니다. 선생님의 혈관은 50년 이상 써온 낡은 고무호스와 같습니다. 게다가 콜레스테롤이라는 기름때가 혈관 벽에 더께를 이루고 있기 때문에 물이 지나가면 많은 저항이 생겨 호스 압력이 올라갑니다. 이러한 호스에 계속해서 많은 양의 물이 내려가면 어찌 되겠습니까? 수도꼭지에서 호스가 빠지거나 호스의 갈라진 틈이 터지겠지요?

환자: 그렇겠지요. 그래서 뇌졸중이 생기나요?

약사: 맞습니다. 그럼 어떻게 하면 호스를 그대로 이용할 수 있을까요? 호스의 기름때를 제거하거나 호스에 압력을 줄이면 되고 아니면 힘들지만 호스의 직경을 좀 넓힐 수 있거나 하면 큰 무리 없이 호스를 이용할 수가 있겠지요? 이렇게 호스의 압력을 줄이거나 직경을 좀 넓히려고 쓰는 약이 혈압약이고 기름때를 벗기는 약이 콜레스테롤 없애는 고지혈증치료약입니다.

환자: 병원약만 잘 먹으면 혈압은 낫는가요?

약사: 생활하다 보면 혈압을 올리는 물질이 자꾸 만들어지거든요. 음식도 짜지 않은 것과 야채를 많이 드셔야 하고 운동을 해서 여러 가지 합병증을 막아야지요.

② 당뇨의 예

약사: 혈당은 설탕물이 혈관을 지나가는 것과 같아요. 설탕물은 걸쭉해서 산소나 영양분을 손끝까지 가져다주지 못하니까 손발이 시리고 아픈 거예요

2) 만성 질환에 따르는 식이와 운동 요법 지도

고혈압의 경우 염분 섭취 제한이 필요하므로 소금 1g에 해당되는 조미료와 음식의 양을 일러주고 염분의 섭취를 줄일 수 있는 조리습관에 대해 조언을 하도록 한다.

예로 하루 종일 먹는 김치의 양은 김치나 깍두기 4~5쪽 정도라고 제한을 해주고 물미역, 파래 등은 조리 시 소금기를 미지근한 물에서 충분히 빼도록 하는 등의 팁을 알려주면 된다.

칼륨이 풍부한 땅콩이나 정어리, 연어, 고등어, 고구마 등과 채소류 등을 풍부히 먹고 1주일에 3-4회 정도 30분 내지 1시간 정도의 유산소 운동을 할 수 있도록 지도한다.

① 당뇨

당뇨의 경우는 콩과 기름기 적은 고단백 육류, 어류, 채소, 해조류 등을 골고루 과식하지 않고 먹도록 하고 너무 많은 곡류나 단당류, 혼합음료 과일 등을 많이 먹는 것은 좋지 않다.

고혈당 상태를 장기적으로 유지하게 되면 여러 가지 합병증이 일찍 발병하여 삶의 질이 떨어질 수 있음을 알려주시고 유산소운동을 주 5회 30분에서 45분씩 식사 한 시간 후에 하도록 한다. 또한 말 신경염에 의한 족부궤양이 큰 문제가 되므로 발 관리에 유의하도록 하고 무엇보다도 저혈당이 왔을 때의 대처법을 반드시 숙지시켜주어야 한다.

② 통풍

통풍의 경우 맥주나 막걸리를 반드시 피해야 하고 동물의 내장, 베이컨 등 푸른 생선 ,연어, 새우, 조개, 생선알 등은 먹지 않도록 한다. 반면 채소나 아몬드, 과일, 초콜릿 등은 요산 배설에 도움이 되고 매일 충분한 양의 물을 마시도록 한다.

③ 전립선 비대증

전립선 비대증의 경우 마늘, 된장 토마토, 검은콩, 마,

상추, 호박씨, 굴, 가지, 파 등이 좋은 음식이고 술과 카페인은 피해야 한다. 물구나무서기가 도움이 된다.

④ 백내장

백내장의 경우는 자외선을 피하고 비타민 A, C, E 등의 항산화제를 섭취하는 것이 도움이 된다.

⑤ 녹내장

녹내장의 경우 한꺼번에 너무 많은 물과 커피를 마시지 않도록 하고 금연을 해야 한다. 복장은 목이 편안한 복장을 하고 어두운 곳에서 오랜 동안 TV 등을 보지 않는다. 특별한 증상이 없어도 병원 검진을 정기적으로 받아야 한다.

3) 각 질환별 주의사항과 복약지도
① 대상포진

대상포진의 경우 체력 저하에 의한 바이러스 감염으로 피부의 물집 발현과 함께 신경의 염증이 생기는 질병이다. 초기에 대처를 하지 못하면 합병증이 오래 남을 수 있음을 주지시켜야 한다. 육체적인 활동을 피하고 집에서 충분한 휴식과 안정을 취하고 체질에 맞는 고영양식과 보약으로 체력을 끌어올려 면역력을 극대화시키는데 치료의 초점을 맞추어야 한다.

② 위장병

위장병의 경우 양배추즙, 마즙, 브로콜리, 흰 살생선, 닭고기, 감자즙, 해조류 등이 좋은 음식이고 심한 스트레스에 의해 악화될 수 있으니 주의한다. 흔히 속이 쓰릴 때 마시는 우유는 잠시 통증만 없애 줄 뿐 나중에는 반동성 위산 증가가 올 수 있으니 주의해야 한다.

6. 기타 제언

노인환자가 65세 이상이 되어 교통비 지급이 될 때 주민등록증을 IC chip이 있는 것으로 교체 발급하여 IC chip 내에는 환자의 의약 정보, 보호자의 전화번호, 주소 등을 내장할 것을 제안한다. 평균 수명이 길어지고 자식세대와 동거하지 않는 노인이 증가함에 따라 환자 자신의 모든 정보를 인지기능이 저하된 노인의 기억에만 의지할 수는 없기 때문이다. 이 주민등록증으로 교통카드 기능을 대신하게 된다면 노인들의 불편도 없고 경찰에서 길 잃은 노인들을 보호 관장하는데 드는 노력도 줄어들 것이다.

7. 노인환자 복약 수칙

① 약의 중요성에 대해 설명하여 임의로 투약을 중지하거나 약 용량을 증감하지 않도록 한다.
② 노인들의 언어로 설명하고 다시 질문을 통해 확인한다.
③ 천천히 간단명료하게 설명하고 복약시간을 명확히 정한다(1일 1회보다는 아침, 혹은 저녁 1번).
④ 가능한 한 매회 복용하는 분을 모아서 1회분 포장으로 투여하는 것이 좋다.
⑤ 약제의 색, 제형, 형태, 크기 등으로 쉽게 구별하여 복용할 수 있도록 환자에게 설명해 준다.
⑥ 임의로 다른 처방약이나 일반약을 복용하지 않도록 하고 너무 연로한 경우 보호자에게 복약지도를 한다.
⑦ 복약 시 물을 충분히 섭취하고 복약 후 위장장애가 나타나면 식사 직후 복용하도록 한다.
⑧ 복약 후 어지러움이 나타나면 일어날 때 서서히 일어나도록 한다.
⑨ 약복용으로 모든 질환이 나은 것이 아니라 식이요법과 운동이 필요하다는 것도 알린다.

8. 결론

앞으로의 약국 운영은 만성 질환자 관리약국의 형태로 운영이 되리라 생각한다. 현재 약국에서 적용되는 사례들 외에도 각 선진국에서의 사례를 좀 더 탐구하여 노인환자들이 정확한 복약을 할 수 있도록 만전을 기하여야 할 것이다.■

[각주]

1) 흡입기 사용에 있어서의 복약이행도 분석
 −환자 측면에서의 메디케이션 에러, 삼성서울병원

환자와 눈 맞춤이 단골을 만든다

가벼운 인사로 혈압 수치 먼저 묻고 연령·성별 고려
30대 男 스티커 활용하고 40대 女는 공감 효과적

약국 효자 고객의 첫째는 고혈압, 당뇨와 같은 만성질환자이다. 이들 질환은 완치를 위해서 약을 복용하는 것이 아니라 혈압을 관리하고 혈당 수치를 낮추어 남은 생을 건강히 유지하기 위해서 약을 복용한다. 힘들지만 이런 냉엄한 현실을 받아들여야 혈압, 당뇨약 복용과 함께 식이요법, 운동요법을 병행해 건강을 유지할 수가 있다.

이러한 환자들은 매달 약국을 정기적으로 방문하므로 얼굴이 익어 우리는 상당히 친밀감 있게 생각한다.

"어서 오세요. 혈압약 처방받으셨네요. 잠시 기다리세요."
"자 여기 한 달 분입니다. 식사하고 드세요."
"지난달과 같은 약이네요."

이렇게 기계적으로 응대를 하고 보내는 경우가 대부분일 것이다.

약을 받는 환자의 입장에서도 "다 아는 약이니 얼른 약이나 주소." 눈 맞추기 바쁘게 휭하니 약국 문을 나선다.

과연 이러한 환자를 우리는 단골환자라고 얘기를 할 수 있을까?

만일 약을 조제하는 중 실수가 있어서 한 알이 빠졌다거나 혹은 포수가 모자라게 되었을 때 과연 이 환자는 어떻게 생각을 할까?

"단골이라고 다녔더니 사람 무시하는 것도 아니고…."

복약지도를 함에 있어 약에 대한 설명을 정확하고 자세하게 해주는 것이 물론 제일 중요한 첫걸음일 것이다. 그러나 단골환자를 만든다는 것은 이것만으로 되는 것은 아니다.

말없이 매달 약국을 방문하는 만성질환자에 대한 세심한 관심과 사소한 것까지도 배려하는 섬세함이 한 번 단골 환자를 영원한 단골환자로 확보할 수 있는 관건이 된다.

요즘은 사회 전반이 서비스에 대해 얘기하고 있는데 약국 역시 서비스에서 벗어날 수 없다.

이러한 고객 응대 서비스의 제일 첫 시도는 환자와의 눈 맞춤이다.

환자가 약국을 들어서서 처방전을 접수하고 대기하고 약을 받고 수납하고 약국을 나서는 그 순간까지 우리 약국의 동선은 어떠한지 한번 살펴보았으면 한다.

환자가 들어서는 순간 접수 직원이 웃으면서 응대를 하는지, 처방약이 나오고 나서 약사인 나는 환자와 눈을 맞추며 얘기를 하고 있는지, 환자가 부작용에 대해, 혹은 불편함에 대해 지나가는 말로 언급하는 것을 얼른 알아듣고 대처를 하는지, 내 앞의 환자에게 집중하고 있는지, 환자에게 더 큰 만족을 줄 방법에 대해 고민하고 있는지를 생각해야 한다.

드링크 한 병에 움직이는 철새 환자는 환자들의 잘못이 아니라 단골약국이 되지 못하는 약국의 탓이라는 것을 통감하자는 것이다.

그렇다면 눈웃음과 말 걸기로 대표되는 환자와의 친밀감 높이기, 그 실전에 한번 돌입해 보고자 한다.

1. 혈압(혹은 혈당)수치를 확인할 때

제일 말하기 쉬운 것은 "오늘 혈압(혹은 혈당) 어떠셨어요?"이다.

그러나 매달 오는 환자에게 똑같은 하나의 멘트를 말할

순 없기 때문에 그 다음으로 접근하기 쉬운 방법은 계절적인 상황을 이용하는 것이다.

"이렇게 더운데 어젯밤 잠은 잘 주무셨나요? 이런 날은 혈압이(혹은 혈당) 조절이 잘 안되는데 오늘 어떠셨어요?"

혹은 올림픽이나 월드컵, 아시안게임 같은 특수 상황이 있다면 그런 말들로 환자들의 공감을 구한 후 혈압(혹은 혈당) 수치를 확인한다.

그러나 일률적일 수는 없고 환자의 연령이나 성별에 따라 다른 상황들이 전개된다.

2. 30대 남성 환자

젊은 남성 환자들은 본인의 잘못으로 혈압이나 당뇨가 발병한 것이 아님에도 본인의 질병을 숨기려하고 약만 잘 챙겨먹는 것으로 모든 것을 다 했다고 생각한다. 간혹 약을 먹는 것을 잊는 경우도 생긴다.

인터넷으로 정보를 검색하고 약사에게 사소한 것으로 시비를 걸거나 많은 것을 아는 것에 대해 자랑하려고 하기도 한다. 이럴 때는 긴 설명이나 간섭은 환자의 짜증만 일으킬 뿐이고 최고의 응대는 환자의 말을 들어주는 것이다.

환자의 프라이버시를 중요하게 생각하여 부작용을 상기시키거나 합병증을 막는 차원의 얘기를 가볍게 하면서 스티커를 만들어 조용히 붙이는 방법, 브로셔를 제공하고 "가시면서 읽어보세요"라고 한 템포 늦출 필요가 있다.

스티커의 예로는

"혈압약은 중풍이나 심장병을 막는 보약입니다."
"하루 한 번 약 복용으로 평생 건강을 지킵시다."
"지나친 음주는 뇌나 심장에 부담을 줍니다."
"지나친 흡연은 심장병으로 가는 지름길."

3. 30대 여성 환자

대부분은 약사의 설명에 긍정적인 반응을 보인다. 한참 양육 스트레스를 받고 있는 상황이라 혈압, 혈당이 높을 수 있으니 이 시기만 잘 넘겨보자고 응원을 보낸다. 이러한 공감대가 환자를 심리적으로 안정시킬 수 있다.

혈압수첩을 제공하고 그날의 혈압이나 혈당 상황을 같이 확인하는 것을 관심으로 여길 것이다.

4. 40, 50대 여성 환자

40, 50대의 여성 환자는 자기의 정체성을 드러내면서 색깔을 분명히 한다.

이 연령층들은 사소한 일상사를 같이 나누면서 혈압약의 복용 여부를 체크해 보는 것이 큰 효과를 거둘 수 있다. 특히 젊어 보인다거나 아름답다는 말에 제일 큰 관심을 보이고 돈이나 시간 모두 여유를 가지기 시작하는 때이므로 만성질환과 궁합이 맞는 혈액순환제까지 같이 설명해 볼 수도 있다. 운동이나 식이에 대한 자세한 설명이 환자들의 충성을 높일 수 있다.

예를 들어 환자의 운동복이나 모자에 대해 운동을 열심히 하는 것에 대한 칭찬 격려나, 운동모가 남달리 잘 어울린다는 등의 사소한 멘트도 운동을 지속하는 큰 지원군이 된다.

"식전 약은 에피타이저, 식후 약은 디저트!! 빠지지 않고 챙기는 에티켓"

5. 40, 50대 남성 환자

40, 50대의 남성 환자는 심리적으로 불안정한 시기이고 가정의 안정을 중요시하므로 가족 사랑을 강조함으로써 남성의 기를 살리도록 한다.

이 환자들은 복약지도에 대한 반응이 별로 없는 게 특징이다. 특히 50대 후반의 남성은 자기표현에 너무 서툴기 때문에 잘 웃지 못하는 것이므로 약사들이 마음에 상처를 입으면 안 된다. 40대 중후반의 경우는 현실에 쉽게 적응하는 경향이 있으므로 TV의 유행어를 이용해서 말을 만들어본다. 이럴 경우에도 스티커가 효과가 좋다.

"하루 한 번 약을 잘 챙겨 드시는 것만 해도 가족을 사랑하는 방법이다."

"약 잘 드시는 당신, 진정한 달인이십니다."

"이렇게 열심히 약을 잘 챙겨 드시는 분은 많지 않다."는 격려 반응에 효과가 좋다.

6. 60대 이상 여성

60대 이상 여성은 노년기로 접어드는 시기이므로 앞으로 다가올 세월에 대한 희망과 격려, 살아온 지난 세월에 대한 이해와 칭찬에 맘을 쉽게 열게 된다.

(예로 어머니가 아프신 것이 전부 훈장입니다. 힘든 세월 자식들 키워내느라 고생을 너무 많이 해서 아프신 거죠.)

사소한 변화에 관심을 가져준다면 복약지도의 반응이 좋고 격려도 큰 힘을 발휘한다.

혼자 사시는 분도 많이 있고 대화의 상대가 많지 않기 때문에 말을 거는 것만으로도 큰 효과가 있어 단골환자가 되기 쉽다. 젊어 보인다거나 젊었을 때 정말 예뻤을 거 같다거나 자식들이 잘해주시는지 얼굴이 편안해 보인다는 말을 제일 좋아한다.

그리고 "하루 열 번 웃는 것으로도 온 몸이 건강해질 수

있다."

"약은 생각난 즉시 바로 먹는다."

등의 스티커를 눈을 바라보면서 부착해 보자. 인기짱 약사가 될 수 있다.

'9988123'이라고 99세까지 팔팔하게 살다가 하루 이틀 아프고 3일째에 일어나라는 뜻의 스티커도 아주 반응이 좋다.

7. 60, 70대 이상의 남성

복약지도의 반응이 좋은 편이다. 그러나 대부분은 귀가 나쁘므로 많은 얘기를 하지 않고 스티커를 사용하면서 색깔별로 달리 표시하여 얘기를 전달한다.

8. 70대 이상의 무학 여성

복약지도에 귀를 기울이나 잘 알아듣지 못하므로 '9988123'정도의 스티커를 붙여주고 가능하면 1포로 포장을 하여 시간 맞추어 약 복용할 수 있게 도와준다.

9. 보호자를 동반한 환자

보호자에게 자세한 약의 기전이나 부작용까지를 설명하여 사소한 약물 부작용에 당황하지 않도록 해야 한다.

복약지도는 약사의 의무이자 약사가 건넬 수 있는 최상의 선물이다. 단골환자가 들어오면 한눈에 파노라마처럼 변화를 읽어내고 관심을 말로 표현하면서 환자를 즐겁게 해줄 수 있는 것이 복약지도의 완성이라고 생각한다.

그러한 방법 중 하나가 스티커를 이용해서 환자와 눈을 맞추고 약을 교부하며 정성스런 맘으로 하나하나 붙여주는 것이다.

스티커의 내용이야 각 약국마다 다르겠지만, 봉투에 인쇄되어 나가는 것보다 월별 계절별로 다른 멘트를 만들어 예쁘게 포장을 하고 정성스럽게 선물을 건네 보자. 환자의 입가에 번지는 미소는 단골약국으로 가는 지름길이다.■

약을 재촉하는 바쁜 환자 복약지도법

스티커는 약사 하고 싶은 말 전하고 환자 기억 되살리는 효과
DUR이 상호작용 걸러줘 환자 의식이나 생활습관에 간섭해야

나는 대한민국의 자랑스러운 약사이다. 안전상비의약품 약국외 판매가 시행되기 전 우리는 2주라는 정말 짧은 기간 동안 약사법 개악 저지를 위한 백만 인의 동의서명을 받아냈다. 국민들도 소중한 약이 약국 밖으로 나가는 것이 싫다는 의지 표명을 강하게 한 것이라 생각한다. 그리고 이러한 서명을 하면서 환자들은 약국의 복약서비스에 대해 한 번 쯤 생각을 했을 것이다. 복약 서비스는 어디가 시작이고 어디가 끝일까?

약사법에는 의약품의 명칭, 용법용량, 효능효과, 저장방법, 부작용, 상호작용 등의 정보를 제공하는 것이라고 정의하고 있다. 그러나 바쁘다고 약을 재촉하는 환자에게 복약지도를 한다고 3분 동안 앞서 얘기된 정보를 말한다면 누가 들을 것인가? 명칭, 용량용법 등은 전산봉투를 출력하여 이용하고 특별한 저장방법만 표시를 한 후 효능효과나 부작용 등은 환자와 대면한 후 환자의 수준에 맞게 설명하는 것이 좋다.

70살 할머니와 20대 청년이 요구하는 복약지도는 수준이 달라야 하고 때로 효능 효과나 부작용을 잘못 이해해서 약복용을 거부하는 일도 없어야 하기 때문이다.

또한 상호작용은 1차로 DUR이 걸러주고 처방 전 단계에서 먼저 고려되어야 할 것이므로 환자에 대한 복약 서비스로 보기는 힘들다.

오히려 환자의 질병이 빨리 회복되도록 도움을 주는 것을 복약지도라고 넓게 생각을 하고 환자의 식이나 생활습관에 관심을 가지고 간섭을 해야 한다.

다만 설명이 머리에 들어오지 않는 성질 급한 환자들에게 짧은 시간에 가장 적극적이고 손쉽게 접근하는 것이 스티커와 서면 복약 지시서를 이용하는 방법이다.

스티커는 약사가 하고 싶은 얘기를 빠지지 않고 다 할 수 있고 환자가 기억을 되살리는데 제일 효율적인 방법이다.

1. 일반 스티커의 적용─주로 용량 용법에 관한 스티커

1) 노인 환자가 많은 곳

용법 스티커(아침, 점심, 저녁, 아침·저녁)를 색깔별로 큰 글씨로 제작해서 붙인다.

노인들은 약이 바뀌지 않고 제대로 먹는 것이 제일 중요하다. 상세한 복약지도는 서면으로 첨부한다.

2) 소아 환자가 많은 곳

소아의 약은 형제끼리 섞이기 쉬워서 라벨을 이용하면 구별이 쉽고 설명도 간편하다. 기본적으로 시럽의 용량과 보관 상태를 나타내는 라벨을 구비한다. 알리미팜을 이용하면 좋은데 이 경우 용량용법, 효능, 보관을 한꺼번에 표시한다.

3) 주의가 필요해 만든 라벨

가글액이나 외용액처럼 시럽병에 담지만 복용하면 안 되는 경우를 위한 주의 라벨

　* 이런 라벨들은 1회 주문 시 주문량이 대량이라 반회 단위로 공동구매를 제안해 본다.

2. 복약지도 내용에 관한 스티커

1) 인천시약에서 제작한 스티커

인쇄소에 의뢰해 스티커를 제작할 경우 비용은 들어가지

만 깔끔한 글씨와 다양한 색으로 환자들에게 효과적인 설명이 가능하다.

이러한 스티커는 새로 방문하는 환자들에게 사용하기가 좋고 기존 환자 중에는 약이 잘 안 듣는다고 불평을 하는 경우 이용할 수 있다.

고혈압이나 당뇨의 경우는 늘 내가 먹는 약이라는 인식 때문에 복약지도를 거부하는 경우가 많아서 한번쯤 주의를 환기시키기 위해서 사용하면 좋다.

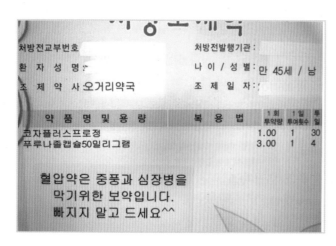

위장질환, 관리사항 및 복약지도
1. 스트레스, 흡연, 술등은 위장질환을 악화시키는 직접적인 원인이므로 절대적으로 피하세요.
2. 소염진통제 (관절약등)는 위벽의 방어기전을 약하게 하므로 복용 전에 의사, 약사와 상담을 하세요.
3. 음식은 소량씩 자주 먹고, 자기 2시간 전부터는 음식을 삼가며 카페인음료, 초코렛, 마늘, 후추, 매운 음식등 자극적인 음식을 피해야 합니다.

― 약에 대한 문의 사항은 언제든지 약사와 상담하세요!!!

(휴일근무약국 24시간 안내전화 국번없이 1339)

2) 약국 자체 제작 스티커

내용을 마음대로 만들 수 있는 장점이 있다.

하지만 인쇄를 하면 흑백이라 눈에 잘 띄지 않으므로 너무 많은 내용을 담지 않는다.

① 질병

요점 위주로 단어를 선택하고 식이요법이나 생활요법을 같이 담는다.

a. 고혈압: 만성질환은 꾸준한 투약 유지가 중요하다. 중년과 어르신을 구별한다.

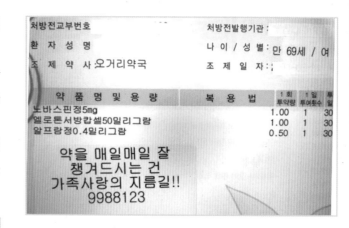

b. 갑상선 기능 저하증: 중요 만성질환이지만 해줄 수 있는 말은 많지 않다.

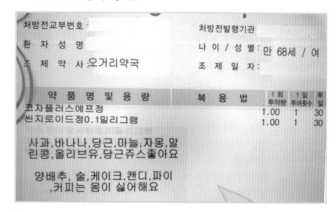

c. 해열제: 조제할 때도 붙여주고 그냥 팔 때도 붙여준다. 만 12개월 이상부터 팔 수 있는 품목이라 설명이 필요하다.[1] 약과 함께 충분한 수분 섭취와 안정을 취해야 함을 부연 설명한다.

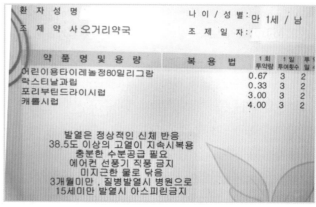

d. 마이녹실: 판매 시나 조제 시에 붙여 줄 수 있다. 과다 사용은 피부 발적이나 어지러움을 유발한다.

e. 무좀: 생활습관에 관한 주의사항을 표시하였다.

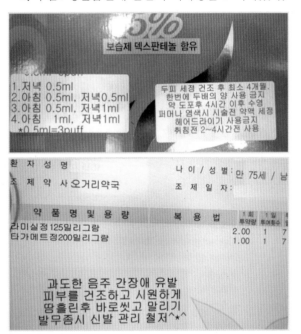

f. 항생제 사용기간 스티커, 다래끼 스티커, 안약 개봉기
   간에 관한 스티커

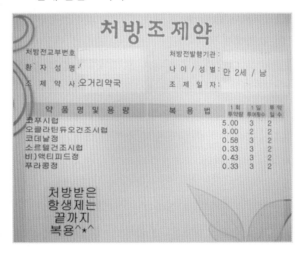

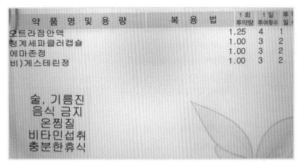

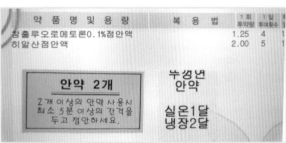

② 의약외품

약국에서 여러 가지 의약외품을 팔 때 슈퍼마켓과의 차
이를 두는 방법은 안전성이다.

각 제품이 들어올 때 제품 그대로를 진열하지 않고 사용
연령에 따른 스티커를 붙여놓으면 제품을 파는 약사도 헷
갈리지 않고 설명하고 환자도 쉽게 찾을 수 있다.

약국에서 직접 제작하는 스티커는 내용이 무궁무진하지만 흑
백이라 눈에 띄기 힘든 단점이 있다. 그러나 한번 만들어 붙여
보면 환자의 만족도를 느낄 수 있다.■

[각주]

1) 38.5도 이상에서 해열제를 투여한다는 설명은 식약처 자료를 근거로 하여 만들
었다.

각양각색 블랙컨슈머에 대처하는 방법

가격 시비 휘말리지 말고 흥정도 피해야, 복명복창 필수
카드 소액결제는 넓은 아량으로 승인, 전화 매뉴얼 도움

오늘은 어떤 인사로 약국을 시작했는가?

고객이 오는 곳은 어디나 아침 첫 고객을 상대하는 것으로 하루 일진을 점친다.

약국도 마찬가지다.

"약사님, 저 생리통이 있어서 배가 많이 아파요. 약 좀 주세요."

"게보린 하나 주세요. 이거 생리통에 먹는 거 맞죠?"

두 고객을 맞는 약국의 입장은 전혀 다르다.

약국에 들어서는 환자의 입장도 마찬가지일 것이다.

밤새 생리통으로 잠 한숨 못 자고 약국으로 들어올 때

"반갑습니다. 어서 오세요."라는 따뜻한 응대를 하는 약국도 있고, "뭐 필요하세요?"라고 무심한 응대를 하는 약국도 있다면 이러한 다른 응대를 받는 환자 역시 다른 입장을 보일 것이다.

우리가 하는 인사(人事)는 만사이다. 말을 잘하면 천 냥 빚도 갚는다고 한다.

우리가 솔의 톤으로 인사를 얼마나 잘하는가가 만 가지 일을 풀어주는 키 포인트이다.

시간에 따라 인사말이 달라져야 하고 환자에 따라서도 다른 인사를 해야 한다.

인사를 열심히 하는 것이 약국이 해야 할 일이라면 이러한 약국은 환자와의 트러블이 없고 환자로부터 받는 스트레스가 없을까?

다른 관점에서 한번 살펴보자.

약국은 3종류의 고객이 있다.

본인이 아파서 처방전에 의해서 약을 짓거나 일반의약품을 구매하는 고객, 다른 사람의 약을 대신 사거나 미리 사는 고객, 약 이외의 것을 구입하는 고객으로 나눌 수 있다. 물론 아파서 약을 사러 온 고객이 제일 많을 것이다.

이렇게 아주 이질적인 고객층으로 구성이 되어있기 때문에 약국에서의 응대가 어렵고 매뉴얼화하기가 어렵다.

본인이 아파서 온 경우라면 위에서 제시한 예처럼 따뜻한 응대가 꼭 필요하겠지만 대신 구입하러 왔거나 약 이외의 것을 구입하러 온 고객에게는 지나친 응대로 느껴질 것이다. 이럴 땐 상대방의 싸늘한 반응에 약사가 상처를 입게 된다.

또한 사소한 약값 차이에 고개를 돌리고 나가는 고객에 의해서도 약사는 상처를 입는다.

약국 역시 서비스 감정노동자이기 때문이다.

약국은 항상 고객만족을 높이기 위해서 노력한다.

약국이 고객에게 할 수 있는 서비스는 매장을 깨끗이 정리하고 제품을 다양하게 구비하며 고객이 들어왔을 때 인사를 열심히 하고 각 고객에 맞추어서 세심한 디테일에 신경을 쓰며 고객의 말을 최대한 경청하는 것이다.

그럼에도 이마트나 홈플러스 등 소비의 대세가 된 매장들의 지나친 고객 편의 서비스를 따라가기 쉽지 않고 이러한 실정으로 약국으로 오는 고객은 점점 까다로워지고 단골고객 역시도 가끔 블랙컨슈머로 돌변하기도 한다.

약국으로 들어오는 고객은 십 원부터 백만 원까지 본인의 격을 가지고 들어온다.

I. 우리가 느끼는 블랙컨슈머는 어떠한 유형이 있을까?

1. 판매 가격으로 시비를 거는 고객유형

– 아, 이 약국은 왜 이리 비싸요?

– 옆집보다 하나하나 안 비싼 게 없네.

– 다른 약국에서는 이 약 ○○원 받는데 이거 너무 한거 아이가. 이래서 시내로 나가서 사야 되는 건데. 그냥 약값을 좀 깎아줘요. 내가 단골 할게.

– 아이참 너무하네. 아무도 보는 사람 없는데 그냥 깎아주지. 왜 이리 빡빡해?

가격 시비에 걸리는 품목은 카드 수수료 정도 남는 약일 텐데 정말 고객들이 너무한 걸까. 싸게 파는 시내 약국이 문제일까?

2. 과음한 고객유형

좀 과하게 음주를 한 이후 약국을 방문한 경우도 문제가 된다. 통제가 잘 안되는 상태라 목소리가 높기 마련이고 필요한 약품이 쉽게 기억이 나지 않고, 금방 약국을 나가지 않아 특히 여약사 입장에서는 상당한 불편함을 겪게 된다.

사소한 것에도 시비를 잘 걸기 때문에 절대 구매를 재촉하거나 큰 소리를 내지 말고 다른 고객을 먼저 상대한다.

판매가격이 문제가 되면 크게 가격 차이가 나지 않는 선에서 적당히 받는다.

3. 1년에 한 번도 잘 안 오면서 약국 생기기 전부터 단골이라고 우기는 사람

오거리약국이 생긴지 15년인데 20년 전부터 단골이라고 하는 사람들이 있다.

"내가 이 약국에서 영양제를 얼마나 많이 샀는데."라는

데 얼굴이 낯설다.

우리 약국의 단골고객은 절대 약사에게 단골이라고 서비스를 요구하지 않는다.

가격이나 서비스에서 섭섭하면 다른 약국을 이용할 뿐이다.

이러한 진성단골을 잘 대접해야 다른 고객과 다툼이 생겼을 때 쉽게 해결이 된다.

4. 다른 약국에서 산 약을 우리 약국에서 샀다고 우기면서 꼭 같은 약을 달라고 하는 유형

다른 약국에서 산 약을 똑같은 제약회사의 약으로 달라고 우기는 환자는 일단 기다리게 한다. 우선 다른 고객을 먼저 처리하고 차근차근히 설명을 한다.

만일 다른 회사의 약을 먹고 싶지 않으면 원래 구입했던 약국으로 약을 구입하러 갈 것이고 우리 약국에서 먹고 싶은 사람은 기다렸다가 약을 구매할 것이다.

약에 표기된 성분을 짚어주면서 "약 내용이 꼭 같아요. 잘 나을거니까 걱정마시고 드시고요. 푹 쉬는 거 잊지 마세요."라고 한마디 덧붙인다.

5. 늦게 와서 큰소리로 자기 약 먼저 안 준다고 자꾸 외치는 유형

주로 박카스, 까스활명수, 판피린, 판콜, 겔포스 등 지명 구매품목을 구입하는 고객들이다. 약국의 경영 개선에 큰 도움이 되지 않으므로 과감히 포기해도 된다. 지금 당장 상담하고 있는 고객들을 더 중요하게 생각한다.

6. 버스 환승해야 한다고 얼른 약 달라고 하는 유형

환승시간을 얘기하거나 주차금지구역에 차를 댔다고 빨리 달라고 하는 경우는 마트에서 생필품 구매하는 고객에 준해서 얘기를 하는 게 편하다.

굳이 복약지도를 하겠다고 들면 "아! 바빠요. 됐어요."라는 응대에 마음 상하기 마련이다.

7. 박카스 한 병 사고 카드 긋는 유형

카드 소액결제는 시대의 대세이다. 카드만 들고 다니는 카드족들이 얼마나 많은지 모른다.

넓은 아량으로 카드 결제를 반기면 고객에게 다음번 약국 영양제를 살 기회를 영원히 제공하는 것이다. 카드로 사기 때문에 필요불급한 제품을 같이 사거나 많은 양을 사는 경우도 많다.

8. 본인의 의사로 지명 구매한 다음날 겉포장을 훼손한 채 원하는 약이 아니었다고 무조건 교환이나 환불을 원하는 유형(약국에서 이마트의 서비스를 원함)

자주 환불을 요구하는 고객유형에 대해서는 단호히 대처할 필요가 있다.

우선 100% 환불은 해야겠지만 카드로 구매했다면 카드 취소를, 현금으로 구매하고 현금영수증을 받아갔다면 현금영수증 취소를 반드시 하도록 한다.

그리고 본인의 의사에 의해서 구매한 경우 포장을 훼손하면 다음번에는 반품을 할 수 없음을 주지시킨다.

물론 약국마다 생각은 다를 것이다.

반품을 친절히 하면 다른 약 구매가 느는 것도 사실이다.

그러나 약사의 감정소비를 생각한다면 자주 환불을 요구하는 환자는 끊어내는 것이 현명하다.

9. 본인이 지난번 구매한 약에 대해 정확히 모르면서 무조건 찾아내라고 우기는 유형

약의 이름을 정확히 알지 못하고 어디가 아파서 먹었는지도 정확히 표현하지 못한다.

우선 고객을 기다리게 하고 다른 환자를 모두 처리한다. 그 사이에 고객이 기억을 하기도 하고 단서를 제공하기도 한다.

"이거 맞아요? 저건가요?" 하고 약을 모두 꺼내서 시간을 끌게 되면 일이 꼬이는 경우가 있다.

10. 약을 봉투에 담았는데 무조건 검은 봉지 없어요?를 외치는 유형

나쁜 사람은 아니지만 약사를 피곤하게 하는 유형이다. 검은 봉지를 따로 구비하여 고객이 직접 사용할 수 있도록 하는 것이 편하다.

II. 이러한 진상환자를 약국에서는 어떻게 대해야 할까?

1. 판매가격 시비에 휘말리지 말고 판매가격을 흥정하지 않는다.

판매가격에서 중심을 잡지 않으면 약국을 하는 것이 큰 스트레스 요인이 된다.

최근 약사공론 약공TV에 오원식 약사님의 가격시비에 대한 본인의 노하우를 올려놓은 코너가 있다. 참고할 만하다.

판매가격을 시내가격에 맞추는 방법과 가격을 적절히 책정해서 원하는 고객에게 파는 방법 중 한 가지를 결정하고 절대 고객과 판매가격을 흥정하지 않는다.

2. 술 먹고 들어오는 사람은 시비 걸리지 않게 필요한 것만 얼른 준다.

절대 간섭하지 말고 거꾸로 고객이 시비를 걸어도 다른 일을 하면서 엮이지 않는다.

3. 단골이라고 말하면

아, 예~~로 가볍게 대답하고 무시한다.

4. 억지로 약을 달라고 우기는 경우에는

기다리게 하고 다른 고객들을 우선 처리한다.

5. 늦게 와서 큰소리로 약을 달라고 우기는 경우에는

대부분 판피린, 판콜, 박카스 등이 대부분이므로 고객이 돌아나가도 된다는 배짱을 가지고 고객을 대하자.

6. 카드 시비에 휘말리면 국세청 고발 등 원치 않은 일이 벌어지기 쉬우므로 카드는 넓은 아량으로 받아준다.

7. 가격 시비를 막는 또 한가지 중요한 습관이 있다.

항상 돈을 주고받을 때는 복명복창을 한다.

- 약값은 ○○○입니다.
- ☆☆원 받았습니다.
- △△원 드리겠습니다.

일본의 경우는 고객이 돈을 트레이 위에 내면 결재가 끝날 때까지 고객이 낸 돈을 고객이 보는 앞에서 가져가는다.

III. 약국의 경쟁상대는 옆의 약국만인가

우리가 즐겨보는 약국 관련 매체를 보고 있으면 이웃 약국과의 고소고발 사건이 종종 올라온다. 과연 우리의 경쟁상대는 옆에 있는 약국만일까? 옆의 약국과의 경쟁에서 이겨서 옆의 약국만 폐업하면 우리 약국이 승승장구할 것인가 하는 것을 한번 생각해 보아야 한다.

1. 카드와의 전쟁

2. 홈쇼핑, 마트, 시내 약국과의 가격 전쟁

홈쇼핑이나 마트 내 건강기능식품과의 가격전쟁은 우리 약국 제품과 상대 제품을 정확히 알고 비교 분석함으로써 우위를 점할 수 있다. 시내 약국과의 가격은 중심을 잡고 고객을 응대한다.

3. 진상환자와의 전쟁

4. TV 건강정보 프로그램과의 정보 전쟁

지금도 많은 건강정보프로그램이 종편채널을 통해서 방영되고 있고 그 중 얼마 전에는 약사의 직능을 폄하하는 프로그램도 방영된 적이 있다. 그동안은 TV 프로그램에서 논하는 각종 제품이 약국에서 구매 수요를 일으키는 선기능의 역할을 했다면 이제는 나쁜 영향을 직접 미치는 경우도 있다. 평소 약국에서 약사와 고객의 관계가 좋다면 이러한 악영향도 극복 가능하다.

5. 익명의 환자와의 전화 전쟁

무조건 '하나 물어봅시다'로 시작하는 전화가 많이 온다.
이러한 전화는 약사 앞에 먼저 상대하던 고객이 있다하더라도 상대방에게는 보이지 않으니 자기가 말하고 싶은 만큼 말하고 끊는 경우가 많다. 혹시 조금이라도 대답이 미진하거나 성급히 끊게 되면 "참 불친절하네"라는 말로 감정을 상하게 한다.
어떤 경우에도 지금 약사의 앞에 있는 고객을 우선해서 대응하는 것이 좋다.

– 전화로 가격 문의
전화로 가격 시비를 겪으면 감정을 많이 상하게 되므로 여러 상황을 준비
a. 가격을 전화상 얘기하는 것은 약사법상 고객 유인 행위에 해당되어서 얘기해 드릴 수 없다.
b. 해당되는 제품 종류가 많아서 직접 오셔서 보시고 결정하라고 얘기한다.
c. 심부름 보낼 예정이라는 문의에는 만 원 가져오시면 남습니다 등 넓게 얘기한다.

– 전화로 제품 문의
'하나 물어봅시다'로 시작되는 전화의 내용은 상상 이상이다. 아래는 대표적 몇 상황이다.
a. 전날 TV 프로그램에서 방영되었던 제품에 대한 문의
b. 처방전 없이 전문의약품을 살 수 있는지를 물음: 사후피임약, 혈압·당뇨약 빌리자는 경우
c. 직접 대면해서 묻기 힘든 내용: 남성의 임질이나 매독
d. 질환으로 방문할 병원 문의

– 전화로 처방되었던 약 문의
처방되었던 약에 대한 부작용 문의나 먹는 용법, 대증요법 지시 등 급하지만 시간이 걸리는 용무가 대부분이기 때문에 우선은 전화 온 고객을 잠시 기다리게 하고 약국에서 먼저 응대하던 고객을 우선 처리한다. 이후 전화로 환자의 정보를 확인하는데 개인 정보처리법에 의해 문제가 발생할 경우가 있으므로 주민번호나 의료보험 가입자를 확인함으로써 환자 본인임을 확인한다.

ㄱ. 병원에서 환자의 처방 내역을 알기 원하는 경우
환자 본인과의 통화를 통해서 개인 정보를 알려도 되는지 확인한다. 그리고 조제 출력창에서 조제기록부를 출력하여 병원에 팩스를 넣는 것이 제일 정확하다. 만일 종합병원이라면 담당과의 담당 직원 이름을 받아서 그 앞으로 팩스를 넣어준다.
의사 본인이 전화한 경우에는 적절히 대응을 하도록 한다.

ㄴ. 환자가 지어간 약에 대해서 알기를 원하는 경우
"우선 잠시 기다려주십시오."라는 말로 내용을 확인할 수 있는 시간을 가진다.
조제 화면창을 열어놓고 환자는 약 봉투를 확인하도록 하여서 설명을 시작한다.
조제하는 방법의 문제로 환자가 이해를 잘 못하는 경우나 처방전 상에 다른 지시사항이 있는 경우도 있으므로 실제로는 직접 처방전을 찾아서 응대하는 쪽이 좋다.
설명을 해도 이해를 잘 못하면 저녁에 대처할 사항만 말해준 이후 다음날 다시 약국을 방문하도록 지시한다.■

Part. **3**

질환별 복약지도

고혈압·당뇨·고지혈증
복약지도

성인병 패키지 '대사증후군' 극복하기

성인 4명 중 1명 앓아, 서구식 생활습관 원인
나트륨 섭취 줄이고 체중 조절과 금주 · 금연 실천해야

1. 병들어가는 대한민국

한파가 몰아치고 있다. 겨울이 되면 날씨 탓에 활동량이 적어지고 운동을 잘 하지 않는다. 또한 연말연시 잦은 모임으로 인한 과다한 외식과 음주는 그럭저럭 유지하는 우리의 건강을 병이라는 임계점을 넘게 할 수 있다.

지난 달 8일 보고된 2012 한국인 당뇨병 연구 보고서에 따르면 지난 2010년을 기준으로 국내 만 30세 이상 성인 인구의 당뇨병 유병률은 10.1%였으며, 당뇨병 전단계인 공복혈당장애 유병률은 19.9%에 달했다.

다시 말하면 성인 10명 중 1명은 현재 당뇨병 상태, 10명 중 2명은 당뇨병 전단계인 '잠재적 당뇨병' 상태이므로 당뇨병에 공복혈당장애 유병률을 합산하면 한국인 10명 중 3명이 고혈당 위협에 노출되어 있다.

반면 본인이 당뇨병 환자임에도 그 사실을 모르는 비율이 27%인데 특히 30~44세 사이 젊은 당뇨병 환자의 경우 46%가 당뇨병에 대해 인지하지 못한다고 한다.

또한 당뇨병 환자의 75%가 과체중 또는 비만이라는 분석이 나왔으며, 당뇨 환자의 복부 비만율은 여성이 56%, 남성 41%로 조사됐다.

한국 당뇨병학회에 따르면 1980~90년대 당뇨병 환자가 이른바 마른 당뇨로 알려진 '非비만형'이 많았지만, 점차 서구형인 '비만형 당뇨병'으로 변해가고 있다고 한다.[1]

또한 보건복지부와 질병관리본부가 발표한 2011년 국민건강영양조사에 따르면 30세 이상 성인의 고혈압 유병율은 각각 28.5%로 집계되어 작년보다 1.6%포인트 높아졌고, 2010년 각각 33.9%, 13.5%였던 비만과 고(高)콜레스테롤혈증 유병률은 1년 사이 34.2%, 13.8%로 0.3%포인트씩 늘어 고혈압은 성인 4명 중 1명, 비만은 성인 3명 중 1명꼴로 나타났다.

혈압과 직접 연관이 있는 우리나라 국민의 나트륨 섭취량은 약 4,800mg으로, 1년 전(4,0831mg)보다 줄었으나 여전히 세계보건기구(WHO) 권고기준(2,000mg)의 두 배가 넘는다.

당뇨와 마찬가지로 비만은 혈압이나 고지혈증의 예후에 나쁜 영향을 미친다.

2. 대사증후군의 개요

복부 비만을 나타내는 허리둘레가 남성 90cm, 여성 85cm 이상일 때 당뇨나 혈압, 고지혈증과 같은 개별질환

은 가지고 있지 않다고 하더라도 내당능장애(공복 혈당 100mg/dl이상), 혈압 130/80mmHg 이상, 낮은 HDL(남성 40mg/dl, 여성 50mg/dl 이하), 높은 중성지방혈증(150mg/dl 이상) 중 3가지 이상의 증상(허리둘레 포함)에 해당되면 대사증후군이라고 진단을 한다.

이러한 진단을 받은 환자들은 당장은 증상이 없지만 방치하면 뇌졸중, 암, 동맥경화증 등을 일으키고 심혈관 질환의 위험성이 4배 이상 높아진다.

따라서 조기에 선별하여 관리하기 위해 하나의 질환 이전에 증후군으로 묶어놓은 것으로 서구식 생활습관이 대사증후군을 일으키는 주범이라 해도 과언이 아니다.

또한 하나의 징후는 심각한 상태가 아니더라도 개별적인 위험의 정도가 더해지다 보면 어느새 위험수위가 기하급수적으로 증가되고 또한 대사증후군의 다양한 징후들은 결국 인슐린 저항성이라는 공통된 병인에 근거를 두고 다양한 모습으로 복합되어 나타나므로 근본 원인 개선으로 예방을 하려 하는 것이다.

이웃 일본에서는 '건강일본 21'이라는 프로젝트를 신설하여 생활습관병인 대사증후군을 진단하고 질병화되지 않도록 국가 차원에서 관리하고 있다. 우리나라에서도 서울시의 경우 30세 이상 성인의 3명 중 1명이 대사증후군에 해당된다고 알려져 있어 적극적으로 대사증후군 전문관리센터와 오락 프로젝트를 도입하여 국민의 건강권을 증진시키고 있다.

3. 우리나라 대사증후군의 특징

우리나라 성인의 4명 중의 한명은 대사증후군을 앓고 있다.[2]

비교적 젊은 20대에 9.5%, 30대에 30%, 40대에 40%의 높은 유병율을 보인 다음 점차 감소하는 양상을 보인다. 반면 여자에서는 20대에 7%, 30대에 10%, 40대에 25%,

50대에 45%, 60대 이후 50%로 연령에 따라 지속적인 증가가 관찰되며 특히 폐경 시기 이후인 50대 이후 높은 유병율을 보인다. 이것은 우리나라 비만 인구의 통계와도 일치하는 경향을 보인다.

가톨릭의과대학 내분비내과 윤건호 교수에 따르면 관심을 가져야 할 부분은 고등학생들이다. 도시 고등학교 남학생과 지방고 학생들 간 키 차이는 없는 반면 몸무게는 도시고 남학생이 약 8Kg 무겁고 공복혈당도 정상범위이기는 하나 20mg/dl 이상 높고 공복 인슐린 농도 역시 2배 정도 높은 소견을 보이고 있다. 이것은 고등학생 때부터 비만에 동반하여 공복혈당의 상승과 고인슐린혈증 즉 인슐린 저항성이 있다는 것을 시사한다. 즉 남자의 경우 고등학생 시기와 결혼 후 처음 5년간이 가장 흔히 체중 증가가 관찰되는 시기이며 이 때 체중을 잘 관리하지 못해 젊은 나이에서부터 대사증후군을 보이는 것으로 생각된다. 따라서 적절한 식이 조절과 운동으로 철저한 체중관리를 해야 하고 이 때 비만이 발생하면 30대와 40대를 지나는 동안 건강관리에 큰 위험요소를 지니고 살아야 한다.

반면 여학생은 도시와 지방 여고생 간에 신장과 키에서 차이를 보이지 않는데도 불구하고 도시의 여고생들이 공복혈당, 공복인슐린 농도, 혈중유리지방산 및 혈중 렙틴 농도가 유의하게 높다고 한다. 도시 여고생의 운동 부족 때문일 것이다. 여자의 경우 출산과 폐경 후 급격히 비만해지며 대사증후군의 빈도가 높아지는 것이 더 문제이다. 따라서 여자의 경우 대사증후군을 예방하기 위해서는 고교생부터 결혼 때까지는 체중관리보다 적절한 근육량을 유지하고 출산 후와 폐경 시기에 철저한 식사관리와 운동으로 표준 체중을 유지한다.

■ **대사증후군 유병률 (30세 이상, 단위%)**

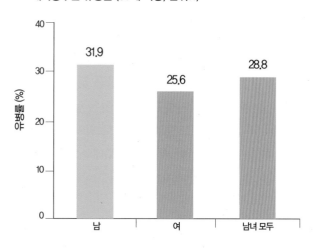

■ **대사증후군 구성요소 1개 이상(30세 이상, 단위%)**

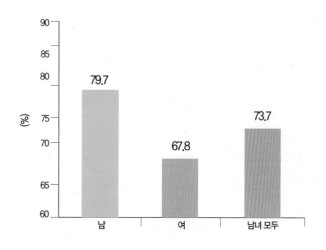

4. 우리나라 비만인구의 특징

비만한 사람은 정상인에 비해 고혈압 2.5배, 당뇨병 2.0배, 고콜레스테롤혈증 2.3배, 저HDL콜레스테롤혈증 2.2배, 고중성지방혈증 2.4배가 더 많이 걸린다고 한다.

2010년 국민건강영양조사에 따르면 우리나라 19세 이상 성인 비만율은 30.8%(남자 36.3%, 여자 24.8%)로, 남성은 30~40대(30대 42.3%, 40대 41.2%)에서 가장 높고 여성은 60~70대(60대 43.3%, 70대 34.4%)에서 가장 높았다.

장기적인 비만율 추이는 남성의 경우 최근 3년에도 (08~10년) 과거 10년 동안(98~07년)의 증가추세를 지속하고 있으며, 여성은 다소 감소하는 경향을 보이고 있다.

5. 대사증후군 치료의 우선 인자

무엇보다 체중 감량이 중요하다. 비만으로 인한 인슐린 저항성이 대사증후군의 핵심이므로 체중 감량이 우선과제이다.

비만한 사람들에서 약 10kg의 체중 감소는 총 사망률을 약 20%, 당뇨병과 관련된 사망률을 30%, 비만과 관계된 사망을 약 40%까지 감소시킨다. 또한 수축기 혈압은 10mmHg, 이완기 혈압을 25mmHg 낮추며, 총콜레스테롤 10%, 저밀도지단백콜레스테롤을 15%, 중성지방이 30% 감소되고 고밀도지단백콜레스테롤의 경우 8% 상승한다.

뿐만 아니라 공복혈당이 감소하며 당뇨병이 58% 감소함으로 체중 감량은 대사증후군의 모든 위험인자를 가장 확실하게 한꺼번에 치료할 수 있는 치료법이다.

그럼에도 작년과 재작년을 비교해 보면 19세 이상 국민

[표] 대사증후군의 목표

요인	목표
체중	신체질량지수 18.5~24.9
혈압	140/90mmHg 이하
당뇨 있을 경우 혈압	130/80mmHg 이하
혈당	100mg/dL
중성지방	150mg/dL
흡연	금연
운동	매일 60분
음주	20g/day

의 중등도 이상 신체 활동 실천율은 22.4%에서 19.3%로 낮아졌고[3] 최근 1주일간 1회 10분 이상, 하루 30분 이상 걸었다는 국민의 비율도 37.9%로 1년 전(41.1%)보다 떨어졌다.

6. 대사증후군 이겨내기

① 복부비만 줄이기: 복부비만은 피하지방량보다 내장지방량이 더 중요하다.

복부비만으로 내장지방이 많아지면 estrogen이 많이 분비되므로 전립선암이나 유방암, 대장암이 생길 확률도 높아진다. 관상동맥질환이나 천식, 역류성 식도염도 생길 수 있다.

복부비만을 위한 약물요법은 따로 없고 제니칼이 전반적인 체중 감량을 위해 사용된다.

a. 하루 30분~1시간씩 주 3회~5회 운동을 하는데 총 심박수의 60% 정도의 강도로 운동한다. 유산소운동으로 복부지방을 줄이고 근력운동으로 근육을 만들어 기초 대사율을 높여서 초기 체중의 5~10% 감량을 목표로 한다.

b. 비타민, 무기질, 단백질을 공급하면서 총 열량의 30% 정도 적게 먹고 식이요법을 철저하게 병행한다.

c. 지나친 음주는 삼가야: 2011년 한국 남성의 26%, 여성의 6.3%는 1달에 2회 이상 7잔 이상(여성 5잔 이상)의 알코올을 섭취하는 고위험음주군에 해당한다. 간이 나빠지면 대사증후군을 더 악화시킬 수 있다.

d. 금연

e. 스트레스를 줄이기

② 고혈압, 내당능장애, 이상지질혈증에 관한 대책

나트륨 섭취를 줄이고 금주를 하며 철저한 생활습관 교정으로 체중 조절이나 인슐린 저항성 개선에 중점을 두어 치료를 한다. 또한 필요한 경우 조기에 정확한 약물치료를 한다.

고혈압의 경우 우선 ACE 저해제나 ARB, 칼슘채널 차단제를 적용하고 당뇨는 복부 비만을 동반한 경우가 대부분이므로 Biguanide를 우선 복용하고 혈당 강하 정도나 식전 식후 혈당 상승 여부에 따라 다른 약을 병용한다.

고지혈증은 스타틴계와 fibrates를 고지혈증을 구성하는 지방 종류에 따라 달리 사용한다.

③ 대사증후군을 이기는 영양요법

a. 마그네슘-고지혈, 고혈압, 인슐린 저항성 개선

b. 수용성 식이섬유-실리엄허스크, 글루코만난, 구아검

c. 크롬-인슐린 저항성 개선

d. 칼슘-인슐린의 효율 개선 ■

[각주]

1) 비교적 젊은 30~44세에서 당뇨병과 공복혈당장애 유병률이 18.4%로 가장 낮고, 중년층(45~64세) 34.7%, 장층(65세 이상) 47.4%으로 분석됐다.

2) 비슷한 체질량지수를 보이는 백인보다 미국에 거주하는 동양인이 당뇨병과 대사증후군 유병율이 3~4배 높은 것으로 보고되었다.

3) 중등도 이상 신체 활동이란 최근 1주일 동안 격렬한 신체 활동을 1회 10분 이상, 1일 20분 이상, 주 3일 이상 했거나, 격렬하진 않지만 중간 정도 신체 활동을 1회 10분 이상, 1일 30분 이상, 주 5일 이상 실천한 경우를 말한다.

혈압수치보다 임상적 특징과 동반질환 중시

혈압 목표치 140/90 미만, 노인 160 이상이면 약물치료 권장
코엔자임, 실리엄허스크, 칼륨, 비타민 C 등 함께 복용하면 효과

"약사님, 혈압약 안 먹으면 안 됩니까?
어제 신문 보니까 140/90 정도면 혈압 높은 게 아니라던데….
의사 선생님은 큰일 날 소리라고 꼭 먹으라 하더라고요"

복약지도는 내가 아는 만큼 환자들과 소통하고 그 힘으로 환자의 마음속에 건강지킴이로 자리할 수 있다고 생각한다.

약국에서 복약지도를 해서 효과를 못 보는 두 가지 부류의 환자가 있다.

약만 먹으면 어떻게 되겠지 하는 환자군과 머릿속에 어중간한 건강 지식이 가득 차서 약을 먹으면서도 약에 대한 거부감을 보이고 자꾸 빼먹는 환자군이 있다. 요즘 환자들은 원하든 원치 않든 인터넷이나 각종 매체를 통해 건강과 관련된 지식이 자꾸 쌓이기 때문이다.

업데이트되는 각 질환의 가이드라인은 현대의학이 발전함에 따라 질환에 대해 새롭게 정의하고 신체의 합병증을 막는 방향으로 나아간다. 이번호에서는 2013년 11월 새로 개정된 대한민국 고혈압학회의 고혈압 지침을 기반으로 얘기해 보자.

1. 2013년에 개정된 우리나라의 고혈압 지침

우리나라의 고혈압 지침은 2000년 처음 제정되었고 2003년 엄격한 혈압 조절을 권장하는 JNC 7가이드가 개정되면서 그의 영향으로 2004년 개정되었다.

9, 10년이 흐르는 사이 많은 고혈압의 임상연구가 진행되었고 새로운 고혈압약도 많이 소개되었으며 환자의 복약

순응도를 높이기 위한 복합제가 출시되었다.

2003년 JNC 가이드의 특징은 한마디로 "The lower, the better"이다. 심혈관 질환의 위험도가 높을수록 혈압을 더 낮추면 좋지 않은가 하는 견해를 반영한 것이다.

반면 실제 심혈관질환 고위험군 환자들에게 공격적이고 집중적으로 혈압을 조절해도 심혈관질환 예방의 효과가 미미했다는 임상연구 결과가 밝혀지면서 그런 기류를 반영한 것이 JNC8 가이드이다.

하지만 2013년에 개정된 우리나라의 고혈압 지침은 JNC8 가이드보다는 최근 발표된 '2013년 유럽고혈압학회/유럽심장학회의 고혈압진료지침'의 영향을 더 많이 받았다.

이 지침(NICE)[1]은 여러 다양한 심혈관질환 위험도와 사회경제적인 여건을 가지는 나라들로 구성된 유럽의 특성을 고려하여 권고의 범위가 상당히 유동적이라는 특징이 있는데 이를 우리나라 고혈압 학회에서 상당부분 참고하여 우리나라의 진단 기준을 만들었다.

1) 고혈압 치료 목표에 대한 정의

2013지침은 고혈압의 치료 목표를 '혈압을 조절해 혈압 상승에 의한 심혈관 질환을 예방하고 사망률을 낮추는 것'으로 정의하였다. 단기적으로 혈압 수치 조절 효과가 뛰어나더라도 장기적인 심혈관 장애의 관점에서 문제가 있어서는 안 된다는 의미이다. JNC8와 NICE 가이드라인이 전체 심혈관 위험도 분류를 제시하고 이에 기반해서 치료를 하는 것과 같은 맥락이다. 실제 임상연구에서는 고혈압 치료로 높은 혈압을 10~20/5~10mmHg 정도 낮추게 되면 장

[표1] 혈압의 분류

혈압분류		수축기혈압(mmHg)		확장기혈압(mmHg)
정상혈압*		<120	그리고	<80
고혈압전단계	1기	120-129	또는	80-84
	2기	130-139	또는	85-89
고혈압	1기	140-159	또는	90-99
	2기	≥160	또는	≥100
수축기단독고혈압		≥140	그리고	<90

* 심혈관질환의 발병 위험이 가장 낮은 최적 혈압

기적으로 뇌졸중과 허혈성 심질환이 각각 30~40%, 15~20% 정도 감소한다고 보고되었다. 높아진 혈압이 혈관의 구조 기능적 변화를 일으키고 결과적으로 심혈관질환으로 이르는 원인 중 하나이므로 심혈관계의 위험도가 높을수록 혈압강하에 따른 이득이 크다. 따라서 심혈관질환 위험도의 평가와 연계해서 고혈압 치료를 해야 하고 이럴 때 정확한 혈압 측정이 중요하다.

2) 고혈압 환자의 목표 혈압

전반적인 환자의 혈압 목표치는 심혈관 위험도와 상관없이 140/90mmHg 미만으로 제시하고 심혈관 위험도에 따른 다양한 치료 방법을 제시했다. 또한 당뇨병을 동반한 고혈압 환자의 목표치는 140/85mmHg, 만성신장질환을 가진 경우도 당뇨와 무관하게 수축기 혈압을 140mmHg 미만으로 완화하였고 단백뇨가 있는 경우에는 130mmHg 미만으로 엄격하게 유지하도록 하였다.

노인 고혈압 환자는 이완기 혈압을 60mmHg 이상으로 유지하면서 수축기 혈압은 140~150mmHg 정도로 맞추도록 권고하였는데 160mmHg 이상이면 약물치료를 시작한다.

3) 혈압의 분류

개정 고혈압 진단 기준에서는 고혈압 전단계를 1단계와 2단계로 나누었고 수축기 단독고혈압을 새로 정의하였다.

4) 혈압측정

① **진료실 혈압**: 청진기를 사용한 방법이 표준 방법
② **가정(자가)혈압**: 심혈관 질환 발생 예측에서 유효성이 높고 환자의 복약순응도가 높아진다. 또한 가면 고혈압, 백의 고혈압, 저항성 고혈압 평가에 좋고 약물치료의 적정성 평가에 중요

③ **활동혈압**: 백의 고혈압이 의심될 때, 약물치료에 반응하지 않을 때, 간헐적인 고혈압이 있을 때, 혈압이 불안정할 때, 자율신경장애가 있을 때, 심혈관 위험도 평가를 위한 정확한 혈압 측정이 요구될 때 활용한다.

* 가정 혈압 및 활동 혈압 측정은 위험도 판정 목적으로 정확하게 혈압을 측정할 때도 권장

* 혈압은 주간에 높고 수면 중에 낮아진다. 정상적으로 야간혈압은 주간혈압에 비하여 10~20% 낮다.

* 아침 고혈압: 135/85mmHg 이상이면서 수면 전 측정 혈압보다 높을 때 뇌졸중 발생 위험도↑

* 야간 혈압이 10% 미만 감소하거나 오히려 상승하는 경우 사망, 심근경색, 뇌졸중 등 심혈관 위험도↑

* 야간 혈압이 20% 이상 감소하는 경우 허혈성 뇌졸중, 죽상동맥경화증 위험도↑

* 야간 혈압이 주간 혈압에 비해 상승하는 경우 자율신경장애나 출혈성 뇌졸중이 흔함

[표2] 측정 방법에 따른 고혈압의 진단 기준

	수축기혈압(mmHg)	확장기혈압(mmHg)
진료실혈압	≥140	≥90
24시간 활동 혈압		
하루 평균혈압	≥130	≥80
주간 평균혈압	≥135	≥85
야간 평균혈압	≥120	≥70
가정혈압	≥135	≥85

5) 심혈관 위험도 평가와 치료 방침의 제시

① 심혈관 위험도 평가의 구성요소

혈압의 높이, 심혈간 위험인자의 개수, 무증상 장기손상 유무, 임상적 심혈관 질환 유무

② 고위험군 환자의 정의

환자의 임상특성에 따라 심혈관 위험도를 최저위험군(10년 동안 심뇌혈관질환 발생 위험 5% 미만), 저위험군(5~10%), 중위험군(10~15%), 고위험군(15% 이상)으로 분류한다.

고혈압 전단계의 환자라도 당뇨병, 심혈관질환, 만성 신장질환자가 있으면 심혈관 고위험군이며 고혈압 1기 환자라도 동반위험인자가 없으면 저위험군으로 분류된다.

6) 위험도에 따른 약물치료

[표3] 위험도에 따른 고혈압 약물치료

위험도 \ 혈압	2기 고혈압 전단계 (130~139/85~89)	1기 고혈압 (140~159/90~99)	2기 고혈압 (≥160/100)
위험인자 0개	생활요법	생활요법* 또는 약물치료	생활요법 또는 약물치료**
당뇨병 이외의 위험인자 1~2개	생활요법	생활요법* 또는 약물치료	생활요법과 약물치료
위험인자 3개 이상, 무증상장기손상	생활요법	생활요법과 약물치료	생활요법과 약물치료
당뇨병, 심혈관질환, 만성콩팥병	생활요법 또는 약물치료***	생활요법과 약물치료	생활요법과 약물치료

* 생활요법의 기간은 수주에서 3개월 이내로 실시한다.
** 혈압의 높이를 고려하여 즉시 약물치료를 시행할 수 있다.
*** 설정된 목표혈압에 따라 약물치료를 시작할 수 있다.

7) 생활요법 비약물적인 치료

[표4] 생활요법에 따른 혈압 감소 효과

생활요법	혈압 감소(수축기/확장기혈압, mmHg)	권고사항
소금 섭취 제한	-5.1/-2.7	하루 소금 6g 이하
체중 감량	-1.1/-0.9	매 체중 1kg 감소
절주	-3.9/-2.4	하루 2잔 이하
운동	-4.9/-3.7	하루 30~50분 일주일에 5일 이상
식사 조절	-11.4/-5.5	채식 위주의 건강한 식습관

8) 고혈압약의 처방 원칙

* 위험인자 교정을 병행
* 저용량부터 처방, 부작용 주의
* 1일 1회 복용 선호
* 고려사항: 적응증, 금기사항, 동반 질환, 무증상 장기손상 유무
* 혈압수치보다 임상적 특징과 동반 질환을 중시

9) 고혈압 치료의 일차 약제 선택

[표5] 고혈압 치료의 일차 약제 선택

질환	2004년판	2013년판
노인/수축기 단독고혈압	C, D	A, C, D
심부전	A, B, D, AA	A, B, D
심근경색 후	A, B, AA	A, B
뇌졸중	A, D	A, C, D

* A(ACEI, ARB) B(베타차단제) C(칼슘차단제) D(이뇨제) 중에서 선택

* 혈압 160/100mmHg 이상 또는 20/10mmHg 이상 강압이 필요할 때는 바로 병용요법

* 특정 약제의 우월성 불인정

* 환자의 특성을 고려하여 선택

* JNC8, NICE 가이드에서는 베타 차단제를 1차 선택약에서 제외하였고 우리나라에서도 아테놀올은 다른 베타차단제와 차이가 있음을 인정하였다.

10) 약제의 병용

실제 2/3이상의 환자에게 필요한데 기전이 다른 약제를 병용하는 것이 원칙이다. 단일약제의 용량을 증가시킨 후에도 조절되지 않아 병용요법으로 넘어갈 때 적은 용량으로 병용요법을 시작하고 2제, 3제의 병용요법이 가능하다.

다만 ACEI, ARB의 병용은 금기, 베타차단제와 이뇨제의 병용요법은 당뇨 가능성이 높을 때 주의해야 한다.

2. 고혈압치료에 따르는 영양요법

1) 코엔자임큐텐: 1일 100mg을 10주 이상 섭취했을 때 동맥혈관 확장 작용으로 혈압을 낮추는데 특히 수축기에 더 효과가 있다고 한다.

2) 실리엄허스크: 염분을 대변으로 배출시켜 혈압을 낮추는 것으로 추측한다.

3) 오메가 3 지방산: 혈소판 응집을 억제하고 혈관이 수축하는 것을 억제한다. 지방의 섭취는 탄수화물, 단백질과의 균형을 맞추기 위해 노력한다.

4) 칼륨: 칼륨의 섭취가 많아지면 나트륨의 배설이 많아져서 혈압을 낮춘다. 약으로 섭취하기 보다는 바나나, 파파야, 오렌지주스, 감자, 고구마, 토마토, 시금치 같은 음식을 먹는다.

5) 비타민 C: 공해로 인한 납의 배출을 촉진시켜 혈압을 낮추는 역할을 한다. 수축기 혈압에 효과가 있다고 한다. 채소나 과일을 매 끼니마다 먹도록 신경 쓴다.

6) 마늘: 혈관 확장 물질의 생산을 도와서 혈압을 낮춘다. 건강기능식품을 사 먹기보다는 마늘유가 함유된 의약품을 섭취한다.[2]

7) 은행잎: 혈관벽을 이완시켜 혈압을 낮춘다.

8) 칼슘과 마그네슘: 마그네슘은 이뇨제를 먹는 사람에게 꼭 요하고 노인 고혈압 환자에게는 칼슘이 필요하다.[3] ■

[각주]

1) 개정지침에서는 2007년 지침의 심혈관 리스크 등에 따라 상이하게 설정되었던 강압 목표를 140mmHg/ 90mmHg로 일원화하고 당뇨병이나 고령자에 대한 목표치를 별도로 설정했다. 강압 목표를 달성할 수 없는 경우, 다제(多劑) 투여를 포함한 신속하고 적극적인 치료를 촉구했다. 또 고혈압증의 진단에 있어서, 진료실 혈압만이 아니라, 가정이나 활동 혈압측정치도 고려해야 한다는 점을 강조했다. 강압약의 선택에 대해서는, 그 종류에 따르는 권장 순위는 제시하지 않지만 BB는 1차 선택약에서 제외되었다. 또 다제 투여의 조합중 ARB와 ACEI의 병용을 권장되지 않는 조합으로 규정하였다.

[출처] 유럽고혈압학회 고혈압관리 새 가이드라인(2013년판)

2) 영양제 119에서 발췌 정비환저 부키출판사 출간

3) 우리집 주치의 자연의학에서 발췌. 미국 자연의학 의사 이경원 저 동아출판사 출간

평생 함께 할 혈압, 이렇게 길들이자!

내게 맞는 고혈압 약 종류와 병용 약제 선택하도록 지도
식약처 안전사용 매뉴얼 등 쉬운 설명이 복약순응도 높여

나이가 들면 혈압 조절이 잘 안 된다. 확장기 혈압은 어느 정도 유지가 되는데 수축기 혈압이 자꾸 올라간다. 혈압약을 먹어도 자꾸 오르는 혈압!

약을 안 먹을 수도 없고, 그렇다고 당장 싱겁게 입맛을 바꿀 수 있는 것도 아니고, 나이 들어 다리가 아프니 운동을 맘대로 할 수 있는 것도 아니고 참 난감하다.

이럴 때는 어떻게 해야 할까?

우선 고혈압의 진단 기준을 알아보고 나의 문제를 다시 진단해 보자.

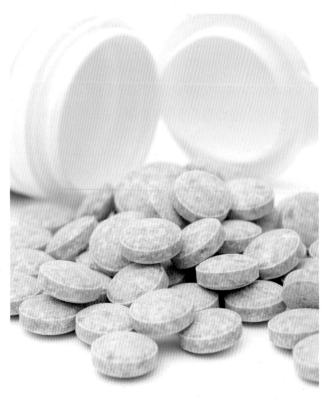

1. 고혈압 진단

고혈압의 진단 기준은 어디서 오는 걸까?

우리나라는 2013년 대한고혈압학회에서 진료지침서를 개정하였고 미국고혈압합동위원회의 보고서와 유럽고혈압학회·유럽심장학회에서 발표된 진료지침을 기준으로 한다.

의사선생님만 만나면 혈압이 오르는 백의(白衣)고혈압이라면 집에서 스스로 재는 자동혈압계에 의한 혈압 측정은 진료실에서 잴 때보다 15mmHg 정도 낮게 측정되므로 반드시 진료실 혈압을 기준으로 삼아야 한다.

그리고 헐레벌떡 와서 혈압을 잴 게 아니라 병원 도착 직후 5분 이상 안정을 취하고 재야 하고, 커피를 마셨거나 담배를 피웠다면 15분 정도 시간이 지나고 재도록 한다. 또한 2분 간격으로 2번 정도 재서 그 평균으로 혈압을 기록한다.(2~3일마다 기록한다.)

2. 고혈압을 꼭 치료해야 하는 이유는?

고혈압 치료의 가장 중요한 목적은 심혈관 합병증의 발생률과 사망률을 낮추는 것, 그리고 뇌졸중 예방이다. 수축기 혈압과 확장기 혈압의 차로 정의되는 '맥압'이 크면 즉, 확장기 혈압은 안정되어있으나 수축기 혈압이 자꾸 올라간다면 좌심실 비대나 동맥경화증으로 진행될 확률이 높다.

그래서 성인의 수축기 혈압관리가 잘 될수록, 또 강압 효과가 클수록 심혈관질환 사망률과 뇌졸중질환 발생률이 줄어든다.

3. 내게는 어떤 고혈압 약이 맞을까?

1) 내게 맞는 고혈압 약 선택하기

내가 먹는 고혈압 약을 어떤 기준으로 골랐는지 한 번 생각해 보자.

① 단일 성분의 혈압약

55세 이하의 나이는 혈중 레닌 농도가 상대적으로 상승되어 있어 안지오텐신 전환효소 저해제(이하 ACEI로 지칭), 안지오텐신Ⅱ수용체 저하제(이하 ARB로 지칭), 베타차단제 등 레닌-안지오텐신계에 길항작용을 하는 약에 의한 혈압 강하 효과가 크다.

고령자는 염분의 저류가 고혈압의 발생에 중요한 역할을 하며 레닌의 농도는 상대적으로 낮아서 이뇨제나 칼슘차단제 혈압 약을 쓰면 잘 듣는다.

② 복합성분의 고혈압 약

중증고혈압인 경우 단일성분의 고혈압 약으로 치료할 경우 혈압 강하 효능은 40~60% 정도에 불과하고, 나이가 들어 혈압이 상승하면 고혈압 약의 효과를 높이기 위해 두 가지 종류의 고혈압 약을 섞어서 쓴다.

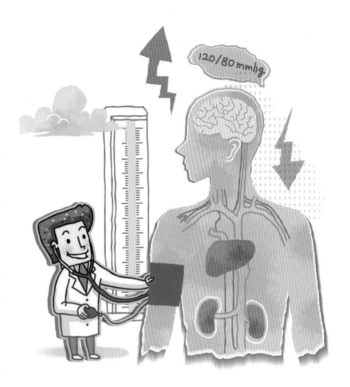

2) 병용 시 효과적인 약제

그렇다면 어떠한 약제를 병용하는 것이 적절할까?

제일 우선 사용하는 것은 소량의 이뇨제로 안전성, 유효성, 경제적인 면에서 적당하다.

① ACEI, ARB는 염분을 많이 섭취하거나 레닌이 낮은 고혈압 환자에서는 효과가 적으므로 이뇨제를 섞어 효과를 높인다. 또한 이 때 이뇨제 사용으로 인한 레닌-안지오텐신계의 활성화는 전환효소 억제제를 병용하므로 부작용을 막을 수 있다.

② 칼슘차단제와 이뇨제의 병용도 혈압을 효과적으로 낮출 수 있다.

③ 베타차단제의 경우는 레닌 분비를 억제하는 작용이 있어 이뇨제와 서로 상호보완이 가능하다.

④ 칼슘차단제와 ACEI, ARB의 병합은 강압 효과를 증가시키고 반사적 빈맥을 감소시키며 칼슘차단제의 혈관 확장 효과가 정맥보다 동맥에 커 나타나는 하지 부

종의 부작용을 ACEI, ARB의 정맥 확장 효과로 감소시킬 수 있다.

⑤ 베타차단제와 dihydropyridine 계열의 칼슘차단제 조합도 많이 사용한다.

4. 다빈도 복합제의 종류는?

고혈압 약제는 50년대 thiazide 이뇨제, 60년대 BB가 개발되었고 CCB와 ACEI, ARB의 순으로 개발되었다

그리고 지금은 노인들의 복약 순응도 향상을 위해 복합제가 지속적으로 개발되고 있다.

① 이뇨제와의 복합제: thiazide+ARB(코-나 -플러스), thiazide+BB(코비스), chlorthalidone+BB(테노레틱)

② ARB와 CCB의 복합제: 엑스포지(디오반+노바스크), 세비카(올메텍+노바스크) 아모잘탄(=코자엑스큐, 코자+아모디핀), 트리아핀(트리테이스+무노발)

③ 고지혈증 치료제와의 복합제: 카듀엣(노바스크+아토르바스타틴)

5. 혈압이 조절되기 힘든 경우를 알아보자

① 정형외과 진료를 받는 중 혈압이 오르는 경우: 특히 수

술을 하고 NSAIDs를 계속 투여해야 하는 경우는 혈압이 많이 오르므로 고혈압 약의 강도를 조절해야 한다.

② 스테로이드가 포함된 피부약을 먹는 중 혈압이 오르는 경우: 일시적으로 피부약을 먹는 경우는 물을 너무 많이 먹지 않도록 하고, 아무 관심 없이 스테로이드를 만성 반복적으로 먹으면 혈압 조절에 어려움을 겪게 되므로 피부약을 오래 먹을 때 약사의 검토가 필요하다.

③ 전립선 비대증 약을 혈압약과 병용하는 경우: 전립선 비대증약은 α₁수용체 차단제로 혈압 약과 동일한 기전으로 혈관 확장을 하게 되므로 저혈압과 어지러움을 동반하기도 한다. 남자 노인환자가 어지러움을 호소한다면 단골약국에서 꼭 확인해야 할 부분이다.

④ 콧물약이 혈압에 영향을 미치는 경우: 콧물약의 비충혈 제거 성분과 항히스타민제 성분이 모두 혈관 수축에 영향을 미치므로 혈압 조절에 애로를 겪는다.[1]

⑤ 에스트로겐 호르몬 복용이 혈압에 영향을 미치는 경우: Estrogen은 혈압 조절을 어렵게 하고 혈압 약의 독성을 강하게 할 수 있다.

⑥ MAOIs, cyclosporine, 감초 등의 약물도 혈압에 효과를 미친다.

⑦ 체중 증가, 운동, 감정적 흥분 상태, 스트레스, 흡연, 카페인 등도 혈압에 영향을 미친다.

6. 환자에게 쉽게 혈압 약을 설명해 보자

식약처 자료실에는 고혈압 환자들을 위한 안전사용 매뉴얼이 준비되어있다. 이런 자료를 이용하면 환자들의 언어로 설명하기가 쉽다.

① 이뇨제: 소변 배출량 증가로 염분의 배출을 촉진하여 말 혈관 압력을 감소시킨다. 이뇨제의 효용성을 높이기 위해 염분 제한을 병행한다.

② 교감신경차단제: 혈관 상태, 심장박동을 조절하는 작용을 하고 혈관과 심장 수용체의 신경전달물질을 차단하여 혈압을 낮춘다.

　a. 알파차단제: 초기 복용 시 기립성 저혈압 부작용이 있어 혈압 약으로의 빈도가 낮다.

　b. 베타차단제: 심박동수와 심박출량을 감소시켜 혈압을 낮추고, 협심증, 심근경색 후의 증상, 빈맥, 부정맥을 개선한다.

　c. 알파베타 차단제: 심박출량 감소 없이 말초혈관 저항을 감소시켜 혈압을 낮춘다.

③ 칼슘채널차단제: 혈관과 심장의 세포막에 있는 칼슘 통로에 작용하여 혈관을 확장시켜 혈압을 낮추는 약으로 혈관 확장 효과로 심장의 부담을 줄이고 심장의 산소공급을 늘려 협심증에도 사용한다.

④ ACEI: 혈관을 수축시키는 강력한 물질인 angiotensin Ⅱ를 합성하는 안지오텐신 전환효소의 생성을 억제하여 말초 혈관을 확장시켜 혈압을 낮춘다.

⑤ ARB: ACEI의 대표적인 부작용인 마른기침 증상을 현저히 개선한 것으로 직접 안지오텐신Ⅱ수용체에 결합하는 것을 억제하여 혈압을 낮춘다.

⑥ 겨울에는 기온의 영향으로 혈압이 좀 오르고 여름은 혈압이 떨어지는 경향이 있다.

7. 복약지도를 응용해 보자

① ARB와 칼슘차단제의 복합제: 혈관을 직접 넓혀주는 약과 혈관 수축을 일으키는 호르몬을 동시에 억제하므

로 혈압 강하효과가 크다고 설명한다.

② 신경안정제: 스트레스를 받거나 화가 차면 혈관이 수축되고 혈압이 올라가므로 마음을 편하고 예민하지 않게 해준다.

③ 고혈압 약을 한번 먹으면 끊을 수가 없다는데?

고혈압 약은 의존성이 높지 않고 환자의 몸 상태에 따라 고혈압 약의 종류를 변경하거나 용량을 줄일 수도 있지만 일단 발병 시 자연적으로 없어지거나 완치되는 것이 아니다. 약을 먹고 정상으로 된 혈압은 하루 동안만 정상을 유지하므로 하루 이틀 약 복용을 잊어버리면 혈압은 갑자기 상승해서 뇌졸중이나 심장 합병증을 일으킬 수 있음을 환기시킨다.

④ 고혈압 약을 평생 먹으면 몸에 해롭지 않을까요?

혈압 강하 효과로 인해 뇌졸중은 30~40%, 심근경색은 20~25%, 심부전증은 50% 이상 억제할 수 있다. 고혈압 약의 부작용보다는 약이 아닌 술이나 흡연에 의한 부작용이 더 크다.

⑤ 위가 나쁜데 식전에 혈압 약을 먹어도 될까요? 혹은 아침을 안 먹는데 괜찮을까요?

고혈압 약을 소화가 좀 힘든 음식으로 생각한다. 위가 나쁘다면 위장약과 같이 먹거나 물을 좀 더 먹으면 별 무리가 없고 커피나 담배, 술, 맵고 짠 음식을 덜 먹도록 한

다.

복약지도를 약에 대한 설명과 부작용, 식이요법으로 크게 나누어 볼 때 처음 온 환자는 약에 대한 설명을 해 준다. 시간이 좀 걸리지만 약에 대한 쉬운 설명은 환자의 질병에 관한 관심을 일으키고 복약 순응도를 조금 더 높이게 된다. 2008년 우리나라 고혈압 환자 중 치료를 받는 비율은 60% 정도 이중 혈압을 적정수준으로 유지하는 사람은 42%에 불과하다고 한다. 부작용을 강조하면 혈압약 복용에 거부감을 일으킬 수 있으므로 우선은 하루 한번 복용유지에 제일 중점을 두어 설명하도록 한다.■

[각주]

1) 남자 노인의 배뇨장애도 일으킬 수 있다.

고혈압 만성질환자를 위한 복약지도법

같은 약도 부작용 달라… 환자 스스로 정확한 복용법 알도록
비만 · 음주 · 흡연 · 염분 줄이고 운동과 식이 · 영양요법 병행해야

만성질환자는 자기의 병에 대해 자기가 제일 많이 알고 있다고 생각한다.

병원에선 어떻게 했는지 모르지만 약국에서 약을 교부하기 위해서 환자를 호명하면 "약 얼른 주소. 매일 먹는 약 내가 다 알고 있다 아이가."

그럼 두 가지의 응대법이 있다.

그냥 달라는 대로 "예, 그러세요"하고 약만 한번 흘깃 보고 내주는 방법과, 오거리약국의 고집처럼 "잠깐만요. 우리가 혹시 실수로 약을 빠뜨린 건 없는지 다시 한 번 살펴보고요"하고 뜸을 들인 이후 "오늘 혈압 괜찮게 나왔어요? 불편하신 데는 없고요?"라고 속사포 공격을 하는 방법이 있다.

이런 공격을 한 번 해보면 느닷없이 질문을 받은 환자들은 경계를 풀고 몇 가지 본인의 얘기를 한다.

오늘 고혈압 약의 부작용을 숙지하려 하는 것은 실제 환자에게 부작용을 복약지도로서 일러주기 위함보다 환자가 불편을 호소할 때 바르게 알아듣고 문제점을 해결하는 방향을 잘 찾기 위해서이다.

복약지도를 할 때 복용횟수나 처방일수 외에 효능효과, 특히 상호작용이나 부작용에 대한 설명을 하기란 쉽지 않다. 너무 선제적으로 부작용을 설명하다 보면 "이런 독한 약을 내가 먹어야 되나"라는 반응과 함께 복약 순응도가 떨어질 우려가 있어서 설명을 함에 있어 세심한 주의가 필요하다.

따라서 처음 혈압 진단을 받고 약을 먹는 초진환자에게는 고혈압 약은 의존성이 높지 않으며 환자의 고혈압 정도에 따라서 종류를 변경하고 용량을 줄이거나 중단할 수도

있다고 안심시켜준다. 그러나 대부분의 고혈압은 유전적 또는 체질적 요인으로 발생하므로 일단 발병하면 자연적으로 없어지거나 완치되는 것이 아님도 꼭 주지시킨다.

1. 고혈압치료제 복용 시의 부작용

1) 모든 고혈압 약을 먹을 때의 공통적인 주의사항이다.

* 술을 마시면 저혈압, 어지럼 등의 부작용 발현율이 증가한다.

* 처방에 따라 약을 지속적으로 복용해야 한다. 임의로 중단하면 증상이 악화되거나 합병증을 동반하게 된다.

* 어지러움이 일어날 수 있으므로 운전이나 기계 조작 시 주의하고 장시간 앉거나 누웠다가 일어나는 경우 기립성 저혈압을 막기 위해 천천히 또는 벽을 잡고 일어나는 것이 좋다.

* 약물 복용을 갑자기 중단하면 협심증이 악화되며 심근 경색으로 발전할 수 있다.

2) 각 고혈압 약의 특징적인 부작용이다.

① 이뇨제

ㄱ. 이뇨제에 의한 대사이상이 생긴다. 히드로클로로티아지드, 푸로세미드 성분은 저칼륨 혈증, 고지혈증, 혈당 유지기능 이상, 고요산 혈증이 유발될 수 있어 정기적인 혈액검사가 필요하다. 식이를 조절하거나 용량을 낮추면 좋아진다.

ㄴ. 히드로클로로티아지드 등이 포함된 혈압약 및 니트로글리세린 등 심장약은 그 이뇨작용으로 인해 술과 같이

먹어서는 안 된다. 이는 알코올에도 이뇨작용이 있기 때문에 이들 약물을 술과 함께 병용할 경우 소변량이 늘어나 신장 독성이 유발될 수 있다. 또 과도한 저혈압으로 어지러움증이 나타나 보행사고도 우려된다.

예. Hydrochlorothiazide, Chlorthalidon, Metorazone, Indapamide, Tripamide, Furosemide, Torasemide, Spironolacton, amiloride 등

② ACE 저해제

ㄱ. 특징적인 부작용으로 마른기침이 있다. 지속적으로 끊임없이 나타나고 약물 중단 시 1~4일 이내에 사라지는데 일반 감기증세와는 차이가 있다. 여성과 비흡연자에 더 높은 유발률을 보이는 것이 특징이다. 증상이 심하면 ARB(Angiotensin II 수용체 차단제)로 전환하는 것이 바람직하다.

ㄴ. 피로, 두통, 설사, 심계항진 발진 등이 나타날 수 있고 캅토프릴의 경우 광과민증이 나타날 수 있어 장시간 햇볕에 노출되지 않도록 한다.

ㄷ. 제산제는 1~2시간 이후 복용하도록 한다.

예. Enalapril, Captopril, Fosinopril, Lisinopril, Moexipril, Ramipril 등

③ ARB(Angiotensin II 수용체 차단제)

두통, 설사, 소화불량, 복통, 상기도 감염 등의 부작용이 일시적으로 나타나나 2주 정도가 지나면 대부분 사라진다. 부작용의 증세가 심하거나 오래 지속되면 병원과 상의를 해야 한다. ACE 저해제 복용으로 마른기침이 심하게 지속되면 ARB 제제로의 변경이 가능하다.

예. Losartan, Valsartan, Irbesartan, Candesartan, Telmisartan, Olmesartan, Eprosartan

④ 칼슘채널 차단제

ㄱ. 가장 많이 알려진 부작용은 부종이고 혈관 확장 작용으로 인해 두통, 안면홍조, 심장 두근거림 등이 나타날 수 있는데 약에 적응되면 소실될 수 있다. 두통이 심한 경우는 아세트아미노펜을 복용하게 한다. 불규칙한 심장 박동, 흉통, 호흡곤란, 다리나 무릎 부종 등이 약효가 부족해 나타나는 경우도 있다.

ㄴ. verapamil, diltiazem의 복용으로 맥박이 50회 이하로 뛸 경우는 당일 약을 복용할지의 여부를 병원에 확인해야 한다.

ㄷ. 잇몸이 과도하게 증식될 수 있으므로 정기적인 치과 검진을 받아야 한다.

ㄹ. 자몽쥬스와의 병용은 이 약의 혈중농도를 증가시킬 수 있다.

ㅁ. 칼슘채널 차단제와 칼슘제의 병용은 안전한 것으로 알려져 있다.

ㅂ. 시메티딘과 칼슘 채널 차단제와의 병용은 약효를 강화시킨다.

예. Diltiazem, Verapamil, Amlodipine, Nicardipine, Felodipine, Nifedipine, Isradipine 등

⑤ 베타차단제

ㄱ. 장기복용 시에는 심장기능 검사를 받도록 한다.

ㄴ. 졸음, 피로, 어지러움, 시야몽롱 등이 나타나면 운전 등 위험한 기계조작을 하지 않는다.

ㄷ. 맥박이 60회 이하로 느리게 뛸 때는 당일 약을 복용할지의 여부를 병원에 문의한다.

ㄹ. 당뇨, 기관지천식, 만성 폐쇄성 폐질환의 병력은 병원에 알려야 한다. 천식이나 폐쇄성 폐질환의 경우 폐에서의 베타수용체 차단 효과로 인한 기관지 수축이 나타날 수 있다.

예. Atenolol, Bisoprolol, Metoprolol, Carteolol, Propranolol, Labetalol 등

ㅁ. 비충혈 제거제, ibuprofen류의 소염진통제는 혈압 강하 작용을 감소시키고 시메티딘과 칼슘 채널 차단제와의 병용은 혈압 강하 작용을 증강시킨다.

ㅂ. 약물 복용을 갑자기 중단하면 협심증이 악화되며 심근경색으로 발전할 수 있으므로 주의한다.

ㅅ. 당뇨병을 은폐시킬 수 있어 JNC 8 가이드에서는 사용을 배제하는 추세이다.

⑥ 알파차단제

초기 복용 시에 기립성 저혈압이 나타나는데 특히 노인환자나 이뇨제 병용환자에게 어지러움, 심장 두근거림이 나타날 수 있으므로 첫 투약 시 취침 전 최소량으로 복용하는 것이 바람직하다. 지금은 혈압강하제로는 거의 쓰지 않는다.

⑦ 알파베타차단제

저혈압, 권태, 졸림, 고혈당 등이 나타날 수 있다.

예. Carvedilol

같은 계열의 고혈압 약이라도 그 종류가 매우 다양하고 부작용이 환자 개개인에 따라 조금씩 차이가 날 수 있으므로 환자 자신이 복용하는 약의 이름과 정확한 복용법을 알아야 한다. 부작용이 생기면 병원과 상의하여 약을 조절하도록 해야 한다.

2. 고혈압 관리를 위한 생활요법

1) 체중 감량

BMI가 25 이상이거나 복부비만이 있는 사람은 고혈압의 위험인자를 가지고 있다. 표준체중보다 10% 이상 과체중인 경우 5Kg 정도의 감량으로 대부분 혈압이 감소한다.

2) 음주

과도한 음주는 혈압을 상승시키며 고혈압 약에 대한 저항성을 높인다. 하루 알코올 섭취 허용량은 맥주 1병, 와인 1잔(200~300ml), 소주 1/3(2~3잔)에 해당한다. 특히 여자와 체중이 가벼운 사람은 허용량의 절반만 먹도록 한다. 혈관을 확장시켜 혈압을 낮추는 약이나 이뇨제가 포함된 혈압약은 음주 시 상호작용을 일으켜 부작용을 나타내기 쉬우므로 금주하도록 한다. 또한 유해활성산소를 생성해 혈관을 상하게 하기도 한다.

3) 흡연

담배 1개비를 흡연할 경우 5~10mmHg 정도 혈압을 올려 15분간 유지한다고 한다. 담배 흡연양만큼 혈압이 올라갈 뿐 아니라 흡연은 심혈관질환의 고위험인자이므로 고혈압 약물로 혈압을 잘 조절한다고 해도 심장질환의 위험성을 피할 수 없다.

4) 염분

소금 중 나트륨양은 혈압 상승과 관련이 있다. 소금 섭취량을 권장량[1]보다 6g 더 섭취하면 혈압이 4~5mmHg 정도 증가하고 관상동맥 심장질환의 사망률은 56% 증가, 심혈관질환(심장질환, 뇌졸중 등)의 사망률은 36%가 증가한다. 그럼에도 우리나라 국민이 소금 섭취량은 위험 수준으로 1일 평균 소금 12.2g 특히 30~50대의 경우 16.6g까지 섭취하는 것으로 알려져 있다. 따라서 식사 시 소금을 적게 먹도록 하고 소금이 많은 각종 가공식품을 절제해야 한다.

구체적으로 살펴보자.

a. 국물 찌개류는 국물을 남기고 건더기 위주로 먹고, 국물에 밥을 말아 먹지 않는다. 국이나 찌개의 간은 다 끓인 후 먹기 직전에 간을 한다. 국물 남기기로 하루 소금의 3g을 줄일 수 있다.

b. 김치 깍두기는 크기를 작게 썰어 담근다. 김치 먹는 양을 줄여 하루 소금량 중 3g 줄인다.

c. 장아찌, 젓갈, 자반 등 짠 반찬을 삼가고 소금 함량이 적은 양념으로 간을 한다. 생선도 간을 하지 않은 것으로 구입한다.

d. 인스턴트 음식, 패스트푸드를 적게 먹도록 한다.

짬뽕 1,000g 한 그릇 속에는 소금이 10g이나 들어있어 하루 소금 섭취량의 두 배가 들어 있다. 우동 1,000g 한 그릇에 소금 8.5g, 열무냉면 800g에 소금 7.9g, 자장면 650g에 소금 6g, 된장찌개 400g에 소금 5.1g, 김치찌개 400g에는 소금 4.9g이 들어있어 음식 한 그릇만으로도 소금 함량이 권장량을 넘는다.

e. 배추김치 60g에는 나트륨 687mg, 고등어조림 160g에는 나트륨 768mg, 시금치나물 70g에는 548mg, 된장찌개 230g에 949mg이 들어있어 역시 한 끼 섭취량이 하루 권장량보다 많다.[2]

5) 식이요법

DASH 다이어트는 Dietary Approaches to Stop Hypertension의 약자로 혈압을 낮추기 위한 식사법이다. 미국 국립보건원의 권장식단으로 과일, 채소, 통곡식, 저칼로리 유제품을 많이 섭취하고 인스턴트나 가공식품은 피한다. 이 DASH 다이어트로 고혈압 환자의 수축기 혈압은 11mmHg, 확장기 혈압은 6mmHg 정도로 낮추는 효과가 있다고 한다.

6) 운동

운동은 혈압을 낮추고 심폐기능을 개선시키며 체중 감소를 유발한다. 걷기, 조깅, 자전거, 수영, 줄넘기 등의 유산소운동이 권장된다. 일시적으로 무거운 것을 들어 올리는 무산소 운동은 일시적으로 혈압을 상승시키므로 피해야 한다. 1주일에 3~5회로 규칙적으로 실시하는데 처음 시작할 때는 10~20분 정도 하다가 조금씩 연장하여 30~50분 정도로 꾸준히 운동한다. 운동 시 가슴이 답답할 때, 호흡곤란, 심장박동이 지나치게 빨라지거나 불규칙할 때, 어지럽거나 토할 것 같을 때는 즉시 운동을 중지하고 병원으로 가도록 한다.

3. 혈압을 재어온 환자에 대한 일반적인 복약지도

환자에게 말 한마디 더 하는 것은 환자와 얼른 친해지기 위해서 약국에서 할 수 있는 최선의 노력이다.

"병원에서 혈압을 재니 얼마가 나오던가요?"

① "안 재셨다고요? 약을 먹어도 혈압 조절이 안되거나 너무 과도하게 혈압이 떨어지는 경우가 생기기 때문에 가능하다면 한두 달에 한번은 혈압측정을 하고 기록을 해야 해요."

② "오늘 혈압이 140~90이라던데요"라 환자가 대답하면, "혈압 조절이 안 되는 건 아닌데 이 수치가 정상혈압의 마지노선이라 생각하셔야 됩니다. 140~90 이상으로 계속 유지가 되면 심장병이 생길 확률이 2배 이상 높아지거든요. 좀 더 음식을 싱겁게 드시고 운동 열심히 하세요"라고 응대할 수 있다.

③ "혈압이 120-80입니다."라는 대답에는, "한 달 동안 정말 조절 잘하셨네요. 오늘 100점 받으신 거예요"라고 응대한 이후 운동을 지속하는 것이 심장병의 예방에 도움이 될 수 있음을 숙지시킨다. 또한 이때쯤 되면 혈압약을 한두 번 빼먹기 십상이므로 혈압약이란 하루 먹고 하루 약효가 있는 것이고 안 먹고 버틸 수 있는 기간은 하루 밖에 되지 음을 강조한다.

④ 혈압이 100~70 이하로 조절되는 환자분의 걱정을 듣는 경우도 있다. 약을 타가서 복용하는 기간 중 어지러움이 발생하는 횟수를 달력에 표시를 하고 다음번 병원에 내원할 때 병원에 그 횟수를 알려 약을 조절하게 한다.

4. 한 달 내내 혈압약을 잘 먹도록 어떻게 도와줄까?

통이나 PTP 포장으로 나갈 때는 항상 날짜를 적어주고, 포로 조제할 때는 각 포마다 번호를 적는다. 날짜를 적는 것은 지난 약을 들고 와서 약이 남았다고 반품해달라고 하는 것을 막기 위해서이고, 처방으로 나간 약의 개수를 적는 것은 환자와 약사 모두의 착각을 방지하기 위해서이다. 그리고 번호를 적어주는 것은 포수가 모자라다고 항의하는 환자들이 있으므로 요주의 환자의 경우에는 번호를 반드시 확인시켜야 하기 때문이다. ■

[각주]

1) 나트륨의 세계보건기구(WHO)의 1일 최대 권고량: 2,000mg (소금 5g) 이하
2) 식품의 나트륨 양을 소금의 양으로 환산하려면 2.54를 곱하면 된다.
3) 영양제 1190에서 발췌. 정비환 저 부키출판사 출간

국내 당뇨병 진료지침
"초기부터 적극적 약물 치료"

생활 습관 개선 등 효과 없다면 경구용 혈당 강하제 투여 권고
혈당 목표 6.5% 이하, 혈압은 140/80mg이지만 개인차 고려해야

"내가 당이 많이 올랐다 하던데. 이보소, 약사 선생님! 혈당이 200이면 높은 거요? 평생 당이 없더만 감기를 심하게 하고 그러네. 집에서도 재보라 하던데, 그래서 혈당계 사러 왔다 아이가!"

예전엔 의료기판매점에서 혈당측정기를 구입했던 환자들이 이제는 약국에서 혈당측정기를 구입하거나 혈당시험지, 채혈침, 일회용 알코올 솜 등을 사러 오고 있다. 이런 절호의 기회에 조금만 환자들에게 친절하게 응대하면 영원한 고객을 확보하게 된다.

환자들이 약국으로 왔을 때 기대하는 점은 환자 본인의 당이 조절되고 있는지 확인하고 싶은 마음과 당을 조절하기 위해서 어떤 노력을 할 건지를 약사에게 묻고 싶어서이다.

환자의 당이 잘 조절되고 있는지를 확인할 때 중요한 것은 대한당뇨병학회에서 정한 당뇨병 진료지침을 참고로 의사와 같은 기준으로 설명해 주는 것이다.

"어머니, 당이 200이 나왔다고요?

언제 당을 재신 거예요? 밥 먹기 전에 잰 거예요, 아님 밥 먹고 나서 쟀어요?

밥 먹고 나서 잰 거예요? 많이 높지는 않네요. 반찬은 뭐 드셨어요?

현미밥은 드시지요? 콩을 좀 더 섞어 드시고요. 반찬은 심심한 봄나물 조금 먹고 나서 두부 좀 먹고 밥 드시면 밥 좀 덜 먹어도 배가 안 고플 거예요.

운동은 하시지요? 아무리 바빠도 햇볕 아래 조금 걸으세요. 운동만 잘하면 당이 금방 좋아지게 되어있어요. 걱정하지 마시고 혈당계로 혈당 재는 거 천천히 알려 드릴게요."

1. 2013년에 개정된 우리나라 당뇨병 진료지침 5판

당뇨병 학회의 경우 2011년 만들어진 진료 지침이 2년 만에 많이 개정되었다.

2013년 진료지침의 특징은 국내 허가사항 범위 안에서 환자에 적합한 약물 치료 전략을 다양하게 짜고 이에 맞춰 알고리즘을 구성하였다. 제2형 당뇨병환자에 대한 초기부터의 적극적이고 엄격한 약물치료를 강조한 반면 환자마다 차이를 두어 저혈당이 심한 환자에게는 목표혈당을 높여서 설정하였다. 또한 2012년 발표된 최근 외국 가이드라인[1]을 참조하면서도 국내 환자 특성·의료현실을 반영하여 특정 1차 치료제 지정 없이 병용요법부터 삼제요법까지 처방의의 선택권을 다양하게 보장한 권고안이다.

1) 혈당 조절 목표의 변화

고혈당에 노출되는 시기를 최소화하기 위해서 조기부터 약물투여를 통한 적극적인 관리전략이 필요하다고 강조하고 있다. 생활 습관 개선 및 체중 조절을 기본적으로 시행하여도 큰 효과가 없다면 즉시 경구용 혈당 강하제를 투여하도록 권고했다. 또한 혈당조절 목표를 달성하기 위해서 A1c 기준을 낮추고 필요하다면 초기부터 병용 요법도 고려하도록 하였다.

즉, 2011년의 알고리즘에서는 단독요법 시작 기준을 A1c 8% 미만, 병용요법은 8~10%, 인슐린은 10% 초과일 때로

	당화혈색소(%)	공복/식전 혈당(mg/dL)	식후 2시간 혈당(mg/dL)
정상영역	〈 5.7	70~99	〈 140
혈당 조절 목표			
ADA	〈 7.0	70~130	〈 180
AACE	≤ 6.5	≤ 110	≤ 140
IDF	≤ 6.5	〈 110	N/A
KDA	≤ 6.5	80~120	〈 180

설정했지만 2013년 알고리즘에서는 단독요법은 6.5% 이상, 병용요법은 7.5% 이상일 때 시행하도록 했다. 인슐린 치료는 필요한 경우 단독~3제 요법 어디에서도 시행할 수 있다.

① 제2형 당뇨병환자에서 미세혈관합병증 및 대혈관 합병증의 발생위험을 감소시키기 위해서 적극적인 혈당조절이 필요하다.[A]

② 혈당조절의 평가는 당화혈색소를 기준으로 식전, 식후 2시간 및 취침 전 혈당도 고려.[E]

③ 혈당조절의 목표는 당화혈색소 6.5% 이하로 하고 환자의 상황에 따라 개별화한다.[A]

④ 혈당조절 목표를 정할 때 고려할 요소로는 나이, 당뇨병 유병기간, 여명, 당뇨병성 합병증의 진행 정도, 동반 질환, 저혈당, 환자의 순응도 등이 있다.[B]

⑤ 수술 전후, 임신 및 급성질환이 있는 환자에서는 좀 더 엄격한 조절이 필요하다.[E]

2. 환자별 맞춤 약물치료

혈당 조절 약제는 인슐린, 메트포르민, 설포닐우레아, 알파-글루코시다제 억제제, 티아졸리딘디온, 메글리티나이드, DPP-4 억제제와 GLP-1 수용체 작용제로 나뉜다.

2013년 진료지침은 구체적으로 적용할 수 있는 단독요법과 병용요법을 나열해서 설명하였다. 이와 함께 DPP-4억제제를 포함한 삼제요법을 알고리즘 내에서 인슐린 치료 전 단계에 포함시켰다[2] DPP-4억제제가 인슐린 투여를 지연시키는 효과가 있었던 덕이다.

약제 선택 시 고려해야 할 임상적 요소는 나이, A1c, 공복 시 고혈당, 식후 고혈당, 비만 여부, 대사증후군 여부, 인슐린 분비능, 간 기능 및 신장 기능 이상 등이고 부작용, 금기증, 약제의 가격 역시 약물을 선택하는 한 요소로 제시하였다.

1) 단독요법

2011년 진료지침에서는 1차 선택약물을 메트포르민으로 한정한 반면 2013년 진료지침에서는 작용기전이 다른 만큼 약물의 혜택 및 위험도가 다르기 때문에 환자의 특성에 따라 경구용 혈당 강하제와 GLP-1수용체 작용제 모두를 1차 약물을 선택하도록 하였다.

반면 심사평가원의 보험심사기준은 2014년 2월에 새로 고시되었는데 메트포르민을 1차 선택약으로 지정하여 단독 투여시에 보험을 인정하고 메트포르민 투여 금기 환자나 부작용으로 투여할 수 없는 경우에는 소견을 첨부하여 설포닐우레아를 쓸 수 있도록 하였다.[3][4]

2) 병용요법

① 병용요법은 단독요법의 약제를 2~3개월 간격으로 증량해 최대용량으로 투여를 해도 A1c가 조절되지 않을 때 시행한다. 또 환자의 임상적 특성을 고려해 최대용량에 이르지 않은 경우에도 병용요법을 시행할 수 있다.[5]

② 환자의 A1C 수치가 7.5% 이상이라면 2제 요법을 첫 단계에서 시행해도 된다.

③ 2제 요법에 반응이 없을 때는 3제 병용요법을 실시한다.

④ 처음부터 대사 이상을 동반한 심한 고혈당이 있는 경우나 이런 치료 과정에서 목표 도달치에 실패하는 경우에

표 2. 2013 대한당뇨병학회 당뇨병 진료지침 혈당강하제

그림. 경구용 혈당강하제의 급여 기준개정: 2013년 11월 1일 시행

구분	Metformin	Sulfonylurea	Meglitinide	α-glucosidase inhibitor	Thiazolidinedione	DPP4 inhibitor
Metformin		인정	인정	인정	인정	인정
Sulfonylurea	인정			인정	인정	인정
Meglitinide	인정			인정	인정	●
α-glucosidase inhibitor	인정	인정	인정		●	●
Thiazolidinedione	인정	인정	인정	●		인정
DPP4 inhibitor	인정	인정	인정	●	인정	

- 현행 1종 본인부담으로 제한했던 병용요법을 급여인정으로 전환함.
- 2제요법으로서 인정가능 요법과 이를 포함한 3제요법은 모두 건강보험 급여혜택을 받을 수 있다.

글리니타이드+티아졸리딘디온, 티아졸리딘디온+DPP-4 억제제 조합도 급여가 된다.

ㄴ. 삼제요법

2제 병용요법을 2~4개월 이상 투여해도 A1C가 7% 이상으로 나타날 경우 병용요법에서 인정되는 범위에서 다른 기전의 당뇨병 약물 한 개를 추가로 투여하는 부분까지 인정하고 있다.

3) 인슐린

적절한 경구용 혈당 강하제 치료에도 불구하고 당화혈색소가 6.5%[7]이상이거나 심근경색증, 뇌졸중, 급성질환 발병 시, 수술 시, 임신 예정이거나 임신한 경우는 인슐린요법을 시행한다.

단독요법, 병용요법, 3제요법 어느 단계에서도 필요한 경우 인슐린으로 전환할 수 있다.

는 바로 인슐린과 경구용 혈당 강하제를 병용할 수 있다.

⑤ 다요소 인슐린 요법과 경구용 혈당 강하제의 병용도 가능하다.

⑥ 2013년 12월 심사평가원 고시에 의해 병용요법·삼제요법이 추가적으로 급여가 되고 있다.

ㄱ. 병용요법

단독요법으로 2~4개월 이상 투약해도 혈당조절에 있어 개선[6]이 없으면 다른 기전의 당뇨병 1종을 추가한 병용요법을 인정한다. 즉, 기존 메트포르민이나 설포닐우레아 외의 병용요법에서 투약 비용이 저렴한 약물에 대한 비용을 환자가 부담하도록 한 것에서 병용약물 모두의 급여를 인정한 것으로, 메글리티나이드+알파-글루코시다아제, 메

3. 당뇨 환자의 수축기 혈압 목표 완화

제2형 당뇨병 환자의 목표 혈압이 완화되었다.

2011년 진료지침에서 수축기혈압 130mmHg, 이완기혈압 80mmHg로 권고하던 것에서 이번 진료지침에서는 혈압 목표치를 140/80mmHg로 완화했다. 수축기혈압을 120mmHg 미만으로 조절했을 때 뇌졸중 발생률은 유의하게 감소했지만, 비치명적 심근경색, 비치명적 뇌졸중, 심혈관 사망률 등 1차 종료점에서 혜택은 없다고 확인되었다.[8]

2008년도 자료에 따르면 고혈압 환자의 이완기 혈압을 90mmHg → 80mmHg로 낮추어도 사망률은 비슷했지만 당뇨병 환자만 따로 분석 시 목표혈압을 90mHg,

85mmHg, 80mmHg로 점점 낮추었을 때 심혈관계 발생률을 낮출 수 있었다는 점에서 2013년도 진료지침의 이완기혈압은 80mmHg로 유지하였다. 고혈압학회의 당뇨병 환자의 혈압 목표는 140/85mmHg 이지만 당뇨병 환자의 합병증을 예방하기 위하여 이완기혈압의 목표치를 낮추어 유지하였다.

4. 기타

1) A1C의 목표치 6.5%나 식후 혈당 목표치를 고정하지 고 나이, 합병증 상태, 동반질환, 저혈당 인지능력 여부 등에 따라 사람마다 개별적으로 정할 수 있도록 하였다.

2) 당뇨병학회의 권고 혈압약은 ACE억제제와 ARB이다.

3) 한번 이상의 심한 저혈당을 겪은 경우는 최소한 단기간이라도 혈당 목표를 높여서 조절한다.

장시간 운동이나 운전을 할 경우는 항상 포도당이 포함된 음식을 소지한다.

야간 저혈당을 예방하기 위해서 자가 혈당 측정으로 취침 전 혈당을 100~140mg/dl 정도로 유지하도록 한다. 이보다 낮은 경우 스낵이나 우유 한 잔, 과일 1단위 정도를 섭취한다. 자는 동안 악몽을 꾸었거나 식은땀을 많이 흘린 경우 야간 저혈당을 의심해 본다.

4) 임신성당뇨병의 혈당조절 목표는 식전 혈당 ≤ 95 mg/dL, 식후 1시간 혈당 ≤ 140mg/dL, 식후 2시간 혈당 ≤ 120 mg/dL이며[E] 철저한 혈당조절은 주산기 합병증 및 산과합병증을 감소시킬 수 있다. [A] 탄수화물 제한 식이는 태아의 과도한 성장을 예방한다.

5) 당뇨병 환자가 급성질환이 생기면 고혈당이 유발될 수 있으므로 인슐린과 경구용 혈당 강하제를 계속 유지하고 인슐린 용량을 조절할 필요가 있다. 또한 혈당을 더 자주 재고 탈수를 막기 위해서 적당한 수분을 섭취하고 적당한 당질 섭취가 필요하다.

6) 2014년 SGLT-2 억제제인 다파글리플로진, 카나글리플로진이 새로 승인되었다. 기존 약제와는 차별화된 기전으로 혈당을 조절함과 동시에 혈압이나 체중 감소 등을 기대할 수 있다.■

[각주]

1) 미국당뇨병학회(ADA) · 유럽당뇨병학회(EASD) 가이드라인을 비롯한 일본당뇨병학회(JDS), 캐나다당뇨병학회(CDA) 가이드라인

2) 기존 가이드라인은 병용요법에도 효과가 없는 환자들에게 삼제요법이나 인슐린 병용요법을 사용하도록 했다.

3) A1C≥6.5%이거나 공복혈장혈당≥126mg/dl, 당뇨의 전형적인 증상과 임의 혈장혈당≥200mg/dl , 75g 경구 당부하 검사 후 2시간 혈장혈당≥200mg/dl 중 한 가지를 만족하면 보험급여를 인정한다.

4) ADA(미국당뇨병학회) · EASD(유럽당뇨병학회) 가이드라인은 A1C 치료 타깃을 7% 미만으로 정하고 당뇨병 진단 시 조기약물치료를 권고하고 있다. 특히 1차 치료약물을 메트포르민으로 알고리듬에서 명시하고, 이후 병용요법, 삼제요법 모두에서 메트포르민을 기저약물로 제시하고 있다.

5) 최대 치료 용량의 효과와 최대 용량의 50%를 처방한 효과가 큰 차이가 없다고 보기 때문에 부작용을 같이 고려하여 최대용량을 처방하기보다는 병용요법을 이용하는 것을 권고한다.

6) A1C≥7.0%, 공복혈당 130mg/dl, 식후혈당 180mg/dl 중 하나에 해당될 때

7) 심사평가원 급여기준; A1C≥7.0% 이상일 때 단독 투여 급여인정, 병용 투여 시 인슐린+경구용제 2종까지 병용가능하나 경구용제 중 약값이 싼 한 종류는 비급여. 단 인슐린+Met+Su 는 전액 급여

8) 수축기혈압 기준의 완화에 대한 주요 근거는 ACCORD-BP 연구다. ACCORD-BP 연구는 엄격한 혈압 관리 전략과 표준 관리전략의 효과를 비교한 것

작용기전 다른 약제 병용 순응도↑ 부작용↓

개별 치료 원칙으로 부작용 관찰하며 병합약제 선택
메트포르민 등 약물치료와 생활습관 교정 병행해야

최근 팜 2000이 업데이트되면서 혈당 강하제 약료에 대한 시리즈가 연재되었고 해외최신 의약뉴스코너에서는 당뇨병을 앓고 있는 환자의 수축기 혈압에 대한 혈압 목표를 조금 상향 완화하였다고 전하고 있다.

신약이 출시되어도 약국에서는 그 제품과 해당 질환을 치료하는 약리기전에 대한 정보를 직접 설명 받지 못하므로 약을 이해하기 위한 중요한 기회라 아주 반가움이 든다.

처방전대로 약을 정확히 짓는다는 것은 1일 최대 용량이나 용법 같은 약의 첨부문서나 브로셔 상의 정보뿐 아니라 약리기전을 약사가 완전히 이해하고 있어야 하고 처방을 한 의사의 의도가 약사에게 전달되었을 때 가능하다. 그래야 처방전의 오류를 거르거나 처방 맥락과 다른 약을 고를 수 있다.

의약분업이 시작되던 2000년대에는 그 당시 신약이던 글리메피리드를 필두로 한 설포닐우레아계의 혈당 강하제를 대세로 하여 바이구아니아드계의 메트포르민과 함께 처방되었지만 최근 몇 년 사이 혈당 강하제와 혈압 강하제에 획기적인 제품들이 개발되면서 그로 인해 병원처방의 추이도 많이 변하였다.

저혈당 부작용이 강한 설포닐우레아계 혈당 강하제의 단점을 커버하는 지속정제제가 꾸준히 개발되었고 메트포르민의 위장장애를 보완하기 위한 지속정 제제, 그리고 속효성 인슐린 분비제, 그리고 획기적인 기전의 DPP4 저해제가 개발되어 지금 처방의 대세로 자리 잡았고 SGLP-2 억제제가 새로이 시장에 진입하였다.

이번 PM2000 혈당 강하제 약료 시리즈를 통해서 개별

혈당 강하제 약료에 대해서는 우리가 잘 알게 되었으므로 여기선는 혈당 강하제가 어떤 순서로 처방되고 약제가 병합되는지 고찰해 보고자 한다. 그리고 이러한 각각 병합요법에는 어떤 장점이 있는지에 알아보기로 한다.

1. 미국당뇨병학회(ADA)와 유럽당뇨병학회(EASD)의 2012년 치료지침

최신 의약뉴스코너를 언급했지만 2009년 미국당뇨병학회와 유럽당뇨병학회의 혈당 강하제 처방 지침은 각 혈당 강하제의 A1C 감소 정도, 부가적인 효과, 가격을 고려한 후 가격대비 효과의 관점에서 처방약의 순서를 정한 것이 특징이다. 이러한 혈당 강하제를 이용하여 목표혈당에 도달하고 유지하는데 목적을 두고 목표에 도달하지 못하면 치료제를 순서에 따라 바꾸는데 저혈당에 빠지는 일이 있다하더라도 목표 혈당 성취가 더 중요하다는 개념에 따라 엄격하게 혈당을 조절하고자 하였다. 또한 동반질환 합병증 관리에서도 고혈압을 엄격하게 관리하였는데 아이러니하게도 심혈관질환의 합병증으로 인한 사망률은 줄어들지 않고 저혈당이나 복약불순응이 증가하는 등의 부작용이 많이 나타났다.

그래서 2012년 ADA와 EASD의 공동 치료지침은 덜 규범적이고 알고리즘에서 벗어나서 환자 중심 접근에 의한 치료의 개별화로 혈당 목표치에 도달하고자 한 것이 특징이다.

진단 당시 생활요법과 동시에 금기사항 없으면 메트포르민으로 혈당치료 시작하는 것은 동일하다. 메트포르민은 다른 혈당 강하제에 비해 저혈당의 위험이 적고 체중 증가

의 부작용이 낮을 뿐 아니라 죽상 경화증 예방, 심혈관 보호 작용 등의 장점이 있다. 2009년 지침에는 메트포르민 다음으로 선택할 수 있는 이차 혈당 강하제의 선택을 설포닐우레아로 정했지만 2012년 지침에서는 환자의 상태에 따라 설포닐우레아, 티아졸리딘디온, DPP4 저해제, 인슐린, GLP1 유사체 중 하나를 선택하도록 하였다. 즉 환자 개개인의 특성과 각종 혈당 강하제의 장단점을 파악하여 환자에 따라 적절하게 사용하도록 한 것이 특징이다.

1) 제2형 당뇨병 고혈당 관리의 요점
* 혈당 목표치와 혈당 강하 치료는 환자에 따라 개별화되어야 한다.

* 식이/운동요법과 당뇨교육은 기본적인 치료프로그램 속에 포함되어야 한다.

* 금기사항이 없는 한 메트포르민이 일차약이다.

* 메트포르민 이후 처방되는 이차약제의 혈당 강화 효과에 대한 데이터 확인은 제한적이지만, 부작용을 최소화하면서 1~2가지 경구제 또는 주사제와 병용요법을 하는 것이 타당하다.

* 당뇨병의 합병증을 고려한다면 결국 많은 환자들은 인슐린 단독 혹은 인슐린과 다른 제제와 병용이 필요하다.

* 가능하면 모든 치료는 환자의 선호도나 요구, 혈당 강하 효과의 평가 결과에 초점을 맞춰 결정해야 한다.

* 종합적인 심혈관 위험 감소가 치료의 주 초점이다.

2) 혈당 조절 목표의 개별화
* 엄격한 목표는 유병기간이 짧고 잔여 생존기간이 길고 중증 심혈관질환이 없는 경우의 환자들에게 적용하는 목표로 A1C를 6~6.5(평균혈장혈당치 126mg/dl~140mg/dl)까지 조절하기로 한다.

* 덜 엄격한 목표는 유병기간이 길고 중증의 저혈당 경험이 있으며 잔여 생존기간이 짧고 합병증이 있으며 심혈관계 동반질환을 가진 환자들에 적용하는데 이들은 인슐린을 포함한 적극적인 치료와 교육으로도 목표치에 도달하기 힘들다. A1C의 목표치를 7.5~8(평균혈장혈당치 168.5mg

/dl~183mg/dl)이거나 약간 더 높게 잡는다.

* 목표 도달을 위해 약만 복용하는 것이 아니고 환자의 적극적인 참여와 질병 치료를 위한 노력이 필요하다.

3) 당뇨 치료의 시작
* 진단 즉시 생활요법과 함께 메트포르민 단독요법으로 시작한다.[1]

* 메트포르민 사용하지 못할 때 다른 계통약으로 대체하여 그대로 진행하는데 설포닐우레아나 티아졸리딘디온, DPP4 저해제, GLP1 유사체(체중 감량이 절실한 경우)를 처방[2]

* A1C≥9(평균혈장혈당치 212mg/dl) 이상이면 경구용 혈당 강하제를 2종 혼합하거나 인슐린을 바로 적용

* DPP4 저해제의 효과는 인슐린 사용을 미룰 수 있을 만큼 아주 효과적이다.

* 뚜렷한 고혈당 증세가 있거나 혈당이 300~350mg/dl (A1C≥10~12) 이상일 때는 인슐린을 적극 권장한다. 증세가 호전되면 인슐린을 차츰 중단하고 경구제 병용요법으로 대체가 가능

* 환자의 특징이나 선호도, 부작용, 체중 증가나 저혈당 가능성 등이 약 선택의 주요 인자이다.

4) 2제 혼합요법
* 단독요법 3개월 이후에도 목표 A1C에 도달하거나 유

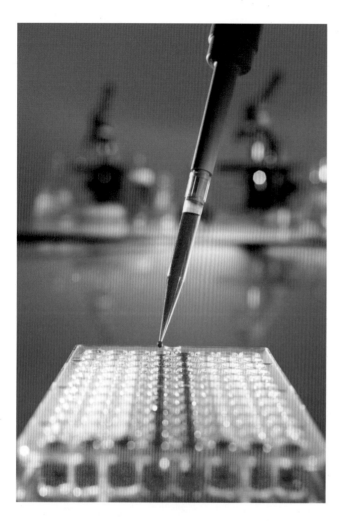

대체로 인슐린을 추가한 경우 제일 효과가 좋다. 그러나 환자들의 인슐린 주사에 대한 저항성 때문에 DPP4 저해제를 쓰게 되는데 효과는 인슐린 사용 시기를 늦출 수 있을 정도로 충분하다.

그럼에도 A1C≥8.5(평균 혈장혈당치 197.5mg/dl) 이상인 경우는 인슐린 이외에는 충분한 효과를 기대하기 힘들고 인슐린을 제외한 3제 요법을 한다면 철저하게 모니터하여 효과가 불충분할 경우 즉시 인슐린으로 처방을 바꾸어야 한다.

＊ 기저 인슐린은 다른 비인슐린제와 병용이 가능하다.

병원에서 처방하는 경구용 혈당 강하제 처방 원칙을 자세히 알고 있다면 퍼즐을 풀듯이 당뇨 처방전을 받고 환자와 상담을 할 때 도움을 줄 수 있다.

예를 들어 식후 혈당이 높아 α-글루코시다제 저해제가 필요한 환자는 야채를 먼저 먹고 식사를 하도록 도와주고, 메트포르민을 써서 혈당이 만족스럽게 떨어지지 않는다면 운동량을 늘려 메트포르민과 같은 역할을 하도록 하여 메트포르민의 효과를 상승시킬 수 있다.

아침 식전 혈당이 높다면 저녁 먹는 시간을 앞당기고 야식과 음주 시 기름진 안주를 먹지 않도록 제한할 수 있을 것이다.

지하지 못할 경우 다른 약제를 추가해서 처방하는데 메트포르민과 병용하여 가장 좋은 이차 약을 일률적으로 권장하지는 않는다. 각 환자의 체중이나 저혈당 정도 부작용이나 가격 등을 고려하여 약을 정한다.

＊ 어떤 2차 약제를 추가해서 처방할 건지 하는 약제 간의 순서는 임상 적용하는 시기나 투여경로를 고려해서 하는 것이고 선호도를 두지는 않는다.

＊ 혈당이 높을수록 2차 약제로 인슐린이 적합하다.

＊ 2차 약제를 추가하면 A1C가 1% 정도가 더 낮아진다.

5) 3제 병합요법

＊ 2제를 병합한 처방을 하여 3개월이 지나고도 목표한 A1C에 도달하지 못한 경우 다른 기전의 약을 추가한다.

＊ 3제약을 추가하는 순서 역시 특별한 우월성은 없지만

2. 메트포민과의 병합요법의 장점

한 가지 혈당 강하제 단독요법으로 용량을 늘일 경우 치료 효과의 상승만큼이나 부작용이 비례해 증가하므로 복약 순응도가 떨어지고 혈당조절의 악화와 새로 용량을 증가해야 하는 악순환이 반복된다. 따라서 최근에는 병합 요법을 이용하여 단독요법 과용량으로 인해 나타나는 부작용을 최소화하고 혈당조절 효과의 상승과 내약성을 기대하여 초기부터 서로 다른 작용기전을 가진 약을 병용한다. 환자의 복약순응도 향상을 위해 두 가지 서로 다른 성분의 복합제인 혈당 강하제도 출시되고 있다.(예; 글루코반스정, 글루파콤비정, 아마릴엠정, 다이아엠, 액토스메트, 콤비글라이즈 서방정, 자누메트정, 가브스메트정 등)

[표] 대표적인 경구혈당 강하제 병합요법과 혈당조절 효과

병합요법	공복혈당 감소 (mg/dL)	당화혈색소 감소 (%)	식후혈당 감소 (mg/dL)
Metformin+alpha-glucosidase inhibitor	–	0.8	38
Metformin+repaglinide	39	1.4	–
Metformin+rosiglitazone(8mg)	54	1.4	–
Metformin+pioltazone(30mg)	38	0.8	–
Metformin+DPP-4 inhibitor	16	0.7-0.9	51

제2형 당뇨병의 병태생리의 주요장애는 췌장의 인슐린 분비장애, 간의 포도당 신합성 증가, 말초장기의 인슐린 저항성 등인데 메트포르민은 간의 포도당 신합성 감소와 말장기의 인슐린 저항개선에 도움이 되므로 다른 약제와 병용요법을 할 경우 상승작용을 기대할 수 있다.

더욱 당뇨병의 초기 치료에서 저용량 2제 약물의 병용요법 시행은 환자의 복약순응도를 높이면서 적절한 혈당조절 효과를 기대할 수 있다.

① 메트포르민과 설포닐우레아: A1C의 감소가 효과가 뛰어나지만 저혈당의 부작용이 있다.

② 메트포르민과 DPP4 저해제: 저혈당 위험과 체중증가 없이 혈당 강하능 증가(메트포르민에 의해 혈액 내 GLP-1의 농도가 증가하고 DPP4 억제제의 효과 증대로 인슐린 분비능 개선, 인슐린 저항성 개선, 식후 고혈당 개선, 베타 세포의 기능 호전), 상기도 감염의 증가 우려

③ 메트포르민과 인슐린: 인슐린 요구량 감소 효과 및 체중 증가 방지

④ 메트포르민과 피오글리타존: A1C의 감소 효과가 크고 중성지방농도 감소, HDL 증가

* LDL의 경우에는 메트포르민 단독 요법이 더 낫다.

* 심부전이나 골절의 위험이 있다.

3. 당뇨병 예방에 효과가 있는 약물

당뇨는 초기의 적절한 약물치료가 췌장의 기능을 유지하고 합병증을 막기 때문에 적극적인 약물치료와 생활습관 교정이 함께 이루어져야 한다.

① 메트포르민: 간의 당신생 억제와 말초조직 인슐린 저항성 개선 이외에 비만으로 인한 대사증후군 해소에 유용하다. 전당뇨병 단계에서 메트포민 850mg을 하루에 2회 복용한 군에서는 당뇨병으로의 진행을 31% 감소시켰고, 특히 메트포르민은 젊은 사람과 체질량 지수가 높은 사람에게 더 효과적이다. 간질환, 신기능 저하, 울혈성 심부전이나 알코올 중독자에서는 유산증의 위험 증가로 사용이 금지되고, 임부에서는 사용 금기이다.

그러나 임신성 당뇨 이후 당뇨병 발생을 막기 위한 예방 목적으로 권고 사용된다.

② α-글루코시다제 저해제: 장내에서 당질의 소화나 혈당의 흡수를 억제하여 식후 혈당의 급격한 상승을 억제하는데 일본에서는 내당능 장애가 있는 전당뇨병 환자의 당뇨병 발병을 40.5% 감소시킨 것으로 확인되었다.

③ 치아졸리딘디온: 복부 비만으로 인해 인슐린 저항성이 높은 환자에게 유용하고 고혈압이나 고지혈증 개선에도 효과적인 약물이다. 전당뇨병환자의 당뇨병 발병 감소와 임신성 당뇨 환자의 당뇨병 발생 감소에 큰 역할을 한다. 심부전환자에게는 사용금기이다. ■

[각주]

1) 우리나라는 보험급여는 메트포르민만 인정이 되나 한국당뇨병학회에서는 어떤 혈당 강하제든 1차 약으로 쓸 수 있도록 하고 있다.
2) 우리나라 보험 급여의 경우는 설포닐우레아만 인정

약국가의 블루오션 '당뇨 관리'

혈압 변동과 건강검진 결과 상담으로 단골 확보해야
당뇨 환자 단골약국 이용 비율 72%, 생활습관 개선 도와야

1. 약국가 블루오션은 단골환자 케어

2000년 의약분업이 시작되면서 의사들이 제일 강하게 주장했던 부분이 처방전 조제에 대한 끼워 팔기 금지이다. 예를 들면 의약분업 전에는 혈압약 아테놀올을 팔면서 비타민 A, C, E가 포함된 항산화제나 은행잎제제를 팔고 당뇨약을 복용 중인 환자에게 Se, Cr이 포함된 항산화제를, 관절염 환자에게는 diciofenac 100mg와 콘드로이친 함유 제품을 팔았다. 또 위장약 환자에게는 라니티딘 150mg과 반하사심탕 한달 분 조제를 하는 등 일반의약품의 범위가 광범위했고 약국에서 취급할 수 있는 종류가 다양해서 의사들은 약국의 상담판매를 우려했다. 심지어 낱알 감기약을 판매할 때도 두 가지 종류 이상 파는 것은 조제에 해당

된다며 반발하기도 했다. 지금은 병원에서도 각 질환에 대해 건강기능식품을 팔고 있고 백화점과 홈쇼핑에서도 팔기 때문에 10년 사이에 약국의 입지가 좁아졌다고 봐야 한다.

또한 편의점에서 일반 상비의약품 판매를 하므로 점점 약국은 고립무원에 서있게 된다.

그렇다면 우리는 어떻게 상황을 타개해야 할 것인가?

우리도 우리만의 블루오션을 만들어 내야 한다.

우리의 블루오션은 단골환자의 케어에서 시작한다. 단골환자는 고혈압이나 당뇨, 천식 앓는 만성질환자가 대부분이다. 환자에게 고혈압약이나 당뇨약을 내어줄 때 늘 혈압이나 혈당의 변동성을 묻는 습관을 들여야 한다. 그리고 혈압의 변동성은 나트륨이나 소염진통제 등의 약품과 스트레

스에서 그리고 혈당의 변동성은 활동량 부족이나 스트레스 그리고 음식 조절의 실패에서 비롯되는 것을 늘 기억하면서 환자와 자주 대화를 나누어야 한다.

미국에서는 당뇨 환자 교육만을 담당하는 약국도 있지만 한국은 당뇨 환자 교육에 약사라는 직능이 빠져있다.

2. 당뇨 환자의 추이

'2012 한국인 당뇨병 연구 보고서'에 따르면 지난 2010년 기준으로 국내 만 30세 이상 성인 인구의 당뇨병 유병률은 10.1%, 당뇨병 전단계인 공복혈당장애 유병률은 19.9%이다.

다시 말하면 성인 10명 중 1명은 현재 당뇨병 상태, 10명 중 2명은 당뇨병 전단계인 '잠재적 당뇨병' 상태이므로 한국인 10명 중 3명이 고혈당 위험에 노출되어 있다. 연령별로 보면 30~44세 사이의 당뇨병과 공복장애 유병률이 18.4%, 중년층(45~64세) 34.7%, 장년층(65세 이상) 47.7%로 분석되었다.

놀랍게도 본인이 당뇨병 환자임에도 그 사실을 모르는 비율이 27%인데 특히 30~44세 사이 젊은 당뇨병 환자의 경우 46%가 당뇨병에 대해 인지하지 못한다고 한다.

한편 한국건강관리협회는 지난해 직장인 건강검진을 받은 근로자 중 혈당검사를 받은 38만 5424명을 대상으로 분석한 결과 30%가 당뇨 질환 의심이거나 자기관리 및 예방이 필요한 것으로 나타났다고 발표했다. 이 중 7.9%(3만 558명)는 당뇨 질환 의심으로 나타났고, 22.1%(8만 4999명)는 자기관리 및 예방이 필요한 것으로 나타났다.

역시 연령별로 보면 30~40대는 10%~20% 정도, 50~60대는 20% 이상에서 자기관리 및 예방이 필요한 것으로 나타났다.

당뇨 질환 의심의 경우 40대 4.7%(3,293명), 50대 8.1%(9,724명), 60대 12.0%(1만 6,685명)으로 나타나 고연령층에서의 당뇨 위험이 더 큰 것으로 나타났다.

성별로 살펴보면 남성 직장인은 자기관리 및 예방 필요 26.4%(4만 5,421명), 질환 의심 10.2%(1만 7,620명)로 나타났고, 여성 직장인은 자기관리 및 예방 필요 18.5%(3만

9,478명), 질환의심 6.1% (1만 2,938명)로 남성에서의 당뇨 위험이 더 높은 것으로 나타났다.

그리고 성·연령별로 분석해 보면 남성은 30대부터, 여성은 40대부터 20% 정도의 당뇨 질환 위험을 보여 이 시기에 혈당관리를 적극적으로 해줘야 한다.

다시 말하면 누구나 건강검진을 반드시 받아야 하므로 우리의 블루오션 시장은 대상이 무궁무진하다. 환자들이 병원에서 건강검진을 받고 처방전을 받아오면 약만 지어줄 것이 아니라 건강검진 결과지를 약국으로 가지고 오도록 해서 하나하나 항목별로 설명해 주는 것이 중요하다. 환자들은 의사가 건성으로 일러주는 얘기를 다 알아듣지 못했을 뿐 아니라 수치가 정상에서 벗어난 것만 질병으로 생각하게 된다. 약사의 눈으로 결과지를 보면 건강하게 보이지만 질환 전의 상태를 알아볼 수 있으므로 질환의 예방에 큰 역할을 할 수 있다.

꼭 약을 팔기보다는 운동이나 음식습관을 조절해 줌으로써 환자의 신뢰를 얻는 전략을 구사하다 보면 약국을 믿고 모든 가족의 건강 상담을 하게 되고 이러한 끈끈한 관계가 메뚜기 고객을 충성고객으로 전환시킨다.

3. 보험재정으로 본 당뇨병의 사회적 비용

대한당뇨병학회와 건강보험심사평가원이 2005년 공동으로 조사한 결과, 2003년 기준으로 20~79세 전 국민 건강보험 총 진료비 16조 5,000억 원 중 당뇨병 환자의 총 진료비는 3조 2,000억 원으로 전체의 19.25%를 차지했고 당뇨병 환자의 일인당 연간 총 진료비는 220만 2,337원으로 전 국민 평균 진료비의 4.62배에 달했다.

당뇨병 환자의 경우 2011년 상반기 2만 11개의 기관을 대상으로 조사한 결과 전체 당뇨병 환자 183만 8,773명 중 단일기관을 이용한 환자 수는 71.8%인 132만 118명이었다.

다시 말하면 단골병원과 단골약국을 이용하는 환자가 72%에 해당한다는 의미이고 최근에는 고혈압 당뇨에 대해 단골병원을 이용하면 진료비를 깎아주는 제도가 도입이 되어 있으므로 더욱 단골환자 만들기는 용이하다.

4. 당뇨병 상담 통해 영원한 단골 확보해야

처방조제하기도 바쁜데 약국에서 당뇨를 관리한다는 것은 어불성설이라고 생각할 지도 모른다. 처방전에 따라 약을 정확히 내주는 것만으로 약사로서 100% 일한 것은 틀림없다.

그러나 의사들은 혈당을 조절하기 위한 처방전을 발행함과 동시에 효과적인 자가 관리 교육과 행동 변화가 당뇨병 치료에서 가장 중요한 부분을 차지하고 있다고 생각을 달리하고 있다. 단순한 약물치료보다 환자가 질환을 이해하고 혈당을 조절할 수 있도록 교육하는 것이 효과적이라고 느끼지만 종합병원이 아닌 일반병원에서는 인력 부족과 낮은 교육수가 때문에 신경을 쓰지 못한다.

실제 국내에서 당뇨병 환자에 대한 교육이 제대로 이뤄지지 못하는 이유는 당뇨병 교육 필요성에 대한 인식 부족 때문이라고 하는데 당뇨병 교육만 잘 이뤄져도 관련 의료비를 최대 62%나 감소시킬 수 있다고 한다.

한국당뇨병학회 심포지엄에 따르면 당뇨병 교육이 제대로 이뤄지기 위해서는 ▲교육은 지속적으로 이뤄져야 하고 ▲교육을 통해 당뇨병 자가 관리에 필요한 지속적인 정서적 지지와 행동 강화를 제공해야 하며 ▲숙련된 교육자에

의한 교육수가를 현실적으로 반영할 수 있어야 한다. 또한 이러한 효과적인 당뇨병 교육을 통해 전체 진료비 절감 효과도 볼 수 있다.

외국의 사례로 446명의 제2형 당뇨병 환자를 대상으로 라틴아메리카 10개국에서 실시한 'Programa de Educacion de Diabeticos No Insulinodependientes en America Latina(PEDNID-LA)' 연구를 보면 당뇨병 교육은 ▲혈당 감소 ▲체중 감소 ▲지질 수치 향상을 가져왔으며 이는 62% 약제비 감소로 이어졌고, 자가 혈당 관리로 인해 추가된 비용을 제외하고도 최종 34%의 총 의료비 감소 효과를 보였다고 한다.

현재 당뇨병 교육에는 간호사들이 적극적으로 임하고 있는데 물론 약국에 당뇨수가가 인정되어있는 것은 아니지만 처방조제 외의 부가가치를 형성하기 위해서는 인식의 전환

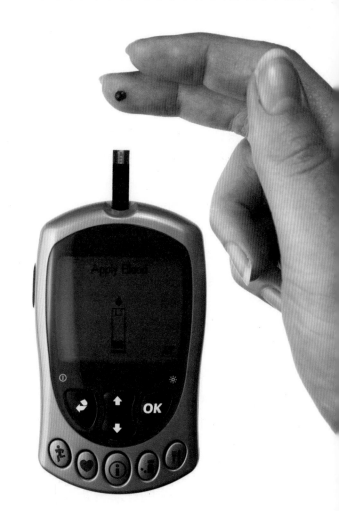

이 필요하다고 생각한다.

5. 당뇨 환자 생활습관, 약국에서 관리하자

적극적인 생활습관 개선은 당뇨의 예방 및 관리에 필수적이다. 일반적으로 당뇨병 전단계에 있는 사람이 식생활 개선과 신체 활동 증진을 통해 체중을 5~7% 감소시킬 경우, 당뇨병 발생 위험이 3~6년 동안 40~60% 감소하는 것으로 알려져 있다.

2012년 한국인 당뇨병 연구서에 따르면 당뇨병 환자의 75%가 과체중 또는 비만이라는 분석이 나왔으며, 당뇨 환자의 복부 비만율은 여성이 56%, 남성 41%로 조사됐다.

한국당뇨병학회에 따르면 1980~90년대 당뇨병 환자는 이른바 마른 당뇨로 알려진 '非비만형'이 많았지만, 점차 서구형인 '비만형 당뇨병'으로 변해가고 있다고 한다. 예전에 비비만형의 인슐린 분비장애가 당뇨병의 원인이었지만 지금은 비만형 당뇨의 인슐린 저항성과 간의 포도당 신합성 증가가 당뇨병의 주원인이 되는 것이다.

따라서 당뇨 예방을 위해서는 식사 조절이 핵심이다. 혈당과 체중을 잘 조절하고 좋은 영양 상태를 유지하기 위해 개개인의 열량 범위 내에서 모든 영양소가 포함되도록 골고루 먹는 것이 중요하다.

당뇨병 관리·예방을 위한 식사지침은 ▲하루 세끼 식사를 규칙적으로 하기 ▲하루에 필요한 열량만큼만 섭취하기 ▲각 식품군을 골고루 먹기 ▲과일을 많이 먹었을 때는 당질 섭취를 줄이기 ▲지방(포화지방)의 섭취를 줄이기 ▲20분 이상 천천히 식사하기 ▲천연조미료를 사용하여 싱겁게 먹기 ▲영양성분표시 확인하기 ▲고섬유질 식사하기다.

단백질보다는 지방의 당신생이 용이하므로 혈당이 높은 환자의 고열량 음식의 제한은 필수적이다.

생활 속에서 신체 활동량을 증진시키는 것도 중요하다.
① 가정에서: TV 리모컨 사용하지 않기, 서서 전화 받기, 전화 받으며 집안 돌아다니기, TV 시청시간에 스트레칭, 아령운동, 러닝머신 하기, 신나는 음악을 틀어놓고 가능한 몸을 크게 움직이면서 가사일 하기
② 직장에서: 의자에서 틈나는 대로 스트레칭하기, 이동 시 계단 이용하기, 점심 식사 후 동료들과 함께 산책하기, 신체 활동 동호회에 적극적으로 참여하기
③ 이동 중에: 장거리 운전 시에는 중간에 차에서 내려 스트레칭하기, 가까운 거리는 걷거나, 목적지보다 한두 정거장 먼저 내려 걸어가기, 가능한 멀리 주차하기

이러한 생활 관리는 말로 하기는 복잡하지만 냉장고 부착용 브로셔를 이용하면 환자가 쉽게 기억하고 행동할 수가 있다. 약국에서 직접 만들기 보다는 제약회사에 요청하여 환자들에게 제공하도록 한다.■

만성질환자를 단골로 만드는 방법

습관화된 복약지도로 환자와 친분 쌓기가 첫 걸음
당뇨병 환자 제약사 제공 그림 자료 등 활용해 설명

1. 환자와 친해지기

약국에서 제일 익숙하고 잘해야 하는 것이 환자에게 말 걸기이다.

각 보건서비스 영역별 소비자 만족도를 조사했을 때 약국이 가장 하위를 차지하고 있다.

의사나 한의사의 경우 간호사 친절교육이나 코디네이터의 도입으로 의사나 한의사 자신은 좀 무관심하거나 불친절하여도 환자에 대한 서비스를 적당히 만족시켜줄 수 있지만 약국의 경우는 그렇지 못하다. 나 홀로 약국이 전체 약국의 70% 이상을 차지하고 있어 모든 것을 약사 자신이 직접 해야 하거나 전산 직원이 있다 하더라도 환자에 대한 서비스까지 조절하기는 힘들다.

약국의 특성상 처방전에 의한 약품의 조제나 일반의약품의 판매 이외에도 약품 재고, 유효기간 관리, 각종 부외품 챙기기 등 정말 다양하고 자질구레한 일이 많다. 또한 쉬운 접근성이라는 약국의 장점은 약사들이 어떤 힘든 환자라도 직접 대해야 한다는 것으로 돌려 생각할 수 있다. 그래서 약사들은 항상 긴장하고 있고 환자들에게 항상 웃고 다가갈 여유를 갖기 힘들다.

그러나 하루 종일 낯선 사람들과 만나는 것만큼 힘든 일이 없으므로 약사 자신이 이러한 낯설음을 극복해야 한다. 그 첫걸음이 약국 내방 환자에게 말 걸기이다.

처음에는 의례적으로 "안녕하세요" 하는 인사라도 자꾸 하다 보면 눈인사를 교환하게 되고 이렇게 한 사람 두 사람 얼굴을 익혀야 한다.

그리고는 처방전을 들고 오는 환자에게 물어본다.

당뇨약, 고혈압약처럼 한 눈에 알아볼 수 있는 만성질환에 관한 처방약이 아니라면 우선은 "오늘은 어디가 아파서 오셨어요?"

라고 묻는 것이 좋다.

내과 처방에 소염진통제, 항생제 위장약이 있으면 "감기가 드셔서 오셨지요? 목도 아프고 몸살도…"라고 복약지도를 하기 쉽다. 그러면 환자가 "아닌데요. 발에 염증이 났어요. (혹은 소변이 불편해서 먹는 건데) 처방전이 내꺼 맞나요?"라고 각을 세우는 수가 있다. 요즘 병원들은 가벼운 증상이라면 다른 과라도 진료를 보기 때문이다.

재진 환자라면 "어제 약 드시고 어떠셨어요?", "좀 나으신가요?"라고 묻는 것이 무난하다.

약 먹어도 별로라는 반응에는 감기나 각종 염증의 약에는 "많이 피곤하신가 봐요. 좀 쉬셔야 빨리 나아요." 혹은 "약으로 낫는 게 아니에요. 비타민도 좀 드시고 평소에 운동도 좀 하셔야죠."라고 얘기를 해주고 위장이 나쁜 환자는 음식 섭취 종류나 음식 먹는 습관도 얘기를 해준다.

환자들은 약의 작용기전에 관심이 있는 것이 아니라 바르게 약을 먹는 방법, 약을 먹을 때 주의할 음식, 언제까지 약을 먹게 될 건지에 더 관심이 있는데 이러한 자료는 TV의 비타민이라는 코너나 각종 건강 상담 코너의 지식을 활용하는 것이 환자와 눈높이를 맞추는 방법이다. 또한 생활 습관에 의해서 아플 수 있다는 것은 환자들이 미처 생각하지 못하는 부분이므로 꼭 필요한 것은 짚어서 얘기해 준다.

목이 부은 것은 잠을 잘 못자고 피곤해서 그렇다거나, 코감기는 찬 음식이나 찬바람에 의해 심해진다거나, 피곤하고 신경 써서 맥립종이 재발한다던지 아주 사소해 보이는 것들이지만 환자들에게는 흥미를 줄 수 있는 복약지도이다.

또 항생제 처방이 나왔다면 중간에 복용을 중단하지 말고 끝까지 복용할 것을 강조한다.

이러한 약사의 코멘트는 환자가 약을 끝까지 먹을 힘을 주고 병원과의 신뢰를 유지하게 하는 힘이 된다.

가벼운 소화제, 종합 감기약을 사러 와도 물어보는데 어떤 이야기여도 상관없고 버릇처럼 얘기를 해야 한다.

소화제를 사러 온 손님에게는 "누가 먹어요? 속을 비웠다가 한꺼번에 많이 먹으면 더 힘들어져요. 항상 천천히 드세요. 빈속에 먹어도 됩니다."

감기약이나 맥립종약, 염증약을 사러온 손님에게는 "요 며칠 많이 피곤했지요? 잠 좀 못자고 힘들면 더 아파요. 푹 쉬세요.", "밥 맛 없어도 꼭 식사하셔야 해요. 뭘 먹어야 낫는 힘이 생겨요.", "이렇게 아플 때에는 비타민을 평소 복용량보다 늘리면 빨리 좋아져요."와 같이 코멘트를 하면 좋다.

지사제를 사러 온 손님에게는 "뭐 드셨어요? 음식 조심하셔야 해요. 찬 음식, 기름기 있는 음식, 우유, 과일, 돼지고기, 조개, 전어, 각종 회나 해산물 등은 드시면 더 심해져요.", "설사를 줄줄 했으면 끓인 보리차나 게토레이 같은 이온음료수를 드시면 좋아요."

약사가 해줄 수 있는 말은 무궁무진하다. 그리고 반드시 약통 바깥에는 용법을 네임펜으로 크게 써준다.

파스를 사가는 고객에게는 피부 알레르기에 관한 주의를 주는 것도 잊지 말자.

또 병원 처방약을 지었다면 사고자 하는 일반의약품과 겹치는 것은 없는지 반드시 확인해서 같이 먹지 않도록 해주어야 한다.

이러한 간섭을 자꾸 하다 보면 환자와 조금씩 친해지게 되고 이러한 단골환자는 약국 내에서 낯선 사람과의 다툼이 생겼을 때 약사의 편에 서서 도움을 줄 수 있다.

2. 당뇨 환자에 대한 관리방법

보통은 1년에 한번 받는 건강검진에서 내당능 장애라고 진단받을 때는 대수롭지 않게 여기다가 당뇨병을 확진 받게 되면 환자들은 대개 놀라거나 젊을수록 실의에 빠지게 된다.

"당뇨가 유전인가요?", "약만 먹으면 되겠지요?"라고 하거나 "'다음, 다뇨, 다갈'도 없었는데 왜 당뇨에 걸리나요?", "술 담배는 해도 되지요?" 등 물음이 쏟아진다.

환자가 여러 가지 방법으로 자기의 병을 알리고 도움을 구하는 신호이므로 절대 모른 척 하지 말자. 지난 호에 얘기한 대로 당뇨병, 고혈압 환자는 만성질환자로 우리 약국의 단골 충성 고객이 되기 때문이다.

1) 당뇨로 확진된 초진 환자는 약국에서 어떤 서비스를 해 줄 수 있을까?

제약회사에서 마련해 주는 그림이 있는 냉장고 부착용 브로슈어 등을 이용하여 평소에 당뇨 환자임을 잊지 않도록 군데군데 붙여놓도록 지시하고 약국에서 준비한 각 질환별 복약지도서를 이용해서 상세한 설명을 한다.

꼭 주지시켜야 할 것은 당뇨병 치료의 기본은 식사요법과 운동요법이며 이 두 가지만으로 조절이 안 될 때 약물요법을 사용하지만 약물 복용으로 당뇨가 없어지는 것이 아니라는 점이다.

또한 애주가인 환자의 경우 지금 현재 당뇨병은 아니지만 내당능 장애를 가진 경우가 많으므로 식이요법이나 운동을 하지 않으면 인슐린 저항성을 유발하거나 췌장염을 유발해서 결국 당뇨병 환자의 길로 들어서게 한다고 꼭 한번 짚고 넘어간다.

그리고 당뇨를 확진하는 기준수치를 환자가 알고 있어야 하며 당뇨 전단계인 공복혈당 장애와 내당능 장애에 대해서도 설명을 해준다.

공복혈당 장애(IFG · Impaired Fasting Glucose)는 10시간 이상 금식한 후 혈당이 100~125mg/dℓ이면 공복혈당 장애로 보고, 내당능 장애(IGT · Impaired Glucose Tolerance)는 75g의 포도당을 먹은 후 2시간 뒤 혈당이 140~199mg/dℓ 사이로 측정되면 내당능 장애로 분류한다. 공복혈당 장애는 야식을 많이 하는 젊은 연령층에서 주로 나타난다면, 내당능 장애는 음식을 급하게 먹는 중년 이후에 많이 나타난다.

환자가 집에서 혈당을 체크할 때 기준으로 잡는 정상 혈당 수치는 아침 식전에는 110mg/dℓ 이하, 식후 두시간 140mg/dℓ 이하(160mg/dℓ 정도이면 다음에 좀 더 잘하라고 격려를 한다) 취침 전 140mg/dℓ이다. 환자 본인이 확인한 혈당 수치는 환자에게 제공된 혈당 수첩에 기록하고 병원에 갈 때 지참하도록 교육을 하는데 하루에 여러 번 혈당 측정을 할 필요는 없다. 혈당이 잘 조절되는 안정된 환자는 일주 1~2회 측정으로 충분하고 잘 조절되지 않는 환자에서는 조절 목표에 달성할 때까지 매일 측정하도록 하고 혈당을 측정한 시간에 따라 혈당 수첩에 기록하면 된다.

혈당이 조절되지 않으면 당뇨합병증이 발생하게 되므로 환자의 혈당 자가 측정 외에 정기적인 병원검사도 중요하다.

a. 외래 방문 시 매번 실시해야 할 검사는 혈당검사와 혈압검사이고 2~3개월 마다 실시해야 할 검사는 당화혈색소 검사이다. 당뇨병이 있으면 인슐린 저항성이 높아서 당뇨병으로 인한 고혈압의 경우 당뇨병이 없는 사람보다 동맥경화증과 심장병 같은 합병증이 쉽게 오기 때문에 고혈압을 엄격하게 조절해야 한다. 고혈압은 대개 아무런 증상이 없으므로 병원을 방문할 때마다 혈압을 측정하는 것이 좋고 140/80mmHg 이하로 조절 되어야 한다.

한편 당화혈색소는 평균 2~3개월간의 혈당치를 반영하는데 식사와 관계없이 채혈할 수 있다는 장점이 있고 최근 수개월동안 혈당 조절이 잘되고 있는지를 알아보는 지표이다.

b. 매년 실시해야 할 검사는 간기능 검사와 지질검

사, 안과 검진, 신장기능 검사, 심전도 및 흉부X선 검사 등이다.

당뇨 환자의 약 50%, 특히 비만한 인슐린 비의존성 당뇨 환자는 지방간이 동반되므로 간기능 검사가 필요하다. 당뇨 조절이 잘되면 지방간도 좋아진다고 한다.

또한 인슐린 저항성이 높아 지질대사 이상의 빈도가 높고 심장 죽상동맥경화증의 발생이 가속화되므로 혈액 내 지질 검사를 한다.

당뇨병성 망막증 및 백내장 예방을 위해 적어도 1년에 한 번씩은 정기적으로 시력검사를 실시하고 당뇨병성 신증의 정기검사로서 단백뇨에 대한 검사를 하는데 단백뇨가 있는 인슐린 비의존형 환자는 심혈관 질환에 의한 사망률이 증가하므로 빠뜨리지 않도록 한다.

또한 허혈성 심질환을 구별하기 위해 심전도와 흉부X선 검사를 시행한다.

2) 초진 환자의 복약지도에 혈당의 정상 기준과 병원 검사 스케줄까지 포함되어야 한다면 당뇨를 지속적으로 앓고 있는 환자들에게는 어떠한 서비스를 할 수 있을까?

우선 처방전을 받으면서 "오늘 혈당은 어떠셨어요?"하고 물어본다.

환자의 혈당 수치를 정상 기준과 비교해서 혈당 조절 여부를 알려주고 만일 혈당 조절이 안 되었다면 어떤 이유로 조절이 힘들었을지를 유추해 본다.

최근에 외상을 입은 것이 있는지, 스트레스를 많이 받았는지, 혹은 약을 복용한 것이 있는지 확인을 한다. 지금 같은 겨울에는 활동량이 적어 혈당이 오르기 마련이다.

아침 식전 혈당이 높았다면 야식을 금지시키고 저녁을 더 일찍 먹도록 하고 집에서 가벼운 운동을 하도록 한다. 인삼과 밀크시슬의 섭취가 공복혈당 조절과 당화혈색소 조절에 도움이 된다. 마그네슘도 공복혈당 조절에 도움이 된다. 밀크시슬은 LDL 저하에도 도움을 준다.

식후 혈당이 조절되지 않는다면 기름진 음식을 줄이고 잡곡의 양을 늘리며 밥을 좀 더 천천히 씹어먹도록 한다. 식이 섬유는 식후 혈당도 떨어뜨리고 변비 예방에 도움이 되므로 많이 섭취할 수 있도록 한다.

오메가 3는 인크레틴의 분비 증가로 혈당을 강하하는 것으로 알려져 있으므로 환자와의 대화를 통해 도움이 되는 영양소나 운동법 등을 알려줄 수 있다. ■

복약지도가 합병증 예후에 큰 영향 미쳐

당뇨병성 신경병증 환자가 착각으로 정형외과 치료 받기도
분기마다 내방환자 분석하고, 생활습관 바꾸도록 지도해야

오늘 우리약국에는 어떤 환자들이 많이 왔는지 분석해 본 적이 있는가?

일반의약품 판매 시 포스시스템을 이용하면 환자들의 구매 성향을 분석할 수 있고, 처방전을 받아 조제한 경우는 입력된 처방이 나온 병원과 약품 분석을 통해서 이루어질 수 있다.

약국의 입지에 따라 다르겠지만 동네약국이라면 여러 곳의 병원에서 처방전이 오기 마련이므로 한 분기마다 환자 분석, 병원 분석을 해보는 것도 경기가 침체된 요즘 시간을 보내는 좋은 방법이다.

내 머릿속에 있는 환자가 왠지 보이지 않는다는 생각이 들면 약국에 서운한 것이 있었나 하는 생각보다는 병원을 바꾼 건지 연세가 많으신 어르신이라면 혹시 돌아가신 건 아닌지로 생각을 바꿔보자. 환자의 마음을 우리가 어떻게 모두 만족시키겠는가?

자, 그럼 우리 약국에 당뇨를 앓고 있는 만성질환자는 하루에 얼마나 내원했는지 당장 살펴보자. 하루 한 명이 안 된다면 한 달에는 몇 명 정도가 내원했는지를 살펴본다.

이러한 환자 분석은 약의 재고를 적정하게 유지하고 약의 변동을 조기에 파악하여 악성재고로 남지 않도록 하는 데 중요하다.

또한 우리 약국을 방문하는 당뇨 환자는 어떤 걱정을 안고 있는지, 이러한 당뇨 환자가 저혈당 같은 부작용을 겪진 않았는지 혹은 손발 저림이나 변비로 고생을 하는 건 아닌지 한번 물어보자. 대부분의 환자들은 당뇨와 당뇨합병증을 다른 병으로 생각하고 먼저 생활습관이나 식이조절을

하기보다는 다른 병원을 찾는 경우가 많다.

예를 들어 당뇨로 인해 발생될 수 있는 당뇨병성 신경병증을 앓는 환자들이 다른 종류의 관절질환이나 근육질환으로 생각하고 정형외과나 신경외과 치료를 받으러 다니는 경우가 있다. 환자 본인이 병원에 가서 당뇨를 앓고 있다고 설명을 하거나, 의사들이 혹시 다른 질병을 앓고 있는지 물어주면 좋은데 바쁜 진료시간에 쫓겨 환자가 당장 아프다고 설명하는 곳 위주로 진료를 하므로 환자는 만족스런 결과를 얻지 못하고 이 병원 저 병원을 다니게 된다.

이럴 때 약국의 역할이 중요하다. 당뇨와 그에 따르는 신경병증 합병증을 설명해 주고 시기에 따르는 각종 검사와

병원 처방에 관련해서 적절한 병원 소개와 환자가 믿고 먹을 수 있도록 복약지도를 해주는 것이 환자의 당뇨합병증 예후에 큰 영향을 미친다.

1. 당뇨의 합병증

실제 대부분의 2형 당뇨 환자들은 발병 초기에는 다음, 다뇨, 다갈 등 전통적으로 당뇨로 생각되는 증상이 없기 때문에 혈당 수치가 높아도 전혀 모르고 지내다가 당뇨로 진단이 되었을 때는 대부분 합병증이 이미 진행된 경우가 많다. 혈관 관련 합병증, 심할 경우 심근경색 및 뇌졸중 등 합병증이 나타난 후에야 당뇨로 진단되는 경우도 있다.

유럽에서는 심혈관계 관련 합병증이 가장 많다고 한다. 당뇨로 인한 사망의 75% 이상이 심혈관 합병증일 정도다. 그래서 당뇨가 있는 고혈압 환자의 경우 엄격하게 혈압을 조절하고 (140mmHg/80mmHg) 신장 합병증을 조기에 막기 위해 ARB 계열이 포함된 복합제 트윈스타나 엑스포지 등의 중등도 혈압조절약을 우선 선택해서 처방하기도 한다.

특히 3대 만성 합병증의 하나인 당뇨병성 신경병증 (diabetic neuropathies)은 당뇨병의 진행으로 신경의 기능이나 구조에 이상이 생겨 발생하는 질환이다.

그 자체가 사망 원인이 되는 경우는 드물지만 운동신경, 말초 감각 신경, 자율신경까지 손상을 입힐 수 있어 검진을 통해 조기에 발견하는 것이 중요하다.

당뇨병성 신경병증은 크게 두 가지로 나눌 수 있는데 하나는 말초신경병증, 다른 하나는 자율신경병증이다. 주로 말 신경병증은 저린 증상, 감각 이상, 심한 통증으로 나타나며 자율신경병증은 신경성 방광, 성기능 장애, 저혈압과 같은 증세로 나타난다.

머리부터 발끝까지 온몸에 퍼져있는 혈관에 이상이 생긴 만큼 이 외에도 여러 가지 증상이 나타날 수 있으며, 위와 장의 자율 신경계에 신경병증이 오면 속이 더부룩하고 구토, 변비, 설사가 일어나기도 한다.

하지만 당뇨 환자 중 증상을 느끼고 호소하는 사람들이 25%에 불과한 것으로 알려져 합병증인줄 모른 채 통증을 간과하고 있는 경우가 많다.

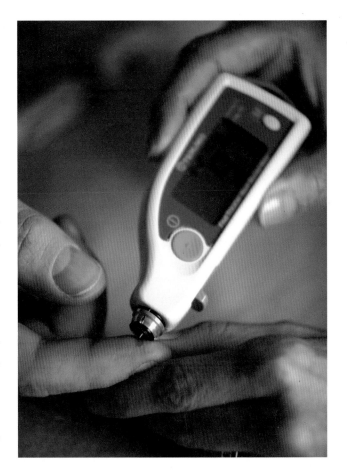

게다가 당뇨병성 신경병증은 당뇨 환자들이 가장 두려워하는 족부 절단의 원인 중 50~75% 정도를 차지하는 심각한 질환인 만큼 개인 관리와 정밀한 검사를 통한 전문의와의 지속적인 상담이 중요하다.

2. 당뇨를 조절하는 혈당조절제에 대한 개요

환자들은 이렇게 묻는다. "당뇨약을 한번 먹으면 끊을 수 없다는데 꼭 먹어야 하나요?"

전통적으로 공복혈당이 180 미만, 무작위 혈당이 250 미만이면 운동과 식사 조절로 혈당을 낮출 수 있다. 그러나 이렇게 해도 공복혈당이 150mg/dℓ, 당화혈색소가 6.5%를 과할 경우 약물치료를 고려한다. 처음부터 공복혈당이 180 이상, 무작위 혈당이 250 이상이면 약물요법과 생활요법을 병행토록 하고 있다. 공복혈당이 250, 무작위 혈당이 350을 넘으면 인슐린 치료를 권장한다.

20~30년 전에 비해 우리나라의 식이 습관이 서구식으로

바뀌면서 비만에 의한 30~44세 사이의 당뇨병과 공복장애 유병률이 18.4%에 이를 뿐 아니라 이러한 젊은 당뇨병 환자의 경우 46%가 당뇨병에 대해 인지하지 못한다고 한다.

차봉수 연세대 세브란스병원 내분비내과 교수는 "당뇨병 진단 당시에 이미 인슐린 저항성이 최소 5~10년간 이어진 것이기 때문에 이를 개선하는 차원에서 적극적으로 당뇨약을 복용할 필요가 있다"고 주장한다. 차 교수는 "인슐린 저항성은 고혈압, 고지혈증, 비만, 노화, 지방간 등 복합적 요인에 의해 형성되며 몸이 최대한 버티다 당뇨병으로 넘어가는 단계"라고 적극적인 약물치료를 권장하고 있다.

인슐린 치료도 중증, 고령인 경우에 국한된다는 고정관념을 버리고 초기부터 적극적인 혈당 강하를 시도하면 합병증의 발생을 획기적으로 줄이고 환자의 노력 여하에 따라 얼마든지 당뇨를 극복할 수 있다. 또한 최근 개발된 혈당 강하약들은 저혈당의 위험을 줄인 약제들이기 때문에 당뇨 발병 이전이라도 약물치료가 가능하다.

주사제로 새로 개발된 GLP-1 유사체나 경구용 약제인 DPP-4 억제제 약제가 그 군의 약제들이다. DPP-4 억제제의 혈당 강하 효과는 단독요법으로 평균적으로 A1c 기준으로 1% 전후의 감소를 보이는데 특히 초기 A1c가 높을수록 감소 효과가 뚜렷하고 병용요법에서 더욱 효과가 두드러진다. 메트포르민, 설포닐우레아, 인슐린 등과 병용요법이 가능하다.

특히 당장의 혈당 강하 효과는 설포닐우레아와 메트포르민

과의 병합보다 적지만 DPP-4 억제제와 메트포르민과의 병합은 DPP-4 억제제의 효과를 높이고 인슐린 저항성 개선 및 인슐린 분비 증가 효과, 베타세포의 기능 호전과 관련이 있는 것으로 알려져 있다. 또한 식후 혈당조절에 장점을 보여 당뇨병성 합병증 개선(대혈관 및 미세혈관합병증)에 도움이 된다.

3. 당뇨를 앓는 환자의 운동요법

당뇨를 앓는 환자에게 있어 운동은 혈당조절과 혈중 저밀도 지단백질농도의 감소라는 두 마리 토끼를 잡기 위해 시행되어야 한다. 세포로 유입되어 에너지로 쓰이지 못한 당은 혈액 속에 오래 머물면서 혈관을 손상시키는데, 운동을 하면 혈액 속의 당이 근육에서 소모됨으로써 혈당이 떨어지고 혈중 저밀도 지단백질수치도 같이 떨어지며 부수적으로 고밀도 지단백질이 늘어나는 효과를 볼 수 있다. 특히 제2형 당뇨병 환자의 혈당관리에는 유산소운동과 저항 훈련(resistance training)을 섞어서 하는 것이 효과가 가장 크다고 한다.

저항 훈련이란 웨이트 머신, 탄력밴드, 아령 또는 자신의 체중 등 다양한 중량 도구를 이용해 근육을 강화시키는 훈련으로 근육의 크기가 커지면서 혈당 조절 능력이 올라간다. 혈당을 가장 많이 소모하는 것이 골격근이기 때문이다.

더욱 고무적인 것은 비만한 당뇨 환자의 체중 감량과 복부 지방 개선이 운동을 해서 효과를 보게 되면 인슐린 저항성이 개선되므로 혈당조절이 더욱 원활히 이루어질 수 있다.

미국 루이지애나 주립대학 생의학연구소 예방의학연구실의 연구에 따르면 유산소운동과 저항운동을 병행한 그룹이 장기적인 혈당을 나타내는 당화혈색소(A1c)가 평균 0.34% 낮아져 유산소운동 그룹의 0.24%, 저항 훈련 그룹의 0.16%보다 큰 폭의 개선을 보였다.

당뇨병 환자가 꼭 지켜야할 운동수칙

운동 전후에는 꼭 스트레칭을 하여 근육의 피로를 막아야 한다. 그리고 유산소운동과 저항 훈련을 병행하는 것이 효과가 있다고 했으므로 유산소운동과 저항 훈련 중 본인에게 맞는 것을 골라야 한다.

유산소운동으로는 걷기, 자전거 타기, 조깅, 수영, 수중 에어로빅, 에어로빅, 등산 등이 있다. 저항 훈련으로는 팔굽혀 펴기, 윗몸 일으키기를 추가할 수도 있고 아령이나 케틀벨, 탄력밴드나 TRX를 이용해서 자신의 체중을 실어 근력운동을 할 수 있다. 근력운동은 전문가의 도움을 받는 것이 강도 조절을 하면서 운동의 재미를 붙일 수 있어서 좋다.

운동 빈도는 매일 하는 것이 힘들면 격일로 하도록 한다. 당뇨 환자에게 운동에 의한 혈당 개선 효과는 평균 48시간 정도 유지되므로 격일 운동이 가능하지만 체중을 감량해야 하는 비만한 당뇨 환자나 인슐린 주사를 맞는 환자는 매일 운동을 하는 것이 더 효과적이다.

운동 강도는 약간 숨이 차면서 땀이 나는 정도의 강도를 유지하도록 하고 운동 지속시간은 20~60분 정도의 시간이 적당하다. 그러나 처음 운동을 하는 경우는 운동시간을 10~15분으로 시작해 점진적으로 늘려가도록 한다. 총 운동 시간을 10~20분 단위로 쪼개서 하루 2~3번 나눠서 운동을 실시 할 수도 있지만 한 번 운동을 시작하면 최소 10분 이상은 유지해야 운동의 효과를 기대할 수 있다.

4. 운동을 할 때 주의할 점

① 인슐린을 사용하는 환자는 운동하는 날은 인슐린의 양을 줄여야 저혈당을 예방할 수 있다. 운동시간과 강도에 따라 변화되는 인슐린의 투여량을 전문의와 상의한다.

② 운동 시간대를 늘 일정하게 유지한다. 혈당 강하제나 인슐린을 사용하는 제 2형 당뇨 환자는 혈당이 상승하는 식후 1~3시간 사이에 운동을 하고 제 1형 당뇨 환자는 식후 혈당이 갑자기 오를 수 있으므로 아침 식사 전에 운동을 한다.

③ 새벽이나 늦은 밤, 지나치게 더운 날이나 추운 날에는 실외에서 운동을 삼간다.

④ 운동 전에 혈당을 측정해서 혈당이 100mg/dL ~250mg/dL일 때 운동을 한다.

⑤ 발에 상처가 있거나 물집이 생겼을 때는 운동으로 악화될 수 있으므로 상처가 나을 때까지 운동을 자제한다.

⑥ 운동 중 메스껍거나 구토, 불규칙한 심박동수, 과도한 피로감, 현기증, 두통, 가슴 통증 등이 수반되면 즉시 운동을 중단한다.

⑦ 당뇨 합병증이 동반된 경우에는 운동 종목 선택에 신중을 기해야 한다.

체중 부하가 적은 저강도의 유산소운동(수영, 자전거, 걷기, 고정식 자전거 타기)과 체중과 중력을 이용할 수 있는 근력운동(아령, 탄력밴드, TRX)을 선택해야 한다. 발과 관절에 부담을 주는 오래 걷기, 조깅, 테니스, 스쿼시, 배드민턴, 등산, 계단 오르내리기는 당뇨병성 신경병증을 앓는 환자에게 좋지 않다. 당뇨병성 신증 환자는 빨리 달리기나 역기 들어 올리기 같은 고부하의 중량 운동을 삼가고 당뇨병성 망막증이나 고혈압 환자는 혈압을 상승시키는 고강도의 운동을 삼간다.(예를 들면 역기 들어 올리기, 빨리 달리기, 고산 등반, 팔굽혀펴기, 고강도 에어로빅, 스쿼시, 테니스, 배드민턴 등)

더 이상 당뇨 환자라는 진단은 사형 선고가 아니다. 하루 한번 약만 잘 챙겨먹겠다고 생각하는 환자는 약을 끊을 수 없지만 건강한 생활을 위해 생활 습관을 바꾸겠다고 마음을 먹고 식이요법과 운동을 병행하는 환자는 점차 당뇨약을 줄여나가 건강해질 수 있다는 사실을 명심하자.■

당뇨 환자 열량뿐 아니라 나트륨 더 신경 써야

지방 하루 50g 기준, 짜게 먹었다면 우유로 배설
튀긴 음식 피하고 육류는 지방 적은 부위만 선택

요즘의 유행어는 이영돈 피디의 "제가 한번 먹어보겠습니다. 제가 한번 직접 체험해 보겠습니다"이다. '먹거리 X 파일'과 '논리로 풀다'를 진행하면서 세간의 이목이 집중되는 이슈를 중심으로 얘기를 풀어나가는데 항상 직접 시음 혹은 시연함으로써 신빙성을 높이고 있다.

약국 경영이 점점 힘들어진다고 하지만 이영돈 피디가 비타민 C가 좋다고 한 마디 하면 약국에 비타민 C 열풍이 불고 게르마늄이 좋다고 하면 게르마늄을 찾으러 온다. 25년 전 이상구 박사의 채식만 섭취하게 하는 뉴스타트 열풍이 재연되나 하는 생각이 들기도 한다.

이런 현상을 볼 때 국민이 건강에 대한 관심이 얼마나 지대한가 하는 것을 느낄 수 있다. 그 중에서 나트륨과 비타

민 C에 관한 프로그램은 우리 약사들도 열심히 돌려보기를 해서 고혈압, 당뇨, 고지혈증을 앓고 있는 환자들에게 눈높이에 맞는 복약지도를 했으면 한다.

또한 다시 생각해 보면 이러한 건강 프로그램이 인기가 있다는 것은 국민들이 스스로 건강에 문제가 있을 것이라는 막연한 두려움을 가진다는 뜻이다.

아래는 비즈엠디 파머시저널(비즈앤이슈) 236호 당뇨병 시리즈를 시작할 때 한 번 언급한 적 있는 내용이다.

> 분당서울대병원 내분비내과의 임 수 교수팀이 우리나라 국민건강영양조사 데이터를 분석한 결과, 대사증후군 유병률이 1998년 24.9%에서 2007년 31.3%로 꾸준히 증가했는데 연구팀은 이러한 현상에 대해 저HDL콜레스테롤혈증, 복부비만, 고중성지방혈증 증가 덕분으로 분석했다. 이는 서구화된 식습관에 따른 과도한 육류 섭취와 잦은 외식, 음주로 인한 비만과 인슐린 저항성의 증가로 인해 TG는 증가하고 HDL-C가 감소한 것이 원인이다. 흡연도 영향이 있다.

외식의 3대 구성요소는 당과 지방, 나트륨이다. 이는 바로 비만으로 직결된다.

2013년 3월 식약처에서 발간한 외식 영양성분 자료집을 살펴보면 대부분의 외식 메뉴가 우리 생각보다 열량이나 나트륨이 상당히 높다는 걸 발견하게 된다. 열량을 고려하면 나트륨이 높아지고 트랜스지방이나 콜레스테롤까지 고려하면 먹을 것을 찾기 쉽지 않다.

건강식으로 생각하는 회덮밥이나 비빔밥도 열량과 나트륨이 상당히 많다. 나이가 들면 기초 대사량이 낮아지므로 열량이 높으면 잉여 열량에 의한 지방축적과 나트륨 과다 섭취에 의한 부종으로 비만이 초래된다. 또한 트랜스지방은 LDL을 높이고 HDL을 낮추는 데 일조하고, 당의 함량이 높아도 비만이 유발된다는 것은 누구나 아는 상식이다. 건강을 위해서는 외식으로 먹을 것이 없다.

1. 열량

본인에게 필요한 열량은 나이, 키와 체중, 육체 활동량 등에 따라 다르지만 30~49세 남자와 여자의 1일 필요 열량은 각각 2,400, 2,000kcal 정도이다. 흔히 다이어트식으로 생각하는 회덮밥은 1그릇 기준 676kcal(나트륨 744mg)이고 웰빙식품으로 알려져 있는 오리고기 경우 250g 훈제기준으로 열량이 797kcal(나트륨 1,220mg)으로 생각보다 높다. 돼지고기 수육은 300g을 기준으로 1,206kcal(나트륨 416mg)인데 반면 350g의 돼지갈비는 941kcal(나트륨 1,341mg)로 오히려 열량이 수육보다 낮았다. 이는 조리방법보다는 먹는 부위의 지방량이 열량에 더 큰 영향을 주기 때문이다.

보양식인 장어구이는 250g을 기준으로 하면 716kcal(나트륨 1,168mg), 큰 부담 없이 먹는 인절미 100g은 210kcal(나트륨 341mg) 찹쌀 도우넛 1개(70g)는 207kcal(나트륨 243mg) 으로 밥 3분의 2공기(밥 한 공기 210g 310kcal)에 해당하는 열량이다.

이러한 고열량 음식은 당뇨나 고지혈증 환자 혹은 전 국민의 30%에 해당하는 대사증후군 환자에 악영향을 미친다. 또한 동물성 식품 이외에도 인스턴트 음식의 섭취 증가로 혈중 콜레스테롤이 증가하고 고혈압, 동맥경화증, 심근경색증 등의 환자가 증가하는 추세이다.

고열량 음식에서 본인을 보호하기 위해서는 지방을 하루 50g정도로 섭취를 제한한다는 기준을 세운다. 기름의 사용을 줄이고 지방이 많은 고기의 기름은 가능한 한 제거하고 칼로리가 적고 양이 많도록 요리 한다. 요리할 때는 동물성 지방이나 식물성 팜유의 사용을 줄이고 포화지방산과 불포화지방산의 섭취 비율을 적절하게 조절한다.

식이섬유를 많이 함유한 음식은 지방의 흡수를 줄 수 있으므로 이상지질혈증을 앓는 사람들에 도움이 된다. 또한 비타민 E는 불포화지방산의 산화 방지에 도움이 되는데 곡물 섭취가 적거나 술을 많이 마시는 사람, 흡연하는 사람들은 복용하는 것이 좋다.

2. 나트륨

나트륨은 우리 몸에서 신경 전도와 근육운동에 필요하며 체액 농도 조절에 필수 성분으로 WHO와 우리나라에서 설정한 나트륨 섭취 권고량은 2,000mg이다.

하지만 우리나라 1인당 평균 나트륨 섭취량은 4,878mg으로 2.4배 이상 섭취하고 있다.

나트륨은 우리가 음식의 간을 맞추기 위해 넣는 소금(NaCl의 0.4에 해당)에 함유되어 있다.

ㄱ. 나트륨이 혈관에 미치는 영향

음식을 통해 들어온 나트륨은 혈액 내 삼투압 현상으로 혈액 볼륨을 늘이게 되어 혈관이 부풀고 혈관 벽이 압박을 받아 동맥의 벽은 갈수록 딱딱해진다.

또한 나트륨 자체가 혈관 내피세포를 자극해 혈관을 수축시킨다. 늘어난 혈액 볼륨으로 혈액순환이 부담스러운데다 동맥이 동시에 수축하면 동맥 내부의 압력은 급속히 치솟는다. 이렇게 되면 고혈압이 생기고 혈관 상태가 취약한 당뇨 환자의 혈관내피세포는 치명적인 상처를 입는다. 이 상태가 지속되면 혈관 덩어리인 신장이 가장 먼저 손상당해 신장 혈관이 경화된다. 신장은 체내 과다 섭취된 나트륨을 소변으로 걸러주는 역할을 하므로 신장이 망가지면 나트륨 배출이 지연되는 악순환이 반복된다.

뇌혈관 동맥도 이와 마찬가지로 동맥경화를 앓아 뇌경색이 되거나 뇌출혈을 일으키고 심장 관상동맥에도 손상을 준다. 이로써 나트륨 과다 섭취가 연쇄 고리로 연결돼 고령 장수의 3대 복병인 만성 신부전증, 뇌경색, 심근경색증의 기폭제 역할을 하는데 이상지질혈증이 있다면 더욱 쉽게 발병한다.

ㄴ. 위장계열

나트륨 과다 섭취는 또한 위 점막을 자극한다. 위 점막을 퇴행·위축시켜 위암 발생의 위험을 높인다. 특히 소금에 오랫동안 절인 음식을 통한 나트륨 과다 섭취는 직접적으로 위암 발병 요인이 된다.

ㄷ. 골격계

나트륨 과다 상태는 나트륨이 소변으로 배설될 때 칼슘도 함께 빠져나가 혈액 내의 칼슘 농도가 낮아지게 된다. 이때 우리 몸은 혈중 칼슘 농도를 유지하기 위해 뼈로부터 칼슘을 빼낸다. 이런 현상이 장기간 지속되면 소변에 칼슘이 많아 신장결석이 생길 수 있으며, 뼈에 칼슘이 부족해져 골다공증으로 이어지기 쉽다.

ㄹ. 나트륨이 많이 들어있는 음식

나트륨이 위험한 것은 중독성이 있기 때문이다. 나트륨을 섭취하면 소화기에 있는 나트륨 수용체가 자극을 받아 뇌에 있는 중독 중추를 흥분시키는 것으로 알려졌다. 계속하여 짠맛을 찾게 되는 것이다.

열량 파트에서도 나트륨을 잠시 언급하였지만 하루 2,000mg의 나트륨만 먹기 위해서는 큰 노력이 필요하다. 짬뽕 한 그릇(1,000g)에는 4,000mg, 중식우동(1,000g)에는 3,396mg, 된장찌개(400g)에는 2,021mg의 나트륨이 함유되어 있어 이들 음식 가운데 한 그릇만 먹어도 하루치 나트륨을 섭취하게 되므로 건더기만 먹고 국에 밥을 말아 먹지 않는다.

점심으로 손쉽게 먹는 피자나 햄버거, 닭튀김 등에도 엄청난 나트륨이 숨어 있다.

맥도날드 치킨버거(230g) 1,221mg, 슈퍼수프림 피자 한 조각 1,648~1,368mg, 피자 한판에는 31g의 소금 즉 12,400mg의 나트륨, 롯데리아 프라이드 치킨 한 마리에는 4,584mg의 나트륨이 함유되어있다. 가볍게 점심을 때우려고 햄샌드위치 한 조각을 선택해도 1,900mg, 김밥 1줄 800mg, 떡볶이 1인분 900mg을 같이 먹는 경우에도 하루 총섭취량에 육박한다.

이러한 짭짤한 외식의 영향으로 30~40대의 고혈압이 급증했다는 보고가 있다. 이들은 하루에 최고 6,808mg의 나트륨을 먹어 WHO 권장량의 3.4배를 먹는다. 이무영 동국대 일산병원 심혈관센터장에 따르면 30대 고혈압 유병률은 2007년 7.5%에서 2011년 9.1%로 증가했다. 40대도 15.7%에서 21.1%로 높아졌다고 한다.

ㅁ. 당뇨에 대한 나트륨의 영향

나트륨 과다 섭취와 당뇨와의 상관성은 직접적인 상관성은 낮지만 당뇨로 인한 혈관질환을 악화시키고 고혈압, 고지혈증이 함께 발생할 가능성이 높다. 과다 혈당으로 인해 혈관상태가 취약한 당뇨 환자의 혈관내피세포는 나트륨이나 이상지질혈증에 의한 sdLDL로 인해 쉽게 상처를 입고 죽종이나 동맥경화반을 형성하기 쉬운 상태가 되어 혈관

[그래프] 양념류의 나트륨양 비교

자주 사용하는 양념류를 소금을 기준으로 다른 양념류의 나트륨양과 비교해볼까요?
양념류에는 소금보다는 나트륨양이 적게 함유되어 있지만 다시다, 된장, 고추장, 굴소스는 나트륨양이 높답니다.

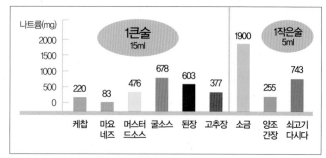

출처: 식품영양소 함량자료집(한국영양학회, 2009) 자료를 이용하여 계산하였음(재료에 따라 달라질 수 있습니다.)

합병증이 생기기 쉽다. 따라서 당뇨 환자들은 음식의 열량만이 아니라 나트륨 농도에 더욱 신경을 써야 한다.

그러나 대체로 우리나라 당뇨병 환자들은 나트륨을 과다 섭취하고 있는 것으로 나타났다.

작년 12월 17일 대한당뇨병학회가 국민건강영양조사(2008~2010년)에 참여한 당뇨병 환자 1,480명을 대상으로 조사한 '당뇨병 환자 나트륨 섭취 실태 보고서'를 보면 국내 당뇨병 환자의 하루 평균 나트륨 섭취량은 세계보건기구(WHO) 권장량인 2,000mg의 2.5배에 육박하는 4,910mg으로 일반인의 5,188mg보다는 낮았다.

그러나 조사시점에 당뇨병으로 새롭게 진단받은 343명만 놓고 보면 하루 나트륨 섭취량이 5,340mg으로 일반인(5,188mg)보다 많았다. 또한 하루에 4,000mg 이상 나트륨을 섭취하는 당뇨병 환자의 58%가 고혈압 상태였으며, 60.7%는 저HDL콜레스테롤혈증을 합병증으로 갖고 있었다.

특히 하루 나트륨 섭취량이 4,000mg 이상인 남성 당뇨 환자(419명)의 고콜레스테롤혈증 유병률은 41.3%로 4,000mg 미만 섭취자(312명)의 26.9%보다 크게 높았다.

고지혈증과 나트륨과의 상관성은 이론적으로 크게 높지지만 나트륨이 높은 음식을 많이 먹는 사람이 열량 높은 외식을 섭취하는 횟수와 음주 횟수가 높아서라고 생각된다.

나트륨을 많이 섭취하는 음식은 배추김치가 20%로 가장 높았고, 소금(15~16%)·간장(7~8%)·된장(7~10%) 등의 순이었다. 특이한 점은 신규 당뇨병 진단 환자의 경우 라면이 나트륨 공급 음식 순위에서 6위(2.9%)를 차지했지만, 기존 당뇨병 환자는 라면이 10위권 내에 들지 않아 라면을 조심하고 있는 것을 볼 수 있다.

ㅂ. 나트륨을 줄일 수 있는 식이습관
a. 나트륨 함유량

나트륨은 음식을 가공할 때마다 기하급수적으로 늘어난다.

밥의 나트륨양은 0~5mg이지만 빵은 110~175mg, 신선한 채소 1/2컵은 0~70mg인데 반해 토마토 통조림 주스 3/4컵은 820mg으로 급증한다. 우유 한 컵에는 120mg의 나트륨이 있고 치즈 42g은 600mg의 나트륨을 함유하고 있

고 육류, 생선, 가금류 85g에 포함된 나트륨이 30~90mg인데 구운햄 85g에는 1,050mg의 나트륨이 함유되어 있다.

또한 각종 마요네즈, 케찹 소스 등에도 많은 나트륨이 함유되어 있다. 따라서 가공하지 않은 신선한 음식을 많이 섭취하고 조금 간을 덜 하는 습관으로도 나트륨 섭취량을 상당히 줄일 수 있다.

b. 과잉의 나트륨을 배설할 수 있는 방법

나트륨은 칼륨에 의해 체외로 배설되기 때문에 칼륨이 많이 함유된 우유나 토마토, 바나나, 푸른색 야채를 많이 먹는 것이 좋다. 특히 우유의 경우는 유당이 칼슘 흡수를 도와 나트륨에 의해 배설된 칼슘을 보충할 수도 있기 때문에 짜게 먹는 경우 하루 한 잔의 우유를 꼭 먹도록 한다.

3. 트랜스지방

트랜스지방은 주로 가공식품에 들어 있어 LDL C 농도를 높이고 HDL C 농도를 낮추는 역할을 한다. 포화지방산보다 2배 이상 심혈관계에 나쁜 영향을 미치는데 팝콘이나 크루아상, 감자튀김, 초코과자, 케이크 등에 주로 간식에 들어있다. 이런 음식을 달고 사는 사람들은 당뇨나 고지혈증을 앓지 않더라도 대사증후군과 밀접한 연관성이 있어 하루 2g 이하로 섭취하는 것이 바람직하다.

트랜스지방을 줄이려면 밥과 국으로 된 한식과 고구마와 과일 등의 간식 등을 먹고 기름에 튀긴 음식을 줄이고 육류는 지방이 적은 부위를 선택해서 먹는다.

4. 당

당의 하루 섭취 권고량은 50g이다. 설탕처럼 열량만 많고 영양이 없는 빈 영양소는 흡수가 빠르므로 많이 피곤할 때는 도움이 되지만 많이 먹으면 몸에 좋지 않다.

사탕, 과자, 초콜릿, 콜라 사이다 등 음료류, 시리얼, 아이스크림 등과 같은 가공식품에는 당이 많이 들어 있다. 이러한 당도 과다하게 섭취하면 지방으로 변해서 몸에 축적이 되므로 당뇨나 이상지질혈증에 나쁜 영향을 미친다. ■

인슐린 저항성 개선 '무엇부터 먹는가'중요

채소→단백질→밥 순서로 5분 이상 천천히 먹어야
제한적 식이요법 벗어나 쉽게 이해하고 바로 실천 가능

1. 새로운 개념과 익숙해지기

대사증후군과 고지혈증, 당뇨병에 관한 글들을 연재하기 위해서 공부를 하면서 대학을 졸업한 이후 25년간 의학의 발전 속도가 엄청나다는 생각을 했다. 기존의 질환을 치료하는 새로운 기전의 약이 자꾸 출시되고 질환에 대한 정의와 해석이 달라지고 이에 따라 치료 지침이 달라진다.

우리의 복약지도는 환자에게 전달되는 것이지만 그 이전에 각 질환의 병리에 관한 체계적인 이해가 머릿속에 들어와 있지 않으면 복약지도를 할 때 말이 꼬이고 혀가 꼬인다.

예를 들어 최근 들어 가장 많이 처방되는 Dpp4 계열의 당뇨약은 기존에 우리가 알고 있던 혈당 강하제의 기전과 정말 다르다. 인슐린의 효율을 높여주는 메트포르민이나 인슐린의 분비를 증가시키는 설포닐우레아, 식후 당의 흡수를 늦게 하는 α-글루코시다제 저해제, 인슐린 수용체의 민감성을 높여주는 치아졸리딘디온계열의 약들은 몇 년간 설명을 하면서 우리에게 익숙해져 있다. 새로운 기전의 약이 나오면 새로 밝혀진 병리학과 약리학에 적응이 되어야 하니 시간이 걸린다.

여러분은 이 새로운 약으로 처방이 변경될 때 환자들에게 어떤 복약지도를 하고 있는지?

실제 약국에 어떠한 약이 출시가 되면 제약회사 직원이 와서 브로슈어 하나를 주고 가는 것이 전부인데 여기에 대한 자세한 자료는 두 가지 방법으로 구할 수 있다.

첫 번째는 각 회사의 제품 개발부나 담당자에 부탁하여 의사를 위한 PT 자료를 얻어서 공부를 하거나 소규모 스터디그룹을 형성하여 제품 PM이나 제약회사 근무약사님에게 설명을 부탁하는 방법이 있다.

두 번째는 의사들을 위한 온라인 사이트를 이용하는 것이다.

본인이 자주 이용하는 사이트나 매체로 '비즈엠디 메디칼'이나 '메디칼 옵저버', '메디칼 트리뷴'이다.

특히 이들 매체에서 진행하는 각종 학회나 집담회의 자료를 수집해서 지식을 업데이트하게 된다. 때로는 구름 잡듯이 개념이 정확히 잡히지 않을 때가 있는데 이럴 때 스터디그룹의 공부가 도움이 된다. 중요 개념을 질문하고 대답을 확인하면서 명확해지기 때문이다.

이럴 때 꼭 참고해야 할 것이 각 질환의 치료 지침이다. 예를 들자면 고혈압의 JNC 가이드나 고지혈증의 NCEP-ATP Ⅲ 기준 등이다.

그러나 환자에게 도움이 되는 복약지도를 위한 문구는 환자용 서적이나 환자와 같이 보는 신문에서 얻을 때가 많다.

이렇게 우리가 익숙해져야 되는 개념 중에 인슐린 저항성이 있다. 쉽게 말하면 분비된 인슐린이 자기 일을 제대로 하지 못해 자꾸만 추가 인슐린 분비를 유도하고 그러다 한계상황에 도달하면 인슐린 분비가 급감되는 것을 말한다. 이러한 인슐린의 과다 분비는 신체에 여러 가지 질병을 유발하게 된다.

그동안 논의해왔던 대사증후군, 고지혈증, 당뇨병을 관통하고 고혈압에까지 영향을 미치는 중심에 인슐린 저항성이 있다.

2. 인슐린을 이해하자

① 인슐린 저항성의 대표적인 병이 당뇨병이다.

② 인슐린 저항성이 혈액 속 콜레스테롤에 미치는 영향을 알아보자.

인슐린 저항성으로 혈중 인슐린 수치가 계속 높아있을 때는 지방의 합성과 분해에 동시에 영향을 미친다.

간에서는 인슐린에 의해 당과 지방이 과잉 합성되고 이는 TG의 증가로 이어진다. 한편 혈액 내 과다한 인슐린은 VLDL 입자를 키워 lipase가 분해하기 어렵게 하여 체내 저류 시간을 늘인다. 이처럼 TG가 풍부한 VLDL은 혈액 내 중성지방이 풍부한 HDL과 LDL의 혈중농도를 높인다. 중성지방이 풍부한 HDL은 크기가 작아지고 밀도가 높아지면서 Apo A1과 해리가 일어나 수치가 감소하는 반면 LDL은 sdLDL[1])이 된다. 이러한 상태에서는 TG가 양만 늘어나는 것이 아니라 질도 저하된다.

또한 증가된 TG는 유리지방산으로도 많이 분해된다. 이 유리지방산은 근육 조직에서의 포도당 운반(transport)을 억제함으로써 인슐린 활성도를 저하시켜 말초 인슐린 저항성을 증가시킨다. 뿐만 아니라, 간세포에 작용하여 인슐린의 분해를 억제하여 간의 고인슐린 혈증을 새로 유발하고 간에서 합성되는 당수치를 증가시키며 다시 고인슐린 혈증을 일으킨다.

이러한 고지혈증은 혈관 내벽에 플라크 발생률을 높이고 이로 인해 죽상 동맥경화증을 유발할 뿐 아니라 혈압이 있으면 합병증 발생률이 높아진다.

③ 인슐린 저항성과 고혈압과의 관계를 살펴보자.

인슐린 저항성이 동반되는 복부비만자에게는 심장에서 나오는 혈액량과 순환혈액량이 증가되어 있으며, 교감신경 활성도가 증가되어 있고 renin-angiotensin-aldosterone (RAA)계의 활성도도 증가되어 있다. 이런 복부비만자들은 TG가 분해된 유리지방산이 혈액 속에 많은데 이러한 유리지방산은 혈관벽에 작용하여 인슐린에 의한 혈관 확장 작용을 방해하고 NO의 합성과 분비를 억제하여 혈관 확장 능력을 더욱 저하시킨다.

NO는 L-아르기닌을 원료로 해서 혈관 내벽에서 만들어지는데 혈관벽을 유연하게 하고 확장시키며 특히 혈관벽의 플라크 발생을 억제하여 혈관벽을 튼튼하게 한다.

인슐린 저항성에 의하여 고혈압이 발현되는 기전은 첫째 교감신경 흥분, 둘째 신장에서의 나트륨 재흡수 촉진에 의한 순환혈액량의 증가, 셋째 혈관 수축력의 증강으로 요약할 수 있겠다. 인슐린 저항성의 증가는 췌장의 베타 세포에서 인슐린 분비를 증가시켜서 고인슐린혈증을 유발하게 되고, 증가된 인슐린은 교감신경을 흥분시키게 된다. 비만 환자에서는 고혈압의 유무와 상관없이 골격근의 교감신경 활성도가 증가되어 있다고 한다.

비만에서 고칼로리 섭취 자체가 인슐린 저항성과 독립적으로 교감신경을 흥분시킨다. 인슐린은 신장에서 나트륨 재흡수를 촉진시켜 순환혈액량을 증가시킬 뿐만 아니라, 신혈장유량(renal plasma flow)과 신사구체여과량(glomerular filtration rate)을 증가시킨다. 이러한 증가된 신사구체 관류량(perfusiom)과 여과량은 단백뇨를 초래하게 되어 신손상의 중요한 기전이 된다.

정상인에서 인슐린은 골격근 혈관의 확장을 일으키나, 고인슐린혈증에서는 인슐린에 의한 혈관 확장 작용이 억제되어 있고, NO의 분비가 억제되어 있어서 혈관 확장 능력의 장애가 나타나게 된다. 또한 인슐린은 혈관 평활근세포의 중요한 성장 인자로서 혈관벽의 비후를 초래하여 말초 혈관 저항을 증가시켜 결과적으로 고혈압을 유발하게 된다.

비만 환자에서는 렙틴의 영향도 살펴봐야 된다고 한다.

비만이 없는 고혈압 환자에서도 인슐린 저항성과 고혈압과는 관계가 있다. 비만이 없는 고혈압 환자에서 인슐린 저항성은 약 15%에서 나타났다 한다. 이처럼 인슐린 저항성이 있으나 비만이 없는 사람을 대사적인 비만이라고 하고 고혈압보다는 인슐린 저항성이 선행한다고 한다. 이런 환자에서는 고지질혈증 등 대사증후군의 다른 증후가 같이 나타나기도 한다.

비만이 없는 경우에는 인슐린 저항성에 대한 역학 조사에서 인슐린 저항성과 육체적 운동량과의 관계가 알려져 있다. 즉 운동량이 적은 사람에서 인슐린 저항성이 많이 나타난다. 적절한 운동으로서 인슐린 저항성이 개선되며, 예방할 수도 있다.[2]

3. 식사순서요법

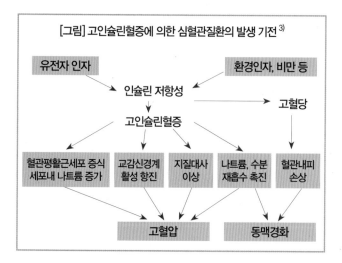

[그림] 고인슐린혈증에 의한 심혈관질환의 발생 기전 [3]

서두에서 말한 것처럼 환자들에게 복약지도를 할 때 어렵지 않은 문장으로 설명하려면 환자용 서적이나 신문기사를 읽고 참고하면 많은 도움이 된다.

2013.08.03자 매일경제신문에 고혈압, 고혈당, 고지혈증의 3고를 낮추는 건강 식사 순서라는 기사가 나왔을 때 복약지도에 당장 써 먹을 수 있어 정말 반가웠다. 이 기사는 일본 가지야마 클리닉에서 발간한 식사순서요법을 취급한 것이라 얼른 그 책을 구입하고 신문기사는 여러 부 복사해서 준비해 놓았다.

그동안은 혈당이 조절되지 않는 당뇨 환자에게 식이요법을 설명할 때 GI지수를 표기해 놓은 책을 복사해드릴 때가

많았는데 개별적으로 종류도 너무 많고 일일이 확인을 해야 하니 환자들이 어려워서 얼마 전부터는 의학 사이트의 한 줄 기사대로 식후 혈당 조절이 어려우면 식이섬유부터 먼저 먹고 식사를 하시라고만 복약지도를 바꾸었다.

고혈압 환자에게는 지난 호에 연재하였던 나트륨에 관한 정보를 주고 고지혈증 환자들에게도 개별적으로 콜레스테롤이 적은 음식에 대해 구체적으로 설명하는데 환자들은 솔직히 뭘 먹으라는 거냐면서 곤란해 한다. 따라서 이런 환자들에게 식사순서요법은 쉽게 이해하고 실생활에서 바로 적응하여 따라할 수 있다는데 큰 장점이 있다.

책 서두에는 인슐린 저항성과 고혈압, 고지혈, 고혈당의 관계가 우리글 설명보다 간단하게 요약되어 나온다. 그리고 개별 질환인 고혈압을 잡기 위해서 나트륨을 적게 먹고 혈당을 잡기 위해서 단 음식을 먹지 않으며, 고지혈증을 위해서 지방을 줄이는 식의 식이 요법은 지속적으로 실천하기 쉽지 않으므로 병의 근본인 인슐린 저항성만 개선해 주면 개별 질환들이 한꺼번에 해결될 수 있다고 발상을 전환하고 치료 방법으로 식사의 순서만 바꾸어주었다.

책의 주제는 인슐린 저항성을 개선하기 위해 무엇을 먹는가가 중요한 게 아니라 무엇부터 먹는가가 중요하다는 것이다. 또한 이 식사요법은 8월 28일 자 조선일보에서 언급된 것처럼 다이어트에도 적용될 수 있다.

4. 식사순서요법의 4가지 법칙

* 무조건 채소부터 먼저 먹는다.
* 채소 다음은 단백질 반찬을 먹는다.
* 밥은 마지막으로 먹는다.
* 5분 이상 꼭꼭 씹으면서 천천히 먹는다.

① 원칙 1

여기서 말하는 채소에는 버섯과 해조류가 포함된다. 이 음식들에는 식이 섬유와 비타민, 미네랄이 풍부하고 열량이 적으므로 많이 먹을수록 좋다. 그러나 감자, 고구마, 토란, 마, 연근, 단호박, 옥수수, 강낭콩, 은행, 팥 등에는 탄수화물이 많으므로 식사순서의 제일 마지막에 먹도록 한다. 먹는 양은 당근, 토마토, 시금치, 브로콜리, 피망 등의

황록색 채소를 200g, 양상추, 양배추, 배추, 양파 등의 담색 채소를 200g 섭취하는 것이 이상적이고 버섯 50g, 해조류 20g을 섭취하면 더욱 이상적이다.

또 조선일보 기사에 의하면 기왕 식이섬유를 먹을 때 효소가 많은 '날 음식 → 발효한 것 → 익힌 것'의 순서에 따라 먹으면 장의 연동운동을 강화할 수 있고 식감이 거친 날 음식을 오랫동안 씹게 되면 횟수가 많을수록 포만감을 느끼는 중추가 자극되어 배가 고프지 않는데도 음식을 찾는 일이 줄어든다.[4]

② 원칙 2

육식을 금지하지 않고 단백질로 이루어진 반찬을 제한하지 않는다. 기름에 튀긴 음식을 적게 먹으면 좋지만 더욱 중요한 것은 식사 순서를 지키는 것이다. 육류, 어패류, 콩제품류, 유제품류를 포함해 골고루 먹고 밥은 나중에 먹는다.

조선일보 기사에 따르면 탄수화물 전에 단백질 식품을 먹는 것은 탄수화물이 몸에서 당으로 변할 때 지방으로 쌓이는 대신 에너지로 소비하기 위해서이다. 기왕이면 식물성 단백질을 먼저 먹고 동물성 단백질을 먹으라고 권고하고 있다.

③ 원칙 3

밥은 마지막으로 먹는다. 여기에는 과자와 과일, 밥, 빵, 우동, 국수, 라면, 스파게티 등과 감자, 고구마, 연근, 단호박, 강낭콩 등도 포함된다. 당면, 만두피 등도 물론 포함된다. 이렇게 순서를 지켜 식사를 하다 보면 마지막 밥 단계에서는 포만감에 많이 먹을 수 없게 된다.

특히 조선일보 기사에는 밥을 반찬과 함께 먹거나 빵에 버터를 발라 먹는 등 탄수화물 식품을 다른 식품과 함께 먹으면 지방으로 잘 축적된다고 하고 위 속이 식이섬유, 단백질, 탄수화물 순으로 층을 이루게 되면 서서히 소화되므로 혈당을 높이는 속도가 완만해진다고 한다.

혈당치를 급히 높이는 과일은 바나나, 포도, 파인애플, 감 등이고 딸기, 자몽, 사과, 복숭아, 배는 그렇지 않으므로 적당량 섭취할 수 있다.

[표] 색깔로 알 수 있는 건강 음식

기능	색	영양소	대표 식품
심혈관질환 예방	빨강	라이코펜, 안토시아닌	토마토, 수박, 체리, 비트, 석류, 적색 고추 등
항산화 효과	노랑	베타카로틴	당근, 오렌지, 살구, 복숭아, 호박 등
노화 지연	초록	루테인, 설포라판, 인돌	아보카도, 키위, 아스파라거스, 완두콩, 브로콜리, 시금치, 양배추 등
항암 효과	보라	안토시아닌, 폴리페놀	블루베리, 블랙베리, 건포도, 무화과나무 열매, 적색양배추, 가지 등
면역 증진	흰색	알리신, 알릴 황화물	마늘, 양파, 바나나, 컬리플라워, 생강, 버섯, 순무 등

④ 원칙 4

음식을 천천히 5분 이상 꼭꼭 씹으면 소화관에서 GLP-1이 분비되어 급한 혈당치의 상승을 막고 포만감을 느끼게 하여 식후 혈당과 중성지방 수치가 덜 올라간다고 한다. 또한 치매 예방과 과식 예방에도 도움이 된다.

위에서도 언급되었지만 운동은 인슐린 저항성을 개선하는데 도움이 된다. 허벅지 근육량의 증가는 근육 속 포도당의 사용량을 늘려 고지혈, 고혈당, 고혈압의 3고 증상을 막는데 도움이 된다. 식후 30분에서 1시간 이내에 30분 정도로 본인의 능력에 맞게 운동을 꼭 병행해야 건강을 지킬 수 있다.■

[각주]

1) sdLDL(small dense LDL)은 혈관 내피를 뚫고 혈관벽으로 침투가 용이하며 산화가 잘 일어나는 특성을 보여 죽상경화증을 유발하기 쉽다.

2) 이 글은 김순길(한양의대) 교수님의 www.Zonedoctor.co.kr 임상내과문서에서 발췌한 것임

3) MOnews 〈당뇨병 만성합병증 치료 전략〉-당뇨병과 고혈압 2008.7.21에서 그림 발췌

4) 이때 김치 장아찌는 피하고 샐러드, 나물 무침 등을 많이 먹으라고 권장한다.

LDL-C 조절보다 스타틴 강화가 대세

ACC/AHA, LDL-C 수치 삭제하고 ASCVD 위험도 따라 감소폭 제시
ADA, NICE도 정확한 치료 목표 삼가고 스타틴 치료 범위 넓혀

2013년은 혈압, 당뇨 가이드라인의 업그레이드로 바쁜 한 해였다. 미국이나 유럽의 가이드라인이 개정되면서 맞물려 한국의 가이드라인도 업그레이드가 되었는데 이상지질혈증의 경우는 미국과 유럽의 가이드라인이 개정되었지만 한국의 실정과 다소 차이가 있어 아직 가이드라인이 유지되고 있다.

1. 2013 ACC(미국심장학회)/AHA(미국심장협회)의 이상지질혈증 가이드라인

10년 만에 ACC/AHA의 새로운 가이드라인이 발표되었는데 기존과는 다른 방향으로 개정되었다. 기존의 ATP Ⅲ는 이상지질혈증을 어떻게 관리하는가에 대한 전반적이고 포괄적인 가이드라인으로 검사와 평가, 치료방법을 포함하고 있으며 치료 목표치로 도달해야 할 LDL-C수치를 설정하였다.

반면 새로 발표된 가이드라인은 성인의 죽상동맥경화성 심뇌혈관질환(ASCVD)의 1·2차 예방을 위한 혈중 콜레스테롤 저하 치료에 대한 근거 중심의 임상 권고안이다.[1]

ATP Ⅲ에서 치료 목표치로 삼았던 LDL-C수치에 대한 권고안을 삭제한 대신 ASCVD위험도에 따라 환자군을 분류하고 이에 따른 LDL-C의 감소폭을 제시하고 있다.

새로운 가이드라인은 2011년까지 발표된 많은 임상연구를 기반으로 해서 스타틴이 합병증의 1차 예방에 도움이 되는지, 2차 예방에 도움이 되는지, 그리고 안전성에 대비 유효성이 있는지에 대한 그간의 의문점의 답을 제시한 것으로 이해하면 된다.

이번 가이드라인에서 목표 LDL-C수치를 권고하지 않은 이유는 목표로 한 LDL-C까지 지질수치를 조절했지만 그로 인한 혜택에 대해 명확한 근거를 확인할 수 없어서이다. 그럼에도 LDL-C가 치료 목표로서의 위치는 인정받지 못했지만 환자의 치료 상황을 평가할 수 있는 인자로서의 위치는 확고하다.

1) 지난번 가이드라인과 달라진 점

① 가이드라인의 목표: 죽상동맥경화증(ASCVD)이라는 기저병태에 의한 심혈관 질환 발생을 막기 위해 어떻게 지질 치료를 할 것인가에 초점을 맞춘 권고안

② 초기부터 적극적인 스타틴 치료 강조

LDL-C를 특정 수치로 정한 목표 LDL-C를 없애는 대신 기존의 이상 지질수치를 얼마나 낮출 것인가를 정하고 그 원칙에 따라 적절한 1차 치료제로 스타틴 요법을 채택한다.

LDL-C를 기저치 대비 30~49%까지 낮추는 중강도 또는 50% 이상의 지질강하 효과가 있는 고강도 요법으로 치료를 시작하게 되면 LDL-C 기저치가 70mg/dL 이상인 환자군부터 스타틴의 ASCVD 위험 감소 효과가 나타난다고 한다. 또한 스타틴으로 치료함으로써 다양한 하위그룹 환자와 1·2차 예방 전반에서 ASCVD 상대위험도 감소 효과가 일관되게 나타난다고 한다.

③ 위험대비 혜택을 극대화 시킬 4개 그룹 선정

- 동맥경화성 심내혈관질환(ASCVD)을 가지고 있는 환자(2차 예방)

[표1] 2013 ACC/AHA 가이드라인중 LDL-C 감소를 위해 사용하는 스타틴의 처방 강도

고강도 스타틴 요법	중강도 스타틴 요법	저강도 스타틴 요법
평균 LDL-C을 50% 이상 감소시키는 스타틴의 1일 용량	평균 LDL-C을 30% to < 50% 감소시키는 스타틴의 1일 용량	평균 LDL-C을 30% 정도 감소시키는 스타틴의 1일 용량
Atorvastatin(40)–80mg Rosuvastatin 20–(40)mg	Atorvastatin 10–(20)mg Rosuvastatin (5)–10mg Simvastatin 20–40mg Pravastatin 40–(80)mg Lovastatin 40mg Fluvastatin XL 80mg Fluvastatin 40mg 1일2회 Pitavastatin 2–4mg	Simvastatin 10mg Pravastatin 10–20mg Lovastatin 20mg Fluvastatin 20–40mg Pitavastatin 1mg

Atorva:아토르바스타틴, Fluva:플루바스타틴 Pitava:피타바스타틴, Lova:로바스타틴, Prava:프라바스타틴 Rosuva: 로수바스타틴, Vytirine: 바이토린, Simva:심바스타틴

– LDL-C가 190mg/dL 이상인 가족성 고콜레스테롤 환자의 (1차 예방)

– 40~75세이고 LDL-C 70~180mg/dL이면서 당뇨병이 있는 사람(1차 예방)

– 40~75세로 LDL-C 70~180mg/dL이면서 10년 심뇌혈관 위험이 7.5% 이상(1차 예방)

가이드라인의 알고리듬을 살펴보면 우선 ASCVD가 있는 환자들에게 2차 예방을 위한 스타틴치료를 하고 ASCVD가 없으면서 LDL-C 190mg/dL 이상으로 수치가 매우 높은 경우 1차 예방으로 스타틴 치료를 한다.

또한 ASCVD가 없으면서 LDL-C 190mg/dL 미만 70mg/dL 이상인 환자라면 당뇨병의 유무를 보고 ASCVD 1차 예방을 위해 스타틴 치료를 하고 마지막 그룹의 경우 ACC/AHA가 제시한 심혈관질환 위험도 평가상 10년 내 ASCVD 발생위험이 7.5%를 넘으면 스타틴 치료를 하도록 하였다.

가이드라인에서는 위의 4개 그룹에 해당되지 않는 경우는 ASCVD 예방효과가 덜 명확하므로 의사의 판단에 따라 스타틴 요법을 선택하도록 하였다.

다만 3번째 환자군에 대해서는 45세 중년 남성인 당뇨병 환자라면 LDL-C 75mg/dL인 경우라도 스타틴 치료를 받아야 하기 때문에 대부분의 당뇨병 환자는 스타틴 투여 대상이 된다.

④ 어떤 강도로 치료를 할 것인가

ASCVD가 있는 75세 이하의 남·여에서 1차 약제로 금기가 없는 한 고강도 스타틴 요법을 시작하거나 지속한다고 규정하여 적극적인 지질 강하요법을 사용하도록 하였지만 70mg/dL 미만이라는 구체적인 목표 지질수치는 제시하지 않았다. 또한 특정지질 목표치에 도달하기 위해 사용되었던 다중약물요법이나 Lowest is best 개념의 접근법으

[표2] FDA 약물안전위원회의 스타틴의 상대적 세기(mg)

Atorva	Fluva	Pitava	Lova	Prava	Rosuva	Vytorint	Simva	%↓LDL-C
–	40	1	20	20	–	–	10	30%
10	80	2	40 or 80	40	–	–	20	38%
20	–	4	80	80	5	10/10	40	41%
40	–	–	–	–	10	10/20	80	47%
80	–	–	–	–	20	10/40	–	55%
–	–	–	–	–	40	10/80	–	63%

[표3] 스타틴 작용에 따른 복용시간

성분명	Lova	Simva	Fluva	Fluvastatin XL	Atrova	Pitava	Prava	Rosuva
반감기(hrs)	1.1~1.7	1.9~3	〈 3	9	11~30	10~11	2.3~3.2	20
복용시간	evening				anytime			

참조: MICROMEDEX,제품설명서, Drug Information Handbook 14th,
Clin Pharmacokinet 1994;27(2):94–103,Clin TherV1991;13:368–372, Atheroscierosis 1990;85:219–227,Clin Cardiol 1991;14:146–151

로부터 발생할 잠재적 부작용 위험이 고려되고 있지 않아 가이드라인에 상세한 내용을 넣지 않았다.

강도별 스타틴 요법의 근거는 스타틴의 상대적인 세기를 비교한 FDA의 안전성 자료를 확인하여 등급을 매긴 것으로 생각된다.

자료에 따르면 프라바스타틴 〈 심바스타틴 〈 아토르바스타틴 〈 로수바스타틴 순으로 상대적인 세기가 강하며 심바스타틴은 프라바스타틴의 2배 효과, 아토르바스타틴은 심바스타틴의 2배 효과, 로수바스타틴은 아토르바스타틴의 4배 효과를 지닌 것으로 확인할 수 있다.

한편 스타틴의 작용시간에 따른 복용시간을 살펴보면 위 표와 같다. 즉, 반감기가 긴 아토르바스타틴, 피타바스타틴, 로수바스타틴은 하루 중 언제라도 복용이 가능하다. 그리고 플루바스타틴 XL의 경우 서방정이라 약물이 지속적으로 방출되므로 언제든 복용이 가능하다. 프라바스타틴의 경우 체내 반감기가 3시간 정도로 짧지만 수용체에 결합한 약물이 체내에서 20~30시간 동안 체류하고 있으므로 하루 중 아침이나 저녁 일정한 시간을 정하여 복용해도 상관없다.

2) 치료 후 모니터링에 대한 지침

각각의 치료 목표에 따라 스타틴 치료를 진행하면서 반응유무를 관찰하고 반응이 있으면 3~12개월마다 모니터링할 것을 권고하였다. 이후 꾸준한 관찰로도 반응이 없으면 스타틴 용량을 올리거나 다른 비스타틴 치료를 하라고 명시하였다.

또 초기부터 반응이 없거나 부족하면 무조건 용량을 올리는 것이 아니라 스타틴 치료에 관한 순응도 문제와 복약순응도를 점검해 보고 그래도 개선되지 않으면 스타틴을 증량하거나 다른 비스타틴 치료법으로 시도할 것을 권고했다.

2. 2014 고시 건강보험심사평가원 이상지질혈증 보험 가이드라인

[표4] 2014 개정된 건강보험심사평가원 이상지질혈증 보험 가이드라인

구분	투여 대상		해당 약제	비고
LDL-C 기준 (순수고저밀도지단백 콜레스테롤 혈증)	위험요인 0~1개	LDL-C≥160mg/dL	HMG-CoA 환원효소억제제 (스타틴), 담즙산제거제, Fibrate 계열 약제 중 1종	**관상동맥질환 또는 이에 준하는 위험 – 말초동맥질환, 복부대동맥류, 증상이 동반된 경동맥질환, 당뇨병
	위험요인 2개 이상	LDL-C≥130mg/dL		
	관상동맥질환 또는 이에 준하는 위험**	LDL-C≥100mg/dL		
	급성관상동맥증후군	LDL-C≥70mg/dL		
TG 기준(순수 고트리글리세라이드 혈증)	TG≥500mg/dL		Fibrate 니아신 중 1종	LDL-C 저하 이후에도 TG가 높은 경우 약제 1종 추가 인정
	위험 요인이 있는 경우	TG≥2000mg/dL		

3. 2013년 개정 ADA(미국당뇨병학회)의 이상지질혈증 가이드라인

당뇨병과 이상지질혈증이 동반된 환자에서 이상지질혈증 치료 전략은 ACC/AHA의 지침과 마찬가지로 스타틴의 역할이 이전보다 더 강조됐다는 것이 특징이다. LDL-C대한 임상연구에 이어 시행되었던 TG와 HDL-C 조절기전 약물들에 대한 심혈관계 임상연구 결과가 기대에 미치지 못한 것으로 보고되면서, 기존의 LDL-C 저하 전략이 상대적으로 부각된 것으로 보인다. 가이드라인은 이를 반영해 "심혈관 질환력이 없고 40세 미만의 연령대로 위험도가 낮은 환자에게는 심혈관 위험인자가 다수 발현되거나 LDL-C가 100 mg/dL을 지속적으로 초과할 경우, 생활요법에 스타틴을 추가한다"는 권고를 E에서 C 등급으로 업그레이드했다. 또 "TG는 150mg/dL 미만으로, HDL-C는 남성 40mg/dL · 여성 50mg/dL을 넘도록 조절하는 것이 바람직하지만(C), LDL-C 표적의 스타틴 전략이 여전히 우선 선택이다(A)"고 강조, "여타 지질치료제와의 병용요법이 스타틴 단독과 비교해 심혈관질환 임상연구와 관련해 추가적인 혜택을 제공하지 못하는 것으로 보고되고 있는 만큼 일반적으로 권고되지는 않는다(A)"고 설명했다.

그리고 임신 여성에게는 스타틴을 사용하지 않는다(B).

4. 2013 개정 NICE(영국 국립보건임상연구원) 이상지질혈증 가이드라인

NICE 가이드라인은 심혈관질환, 당뇨병, 만성신장질환을 동반한 이상지질혈증 환자의 관리전략으로 큰 틀에서는 미국 ACC/AHA의 콜레스테롤 관리 전략과 방향이 같다. NICE 가이드라인도 스타틴으로 치료해야 하는 환자들의 범위를 확대하는 쪽으로 발표되었다.

NICE가 개발한 심혈관질환(CVD) 위험 예측 도구를 통해 10년 이내의 CVD 발병 위험이 이전보다 낮은 10%이상인 40~74세의 환자도 스타틴 투여 대상이 될 수 있음을 제시했다.[2]

NICE는 1 · 2차 예방약물로 아토르바스타틴을 권고했다. 아토르바스타틴이 고강도스타틴이므로 1차 예방에서부터 고강도 스타틴 전략을 강조했음을 알 수 있다.[3] CVD 1차 예방약물로 리피토(성분명 아토르바스타틴) 20mg을 권고했고, 심혈관질환 동반환자에게는 아토르바스타틴 80mg으로 치료를 시작하되 잠재적 약물상호작용, 유해반응위험도, 환자의 선호도 문제에 따라 용량을 줄일 수 있다는 단서를 달았다. 또한 당뇨병과 만성신장질환 환자에 대한 권고사항도 개정되어 1형 · 2형 당뇨병 합병 환자에는 80mg을 권고하고 1형 당뇨의 1차 예방이나 만성신질환 환자에게 아토르바스타틴 20mg을 투여한다.

또한 CVD 예방을 위한 약물요법 전에 최소 한 번 이상 지질 검사(비공복 시)를 하지만 정확한 치료 목표치는 정하지 않았다.

스타틴 복용 환자의 추적 관찰 및 증량에 대한 권고안은 총콜레스테롤, HDL-C ,비HDL-C를 주기적으로 평가한 이후 3개월째에도 non HDL-C이 40% 이상 줄지 않을 경우에는 아토르바스타틴 80mg 복용군을 제외하고는 약물을 증량하도록 하였다.

NICE 가이드라인에서도 피브레이트, 나이아신, 담즙산, 오메가 3 지방산 등 스타틴 외 약물에 대해서는 1 · 2차 예방 모두 별도 권고하지 않았다.■

[각주]

1) 급성관상동맥증후군, 심근경색증 병력, 안정형 또는 불안정형 협심증, 관상동맥 또는 여타 동맥의 재형성술, 뇌졸중, 일과성 뇌허혈발작, 동맥경화성 말 동맥질환 이 같이 포함되어 있다.

2) 현재의 가이드라인은 10년 이내 CVD 발병 위험이 20% 이상인 경우에 스타틴을 투여한다.

3) 현재의 가이드라인은 중강도인 심바스타틴 40mg을 1차 약물로 권고하고 있다.

스타틴계 약과 상호작용 주의해야

**생선 · 견과류 섭취 늘리고 매일 한 시간 이상 운동
합병증 없으면 식이 · 운동요법만으로 치료 가능**

1. 진땀나는 복약상담

이 약은 무엇일까요?

> – 이 약 처방 없이 살 수 없어요? 병원 가면 얼굴
> 한 번 쳐다보고 처방전 내주던데….
> – 이 약 한번 먹으면 평생 먹나요? 언제까지 먹어
> 요? 혈압약처럼 평생 먹을까 봐 걱정이네.
> – 나는 고기도 안 먹고 주로 야채만 먹는데 왜 이
> 약을 먹지요?
> – 식이요법하고 운동 열심히 할 건데 안 먹을 수 없
> 어요?
> – 식이요법 한다고 고기 안 먹었더니 좀 어지럽네.
> 도대체 고기는 절대 먹으면 안 되나요?
> – 꼭 저녁에 먹어야 되나요? 자꾸 잊어버리던데….
> – 혈압약처럼 하루 안 먹으면 큰일 나나요?
> – 위가 많이 나쁜데 괜찮아요?

아마 짐작이 갈 것이다. 이상지혈증 치료제에 대한 환자
들의 반응이다.

"1알씩 잊지 말고 잘 챙겨 드세요." 복약지도를 제대로
하기엔 복잡하고 안하기엔 섭섭한 약이다.

> – '이달 수치는 어떠셨나요?'라고 물으면 '피검사는
> 6개월 있다 한다던데요?'
> – '좀 나아지셨어요?'라고 물으면 '검사결과 나와 봐
> 야죠.'

> – '불편한데 없으세요?'라고 물으면 '어떤 게 안 좋
> 은 증세인가요?'
> – '음식조절은 좀 하시나요?'라고 물으면 '도대체 그
> 런 음식 안 먹으면 뭘 먹어야 할지 모르겠어요.'

라고 환자들은 응대하므로 약사의 말문을 막히게 한다.

2. 조제 시 체크할 부분

약국에서 조제 시 체크할 부분은 DUR이 걸러주기는 하
지만 스타틴계 약과 상호작용이 있는 다른 약을 확인하는
것이다.[1]

복약지도의 포인트는 환자의 복약순응도를 높이는 데 중
점을 두어야 한다. 이상지혈증치료제에 대한 복약상담을
할 때 아래의 사항을 참고하길 바란다.

1. 이상지질과 혈당 같은 인자들이 심혈관계에 미치는 영
 향이 크다.
2. 고지혈증 치료의 기본인 지질 관리를 위해서는 식습
 관 개선과 꾸준한 운동이 필수적이다. 미국심장협회
 (AHA)는 고지혈증과 심혈관질환 예방을 위해 매일
 60~90분간 빨리 걷는 수준의 운동과 함께 좋은 콜레
 스테롤이 많이 함유된 생선류와 견과류 등을 섭취할
 것을 권고하고 있다. 생활요법을 통해 콜레스테롤 조
 절이 어렵다면 전문의와의 상담을 통해 약물치료를 시
 작해야 한다. 콜레스테롤 밸런스를 최적의 수준으로
 조절해 주고 동맥경화, 심혈관질환으로의 진행을 막아

주는 치료제를 복용함으로써 효과적으로 혈관 건강을 관리하는 것이 필요하다.

환자에게는 콜레스테롤은 식이로 섭취되는 것보다 몸에서 합성되는 것이 많으므로 약을 함부로 끊으면 안 된다고 설명한다.

3. 고용량의 스타틴치료제[2]에서 나타나는 횡문근 융해증은 고열과 근육 통증, 무기력, 콜라색의 소변, 구토, 어지러움 등을 동반한다. 빈도가 높지는 않으므로 너무 부작용을 강조하지 않는다. 무기력증은 콜레스테롤 합성 억제에 따른 CoQ10 합성 저해에 따른 것일 수 있으니 잘 살펴본다.

4. 심장혈관계 합병증이 없이 이상지질혈증만 있는 경우는 식이요법과 운동요법을 꾸준히 하면 약을 그만 끊을 수 있다.

3. 이상지질혈증이란?

이상지질혈증은 고혈압이나 당뇨병처럼 잘 알려진 질환이 아닌 데다 혈압이나 혈당 체크와 같은 자가진단이 어려워 간과하기 쉽다.

이상지질혈증의 가장 큰 문제는 바로 생명을 위협하는 질병인 협심증, 동맥경화, 뇌졸중 등의 합병증을 유발하는 것이다.

또한 이상지질혈증을 단순히 콜레스테롤이 높은 증상으로 오인하는 경우가 많은데, 이상지질혈증은 총콜레스테롤, LDL콜레스테롤이 높음은 물론 HDL콜레스테롤이 너무 낮아 비정상적인 지질 상태를 총칭하는 것이다. 따라서 LDL콜레스테롤은 낮추고, HDL콜레스테롤은 높이는 적극적인 지질 관리를 통해 합병증인 동맥경화증은 물론 심혈관질환 예방을 위한 치료가 중요하다.

그러나 자각 증상 없이 몇 개월씩 복용해야 하다 보니 1년 이상의 복약순응도가 아주 낮다.

4. 고지혈증의 역학

2010년 기준으로 진료를 받는 고지혈증 환자가 100만명을 넘어섰다.

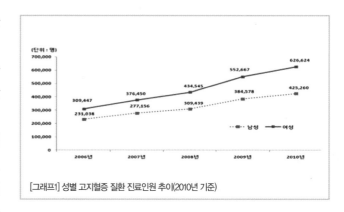

[그래프1] 성별 고지혈증 질환 진료인원 추이(2010년 기준)

국민건강보험공단은 2012년 4월 15일 보도자료를 통해 '고지혈증' 질환의 건강보험 진료비 지급 자료를 분석한 결과 진료환자가 2006년 54만명에서 2010년 105만명으로 나타나 1.9배 증가하였으며, 최근 4년간 연평균 18.1% 증가했다고 밝혔다. 남성은 2006년 23만 1,000명에서 2010년 42만 5,000명으로 1.8배, 여성은 2006년 30만 9,000명에서 2010년 62만 7,000명으로 2배 증가해 여성 증가율이 남성보다 높은 것으로 나타났다.

연령대별 고지혈증 환자는 남녀 모두 60대, 50대, 70대 순으로 고연령층이 많았으며 특히 10~40대는 남성이 여성보다 많았고, 50~70대는 남성보다 여성이 1.7~2배가량 많았다. 인구 10만 명당 진료현황을 살펴보면 남성은 60대(4,457명), 50대(3,732명), 70대(3,569명) 순이고 여성은 60대(8,847명), 50대(6,740명), 70대(6,096명) 순이었다. 폐경기 여성들은 혈관의 지방 축적을 막아 콜레스테롤 수

치를 낮추면서 심혈관 질환을 예방해 주는 여성호르몬(에스트로겐) 분비가 급격히 줄어들며 고지혈증 유병률이 급증한다.

고지혈증 질환의 건강보험 진료 현황과 함께 분석한 건강검진 결과에 따르면 2010년 1차 건강검진 수검자 1,085만명 중 '고지혈증' 질환이 의심된다고 판정받은 수검자는 261만명으로 전체 수검자 중 24.1%를 차지했다. '질환의심'으로 판정된 비율을 연령별로 보면 ▲50대 29% ▲60대 27.8% ▲70세 이상이 26.1%이었으며, 남성은 40대가 33.1%로 가장 높았고 여성은 60대가 29.3%로 가장 높았다.

고지혈증으로 인한 총 진료비도 급증해 2006년 930억 원에서 2010년 2,199억 원으로 2.4배 증가했다. 같은 기간 급여비도 616억 원에서 1,494억 원으로 2.4배 늘었다.

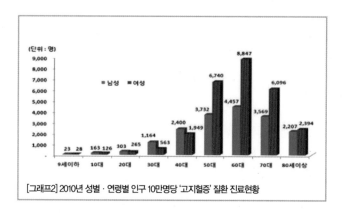

[그래프2] 2010년 성별·연령별 인구 10만명당 '고지혈증' 질환 진료현황

5. 우리나라 이상지질혈증 환자의 실태와 유병 특성

국민건강영양조사 결과에 따르면, 우리나라 30세 이상 성인의 고콜레스테롤혈증(총콜레스테롤 240 mg/dL 이상) 유병률은 2010년을 기준으로 13.5%를 기록 중이다. 반면 고중성지방혈증(중성지방 200mg/dL 이상)은 16.6%, 저HDL콜레스테롤혈증(HDL콜레스테롤 40mg/dL 미만)은 26.2%로 고콜레스테롤혈증 유병률을 웃돌고 있다. 국민건강영양조사 데이터로 보면, 우리나라 이상지질혈증 환자들은 상당수가 중성지방(TG)은 높고 HDL콜레스테롤(HDL-C)은 낮은 죽상동맥경화증 호발성 이상지질혈증일 가능성이 높다. 고TG 및 저HDL-C 수치를 보이는 죽상동맥경화증 호발성 이상지질혈증은 관상동맥질환의 발생빈도를 높

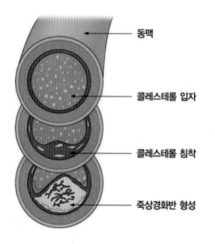

인다.

특히 당뇨병이나 대사증후군이 동반된 경우에는 더욱 위험하다. 죽상동맥경화증 호발성 이상지질혈증은 small dense LDL과 LDL 입자 수의 증가 및 이에 따른 apo B의 증가, 그리고 HDL-C과 apo A-1의 감소로 인해 심혈관질환의 발생과 악화에 관여하기 때문이다.[3] 특히 고TG 및 저HDL-C 수치와 관상동맥질환의 직접적인 상관관계가 LDL-C 70mg/dL 미만인 상황에서도 계속 일관성 있게 유지되는 것으로 보고되고 있다.

6. 대사증후군과 죽상동맥경화증 호발성 이상지질혈증
(높은 TG와 낮은 HDL-C 수치)

높은 TG나 낮은 HDL-C 수치에 고혈압, 인슐린 저항성, 복부 비만 등이 추가되면 대사증후군으로 발전한다.

작년 12월에 논의되었던 대사증후군에 관한 얘기를 다시 떠올려 보기로 한다.

복부 비만을 나타내는 허리둘레가 남성 90cm, 여성 85cm 이상일 때 당뇨나 혈압, 고지혈증과 같은 개별 질환은 가지고 있지 않다하더라도 내당능장애(공복 혈당 100 mg/dl 이상), 혈압 130/80mmHg 이상, 낮은 HDL(남성 40mg/dl, 여성 50mg/dl 이하), 높은 중성지방혈증(150 mg/dl 이상) 중 3가지 이상의 증상(허리둘레 포함)에 해당되면 대사증후군이라고 진단을 한다. 이러한 진단을 받은 환자들은 당장은 증상이 없지만 방치하면 뇌졸중, 암, 동맥경화증 등을 일으키고 심혈관 질환의 위험성이 4배 이상 높아진다.

분당서울대병원 내분비내과의 임 수 교수팀이 대사증후군 환자의 증가현상이 과복합형 이상지질혈증과의 연관성

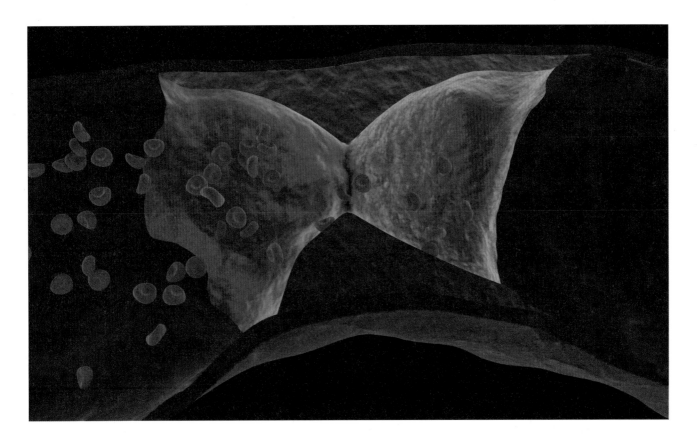

에 대해 Diabetes Care에 보고한 연구가 있다. 임 교수팀이 우리나라 국민건강영양조사 데이터를 분석한 결과, 대사증후군 유병률이 1998년 24.9%에서 2007년 31.3%로 꾸준히 증가한 것으로 나타났다.

연구팀은 이러한 현상에 대해 저HDL콜레스테롤혈증, 복부 비만, 고중성지방혈증의 증가율이 높아진 것을 원인으로 꼽았다.

1998 · 2001 · 2005 · 2007년 국민건강영양조사 참여자 중 연령대 20세 이상을 조사한 결과 대사증후군의 유병률은 1998년 24.9%, 2001년 29.2%, 2005년 30.4%, 2007년 31.3%로 일관되고 유의한 증가세를 나타냈다.

대사증후군을 구성하는 5개 인자 가운데서는 저HDL콜레스테롤혈증이 13.8%로 가장 높은 증가세를 보였으며, 복부 비만(8.7%)과 고중성지방혈증(4.9%)이 뒤를 이었다.

또한 서울대병원 순환기내과의 김효수 교수는 전통적인 고탄수화물 식사습관을 높은 TG나 낮은 HDL-C 수치를 보이는 죽상동맥경화증 호발성 이상지질혈증을 일으키는

원인의 하나로 꼽았지만 최근에는 서구화된 식습관에 따라 과도한 육류 섭취로 인한 비만과 인슐린 저항성의 증가 등이 TG 증가와 HDL-C 감소의 원인으로 지적되고 있다. 흡연도 영향을 미친다. ■

[각주]

1) 심바스타틴과 클래리스로마이신, 이트라코나졸 등과의 상호작용, DUR로 걸러지지는 않지만 심바스타틴은 아미오다론, 베라파밀, 암로디핀과의 상호작용이 보고되고 있다.

2) 최근 심바스타틴 80mg이 횡문근 융해증의 염려로 판매가 중지되었다.

3) apo A, apo B 등의 지질 단백질로 심혈관질환 발생을 예측할 수 있다. LDL-C 수치가 같다고 하더라도 TG 수치가 낮은 경우에는 LDL 입자의 크기가 크고 갯수가 적은 반면 TG가 높은 경우는 LDL 입자의 갯수가 많고 ApoB가 더 많다.

'복약지도 시 부작용 수위 잘 조절해야'

NCEP-ATP Ⅲ 기준으로 TLC, LDL-C 조절 중요
이상지질혈증 주범인 TG 많은 한국인 특성 고려해야

의사들은 효과에 관심이 많고 약사들은 부작용에 관심이 많다.

이런 생각을 해 본적이 있는지?

Get the Answers 운동에 따른 복약지도 사항을 보면 약의 이름, 용량, 용법, 효능, 효과 외에 부작용을 설명하도록 되어있고 약을 복용할 때의 주의사항도 확인하도록 되어있다.

환자들은 처방조제약에 의한 각종 부작용을 병원에서 듣기보다는 약국에 물어보거나 종편에서 방영되는 각종 건강 관련 프로그램이나 신문의 건강코너에서 우연히 확인하는 경우가 많다.

TV 프로그램이나 신문의 경우 불특정 다수를 대상으로 일반적인 건강 관련 기사나 부작용에 대해 얘기하지만 그 프로그램이나 신문을 읽는 개개의 환자는 본인의 얘기로 생각하고 심각하게 반응하는 일이 종종 있다.

최근 약국을 방문한 환자의 사례이다. 고지혈증약을 복용하면 근육에 힘이 빠진다는 얘기를 TV 프로그램에서 보았는데 최근 몸무게가 줄은 게 맘에 걸려서 고지혈증약을 임의로 중단했다고 했다. 한 3개월 약을 끊은 후 다른 병원에서 건강검진을 했더니 LDL 수치가 많이 올라서 다시 약을 복용하게 되었다고 한다. 아마도 횡문근융해증에 관한 얘기를 어렴풋이 들은 모양이다. 의사를 신으로 아는 환자들이 많아서 부작용의 문제가 생겨 병원에 문의를 하면 처방한 의사가 미안할까 봐 묻지 않거나 병원에 말하지 않고 약을 끊는 경우가 종종 있다.

게다가 얼마 전 일간지 건강코너에 '의사는 과잉진단, 환자는 약 의존… 선입관 바꾸면 약 끊을 수 있다'는 제목의 기사가 실린 적이 있다.[1] 환자들이 운동과 식이요법을 철저히 하고 단계적으로 약 용량을 조절해 가면서 끊을 수 있다는 얘기로 생각하지 않고 무조건 약부터 복용하지 않는 환자가 생길까봐 마음 졸이며 기사를 읽었다. 이런 기사는 환자들에게 다양한 정보를 제공한다는데 큰 의미가 있다. 그러나 고혈압, 당뇨 환자의 복약 순응도를 높이려고 노력하는 국가의 노력에 상반되는 기사이기도 하다.

다음은 기사 중 일부이다.

> 이들 중 상당수는 과잉진단으로 만성 질환자가 된 경우다. 고대 구로병원 심장내과 박창규 교수는 "고혈압 진단을 받은 환자 중 10% 이상이 잘못된 진단이라는 보고가 있다"고 말했다. 허내과의원 허갑범 원장은 "당뇨병 오진율에 대한 구체적인 보고는 없지만 이보다 조금 낮거나 비슷한 수준일 것"이라고 말했다. 그리고 이 환자의 60%는 매일 약을 먹고 있다고 했다.

이 기자도 의사는 효능과 효과를 우선시 한다고 생각하는 것을 엿볼 수 있지 않은가?

그리고 혈압이나 당뇨를 치료하는 환자들보다는 고지혈증 치료를 하는 환자들이 이런 의구심을 가지는 경우가 많다.

약국에서 복약지도 할 때 부작용을 설명하는 수위를 잘 조절하여 환자가 불안하지 않도록 하고 주위들은 엉터리 정보를 교정해 주어야 하는 이유이다. 특히 스타틴제의 경우 복용 후 1년이 지나면 40% 정도만이 약을 지속적으로 복용한다고 하니 복약 지도가 참 중요하다.

우선 최근 변화된 이상지질혈증 치료체계의 전환에 대해

알아보자.

1. 이상지질혈증 치료의 치료지침

우리나라 이상지질혈증의 치료는 2004년 발표된 미국 NCEP(National Cholesterol Education Program)-ATP Ⅲ를 기준으로 조금 바꿔 사용하고 있다.[2] 생활습관의 교정과 LDL 콜레스테롤(LDL-C)의 조절이 선행 목표이고, 다음 목표가 non-HDL 콜레스테롤의 조절이다. HDL 콜레스테롤(HDL-C) 수치가 40mg/dL 이하인 경우는 관상동맥질환의 위험인자로 보고 중성지방(TG) 수치가 200-500mg/dL 정도로 높은 경우는 non-HDL 콜레스테롤을 낮추면서 치료할 것을 권고한다.

[표] ATP Ⅲ 지침의 LDL-C 치료지침

위험분류	LDL-C목표치	기 생활방식 교정	약물치료 고려
고위험군: 관상동맥질환 및 그에 준하는 위험요인 (10년 위험) 20%	< 100mg/dL (optional goal: < 70mg/dL)	≥ 100mg/dL	≥ 100mg/dL 《 100mg/dL: 약물 선택 고려》
중등도 고 위험군 2개 이상 위험인자 (10년 위험 10% to 20%)	< 130mg/dL	≥ 130mg/dL	≥ 130mg/dL 《 100~129mg/dL: 약물 선택 고려》
중등도 위험 2개 이상 위험인자 (10년 위험 < 10%)	< 130mg/dL	≥ 130mg/dL	≥ 160mg/dL
저위험: 0~1 위험인자	< 130mg/dL	≥ 160mg/dL	≥ 190mg/dL (160~189mg/dL: LDL강하약제선택고려)

우리나라 한국지질동맥경화학회도 미국의 NCEP-ATP Ⅲ의 지침을 따르고 있다. 일부에서는 치료 기준과 진단 기준의 숫자가 다르기 때문에 우리나라 기준에 맞게 하향 조정해야 한다는 목소리가 있었다. 하지만 지질동맥경화학회는 치료 기준을 바꿀 국내 근거가 없다는 것과 한국인은 미국에 비해 심장질환 빈도가 현저히 낮아 미국의 치료지침보다 더 적극적인 치료를 하는 기준을 적용하는 것은 적절하지 다는 결론을 내린 것으로 알려졌다.

1) 미국

ATP Ⅲ에서는 생활방식의 교정(Therapeutic Lifestyle Change: TLC)이 가장 중요하다고 제시하고 있다. TLC는 LDL-C의 감소 효과뿐 아니라 전반적으로 심혈관질환의 위험을 낮추는 효과를 가진다. 고위험군 혹은 중등도 고위험군이라도 생활방식과 연관된 위험요인(비만, 저하된 신체 활동, 높은 중성지방, 낮은 HDL-C, 대사증후군)을 가진 사람이라면 LDL-C 수치와 관계없이 위험 요인 감소를 위한 생활방식 교정이 필요하다. 관상동맥질환 기왕력이나 비관상동맥 형태의 동맥경화성 질환, 당뇨병, 2개 이상 위험인자에 10년 내 관상동맥질환 발생위험 20% 초과 등 관상동맥질환에 준하는 고위험군(high risk)에서 LDL-C 목표치는 100mg/dL 미만이다. 초고위험군의 경우 70mg/dL 미만도 치료 선택으로 타당하다.

2) 한국

우리나라 한국지질동맥경화학회도 미국의 NCEP-ATP Ⅲ의 지침을 따르고 있다. 우리나라 치료지침은 대부분 미국의 치료지침과 같지만 초고위험군에서 기존의 LDL-C 100mg/dL 미만보다 더 낮은 70mg/dL로 변경했다는 점이 다르다.

3) 유럽

2011 ESC · EAS[3] 가이드라인의 핵심은 심혈관질환 기왕력, 제2형 당뇨병 또는 표적장기손상(예를 들어 미세알부민뇨)이 있는 제1형당뇨병, 중등도~중증 만성신장질환, 10년 내 동맥경화성 사건 발생 위험도(SCORE) 10% 이상 중 하나에 해당하는 초고위험군(very high risk) 환자에서 LDL 콜레스테롤(LDL-C) 목표치를 70mg/dL 미만으로 정한 것이다. 목표치에 도달하지 못할 경우, LDL-C를 기저수치의 50% 이상 감소시킨다. 다시 말하면 심혈관질환 고위험군의 범위를 확장하고 LDL-C 70mg/dL 미만으로의 목표치를 선택에서 권고사항으로 격상[4]시켰고 이상지질혈증을 고콜레스테롤혈증, 고중성지방혈증, 저HDL콜레스테롤혈증으로 구분해 약물치료 전략을 제시하는 등 보다 세분화된 접근법을 제시하였다.

2. 이상지질 치료 패러다임의 변화

우리나라 성인의 이상지질혈증 병태는 고콜레스테롤혈증 유병률(총콜레스테롤 240mg/dL 이상)은 2010년 현재 13.5% 정도이고 고중성지방혈증(중성지방 200mg/dL 이상)은 16.6%, 저HDL콜레스테롤혈증(HDL콜레스테롤 40 mg/dL 미만)은 26.2%로 중성지방(TG)은 높고 HDL콜레스

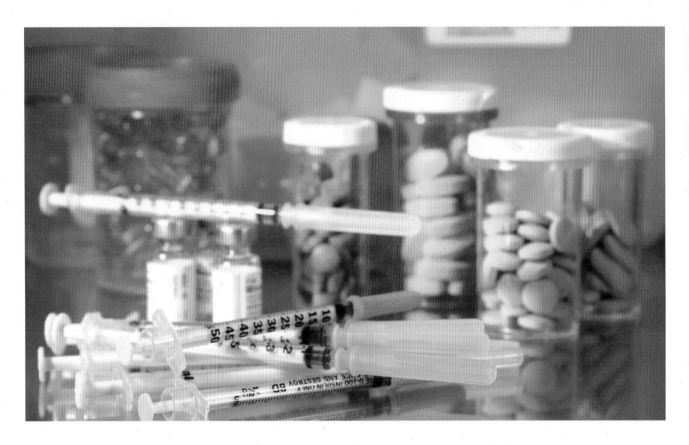

테롤(HDL-C)은 낮은 죽상동맥경화증 호발성 이상지질혈증의 가능성이 높다. 특히 TG가 높고 및 HDL-C이 낮을 수록 관상동맥질환 발생 가능성이 높아지고 LDL-C을 70mg/dL 미만으로 낮게 유지하더라도 이러한 위험성은 계속 일관성 있게 유지되는 것으로 보고되고 있다. 특히 당뇨병이나 대사증후군이 동반되면 더욱 위험하다.

그럼에도 우리나라 이상지질혈증 치료는 그동안 LDL-C을 낮추는 쪽으로만 집중해왔다.

3. LDL을 계산하는 방법

약국에 방문하는 일상 손님을 단골환자로 만들 창구가 환자가 들고 오는 건강검사지이다.

우리가 이상지질혈증의 기준으로 삼는 LDL은 물론 검사지상에 숫자로 기록되어 있지만 실제 측정되는 것이 아니라 계산으로 구한다.

LDL의 수치는 9~12시간 공복(fasting C로 표현) 후 지질 수치를 측정하여 다음 식으로 구하는데 VLDL의 콜레스테롤에 대한 TG의 비율은 5:1로 추정하여 계산한다.

$$\text{LDL(mg/dl)} = \text{total C} - \text{HDL} - \text{VLDL} = \text{total C} - \text{HDL} - (\text{TG/5})$$

4. 이차성 고지단백혈증을 일으키는 선행질환

1) 당뇨병의 합병증-LPL(Lipoprotein lipase)의 활성감소로 인한 VLDL 제거 저해로 인한 혈중 중성지방 대사장애 발생

2) 갑상선 기능저하증-LDL 수용체 감소

3) 만성신부전-단백뇨, 저알부민 혈증으로 인한 고지혈증, 혈중 콜레스테롤 및 중성지방 증가

4) 비만

5) 성호르몬-progestin 이 혈중 중성지방 수치를 상승

5. 한국인 이상지질혈증의 주범인 TG를 주목하자

밥을 주식으로 하는 한국인은 잉여 포도당에 의한 TG 생성이 많은 편이다.

TG는 glycerol에 3개의 지방산이 결합한 물질로 간에서 합성하는 것을 내인성 경로, 장에서 흡수하는 것을 외인성

경로라고 한다.

내인성 경로로 공복시간에 간에서 TG가 많은 VLDL이 생성되고 나면 LPL에 의해 조직에 필요한 TG가 전달되면서 순차적으로 VLDL의 질량은 작아지고 비중은 커진다. 이러한 과정에 의해 IDL, LDL로 바뀌게 되는데 인슐린 분비가 감소하거나 저항성이 있으면 lipase의 활성이 증가해서 TG가 유리지방산이 되어 분출된다.

또한 외인성 경로로 소장에서 chylomicron이 형성되는데 식후 4시간에 최고조에 이르며 이것도 TG가 많이 포함된 지방입자로서 VLDL과 유사한 대사과정을 거쳐서 조직에 TG를 전달한다.

chylomicron은 Apo(apolipoprotein) B48이 입자 당 3~5개 함유되어 있고 VLDL은 Apo B100이 하나씩 붙어 있기 때문에 최근에는 Apo B의 혈중 농도를 측정해서 TG가 풍부한 lipoprotein 과립의 과부하를 역산정하기도 한다.

TG 200mg/dL 미만, HDL-C 50mg/dL 이상인 경우에 비해 TG 300mg/dL 이상, HDL-C 30mg/dL 미만인 경우에 관상동맥질환의 위험도가 17배 이상 증가한 것으로 나타나 중성지방이 심혈관질환에 밀접한 연관이 있는 것을 잘 알 수 있다.

6. 당뇨병과 고지혈증

1) 당뇨가 있는 환자의 경우 인슐린 저항성과 유리지방산이 증가되어 간에서 TG 함량이 높은 VLDL이[5] 합성된다. 또한 인슐린 저항성은 VLDL 입자를 거대하게 하고 lipase가 분해하기 어려워져서 저류시간이 늘어나고 이화작용의 저해를 유발한다. 이처럼 TG가 풍부한 VLDL은 혈액 내 중성지방이 풍부한 HDL과 LDL의 혈중농도를 높인다. 중성지방이 풍부한 HDL은 크기가 작아지고 밀도가 높아지면서 Apo A1과 해리가 일어나 수치가 감소하는 반면 LDL은 sdLDL[6]이 된다. 이러한 상태에서는 TG가 양만 늘어나는 것이 아니라 질도 저하된다. 또한 과도한 유리 지방산은 간의 인슐린 저항을 새로 유발하고 간에서 합성되는 당수치를 증가시키

며 고인슐린 혈증을 일으킨다. 근육에 대해서는 당 흡수를 차단하고 말초 인슐린 저항성을 증가시킨다. 굳이 당뇨가 아니라도 뱃살이 풍부한 대사증후군의 경우도 인슐린 저항성에 의해 동일한 결과가 도래됨을 유추할 수 있다.

2) 고함량의 심바스타틴이나 아토르바스타틴, 로수바스타틴을 투여한 경우 당뇨병이 새로 발병할 위험이 있다. 당뇨병 발생의 위험인자를 대사장애, 공복혈당 90-125mg/dL, 체질량지수 30kg/㎡ 이상, 당화혈색소 6% 이상인 경우로 정하고, 위험인자가 전혀 없는 경우와 1개 이상 있는 경우로 나눌 때 위험인자가 없는 경우는 당뇨병 발병하지 않지만 위험인자가 있을 경우 당뇨병은 28% 증가했다. 반면 심혈관질환과 총 사망률은 감소한 것으로 나타나서 심장질환에 대한 1차 예방 효과를 보였다.

다음호에는 죽상 동맥 경화증의 치료제인 스타틴 약물의 효과와 안정성, off-the label, fibrate와 또 다른 이상지질혈증 약들에 대해 살펴보고자 한다.■

[각주]

1) 조선일보 5월 22일 자 건강면 머리기사

2) Medical observer에서 발간한 잡지 THE MOST 3월호 기사 발췌

3) 유럽심장학회(ESC)와 유럽동맥경화학회(EAS)

4) 2004 미국 NCEP-ATP Ⅲ 기준에 따르면 초고위험군의 경우 LDL-C의 목표치를 70 mg/dL 미만으로 선택하도록 했고 권고사항은 아니다.

5) VLDL은 cholesteryl ester transfer protein에 의해 HDL과 LDL로부터 콜레스테롤을 전달받고 중성지방을 전달하는 역할을 한다.

6) sdLDL(small dense LDL)은 혈관 내피를 뚫고 혈관벽으로 침투가 용이하며 산화가 잘 일어나는 특성을 보여 죽상경화증을 유발하기 쉽다.

자기 건강체크도 해봐야 환자 건강 관리

스타틴 통해 LDL-C 낮출수록 심혈관 이환율도 감소
대사증후군 Fibrate 병용하면 심혈관 예방할 수 있어

약사님, 오늘도 건강하신가요? 여러분은 격년으로 실시되는 국가 지정 건강검진을 받으시는지요? 40대 후반인 오거리약국 황은경 약사는 5년 만에 건강검진을 받았네요. 작년 우연한 기회에 잰 혈압이 135/90이라 얼마나 놀랐는지 모릅니다.

분명히 몇 년 전의 혈압은 110/80이었는데 선친이 물려주신 본태성 고혈압이라 어쩔 수 없더군요. 환자들에게는 늘 JNC 7 가이드에 따라 제대로 혈압 관리하려면 110/70이 될 때까지 약 잘 챙겨먹고 저염식과 운동을 해야 한다고 입이 닳도록 얘기했는데 말입니다.

이런 현실 앞에 병원 처방에 따른 혈압약 먹으며 고혈압을 인정하고 싶지는 않았습니다.

침묵의 살인자인 고혈압이라지만 머리가 아픈 것도 아니고 혈압으로 몸이 무겁거나 힘들다고 느끼지 않았기 때문입니다.

우선 디톡스를 한 이후 건강검진을 받기까지 한 10개월 동안 야채 섭취량을 2, 3배 이상으로 늘리고 주 3회 운동을 제대로 실천했지요. 저염식과 견과류를 먹고 커피 대신 녹차나 보이차를 마셨습니다. 그동안 알지만 게으름으로 하지 못했던 것들을 실천하면서 몸이 점점 건강해지는 것을 느꼈고 건강검진으로 이러한 생활의 변화가 얼마나 큰지를 수치로 확인하였습니다.

우선 혈압 수치는 128/68mmHg이고, 공복혈당 94mg/dl, 총 콜레스테롤 184mg/dl, HDL 85mg/dl, TG 87mg/dl, LDL 81mg/dl, 혈색소 15.7g/dl이 나왔습니다.

낮은 HDL과 높은 TG가 한국인의 전형적인 이상지질혈증인 죽상동맥경화증 호발성 이상지질혈증을 유발한다고 지난 호에 소개한 거 기억나시지요?

그리고 황 약사는 매일 ω-3, 비타민 B, C, D, 코큐텐, 유산균, 칼슘&마그네슘을 먹습니다. 그리고 저함량 호르몬인 피임약 야즈[1]를 섭취합니다.

이중에서 에스트로겐은 HDL을 높이고 LDL을 낮추는 것으로 알려져 있습니다. 또 운동과 ω-3, 견과류가 이상적인 지질수치를 이루어주었습니다. 덤으로 변비도 극복했습니다.

어떠한 이론도 아무리 좋은 약도 내가 먹어보고 체험하고 실천하지 않으면 환자들에게 자신 있게 말하지 못합니다. 스스로 식이와 운동을 실천하며 약학적 지식을 습득한 후 환자와 눈을 맞추어 얘기하면 약사님 모두 복약지도의 달인이 될 수 있습니다.

1. The Lower, The Better

혈압의 경우 미리 알려진 대로 JNC 8 가이드는 당뇨를 가진 환자의 혈압 기준조차 140/90으로 많이 완화하였다. 엄격히 혈압을 관리한다 하여 심장질환이라는 합병증이 줄어들지 않았기 때문이다. 반면 고지혈증의 기준이 되는 NCEP[2]-ATP 가이드라인은 강화되고 있다.

1985년부터 시행된 NCEP-ATP I 가이드라인은 관상동맥성 심장질환(coronary heart disease, CHD)의 1차 예방을 위해 저밀도 지단백 콜레스테롤(low density lipoprotein cholesterol, LDL-C)을 낮출 것을 제안하였다.

ATP II에서는 CHD의 2차 예방을 위해 LDL을 100 mg/

dL 이하로 강력하게 감소할 것을 권고했다.

2001년 개정된 ATP Ⅲ에서는 보다 강화된 LDL-C 강하 요법이 필요한 환자에 대한 세부적인 지침이 추가됐고 동맥경화증 발생의 위험 인자를 다수 보유한 환자에 대한 1차 예방에 대해서도 기술됐다. 1차적 치료 목표로 statin을 이용한 LDL-C의 관리를 강조하고, 특히 다양한 위험 인자를 강조하고 적절한 위험 평가를 하기 위해 CHD와 동등한 위험 인자(CHD risk equivalent)의 개념이 도입되었다.

CHD risk equivalent는 향후 10년 이내에 CHD가 발생할 위험이 20% 이상으로, 이미 발생한 CHD와 대등한 정도의 위험을 의미한다. ATP Ⅲ에서 분류한 CHD risk equivalent로는 다른 유형의 동맥경화성 질환들 즉, 말 동맥질환, 복부대동맥류, 증상이 있는 경동맥질환과 당뇨병 또는 다수의 위험 인자를 가진 경우를 포함한다.

2. Statin의 효과

주로 statin은 심혈관질환, 뇌혈관질환 예방을 위해 처방되지만 그 외에도 여러 작용을 할 수 있다. 스타틴을 통해 LDL-C를 40mg/dL 낮출 때마다 심혈관질환 이환율과 사망률을 22% 감소시킬 수 있다.[3]

심뇌혈관질환에 관한 연구는 관상동맥질환의 발생을 예방하고 사망률을 개선시키는 효과가 있는 1차예방 연구(primary prevention trial)[4]와 이미 관상동맥질환이 발생한 환자에서 심장질환의 재발 예방, 관상동맥질환에 의한 사망률이나 총 사망률 감소 효과를 알아본 2차예방 연구(secondary prevention trial)[5]가 있다.

⊙ 심혈관질환 예방 효과

staitn이 심혈관질환에 효과가 있다는 것은 이미 4S[6] 연구와 2만 500명의 고위험 환자군을 평가한 Heart Protection Study, 4,000명 이상의 급성 심근경색이 있는 환자에게 프라바스타틴 투여로 심혈관계 사건 발생을 24% 줄인 CARE[7] 연구로 보고됐다.

1만 명 이상의 관상동맥질환을 가지고 있고 LDL-C 130 mg/dL 미만의 환자를 대상으로 한 TNT[8] 연구도 있다.

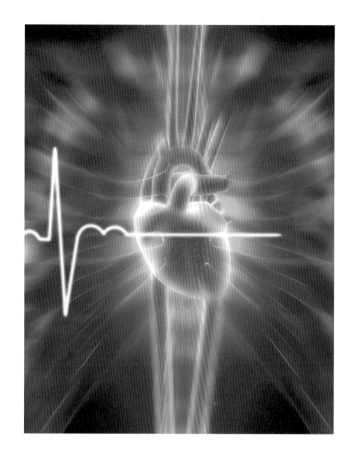

현재 심혈관질환이 있는 환자의 2차예방 지침은 staitn 치료를 되도록 빨리 시작하고 LDL-C 목표를 ≤ 100 mg/dL로 하며 staitn용량을 적절히 조절해 LDL-C 수치를 30~40% 감소시키도록 권유하고 있다. staitn은 심혈관질환 혹은 말초 동맥경화질환을 가진 환자에 효과가 있고 또 관상동맥중재술을 받을 때도 심근 손상 예방을 할 수 있다는 주장이 나오고 있다.

⊙ 고혈압으로 인한 2차질환 예방 효과

ASCOT-LLA 연구[9], JUPITER[10] 연구에서 고혈압 환자 대상으로 한 분석에서 심혈관계 합병증 발생이 통계적으로 유의하게 낮아졌다.

⊙ 뇌졸중

허혈성 뇌졸중 특히 비치명적 뇌졸중의 1차 및 2차예방에도 staitn이 효과가 있다는 연구보고가 있다. 최근 9개의 staitn임상시험을 분석한 결과 관상동맥질환이 있거나 고

위험군 환자에게 5년간 staitn을 투여하여 추가로 뇌졸중을 예방할 수 있었다.

staitn은 내피 기능을 보존하고 항산화, 항염증 작용 및 세포자멸을 방지하는 작용을 한다. 따라서 뇌의 저산소증, 국소빈혈 및 재관류가 일어나는 동안 신경을 보호하여 항혈전 작용을 한다.

알츠하이머병의 치료에서 statin 사용에 대한 근거는 아직 불충분하나 아밀로이드 전구체 단백질(amyloid precursor protein)의 대사를 억제하는 기전을 통해서 알츠하이머병에 영향을 줄 수 있다는 가설이 제시된 바 있다.[11]

⊙ 당뇨병성 신증

당뇨병성 신증 환자에게 피타바스타틴을 투약했더니 세뇨관 손상이 감소됐다. 이는 콜레스테롤 감소기전과 다른 산화 스트레스 감소와 관련이 있는 것이다. 피타바스타틴은 다른 statin 요법이 당뇨병 발생 위험을 9% 증가시키고, 특히 statin 고용량 요법에서 당뇨병 발병률이 높다는 연구결과가 보고와 달리 당뇨 환자의 당화혈색소 수치에 변화를 주지 않고 HDL을 높이는 효과가 크다.[12]

3. Fibrate의 작용

fibrate의 작용기전은 PPAR(peroxisome proliferator-activated receptor)-α를 활성화시켜 lipase를 증가시키고 β-oxidation을 촉진시켜서 TG 합성을 억제함으로써 TG를 감소시키고 HDL-C과 LDL-C 수치를 개선시키고 인슐린 저항성을 극복한다.

TG를 20~50%까지 낮추며 HDL콜레스테롤(HDL-C)도 10~15% 정도 증가시킨다. 특히, TG가 높고 HDL-C가 낮은 경우의 심혈관질환 예방에 더 효과적으로 작용한다.

TG가 정상이면 LDL-C 수치만 조절하여 심혈관질환을 예방할 수 있지만 당뇨병 상태이거나 인슐린 저항성 상태에서는 지난 호에 설명한대로 유리지방산이 증가하고 간에서 TG 함량이 높은 VLDL이 합성된다. 또한 인슐린 저항성은 VLDL 입자를 거대하게 하고 lipase가 분해하기 어렵게 한다. 이처럼 TG가 풍부한 VLDL은 HDL 과 LDL의 TG 함량도 높여서 중성지방이 풍부한 HDL은 크기가 작아지고 밀도가 높아지면서 Apo A1과 해리가 일어나 수치가 감소하는 반면 LDL은 sdLDL[13]이 된다. 중성지방이 풍부한 chylomicron, VLDL 및 IDL과 같은 지질단백질은 단핵구의 부착 및 부착 인자의 발현을 증가시키고 혈관 확장의 감소와 직접적인 혈관 독성을 나타내며 HDL의 항염증 효과와 죽상경화증 억제 효과를 차단하여 동맥경화성 죽종을 형성하기 쉽게 한다.

LDL 콜레스테롤(LDL-C) 수치가 같은 경우 non-HDL 콜레스테롤의 수치가 증가함에 따라 심혈관질환의 위험도는 상승한 반면 non-HDL 콜레스테롤의 수치가 같은 경우 LDL-C 수치의 증가에 따른 심혈관질환의 위험도는 큰 차이가 없는 것으로 연구되었다. 따라서 non HDL-C 수치도 반드시 참고하고 이의 교정을 위하여 fibrate의 사용이 필요하다.

LDL 콜레스테롤(LDL-C) 수치가 1% 저하될 때마다 CHD risk는 1% 저하되는 반면 HDL콜레스테롤(HDL-C) 수치가 1% 상승할 때마다 CHD risk는 3% 감소하는 것으로 알려져 있다. 또한 fibrate는 중등도 신기능장애ㆍ당뇨병 환자에서 안전한 심혈관질환 감소 효과가 입증되었고

알부민뇨나 당뇨병성 망막병증에 효과가 있다.[14]

특히 활성대사체인 Fenofibric acid는 수용성이 높고 용해도가 우수해 체내 흡수율이 높다.

4. Fenofibrate와 Statin의 병용요법

fibrate는 gemfibrozil과 fenofibrate이 대표적인 약물이다.

gemfibrozil은 statin과 병용해서 사용하면 근육독성에 대한 위험성이 높아지기 때문에 현실적으로 fenofibrate가 statin과 병용해서 사용하기에 안전하다고 볼 수 있다. statin은 체내에서 glucuronidation 또는 cytochrome p450(CYP) 효소에 의한 산화적 대사의 두 가지 대사 과정을 거치게 되는데, 이 때 관여하는 효소가 gemfibrozil의 대사에도 관여하여 statin의 경쟁적 억제제로 작용하므로 대사되지 못한 statin에 의한 이상반응 발생률이 높게 나타나는 것이다 횡문근융해(rhabdomyolysis)증 발생빈도가 gemfibrozil이 fenofibrate에 비해 10배 정도 높게 나타나는 것으로 알려져 있다.[15]

statin과 fibrate의 병용은 TG가 높으면서 HDL-C이 낮은 사람의 잔여 위험성을 상당 부분 감소시켜 주며 특히, 대사증후군이 있는 경우에 심혈관질환 예방에 도움이 된다.

statin이 LDL-C을 조절하고 fibrate가 TG와 HDL-C을 조절하여 입자 크기를 더 작게 만들어 상호보완적인 효과를 나타낸다. 특히 Simvastatin과 fenofibrate를 병용 시 TG가 높고 HDL-C이 낮은 대사증후군의 성상을 가진 당뇨병에서 효과가 있다는 것이 밝혀졌다.

5. 나이아신

유럽 이상지질혈증 가이드라인에 따르면 나이아신을 복용하여 HDL-C를 15~30%까지 증가시키고, LDL-C는 15~18%, TG는 20~40%까지 감소시킬 수 있다고 한다.

apo B 지단백의 합성과 분비를 줄여, LP(a) 수치를 고용량 요법에서 30%까지 감소시키고 부분적으로 HDL 분해 대사를 감소시키는 동시에 주로 간에서의 apo A1 합성을 늘려 HDL-C를 개선하는 기전이다.

그러나 심혈관계질환 예방에 효과가 있다는 연구결과가 나오지 않아 사용이 주춤한 상황이다.

6. 오메가-3 지방산

오메가-3 지방산은 주로 TG를 30% 정도 감소시키고, 혈전형성을 억제하며, 항염증 작용과 함께 프로스타사이클린(prostacyclin)과 산화질소(NO)를 증가시켜 동맥경화증 예방에 도움이 된다. 항부정맥 효과를 보인다는 보고도 있다.

중성지방혈증에 단독으로 쓰이기도 하고 statin과 함께 사용하기도 한다. ■

[각주]

1) 자궁내막증 병력이 있는 필자는 저함량 피임약을 갱년기 장애를 극복하고 과다 월경을 막는 역할로 복용.

2) NCEP(National Cholesterol Education Program),ATP(Adult Treatment Panel)

3) 임상연구들을 메타분석한 CTT(Lancet 2010; 376: 1670–1681) 연구결과

4) JUPITER, MEGA, WOSCOPS 연구; 이 중 MEGA study는 총 콜레스테롤 수치가 240~270 mg/dL인 일본 사람에 프라바스타틴을 투여한 연구

5) 4S, CARE, LIPID, MIRACL, IDEAL, TNT 연구

6) 4S(Scandinavian Simvastatin Survival Study); 4,444명의 협심증이나 심근경색 증이 있는 환자에 심바스타틴을 투여한 연구로 LDL-C 35% 감소, 총 사망률 30% 감소, 심장질환 재발률 34% 감소, 뇌졸중 30% 감소

7) 총 콜레스테롤 농도가 240 mg/dL 이하라 할지라도 LDL-C가 125 mg/dL 이상 인 경우에는 적극적인 치료를 해야 한다는 것을 제시한 연구

8) 스타틴이 저용량에 비해 동맥경화의 진행을 억제, 정상 LDL-C이고 동맥경화반 이 있는 환자도 효과.

9) 총 콜레스테롤이 6.5 mmol/L 이하인 1만 9,342명 고혈압 환자에 아토르바스타 틴 10mg 투약하여 관상동맥질환의 발생 예방과 사망률 개선이 36% 감소.

10) LDL-C가 낮거나 정상이면서도 hs CRP가 높은 환자에 로수바스타틴 20mg 투 여로 심혈관질환 발생 예방 효과를 본 연구이다. 심근경색 54% 감소, 뇌졸중 48% 감소, 혈관 재형성이나 불안정형 협심증 발생 47%, 전체 사망률 20% 감소 하였고 지질대사는 LDL-C 50% 감소, HDL-C 4% 증가, 중성지방은 17% 감소 하였다.

11) Nature Reviews Neuroscience 2005; 6: 325–331

12) 프라바스타틴의 경우에도 당화혈색소에 영향을 주지 않는다.

13) sdLDL(small dense LDL)은 혈관 내피를 뚫고 혈관벽으로 침투가 용이하며 산 화가 잘 일어나는 특성을 보여 죽상경화증을 유발하기 쉽다.

14) Fenofibrate Intervention and Event Lowering in Diabetes (FIELD) 연구 결과, fibrate를 사용하면 망막병증에 효과를 나타냈고 혈당 조절과 동등한 정도의 예 방 효과를 나타냈다(Diab Vasc Dis Res2011; 8(3): 180–89).

15) 5년간의 fenofibrate+simvastatin 병용요법과 simvastatin 단독요법의 이상반응 발생률은 유사하게 나타나 fenofibrate의 안전성이 입증됐다.

소화기 · 근골격계 · 기타 질환 복약지도

일반약 감기약 복약지도는 이렇게

약사가 주도권 쥐고 환자의 불편 증상 완화 목표로 도와야
정확한 약효, 적은 부작용, 적당한 가격을 고려해서 약 선택

일반약의 판매는 매뉴얼이나 정답이 없고 상황에 따라 이루어지므로 오랜 기간의 숙련이 필요하다. 그렇지만 상황을 미리 상상하고 연습하면 훨씬 빨리 익숙해질 수 있다.

1. 약국에서 감기약을 구입하는 사람들은 어떤 사람들일까?

병원을 가고 싶은 사람들이 병원을 가기 전까지의 기간 동안 증상 완화를 위해서 오는 경우, 가벼운 증상이라 약국 판매 일반 감기약을 구입하려는 경우, 혹은 병원에 갈 시간이 없어 어쩔 수 없이 약국 판매 감기약을 먹는 경우 등이다.

2. 약사는 감기가 걸린 환자들에게 어느 정도의 도움을 줄 수 있을까?

어떤 경우든 병원 처방약을 우선할 수 없는 것이 약국 판매 감기약이므로 환자의 플라세보 효과를 위해서는 약사가 약의 주도권을 쥐고 환자가 느끼는 불편한 증상들을 완화하는 것을 목표로 환자의 약 선택을 도와야 한다.

이때 환자가 호소하는 많은 증상을 모두 다 경감 시킬 수는 없으므로 제일 아픈 곳이 어디인지, 언제부터 아팠는지 꼭 문의해야 한다.

3. 약국 판매 감기약의 단점 극복하기

약국 판매 감기약의 단점은 항생제 사용이 불가능하고 통 단위의 복합제를 섞어서 팔다 보니 그 종류가 한정이 된다는 것이다. 이런 점을 극복하기 위해서는 일반의약품 감기약을 판매할 때 가능한 한 양방약에 달아 놓은 한약 파우치나 쌍화탕과 함께 먹도록 하거나 비타민제를 같이 주어서 환자의 면역력 강화와 함께 병기를 짧게 하는 효과를 노려야 한다.

4. 약국 판매 감기약 제품을 선택할 때의 기준

우선 약에 대한 부작용이 없는지 확인하고 정확한 약효, 적은 부작용, 적당한 가격을 생각하면서 제품을 고른다. 가능한 한 가지 약으로 환자를 상담하는 일은 피하고 한 번에 묶음 판매되는 약의 가격대가 어느 정도 높더라도 '이 약국에서 판매되는 일반약을 먹으면 병원에 안 가도 되는구나'라는 느낌을 갖게 하는 것이 옳다.

그러면서도 환자에게 너무 두 가지 이상을 강요하는 느낌을 갖지 않게 해야 하니 쉬운 일이 아니다.

또한 약 종류를 여러 가지 갖추어서 한 가족이 비슷한 증상을 다르게 말하면 다른 회사의 비슷한 약을 골라 따로 따

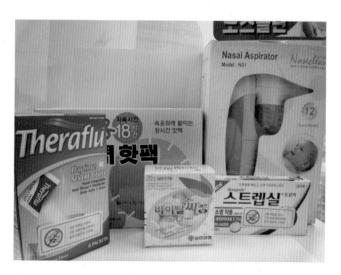

로 맞추어 준다. 환자의 80% 이상은 통의 바깥 부분에 적힌 효능을 읽지 내용을 읽지 않는다. 즉, 각 효능별로 비슷한 약을 여러 종류 갖출 때 통의 외면 효능 표기가 잘 된 제품을 고르면 일이 반은 줄어든다.

5. 이제는 실전이다.

미리 스티커를 부착한 일반 판매 감기약을 골라주면서 반드시 네임펜으로 용법을 적는다. 자신 있게 숙지하고 있는 내용을 적으면서 집에서 할 수 있는 것들을 설명해 준다.

6. 이제는 약국에서 사용할 수 있는 감기약을 정리해 보자.

1) 감기에 의한 인후염에 사용할 수 있는 약

침을 삼키기 힘든지 물어본 이후 소염진통제를 비롯한 여러 가지 약을 조합해 판매하고 비타민과 꿀을 같이 복용하도록 한다. 젊은 사람들은 광고로 익숙해진 제품에 쉽게 반응하므로 발포비타민 베로카, 스트렙실도 쉽게 구매하는 편이다.

① 소염진통제

* NSAIDs는 위장 장애, 혈소판 장애, 부종, 두드러기, 졸음 등의 부작용이 있고, Acetaminophen은 급성 간 독성의 부작용이 나타날 수 있으므로 약물 알레르기 확인

(Tip. Dexibuprofen-효과가 빠르다, Naproxen- 작용 지속시간이 길다)

* 7세~14세 사이의 알약 먹는 어린이: 어린이용 AAP, Ibuprofen 200mg+Arginine, AAP+ Methionine이 섞인 제제로 소아 용량을 대비.

* 소염진통제 시럽: 시럽을 먹일 수 없는 월령의 아기들은 따뜻한 설탕물을 먹임[1]

* 이러한 약들은 원인을 치료하는 것이 아니라 증상을 완화하는 약이므로 통증에는 10일 이상(어린이 5일 이상), 열에는 3일 이상 사용하지 않도록 주의를 준다.

② 통증에는 은교산 제제나 프로폴리스 캅셀, 통증 없이 목만 쉬면 향성파적산을 이용.

③ 일반 의약품 트로키제: 씹거나 물로 삼키지 말고 가능한 입에서 천천히 녹인다.

④ 국소용 가글제: 직접 환부에 분무하여 약액이 닿도록 한다.

⑤ 인후두의 면역을 높일 수 있는 약: 에키나신, 비타민 A · C · D 등의 항산화제, 프로폴리스

⑥ 물에 녹여먹는 감기약이나 액상 감기약: 소염진통제와 같이 복용하지 않도록 설명한다.

2) 감기로 인한 두통, 몸살, 발열에 쓰는 약

효과를 빠르게 볼 수 있게 두 가지의 조합으로 한두 번 먹게 약을 준비한다.

① 소염진통제: AAP와 NSAIDs. 1회용 포장은 한방약과 같이 준다.

② 근육이완제: Chlorzoxazone(복합제), 한방환제(근이완, 혈액순환 함께)

③ 한방 과립제: 갈근탕, 패독산, 인삼패독산, 작약감 탕, 거풍지보단

④ 한방액상약: AAP 500mg, Chlorpheniramine 2mg, PSD의 복합제와 함께 쓰면 푹 자고 일어날 수 있으므로 효과적이다.

* 열이 있을 때에는 실내 온도를 18~20도 정도로 낮추고 충분한 수분 섭취를 한다.[2]

3) 기침 가래를 줄이기 위해 사용하는 성분

① 진해제

중추성 비마약성 진해제는 연수 기침중추의 전달로를 억

제하고, 말초성 진해제는 기관지나 목 점막의 기침 수용체에 작용해 기관지 평활근 수축을 억제하거나 기관지 경련을 완화하여 진경작용을 나타낸다. 두 가지가 합해지면 상승효과가 있다.

ㄱ. 중추성 진해제: 졸음, 오심 구토, 변비 등의 부작용이 있다.

예. Dextromethorphan, Noscapine, Tipepidine, Cloperastine, Benproperine 등

ㄴ. 말초 교감신경흥분제와 말초성 진해제: 배뇨곤란, 빈맥, 오심, 구토, 불면 등의 부작용

예. dl-Methylephedrine, Trimetoquinol, Diprophyllin 등

② 거담제

기관지 분비액을 증가시켜 점도를 감소시키고 섬모상피운동을 활성화하여 객담 배출을 촉진

예. Ambroxol, Sobrerol, Carboxymethylcysteine, Tipepidine, Guaifenesin, Gelomyrtol

생약 성분의 브론키푸렛 티피정

(Tip. Ambroxol은 간질간질한 기침, s-Carboxymethylcysteine은 짙은 가래에 이용)

③ 한방제: 맥문동탕, 청상보화환, 삼소음, 청폐탕, 시함탕

(Tip. 맥문동탕은 허약자의 간질간질한 묽은 가래, 청상보화환은 양인의 짙은 가래에 사용)

④ 기관지의 면역을 높일 수 있는 약: 에키나신 성분의 액제와 정제, 비타민 C, E 등, 미네랄 중 Zn, 프로폴리스 액, 인태반 제제, 홍삼 추출물, 버섯 균사체, 발포 비타민

⑤ 트로키제: 기침을 멈추는 성분과 기관지의 자극을 줄여주기 위해 사용

* 시판되는 기침 치료 성분 복합제의 경우 항히스타민제를 포함하고 있는데 이 성분은 후비루[3]에 의한 기침을 막아주는 장점이 있는 반면, 짙은 가래를 악화시킬 수도 있고 전립선 비대증 환자의 배뇨장애를 일으킬 수 있으므로 확인하고 사용한다.

4) 콧물, 코막힘, 재채기를 가라앉히는 성분

① 1세대 항히스타민제: 계절성 코감기의 경우에 쓴다. 졸음과 구갈, 배뇨곤란, 안구 건조 등의 부작용이 있다. 다만 협우각 녹내장이나 전립선 비대증에는 금기이므로 잘 확인한다.

예. Chlorpheniramine, Carbinoxamin, Triprolidine, Diphenhydramine, Belladonna

② 2세대 항히스타민제: 졸음이 없고 알레르기 비염에 잘 드나 코감기에는 잘 안 든다.

예. Cetrizine, Fexofenadine, Loratadine

③ 비충혈제거제: 비점막혈관 수축으로 부종제거, 코막힘 완화에 사용. 불면 등의 부작용

예. Pseudoephedrine, Phenylephrine

④ 외용 비충혈제거제와 비강 세척 습윤제-동시에 쓸 수 있다.

외용 비충혈제거제는 1주일 이상 시 반동성 비염을 야기하므로 주의

비강 세척 습윤제는 만성 코막힘, 후비루, 콧속 건조, 코피, 비행기 이착륙 시의 귀 통증 예방

⑤ 한방제: 소청룡탕, 갈근탕가천궁신이

* 코감기 시럽: 24개월 이상 유아에 판매. 그 이전 아기는 따뜻한 설탕물 먹이고 재움.

* 알레르기 비염과 코감기를 잘 구별하여 약을 투여하는데 알레르기는 아침에는 비교적 심하지만 낮에는 호전되고 지속시간이 다양한 반면 코감기의 경우 증상은 하루 종일 있으며 누런 콧물로 진행되어도 1주일이면 회복이 된다.

5) 또 다른 요령은 없을까

① 증상이 복잡하여 혼합하여 약을 줄 때는 우선 증상이 심한 순서로 약을 하나 정하고 처방전의 조합처럼 다른 약을 선택하는데 콧물 약과 기침약이 겹칠 경우 중복되는 항히스타민제 및 소염진통제의 최대량을 반드시 고려한다(졸음, 구갈, 배뇨곤란, 간 독성 등 부작용 고려).

② 쌍화탕은 두 가지 용량으로 준비해서 쌍화탕을 달라고 하면 무조건 큰 병을 내밀어본다.

③ 과립제를 구매할 때 제약회사에서 포장된 소포장을 구입할 수도 있지만 덕용을 구입해서 약국에서 약포지에 분포를 하여 팔아도 된다.

④ 비타민도 소량 포장을 준비하여 감기약 한 통과 비타민을 같이 사 갈 수 있도록 한다.

손세정용품이나 해열 시트, 핫팩, 콧물 제거기 등 함께 구매할 상품을 눈에 잘 띄는 곳에 진열한다. ■

[각주]

1) 해열진통제 시럽 병에 명기된 월령을 기준으로 판매한다. 표기된 월령 이하의 아기에게는 판매하면 안 된다.

2) 체온이 1도가 높아지면 15%의 탈수가 일어나고 실내 온도가 높으면 실내가 건조해진다.

3) 요즘 이비인후과 처방을 잘 읽어보면 후비루(코가래)나 위산 역류에 의한 기침으로 인식한 처방이 많다. 기침인데 진해제를 쓰기보다는 거담제와 항생제나 PPI 제제와 항생제를 쓴 경우를 잘 살펴보자.

'이가탄이 좋아요, 인사돌이 좋아요?'

이가탄은 잇몸 조직 손상 방지, 인사돌은 치조골 수복에 효과
술 담배 멀리하고 양치질 꼼꼼하게…단백질 풍부한 잡곡 효과

"제 잇몸이 좀 안 좋다던데 어떤 약을 먹으면 효과가 좋을까요?"라고 묻는 고객이 있다.

"옆집 언니가 '인사돌'이 잘 듣는데요. 그거 주세요."

"과일가게 아저씨가 '이가탄'이 낫다네요. 조금씩은 안 팔아요?"라고 말하는 환자들도 있다.

잇몸 질환관련 의약품(부외품 치약 포함)을 사러오는 환자들은 하루 3회 환부와 음식이 닿아야 하므로 조금이라도 빠른 효과를 원한다.

오거리약국은 급성통증환자에게는 소염진통제와 인사돌이나 이가탄 성분의 소포장 약을 우선 투여하고 이후 상태가 좀 호전이 된 환자와 상담을 하여 필요한 약을 구입하게 한다.

이가탄과 인사돌은 '잇몸 튼튼'이라는 목표는 같겠지만 성분이 전혀 다르고 제품의 특징도 다르다. 치은염과 치주염으로 진단을 해서 나눌 수는 없지만 환자가 말하는 증상을 정확하게 재해석해서 적절한 약과 치약 가글 등을 제공하도록 한다.

우선 치은염과 치주염을 정확히 살펴보고 관련된 제품을 각 회사 홈페이지의 설명 위주로 적응증을 살펴보자.

1. 단계별 잇몸 질환

위의 이와 잇몸 그림에서 잇몸이 치은이다. 치은은 치아를 보호하는 역할을 하는데 치조골의 표면을 둘러싸고 있다. 치주인대는 치아와 잇몸을 강한 결합력으로 부착시켜주는 연조직으로 음식을 씹을 때 생기는 압력을 완충시켜

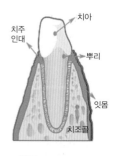

※ 출처
파로돈탁스 홈페이지
(www.parodontax.co.kr)

준다. 치조골은 잇몸을 잡아주는 뼈이다.

환자들에게 정확한 설명을 하기 위해 용어 정리를 해보자.

① 프라그

입안 청결을 소홀히 할 때 치아 표면이나 잇몸 사이에 생기는 세균막, 타액중의 당단백질, 음식물 찌꺼기, 세균 등이 엉켜서 생성

② 치석

프라그에 타액중의 석회가 들어가 돌같이 되어 치아 표면에 퇴적되는 물질. 치아와 잇몸을 벌려 놓아 치주낭을 형성하게 함

③ 치주낭

치아와 치아 주위 조직 사이에 병적으로 생긴 주머니 모양의 공간

2. 잇몸병이 생기는 원인

잇몸병은 오랫동안 영양 불균형, 과로 등으로 몸이 약해지고 면역력이 떨어져 박테리아로 인한 잇몸 손상을 막지 못해서 생긴다.

① 불규칙한 생활 습관, 과로: 몸에 스트레스가 쌓여 코티솔 호르몬이 많이 분비되면 면역이 약해진다.
② 당뇨: 혈당이 높으면 면역이 약해진다. 설탕이 든 모든 가공식품은 백혈구의 기능을 만성적으로 감퇴시켜 모든 질병에 취약하게 한다.
③ 콜라겐 합성 부족: 단백질, 아연, 구리, 비타민 C, B6, A 등의 섭취 부족
④ 치아를 둘러싼 턱뼈의 골다공증이나 칼슘 부족, 혹은 골다공증 치료제로 인한 턱뼈의 괴사
⑤ 여성의 사춘기, 임신기, 갱년기
⑥ 담배: 담배는 잇몸 조직을 헐겁게 하고 염증을 잘 발생시킨다.

⑦ CoQ10 생산을 저하시키는 병원 처방약: 콜레스테롤약, 고혈압치료제 중 베타차단제, 항우울제, 항암제. 코큐텐은 잇몸의 산소 공급을 증가시키고 면역을 올리며 세균을 억제한다.
⑧ 이를 갈고 자는 습관
⑨ 입속의 위험인자
 – 부드러운 것과 단것만 먹을 때 프라그 발생 과다와 영양상태 악화
 – 입으로 호흡하는 버릇
 – 치열이 나쁜 경우
 – 구강 청결에 관심이 없는 경우
 – 손톱을 깨무는 구강 습관

3. 잇몸 질환에 의해 유발되는 전신질환

잇몸 질환은 세균감염과 연관이 되어 있어 잇몸 질환을 앓고 있는 사람은 질환이 없는 사람에 비해 심혈관 질환 14%, 뇌혈관 질환 111%, 당뇨병 및 합병증 100%, 600%, 암 및 종양 14%, 신장질환 60%, 만성 폐쇄성 호흡기 질환 및 폐렴 75%, 임산부의 잇몸 질환 시 저체중 미숙 출산 확률 700% 발병 위험이 높아진다.

또한 최근 대만의과대학의 연구에 따르면 치주염이 있는 남성의 27%가 발기부전을 앓는데, 치주염이 없는 남성은 9%만이 발기부전을 앓는 것으로 나타나서 잇몸질환의 예방 및 효과적인 치료는 전신질환 예방에 중요하다.

4. 이가탄과 인사돌

① 이가탄

- 이가탄은 염화리소짐, 카르바조크롬, 초산토코페롤, 제피
아스코르빈산을 함유하여 치은염, 치조 농루에 의한 여러
증상을 완화시키는 작용을 나타낸다. 잇몸 질환에 대한 소
염작용, 지혈작용과 항산화 작용에 의한 잇몸 조직의 손상
방지에 효과가 있다. 중등도 이하의 치주 질환에 대한 치
은 출혈 감소 및 치주 염증 개선 효과가 있다고 한다.[1]

- 이가탄은 단기 투여로 효과가 있으므로 초기 치은염에
많이 사용하지만 예방 차원의 장기 복용도 가능하다. 꾸
준한 복용으로도 증상이 호전되지 않으면 치과치료 후
재복용하도록 한다.

- 위장 장애가 심하지 않고 수유부도 복용 가능하다.

- 리소짐은 달걀에서 추출한 항염증 성분이므로 달걀 알
레르기가 있으면 복용하지 않는다.

② 인사돌

- Zey Mays 35mg 성분으로 첫 4주는 1회 2정, 1일 3회
복용으로 시작하고 유지량으로는 1회 1정, 1일 3회를 복
용한다. 식전 복용이 좋으나 복용을 잊은 경우 식후 복
용도 무방하다.

- 치아를 받쳐주는 치조골 형성 촉진과 치조골 흡수 예방,
손상된 치주인대를 재생시킨다.
　식물성 소염 성분으로 잇몸의 염증을 없애고, 상피세포
의 정상화로 세균 감염에 대한 저항력을 높인다.
　단기간 치료 효과는 미약하므로 급성 통증이 사라진 뒤
에도 3개월 이상 복용한다.

- 이상반응은 과민반응과 가벼운 완화작용이고 항응고제
나 당뇨병 치료제 등의 약물과 같이 복용 가능.

- 치과 치료 후 복용하면 효과가 더 빠르다.

- 틀니를 하는 경우 지대치를 튼튼하게 하고 잇몸의 각질
화를 돕는다.

- 성호르몬제나 부신피질 호르몬제와 구조가 비슷한 약물
이므로 그러한 약물의 흡수를 방해할 수 있다. 따라서
임산부는 복용을 하면 안 되고 전립선 염증에는 도움이
된다.

③ 옥수수불검화추출물 고함량 제품

1일 1회 복용하는 약으로 Zey Mays 250mg, 프로폴리
스, 리소짐, 비타민 C, 비타민 D, 칼슘으로 구성
복용 횟수와 약품 구성비에서 상당한 강점이 있다.

④ 인사돌과 이가탄

같이 복용하면 제일 효과가 좋다. 초기의 치은염에 효과
적인 이가탄 성분과 치조골 수복에 효과 있는 인사돌을 15
일 정도 같이 먹고 이후 인사돌을 3개월 이상 복용하도록
한다.

⑤ 덴시론

이가탄 구성 중 카로바조크롬 대신 Na, Cu, 클로르필린
포함 → 점막 회복 촉진에 효과

⑥ 이트린

카로바조크롬 대신 피토나디온(간의 응고인자 합성 촉
진)이 포함 → 출혈 예방에 도움

5. 파로돈탁스 치약과 잇치

① 파로돈탁스

치아와 잇몸을 공격하는 산 성분을 중화(중탄산 나트륨)
하고 구강 내 세균을 살균하고 조직의 부종을 억제(몰약과
라타니아 틴크)하는 3가지 기전으로 잇몸을 편안하게 한
다.

1g 정도를 짜서 손가락이나 칫솔에 묻혀 1일 2회 잇몸을
마사지해 준다. 파로돈탁스 홈페이지에 들어가면 여러 가
지 정보를 얻을 수 있다.

② 잇치

파로돈탁스와 같은 성분이나 3분간 양치해서 이를 같이 닦
을 수 있다. 자세한 사항은 파로돈탁스의 설명을 참고한다.

6. 시린메드 치약과 덴티가드

① 시린메드 치약

잇몸 함몰이나 치아의 마모 등으로 치아 뿌리가 노출되
거나 치아 내부가 드러난 경우 이가 시리다. 몸속 뼈의 구
성성분인 인산삼칼슘(아파타이트)으로 노출된 치아 조직을
메워주어서 시린 증상을 완화한다. 2cm를 짜서 치아 경부
에서 손으로 1분간 마사지한 후 양치질을 한다.

② 덴티가드

나노 탄산 아파타이트 성분으로 치은염과 치주염을 예방하고 미백과 구취 제거에도 이용.

④ 바다 식품: 불소 성분이 풍부하여 치아를 단단하게 한다. 등 푸른 생선과 김, 다시마

골고루 먹는 것이 가장 중요하다.

7. 센소다인치약

① 후레쉬민트

질산칼륨 성분이 노출된 치아 사이로 흡수되어 예민해진 치아 신경을 진정. 2주 후 작용.

② 오리지날

염화스트론튬 성분이 결정화작용을 통해 신경이 자극되는 것을 막음. 2주 후부터 작용.

10. 잇몸 환자를 약국으로 끌어들이는 POP

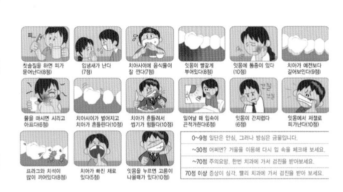

명인 제약 홈페이지(www.myunginph.co.kr)에서 스캔한 것이다. 담당자의 동의를 구하여 약국에 비치해 보는 것도 좋을 것 같다.

환자의 물음에 대답을 해야 하는 많은 자료가 유명 제품인 경우는 제약회사의 홈페이지에 상세히 기술되어 있는 경우가 많다. 비 오고 더운 여름, 환자는 없지만 시간을 내어서 각 홈페이지를 들러보면 많은 공부가 가능하다.■

8. 잇몸병 환자의 잇몸 관리법

① 자기 전 칫솔질을 제일 꼼꼼히 한다. → 침이 부족해지므로 세균감염이 더 심해질 수 있다.

② 칫솔모는 적당히 부드러운 것을 쓴다. → 너무 센 칫솔은 잇몸 뿌리가 노출되어 이가 시릴 수 있다.

③ 술과 담배를 멀리한다.

④ 양치질을 정확한 방법으로 바르게 한다. → 가글②과 치실, 치간 칫솔도 양치 후 꼭 사용한다.

⑤ 6개월에 한 번씩 치과 정기검진을 한다.

9. 잇몸을 튼튼하게 하는 식습관

① 단백질이 풍부한 콩, 현미, 통보리 차조 녹두 등 잡곡

② 야채: 케일, 브로커리, 피망, 신선초 → 씹는 동안 치아 표면을 씻어주는 역할을 한다.

③ 과일: 감귤, 사과, 단감, 포도, 딸기 등

[각주]

1)대한치과의사협회지 2009: 47(12): 830–837 에 따르면 개별성분이 아닌 복합 성분에 대한 연구가 이루어진 논문이다.

2)가글린 메디칼이나 리스테린, 헥사메딘 등은 살균 효과를 지닌 가글액이고 치카치카는 불화나트륨 함유로 이를 튼튼하게 한다.

'떡'이 된 '사람'을 위한 피로회복제

환자 상태 따라 단기 · 장기 피로회복제 나눠 권해야
'약국경영연구회' 홈페이지 · 앱 등 백 마디 말보다 효과

"박카스에 우루사 주세요"

하루 종일 약국에 있다 보면 심심찮게 들을 수 있는 약의 조합이다.

박카스의 두 얼굴

자타가 공인하는 No.1 자양강장제는 박카스이다.

박카스의 대표 성분은 타우린으로 체내 콜레스테롤을 저하시키고 간 기능을 보조하는 아미노산의 일종이다. 간 내에서 독성물질을 제거하는 담즙산의 생산을 촉진하는 작용을 한다.

피로회복, 항스트레스 작용, 간장 손상 방어, 동맥경화 치료 효과, 고혈압의 예방, 시력 관리에 효과, 면역 체계의 유지 등 다양한 효능에 대한 연구 결과가 보고돼 있다.

약국용 박카스D에는 타우린이 100ml 당 2,000mg 함유돼있고 편의점용 박카스F에는 120ml 당 1,000mg의 타우린과 카르니틴이 함유돼 있다.

동아제약 관계자는 한 신문매체를 통해서 높은 농도로 섭취할 경우에도 체내에 축적되거나 독성을 거의 나타내지는 장점을 가지고 있다고 밝히고 있다.[1]

반면 무수카페인이 30mg이나 함유돼 있음에도 피로회복제라고 광고하는 박카스에 대해 피로회복제로 알릴 수 없도록 법적 보완책을 마련해야 한다는 촉구의 목소리도 있다.[2]

무수카페인 함량 때문에 15세 미만이 마셔서는 안 되는 음료인데도 그동안 어린이나 여학생이 등장하는 광고로 인해 청소년들이 쉽게 사 먹고 있어, 이는 이들의 건강에 직접적인 위해 요소가 될 수 있다.

박카스에 들어 있는 무수카페인 30mg는 일반 커피 6잔과 비슷한 각성효과가 있다.

우루사의 진실

대웅제약은 '간 때문이야♬'를 유행시키며 우루사 마케팅 효과를 극대화하였다. 대웅제약에서 내세우는 우루사의 효과는 지방간으로 인한 여러 가지 증상(피로, 전신권태감 혹은 무증상) 발생 시 노폐물을 배출하고 담즙산의 분비를 도와 증상 개선을 하기 위해 복용하는데, 간 내 미세 담관을 청소해 간에 축적된 노폐물을 제거하고 간의 혈류량을 높이며 담즙분비를 촉진시켜 간의 건강관리에 도움을 준다. 또 간세포막 보호 작용을 통하여 간세포 보호와 손상 방지에 이용한다고 한다.[3]

실제 처방으로 나올 때의 우루사는 담석증 예방과 치료, 담즙 배출 장애로 인한 간경화, 소장 절제 후의 소화불량 등에 사용되고 부작용으로 간수치를 악화시키거나 소화기계 부작용, 과민증 간질성 폐렴을 일으키기도 한다.

피로회복제의 줄 세우기

매일 박카스와 우루사를 사러 오는 사람들은 이미 카페인 중독 단계이므로 다른 어떤 좋은 피로회복제나 좋은 비타민 영양제가 나와도 먹지 않는다. 그러므로 피로회복제로 공을 들이지 말고 혹시 과음을 하고 알코올 해독제를 찾을 때 도전을 해본다.

1. 한번 먹어 피로 회복을 시켜야 하는 경우

진짜 몸이 힘들어서 피로회복제를 먹으러 왔다면 객단가와 상관없이 약을 사서 먹기 마련이고 당장의 효과가 중요하다. 이럴 때 환자가 표현하는 것을 잘 이해해야 한다.

피로회복제와 알약을 한 가지의 조합만 생각하지 말고 여러 가지를 물어본다. 근육을 쓰고 나서 불편한지, 어지러운지, 집중이 필요한지, 단순한 기분전환인지를 잘 생각하면서 준다.

1회용 피로회복제는 효과가 좋으면 매일 오는 단골환자 만들기에 정말 좋은 아이템이다.

그리고 가격대별로 음료와 드링크를 준비한다.

드링크의 종류에는 일반의약품과 혼합 음료가 있으므로 진열 시 주의한다.

① 1000원 미만 자양강장제 음료

비타민이나 홍삼, 동충하초를 포함하는 혼합 음료가 많은데 객단가를 높이기 위해 다른 약과 섞어주는 방법을 늘 생각해 본다.

태반이나 앰플과의 짝짓기에 익숙한 고객도 많으므로 주저하지 말고 건네 본다.

② 과라나가 든 자양강장제 드링크

혼합 음료가 많다. 집중이 필요한 경우에 필요한 드링크이다. 장시간 운전이나 운동경기를 앞두고 있거나 시험 전에 이용한다.

비타민제의 효과뿐 아니라 카페인이나 과라나 성분에 의한 각성 효과도 한몫한다. 프로포폴이 피로회복제로 둔갑한 이유, 편의점의 에너지드링크가 많이 팔리는 이유이기도 하다.

③ 황제나 자황 등 한방성분이 기본이 된 드링크류

한방성분과 카페인의 조합으로 피로를 풀고 기분을 좋게 한다.

④ 홍경천이 든 피로회복제

계속된 스트레스로 신체 호르몬 균형이 깨진 경우에도 도움이 된다. 홍경천은 인체 방어, 저항력 강화에 도움이 되고 스트레스로 인한 정신적 피로 해소에 이용한다.

⑤ 태반을 1회용 피로회복제로 쓰는 경우

태반은 고아미노산 영양제이므로 체력이 많이 떨어진 경우에도 도움이 된다.

⑥ 음주 후 알코올 해독제

모닝케어나 여명, 헛개가 들어있는 음료와 보간환이나 밀크씨슬이 들어있는 알약을 섞어 한번 먹도록 주는데 머리가 아프거나 위가 많이 아프다면 증상에 초점을 두어 일반의약품으로 판매를 하고 알코올 해독은 앰플로 보조해서 줄 수 있다. 액제 제산제를 같이 팔기도 한다.

⑦ 앰플을 첨가하는 피로회복제

ㄱ. 알코올 해독을 위한 앰플: 헤포스, 레보골드, 밀크씨슬 앰플

ㄴ. 비타민 B군이 함유된 앰플: 로이코비

ㄷ. 철분 함유 앰플

▶빈혈기간의 여성이 필요한 경우

▶전날 운동을 심하게 해서 피곤한 경우 근육의 미오글로빈에도 철분이 함유되어 있으므로 근육의 피로를 풀고 원기를 회복하는 데 도움이 된다.

ㄹ. 은행잎 함유 앰플: 수면 부족, 어지러움, 집중력 부족, 혈액순환장애

ㅁ. 과라나 함유 앰플: 에너젠

⑧ 몸살기를 수반한 경우

약국에서 파는 한방액제와 피로회복제나 일회용 진통제를 같이 준다. 특히 명절 증후군에 많이 이용할 수 있다.

알약의 종류에는 종합비타민제, 비타민 B군 복합제, 자라 분말 복합제, 밀크시슬 복합제, 한방제인 보간환 등

이 있고 통증이 있으면 1회용 진통제를 같이 줄 수 있다.

2. 장기적으로 먹어서 피로를 회복하는 약[4]

스트레스가 없고 영양과 휴식이 충분한 상태에서 계속 피로를 느낀다면 병원을 찾아 원인 질병이 있는지 확인을 해야 한다. 예로 조금만 움직여도 바로 피로를 느낀다면 갑상선 기능의 저하를 의심할 수 있고, 아침에 눈을 떴을 때부터 종일 피로를 느낀다면 우울 상태일 수도 있다.

카페인의 과다 복용은 카페인 내성으로 인해 복용량이 줄면 피로를 더 느끼게 되고 신체활동의 부족은 대사기능을 저하시켜 에너지 생산량이 줄게 되므로 피로를 많이 느낀다.

① 피로를 회복시키는 영양제

인삼은 신체 대사를 도와 에너지를 생산하는 능력이 뛰어나고, 비타민 B군은 ATP의 생성을 돕고, CoQ10은 미토콘드리아 내 ATP 생성을 촉진한다. 마그네슘은 에너지 대사에 필요한 미네랄이고, 스트레스가 심하면 비타민 C를, 우울한 상태라면 철분, 비타민 B군, 오메가 3 지방산 등을 섭취하면 도움이 된다.

이제 각 환자의 상황에 따른 피로회복제를 생각해 보자.

② 불규칙한 생활을 하는 젊은 남성

멀티비타민, 인삼, 비타민 B군, CoQ10, 비타민 C

③ 갱년기 증상으로 괴로운 50대 여성

자율신경 실조의 해소로 정상적인 생활을 도와주면 피로를 덜 느낀다. 따라서 이소플라본, 서양승마, EPA, 비타민 E를 복용하고도 피로를 느끼면 비타민을 추가로 복용한다.

④ 남성호르몬 분비가 줄어드는 50대 갱년기 남성

멀티비타민, 아르기닌, 인삼이나 은행잎 제품은 활력도 주고 발기부전에도 도움이 된다.

⑤ 노화가 진행되는 노년층

나이가 들수록 필요한 칼로리는 줄어든다. 섭취량을 줄이면 영양소 섭취가 부족할 수 있으므로 멀티비타민이나 CoQ10이 도움이 된다.

⑥ 수험생

기초 체력 향상을 위해 멀티비타민을 먹는데 특히 뇌에 산소를 공급하는 철분과 뇌의 활동을 돕는 비타민 B군 위주로 선택

⑦ 임산부

임신 중에는 임산부용 영양제, 산후에는 칼슘과 단백질, 미네랄, 비타민 B6, B12, 엽산 등

⑧ 모유를 수유하는 산모

칼슘과 철분, 멀티비타민을 복용해야 산모의 피로도 덜고 아기의 영양상태도 개선

⑨ 과중한 업무에 시달리는 사람

멀티비타민, 인삼, 비타민 B군, CoQ10, 비타민 C, 오메가 3 지방산

간장약

GOT, GPT가 높은 환자는 약국에서 케어하려 하지 말고 병원으로 보낸다.

밀크시슬이나 베타인이 알코올성 간장질환 예방에 도움이 되고[5] 특히 밀크시슬은 간세포의 재생을 도와 치료용으로 병원용에서도 처방한다.

약국에서는 병원 처방 환자의 식이요법이나 운동요법을 도와줄 수 있다.

이런 사이트를 이용하면 손쉽게 약을 팔 수 있어요

대구시약사회의 이재광 약사님이 만드신 약국경영연구회의

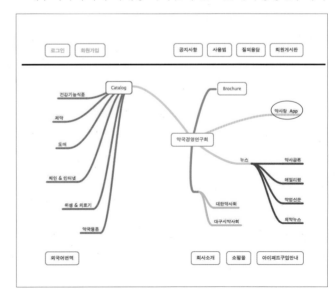

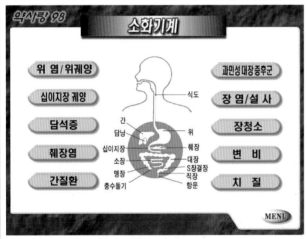

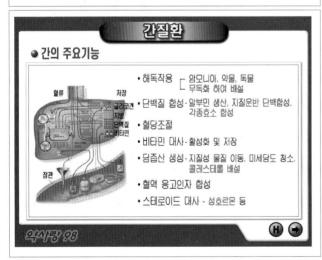

화면에서 노란색 선 끝에 약사랑 App을 클릭하면 약사랑 홈페이지로 들어갈 수 있다.

우선은 관심 있는 간질환을 보기로 하자. 간은 소화기에 해당하므로 소화기계를 클릭하여 간질환 개요로 들어간 그림이다. 약사가 여러 가지 설명을 하지 않아도 환자의 수준에 맞게 간단한 설명들이 잘 되어있다.

화면에 띄워진 여러 가지 영상들은 환자로 하여금 질문을 하게하고 관심을 갖게 한다. 마지막 화면의 경우 손바닥 홍반이나 소양증, 부종 등은 흔히 있는 증상이므로 약 복용을 수월하게 결정할 수 있다.

또한 약국경영연구회 홈페이지의 첫 화면에서는 각 회사의 카탈로그와 각 성분에 관한 브로슈어를 볼 수 있는 코너도 준비되어 있다.

우리가 각 코너로 원활하게 환자들을 이끌 수만 있으면 백 마디의 설명보다 더 쉽게 어필할 수 있다.

환자의 마음을 사는 것은 환자가 쉽게 공감하는 자료 외에도 환자에게 마음의 확신을 심어주는 것이다. 한번 먹는 피로회복제에도 "이 약 드시고 나면 눈이 확 띄어요"라거나 "금방 몸이 좋아지실 거예요"라고 웃으며 얘기하면 플라세보 효과에 의해 환자는 더 큰 효과를 누릴 것이다. ■

홈페이지(www.pharms.net) 를 한번 방문해 보자. 아이패드가 있는 약사님들은 앱스토어에서 약국경영연구회와 약사랑을 검색하여 어플리케이션을 다운받을 수 있다.

약국경영연구회의 첫 화면이다.

[각주]

1) 2012.09.20 이투데이 보도자료 인용

2) 2012.09.12 메디칼 투데이 보도자료 인용

3) 2012.08.21 매일 경제 '소리 없이 다가오는 지방간' 참조

4) 정비환 약사님의 '영양제 119'에서 참조

5) 적절한 음주는 20도 소주 150cc, 5도 맥주 600cc 이하에 해당된다.

'소염진통제 부작용의 다양한 얼굴!'

병력과 약력 확인 필수, 식약처 안전성 권고에 항상 주의
환자의 안전한 복용 위해 철저하고 꼼꼼한 복약지도 필요

감기약, 몸살, 근육통, 요통, 신경통, 치통, 생리통 등의 경질환을 치료하기 위해 약국에서 제일 많이 팔리는 약이 소염진통제이면서 문제가 생기기 쉬운 약도 소염진통제이다.

이러한 약은 편의점에서도 팔리고 있다.

고객 입장에서는 편의점은 작은 포장단위로 구입을 할 수 있는 장점이 있겠지만 안전성에 대한 설명은 약국에서 듣고 싶어 할 것이다. 단골 고객이 휴일 늦은 밤 구입한 약에 대해서도 약국에서 귀찮아하지 말고 복약지도를 잘 해주어야 한다.

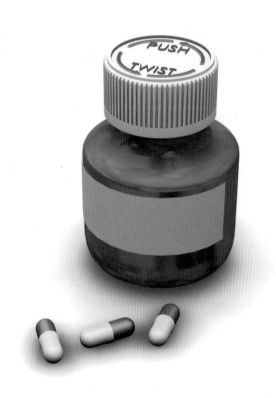

1. 약국에서 취급하는 소염진통제

① 경구용 단일제

아스피린, 아세트아미노펜, 클로닉신, 나프록센, 이부프로펜, 덱시부프로펜

② 경구용 복합제

*안티피린 복합제: 게보린, 사리돈

*에텐자미드 복합제: 뇌선, 펜잘, 암씨롱

*아세트아미노펜함유 복합제: 하디코 등의 감기약, 그날엔, 이브퀵, 복합부스코판

*액상감기약

③ 소염진통제를 함유한 파스나 겔 제제

2. 어떻게 해야 환자에게 안전하게 약을 팔까?

① 일반의약품을 사러오는 환자들의 병력과 약력을 확인한다.

"다른 먹는 약 없으세요?" 라고 묻던지 평소에 앓고 있는 지병(혈압, 심장질환, 당뇨, 간장질환, 신질환 등)이 없는

지를 확인한다.

통증이 심하다고 병원에서 처방된 소염진통제와 본인이 구입한 소염진통제를 중복 복용하여 위장 장애를 일으키거나 항응고제나 혈액순환제에 소염진통제를 임의로 병용하다가 때로 출혈을 일으킬 수도 있다[1]. 그리고 당뇨병이나 고혈압, 심혈관계, 신장질환, 간장질환에 소염진통제가 영향을 미쳐 질환을 악화시킬 수 있다.

② 환자의 개인 과민반응을 확인한다.

"약 먹고 불편했던 적 있으신가요?"라고 꼭 물어본다.[2]

③ 식약처의 안전성 권고를 항상 주의한다.

천식환자의 파스 사용 금지, 3세 미만 파스 사용 금지, 해열제 월령별 사용가능 약 확인[3]

④ **고령자는 평소 복용하는 약의 종류가 많아서 소염진통제와의 상호작용이 크므로 꼭 필요한 약만 투여하고 약의 용량을 줄여 복용하도록 지시한다.**

⑤ **중증질환자는 약국에서 해결하려고 하지 말고 가능하면 병원으로 보낸다.**

3. 소염진통제가 대표적으로 일으키는 부작용은?

위장 장애, 혈소판 장애, 부종, 두드러기, 졸음을 유발할 수 있고 때로는 간기능 이상, 위 출혈, 쇼크, 빈혈 등의 중증이상 부작용도 발생한다.

각 장기별로 일어나는 부작용과 부작용을 많이 일으키는 약물을 살펴보자.

① 소화기와 간 부작용

* 소화성 궤양–아스피린, 나프록센, 이부프로펜

* 간세포 장애–아세트아미노펜(세포독성, 내인성 간독소), 아스피린(세포독성, 특이체질)

② 순환기 부작용

* 혈압상승, 체액저류 심부전–모든 소염진통제

③ 대사 부작용

* 대사성 산증, 고뇨산 혈증–아스피린

④ 혈액 부작용

* 빈혈, 혈소판 감소증, 과립구감소증–아스피린, 안티피린

⑤ 피부 부작용을 일으키는 약물

* 담마진, 홍반, 약진, 박탈성 피부염–아스피린, 이부프로펜, 안티피린

* 스티브 존슨 증후군–안티피린, 아스피린

⑥ 호흡 부작용을 일으키는 약물

* 기도 폐색, 천식 증상 악화–아스피린을 포함한 소염진통제

⑦ 비뇨기 부작용을 일으키는 약물

* 신증후군, 간질성 신염–소염진통제[4]

음주 후 두통 방지를 위해 아세트아미노펜을 복용하는 것은 우리 몸의 glutathione을 고갈시키고 대사과정에서 간 독성을 포함한 대사물질을 만들기 때문에 간의 해독능력을 떨어뜨리고 직접 간에 영향을 미치기도 한다.

또한 아세트아미노펜은 두통약, 코감기약, 생리통약, 복통약, 종합감기약 등 많은 일반의약품에 복합제의 형태로 포함되어 있고 병원 처방약으로도 많이 투여되므로 중복 투여의 위험이 있어 환자가 임의로 지명하여 사 먹지 않도록 주의를 준다. (1일 4g 이하 복용)[5]

4. 소염진통제와 약물과의 상호작용

① **항고혈압약(β차단제, 이뇨제, ACE억제제, CCB)과 소염진통제**–항고혈압약의 약효를 저하

② **항응고제와 소염진통제**–혈소판 억제로 출혈 위험 증가

③ **저혈당약과 아스피린**–저혈당약의 작용 증가

④ **페니토인과 소염진통제**–페니토인 대사가 포화 상태 or 엽산 결핍 시 유리 페니토인 농도 증가

⑤ **MTX, 디고신, 아미노글리코사이드, 리튬과 소염진통제**–신배설을 감소시켜 독성 증가

⑥ **콜레스티라민과 소염진통제**–소염진통제의 흡수를 감소

⑦ **메토클로프라미드와 아스피린**–흡수율을 증가

아스피린은 혈액응고 시간을 길게 하기 때문에 발치나 내시경검사의 경우 1주일 전에 먼저 복용을 중지한다.

5. 소염진통제를 먹을 때 주의해야할 음식은

① **아세트아미노펜**–간 손상 예방을 위해 술과 다량의 비타민 C[6]의 복용 주의

② **아스피린**–위장 장애 예방을 위해 술과 철분제 병용, 출혈 방지 위해 생강, 마늘, 녹차 주의

6. 급성 부작용이 날 때 어떻게 대처를 할까?

① 위장 장애가 발생한 경우 제산제를 이용하여 증상을 경감하고 예방을 위해 우유나 음식과 함께 약을 복용할 수 있다.

② 대부분의 부작용이 발생한 경우 약 복용을 끊으면 좋아지므로 우선 물을 충분히 복용하고 기다려 보고 호전이 없으면 병원에서 응급 처치를 한다.

③ 부작용의 경우 환자의 체질 특이성으로 생긴 경우도 있지만 약의 알려지지 않은 성질인 경우가 많으므로 환자의 상태가 호전되면 환자의 성명과 처방된 약 성분을 내용으로 하여 의약품 유해반응 보고를 해야 한다.

7. 의약품의 유해반응 보고

2007년부터 2010년까지 식약처에 보고된 의약품 유해반응을 보면 총 보고 건수 7만 4,037건 중 아스피린이 천식 발생이나 위장관 출혈 등의 유해반응으로 1,753건이 보고되어 5위를 기록했고 아세트아미노펜은 급성간부전의 유해반응으로 1,641건이 보고되어 6위를 기록했다.

타미플루의 부작용 보고가 제일 많았고, 다음이 마약인 패타닐 패치, 조영제인 lopromide, 트라마돌의 순으로 보고되었고 다음이 아스피린, 아세트아미노펜이니 안전하다고 안심할 수 없다.

뿐만 아니라 2009년의 자료를 살펴보면 감기에 쓰이는 다른 일반의약품의 부작용도 높은 빈도로 보고되고 있는데 아세트아미노펜, 이부프로펜, 아세칠시스테인, 아이비엽건조엑스, 클로르페니라민 등의 부작용이 빈번하였다.

2007년부터 2010년까지 식약처에 보고된 유해반응의 내용은 소화기로는 오심, 구토, 설사와 피부로는 가려움, 두드러기, 홍반(rash), 피부발진(skin eruption) 등이 높은 빈도로 나타나서 두 기관의 부작용이 전체 유해반응의 50% 이상을 상회하였다.[7]

그렇지만 빈도가 낮다 하더라도 약물 유해반응이 심혈관계 장기에 나타나게 되면 상태가 심각하거나 환자의 생명과 직접적인 관련이 있기 때문에 심혈관계 유해반응의 보고가 많으면 시판 후 판매금지나 면밀한 약물 모니터링이 요구된다. 이렇게 해서 퇴출된 약이 cisapride, rofecoxib, rosiglitazine, sibutamine 등이다.

2010년 상반기 식약처에 보고된 심혈관계 약물 유해반응을 분석한 자료를 보면 제일 많은 빈도로 신고된 약은 암로디핀이지만 일반약인 아스피린과 클로르페니라민, 라니티딘 등도 4위, 6위, 10위의 빈도로 유해반응을 나타내었다. 유해 반응의 증상은 저혈압, 두근거림, 고혈압, 빈맥 등으로 나타났고 이 중 아스피린은 두근거림에 대해 많은 건수가 보고되었다.[8]

이러한 유해반응은 환자와의 복약상담 중 인지하게 되는 경우도 있고 혹은 환자가 부작용을 호소함으로써 인지하게 되기도 한다.

[각주]

1) 출혈은 이를 닦을 때 피가 나거나 코피, 변 내 잠혈, 가벼운 부딪힘에도 멍이 잘 드는 형태로 나타난다.

2) 소염진통제나 항생제에 의한 과민 반응은 쇼크사나 스티브존슨 증후군을 일으키기도 한다.

3) 어린이용 타이레놀 시럽 3개월 이상, 맥시부펜 시럽 6개월 이상, ibuprofen 시럽 12개월 이상, 챔프 시럽 24개월 이상

4) 소염진통제 복용으로 몸이 붓고 귀에서 소리가 난다고 하는 이유

5) 미국 응급실 내원 환자 중 아세트아미노펜의 과다 복용으로 인한 급성 간 중독이 많은 비중을 차지한다.

6) 다량의 비타민 C는 아세트아미노펜의 배설을 지연시킨다고 한다.

7) 식품의약품안전청 약물유해반응 보고자료 분석 유기연, 이숙향 p141, 142 한국임상약학회지 제 21권 제2호,2011

8) 식품의약품안전청에 보고된 심혈관계 약물유해반응의 특성 분석 유기연, 조혜경, 이숙향 p43, 44 한국임상약학회지 제22권 제1호

이러한 유해반응은 소비자나 의사, 약사 등의 부작용 보고로 등록이 되는데 약국청구프로그램인 팜2000 상단에 부작용 보고 프로그램이 마련되어 있으므로 그곳을 클릭하여 보고하면 된다.

부작용 보고는 약사들이 환자 약 복용의 안전성을 지켜주기 위해서 꼭 해야 할 의무 중 하나이다. ■

장년들의 속사정, 갱년기 극복하기

쿠쿠르비타 · 쏘팔메토베타 등 남성 갱년기 도움
질병 아닌 자연스런 현상, 가족들의 관심 필요

여성들은 갱년기를 표현하는데 적극적이고 치료도 적극적으로 한다.

"약사님 내가 요즘 자꾸 열이 확 오르고 아무리 추워도 자꾸 문을 열어야 잠이 오는데 이거 갱년기 맞지요? 생리도 들쭉날쭉하네…."

남성들은 사오정과 맞물린 갱년기를 표현하지 않는다. 폐경이라는 기능 소실이 보이는 여성과 달리 눈에 띄게 달라지는 점이 없어 본인도 모르고 있을 수 있다.

"이 양반 요즘 이상해요. 아무 것도 아닌 일인데 매사에 버럭 화를 내고 짜증을 부리니 나도 짜증 나네요. 나도 갱년기라 힘든데 언젠가부터는 사소한 일에도 간섭을 하거나 따지네요."

그 동안 집안의 대장으로 살아왔지만 전과 달리 모든 일에 자신이 없고 사소한 일에 능력을 의심받으면 반발하고 싶어하고 가끔 실패하는 발기부전도 자신감 상실로 남는다.

1. 남성 갱년기 장애와 전립선 비대증

한때 외국을 다녀오는 사람들 사이에서 DHEA를 사 오는 것이 유행이었다. DHEA(DeHydro EpiAndrosterone)는 미국 내에서 일반 식품으로 분류되어 슈퍼마켓에서 자유롭게 살 수 있는데 복용 시 활력 증가나 성욕 증진 등의 효과를 볼 수 있다.

이 DHEA는 콜레스테롤로부터 테스토스테론(남성호르몬)과 에스트로겐(여성호르몬)을 만들기 위한 중간 단계 물질로 30대 이후부터는 몸 안에서의 생산과 분비가 차츰 줄어들게 되기 때문에 이를 보충하여 노화를 방지한다고 생각할 수 있다.

그러나 과량의 DHEA를 복용하면 남성호르몬과 여성호르몬 생산이 체내에서 증가하기 때문에 남자는 전립선암, 여자는 유방암이나 자궁암이 유발될 수 있으며 콧수염과 여드름이 나고 피부가 거칠어질 수 있다.

남성 갱년기의 대표적인 증상은 주로 성욕의 감소와 발기부전, 신경질, 우울, 기억력 저하, 집중력 부족, 피로, 불면증, 식은 땀 등이다. 나이가 들어 남성호르몬의 분비가 줄어들면서 이상 증상이 나타나는데 같이 분비되는 여성호르몬인 estrogen은 많이 줄어들지 않아서 증상이 더 심해진다. 노화에 따른 자연스런 현상 이외에 고혈압약이나 당뇨병에 의해 영향을 받는다. 발기 부전에는 파란 다이아몬드인 비아그라¹)가 효과가 있지만 성욕 감소를 해결할 수는

없다.

① 발기 부전

- 전문의와의 상의에 의한 남성호르몬 대체요법이나 타 약물 치료 가능.
- 금연과 규칙적 운동과 표준체중 유지가 중요.
- 발기부전을 일으키는 약물: 혈압약, 스타틴계 콜레스테롤약, H_2억제제, 전립선비대증치료제
- 멀티비타민, 아르기닌(혹은 시트룰린), 인삼, 은행잎엑스의 복용이 도움이 된다.

② 골격의 변화

- 바른 자세와 규칙적인 운동으로 관절과 근육의 탄력과 유연성을 유지하는 것이 중요하다. 활동 부족으로 축적된 복부 지방에서 estrogen이 분비되어 갱년기 증상을 심하게 한다. estrogen의 분비 여부는 비만 남성 노인 환자의 유방이 여성형 유방인 것에서 확인한다.
- 글루코사민, 콘드로이친, 콜라겐 생성을 돕는 비타민 C, 신체 활력과 대사를 위한 비타민 B&E 등, 골밀도가 낮으면 비타민 D와 칼슘 보충을 위해 녹색 채소와 생선, 콩 섭취.

③ 동맥경화증

- 남성의 동맥경화는 음주와 흡연의 영향을 받아 심각한 양상(심장병, 뇌졸중, 혈관성 치매 유발)으로 나타날 수 있다. 발기부전에도 영향을 미치므로 저지방 식사와 체중조절을 하고, 지방의 대사를 돕는 마늘이나 파, 채소 등을 많이 먹는다.
  또한 콜레스테롤이 산화되면 동맥경화의 발병인자일 뿐 아니라 발암원이 된다.
- 마늘, 오메가 3, 호모시스테인을 예방하는 비타민 B6, 엽산, 비타민 B12.

④ 전립선 비대증

전립선은 정액을 생산하여 자궁으로 정충이 살아서 유입되게 하고 요도를 윤활하여 감염을 방지한다. 이 전립선이 비대해지면 전립선 가운데 위치한 요도가 좁아져 소변 배출에 이상이 생긴다. 빈뇨, 절박뇨 등의 방광 저장 증상과 지연뇨, 단절뇨, 배뇨 시 힘을 주어야 하는 현상 등 방광의 배출 장애를 모두 포함한다.

전립선 비대의 원인은 고환 노화로 남성호르몬의 분해 대사와 제거 능력이 변해서이다. testosterone이 DHT (dihydrotestosterone)로 전환될 때 생긴 이 DHT가 전립선 세포를 증식시켜 비대를 일으킨다.

우리나라처럼 탄수화물을 많이 먹는 민족은 DHT 전환 효소인 5-α-reductase 작용이 증가하고, 남성호르몬 분비를 자극하는 육류와 인스턴트 음식을 많이 먹어도 전립선이 비대하게 된다. 최근 비만 인구의 증가로 인해 전립선 비대증 환자가 3배 이상 증가했다고 한다.

알코올은 아연의 흡수를 감소시키고 비타민 B6를 고갈시켜 체내 아연의 결핍을 촉진한다.[2]

담배의 카드뮴은 아연의 작용을 억제한다.

- 아연: 5-α-reductase의 작용을 억제하고 DHT가 전립선 수용체에 결합하지 않도록 한다. prolactin의 분비 억제로 전립선의 크기 억제를 돕는다.
- 쏘팔메토, 쿠쿠르비타, β-시토스테롤, 비타민 C, 항산화제 등과 호박씨, 토마토, 마늘, 굴, 두부, 가지 등.
  ㄱ. 쿠쿠르비타는 일반의약품으로 속쓰림, 위통, 구역 등의 위장 장애와 α차단제와 병용 시 혈압 저하, 어지러움 등의 부작용이 나타나고 과량 복용 시는 신경과민반응이 나타날 수 있다.

ㄴ. 쏘팔메토: 5-alpha reductase 억제 또는 DHT의 androgen recepter 결합 억제를 하는 것으로 생각되는 건강기능식품이다. 속쓰림이나 소화불량의 부작용이 있어 복용 시 물을 많이 먹고 병원 처방약과 같이 복용하지 않도록 한다.

ㄷ. 베타 시토스테롤: 일반의약품. 식물 속에 풍부한 콜레스테롤 유사구조인 식물성 스테롤인데 전립선 비대증에 효과가 있다. 시토닐 캡셀 외에도 에스신, 옥수수불검화 추출물도 해당.

2. 여성 갱년기

난소의 기능 저하로 호르몬 분비가 저하될 때 뇌의 호르몬 분비 자극도 조절이 되어야 하는데 이 과정에서 자율신경의 균형이 무너지면서 이상 증상이 나타난다. 정도는 사람에 따라 차이가 많아 거의 아무 증상 없이 지나가는 사람, 6개월~1년 정도 증상이 있다 사라지는 사람, 혹은 4~5년 이상 지속되는 경우도 있다. 뇌의 시상하부가 난소의 퇴화에 적응하는 기간이 지나면 자율신경 불균형으로 인한 증상은 없어지지만 노화 현상은 빨리 진행된다.

① 자율신경 실조증

원인은 estrogen과 progesterone의 균형이 맞지 않아서 생긴다. 분명히 난소에서는 estrogen과 progesterone을 생산하는 기능이 떨어지는데 체지방에서 계속 estrogen을 만들어내고 문명 공해로 인한 환경 여성호르몬이 외부에서 들어오므로 estrogen은 그다지 줄어들지 않는다. 서구식 식이로 인한 비만에서는 체지방에서의 estrogen 생산은 증가된다.

약을 복용할지 여부는 증상을 얼마나 심각하게 느끼는지에 따라 결정된다.

이상 증상으로는 hot flash와 전신 열감, 혹은 식은땀과 저혈당, 심계항진, 흥분, 불안, 초조, 우울감, 성욕 감퇴 등이 있다.

동양 사람들은 콩을 많이 먹기 때문에 갱년기 자율신경 이상을 덜 느낀다고 한다.

– 호르몬 대체요법의 장점을 무시하고 환자들에게 호르몬요법의 단점만을 설명해서는 안 된다. 안전하게 호르몬 대체요법을 할 수 있도록 금연과 채식, 적절한 운동을 같이 권한다. 호르몬 대체요법을 시작했으면 갑자기 중단하지 말고 의사의 지시 하에 용량을 조절한다.

– 스트레스를 받지 말고 충분한 휴식과 수면, 요가나 정기적인 마사지가 도움이 된다.[3]

– 맵고 뜨거운 음식과 카페인, 니코틴을 줄인다.

– 간에서 estrogen 대사가 이루어지므로 간 기능이 의심된다면 간장약을 복용한다.

– EPA, 비타민 E, 감마리놀렌산, 감마오리자놀, 이소플라본(콩), 리그난(아마씨), 성요한풀, 석류 등과 항산화작용이 있는 색깔 있는 야채의 생식

ㄱ. 승마(블랙코호쉬): 독일에서 가장 많은 연구가 이루어졌는데 ⓐ홍조, 발한, 의욕 저하, ⓑ의기소침, 정신적 긴장, 신경과민, 불안, 불면 등의 자율신경 장애 ⓒ생리 전의 불수의적 이상(생리근육통) 증상 등에 효과가 있다. 광과민성이나 간 독성이 있을 수 있으며 피로나 불안 위장 장애 등이 수반되기도 한다. 항응고제, 강심제, 기관지 확장제, 항우울

제, 편두통 치료제와 병용할 때 주의하여야 한다.

ㄴ. 레드클로버: 콩과 식물로 콩 속의 이소플라본보다 2배 많은 양이 함유되어 있다. 이 이소플라본은 내인성 에스트로겐 대사에 영향을 미쳐 에스트로겐 대체제로 사용한다. 갱년기 장애 이상 증상 중 특히 안면홍조에 빠른 효과를 가지고 있다.[4] 편두통, 설사, 발진, 여드름, 근육통 등이 생길 수도 있다. 항응고제를 병용할 때 주의를 요하며 H2억제제나 PPI 위장약을 같이 먹으면 식물성 에스트로겐 제제의 약효가 줄어든다.

② 골다공증과 근육통

여성호르몬 분비 저하로 골밀도가 낮아지므로 골밀도를 높이는 약을 처방받아 먹거나 칼슘과 비타민 D를 섭취한다. 칼슘은 우유보다는 녹색 채소, 생선과 콩으로 섭취한다.

③ 고지혈증

체내 여성호르몬의 감소로 콜레스테롤 대사과정에 변화가 생겨 콜레스테롤이 높아진다. 그러나 여성의 경우 폐경 이후 고지혈증이 진행되면서 동맥경화증이 진행되므로 남성에 비해 심장병이나 뇌혈관질환이 약 10년 늦게 발생한다고 한다.
　－ 고지혈증 치료 약과 코큐텐, 오메가 3 지방산, 폴리코사놀, 식이섬유[5] 등

④ 재발성 방광염증과 질염 혹은 요실금

질과 요로의 상피세포가 얇아지면서 혈액순환도 줄어 세균이나 진균이 감염되기 쉽다.

예방을 위해서는 유산균이 효과적인데 질과 요도 점막의 유익균을 증가시키기 때문이고 이때 유산균의 장내 부착률을 높이기 위해 프리 바이오틱이라는 식이섬유를 같이 복용한다.

요실금이 있을 때 다른 치료 이전에 호르몬 대체요법 혹은 천연생약 호르몬제를 먼저 복용하도록 한다.

갱년기는 병이 아니라 나이가 들면서 오는 자연스러운 신체의 변화 과정이다. 가족 간의 따스한 관심과 격려만이 갱년기를 쉽게 넘길 수 있는 길이라는 것을 환자들에게 설명해 준다.■

[각주]

1) 심장병 환자는 쓸 수가 없고 심한 기립성 저혈압, 안면홍조, 두통, 오심, 구토, 시야 이상 등의 부작용을 느낄 수 있는데 증상이 심할 때는 사용을 중지한다.
2) 아연은 췌장 분비 물질에 의해 흡수되는데 이때 비타민 B6가 필요하다.
3) SSRI 계열의 항우울제, 트립탄 계열의 편두통 치료제, 에비스타, 타목시펜, 본비바 등은 안면홍조를 일으킨다.
4) 콩은 너무 많이 먹으면 갑상선 기능저하를 일으킬 수 있다고 한다.
5) 식이 섬유는 과다한 estrogen을 배출할 수 있어서 효과가 더욱 좋고 아마씨는 식물성 오메가 3이므로 두 가지의 작용을 할 수 있다.

영양요법과 비약물요법으로 근골격계 질환 정복

연령별, 부위별 통증의 다양한 유형 알고 질병 이해해야
먹는 약 외에도 제품 진열과 POP 통해 구매 적극 연결 가능

약국 효자 상품 중의 하나가 파스와 급성 통증에 사용되는 내복약이다. 통증을 경감하는 약은 소염진통제와 근이완제를 조합해서 구성하는데 약의 종류는 이미 감기약을 논의할 때 살펴보았고 이미 만성 통증으로 넘어갔다면 염증 악화 방지를 위해 영양 요법과 비약물 요법을 추가하는 방법을 생각해 보자.

1. 나이에 따른 통증요인을 생각해 보자

1) 70대 이상 남자 노인

어린 시절부터의 흡연과 밥 반주를 하는 습관이 골다공증을 악화시킬 수 있다. 대부분의 남자 노인들은 골다공증 검사를 하지 않고 칼슘제 복용도 하지 않으므로 가벼운 외상 충격으로 대퇴골 부위의 골절을 입고 거동을 할 수 없게 된다.

2) 70대 이상 여자 노인

60년대 보릿고개와 70년대 고도 산업성장기를 거친 세대이므로 많은 노동에 의한 관절염과 노화에 따른 혈액순환장애, 골다공증이 겹친 상태이다. 골다공증의 경우는 병원의 처방을 받아 복용하는 환자들이 많다. 평소에 신경통, 관절염을 앓아도 별 통증 없이 지내지만 며칠간의 무리한 일로 심해진 경우 약국을 찾는다. 약국에서 칼슘제나 다른 영양제를 쉽게 구입한다.

3) 50, 60대 남자

병원 가기를 싫어하는 연령대로 부인과 함께 병원·약국

을 찾거나 본인의 병으로도 부인을 대신 보내서 병을 악화시킨다. 고집이 세고 본인의 증상에 대해 단정을 잘하기 때문에 약국에서 본인이 상담을 하기보다는 부인이 사 가는 편이다.

4) 50, 60대 여자

병원에서 검진을 잘 하고 영양제 복용도 잘한다. 그러나 폐경과 맞물려 급격히 체중 증가가 되면 대사 증후군과 퇴행성 관절염을 앓게 된다. 반면 마른 체격의 여성은 골다공증이 발생하기 쉽다. 오십견을 앓는 비율도 높다.

5) 30, 40대 남자

① 일이 너무 바빠서 운동을 할 여유가 없고 퇴근 후에는 술로 피로를 푸는 유형: 가끔씩 하는 운동이나 야외활동에 근육이 뭉치거나 무릎관절이나 허리 통증을 느끼게 된다. 혹은 골절 사고가 나기도 한다.[1]

② 운동을 좋아해서 주말이 되기를 기다리는 유형: 운동은 신체를 건강하게 유지시켜주는 좋은 습관이지만 과한 운동은 근육통을 일으키기도 하고 우리 몸을 활성 산소에 노출되도록 하기도 한다. 마라톤은 중독 증상을 보일 수 있다고 하니 조심한다.[2]

6) 30, 40대 여성

① 전업주부: 출산 후의 몸무게를 조절하지 못하면 대사 증후군이나 관절염을 앓게 된다.

② 워킹맘: 육아와 직장을 병행하기 때문에 운동을 할 시

간이 없다.

7) 10대 청소년

성장기의 학생들이므로 칼슘과 비타민 D를 섭취하도록 하도록 권장한다. 성장통도 예방하고 안정과 근육 강화의 의미가 있다. 다치더라도 13세 미만 초등학생은 아렉스파스 등 몇 종류를 제외하고는 파스 사용에 제한이 있다.

8) 0~9세 어린이

활동을 처음 배우는 시기이므로 (축구, 자전거, 인라인스케이트 등) 다칠 수 있는데 0~9세 어린이들은 파스 사용에 제한이 있으므로 ibuprofen 종류의 시럽을 먹이고 찜질을 하며 압박붕대로 고정을 시켜보고 안되면 병원으로 가야 한다. 성장통을 느끼기도 한다.

2. 환자의 호소로 질병 이해하기[3]

1) 팔꿈치나 무릎이 아프다고 할 때

① 외상 및 운동 과다로 갑자기 부었을 경우 → 염좌, 테니스 엘보우의 가능성

② 통증 부위의 부종, 발열감, 경미하고 손발가락 통증 무, 활동 시 증상 악화 → 퇴행성 관절염

③ 아픈 부위가 곳곳이고 기상 시 뻣뻣함 → 류머티즘관절염

④ 통증과 발열, 부종 동반 → 외상이나 세균감염으로 인해 화농이 되었을 가능성, 항생제 복용

2) 손가락, 손목이 아프다고 할 때

① 손가락, 손목을 많이 사용하는 사람 → 건초염의 가능성

② 동시에 여러 곳이 아프면 → 류머티즘관절염

3) 어깨가 아프다고 할때

① 목, 팔쪽에 통증이나 저린 증상이 없고 운동과 무관 → 오십견

② 심장 질환, 역류성 식도염에 의해서도 귀 뒤까지 아플 수 있음

4) 발가락 마디에 갑자기 심한 통증 → 통풍

3. 부위별 근골격계 질환의 양상

근골격계 질환은 뼈와 관절, 근육 중 하나가 문제가 있어 혈액순환제 복용으로 해결될 수 없는 경우를 말한다. 통증 양상에 따라 칼슘이나 마그네슘 등 세포 구성 물질이 부족한지, 근육의 긴장 때문인지, 혈액순환장애가 더해진 경우인지 대화를 통해 판단한다.

우선 약국에서 통증을 경감하기 위한 약을 며칠 먹어보고 안 되면 병원으로 보내고, 병원 처방약을 계속 먹어야 한다면 상호보완적인 역할을 할 수 있도록 영양요법을 생각해 본다.

이때 관절이나 근육은 파스나 진통제의 효과가 좋지만 골다공증은 그렇지 않다.

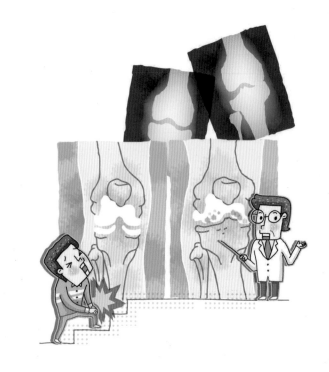

1) 골다공증

* 골밀도 검사를 시행한 후 T-score 수치에 따라 골다공증 치료약을 복용할 수 있다.[4]

* 영양소: 칼슘과 비타민 D → Biphosphonate제를 복용할 경우 칼슘제를 두 시간 이후에 복용

* 음식으로 칼슘을 보충하려면 우유보다는 녹색잎 채소, 콩, 뼈째 먹는 생선으로 보충한다.

2) 사십견, 오십견

* 진단과 치료를 미루게 되면 류머티즘 관절염이나 석회성 건초염 등으로 발전할 수도 있으므로 전문의와의 상담이 필수이다. 어깨 통증은 여자와 당뇨 있는 환자에게 호발

* 영양소: 글루코사민 & 콘드로이친, 비타민씨, 아연, 칼슘 & 비타민 D, 비타민 E · 은행잎 등

3) 요통

요통은 다양한 원인에서 오기 때문에 환자의 호소를 잘 들어 파악하는 것이 중요하다.

① 무리한 운동이나 일에 의한 근육 놀람–평소의 운동 부족이 근육통을 호발한다. 급성 통증에는 냉찜질, 만성통증에는 온찜질을 한다.

② 허리디스크–허리 통증보다 다리 저림이 중요, 병원

진료 필요, 비타민 B 복합체 복용 권유

③ 요로결석– 양손을 등 바깥쪽에 댄 곳이 신장인데 환부가 아프거나 소변보기 힘이 들고 때로는 경련성 복통이 심하다면 비뇨기과로 보내서 확인해 본다. 물을 많이 먹어야 한다.

④ 방광염, 질염, 생리통으로도 요통이 생기므로 환자의 표현을 잘 듣는다.

4) 퇴행성 관절염

* 관절의 통증과 강직이 생기고 체중이 많이 실리는 관절 연골이 손상

* 영양소: 글루코사민황산염, N-아세칠글루코사민, 콘드로이친나트륨황산염, MSM, FAC, 초록잎 홍합, 비타민 B_3 · Cr 포함된 비타민미네랄[5], 브로멜라인, 아보카도 · 대두 불검화 추출물, 악마의 발톱, 베타카로틴, 비타민 C, E 등 항산화제, 오메가 3, 프락토올리고당

* 찜질이나 마사지로 관절 부위의 온도를 높이면 강직이 풀린다.

* 진통제나 파스가 효과가 있다. 소염진통제 겔, 박지성 겔(이온화된 미네랄), 아르니카 크림

5) 류머티즘 관절염

자가 면역 질환으로 전신 관절이나, 장기에 염증이 진행. 주로 여자에게 호발.

오메가 3, 항산화제, 비타민미네랄과 식물성 단백질, 연골재생제, 올리브잎추출물, 브로멜라인, 지방산 복합물 FAC(Cetyl myristoleate) 등을 병원 치료의 보조제로 사용 가능하다.

4. 퇴행성 관절염을 위한 건강기능식품의 특징

구분	지방산 복합물 FAC	글루코사민	초록잎홍합 오일복합물
특징	염증 완화 통증 감소	연골 생성 촉진	항산화 염증 감소
하루 섭취량	FAC로 1,248mg	염형태로 1,500mg	오일복합물로 620mg

구분	N-아세칠글루코사민	황금추출물등 복합 추출물	MSM	프락토올리고당
특징	연골생성 촉진	부종 개선	면역반응 억제, 염증 감소	대장 내 칼슘용해증가, 흡수 촉진
하루 섭취량	1g	복합물로 1,100mg	msm으로 1.5~2g	3~8g

5. 각종 파스의 종류

우리 몸에는 캅사이신 수용체와 멘톨 수용체가 있다. 캅사이신 수용체는 42도 이상이거나 캅사이신 성분이 들어오면 활성화되어 열과 통증을 전달하는데 시간이 지나면 신경세포의 과다 자극으로 신경이 죽어 진통 작용을 하게 된다. 또한 멘톨 수용체는 25도 이하에서 활성이 커져 피부 온도를 차갑게 한다. 이런 이유로 온파스와 냉파스가 만들어진 것이다.

파스는 사이즈와 각 부위별 성분별로 다양하게 준비하여 원하는 약효 외에 불가피한 알레르기에 적극 대응한다.

천식 환자는 파스 사용으로 천식이 악화될 수 있고, 파프류나 아렉스를 제외한 NSAID 단일 성분 겔이나 파스는 13세 이하에 사용이 제한된다.

6. 근골격계 질환의 비 약물 요법

저주파 자극기, 뜸, 부항 등 환부의 혈액순환을 자극하는 기구들을 이용할 수 있다. 약국의 약이 편의점으로 나간다면 약국도 의료기를 적극적으로 약국으로 끌어들여 약과 함께 부가적인 수입을 노릴 수 있다.■

[각주]

1) 실리마린 간장약과 비타민 B, C군 복용을 권장한다.

2) 항산화제 복용을 권유

3) 오성곤의 일반의약품 강의 시즌 2 교재에서 인용

4) 골다공증 치료제의 보험 기준이 1년 중 6개월 급여제한이 해지되어 1년 연중급여가 가능하다.

5) 칼슘과 마그네슘, 구리, 아연, 비타민 D$_3$는 뼈 손실 방지에 도움

근골격 · 혈액순환계 성분별로 정복하기

칼슘 2 : 마그네슘 1 배합으로 계절질환 타파
글루코사민, 콘드로이친 연골 재생 효과 높여

찬바람이 불면 근육 긴장에 따른 통증과 함께 만성적인 관절염이나 근육 마비 혹은 동상 등 계절적인 질환이 증가한다.

그간 근골격계와 혈액순환제에 대한 복약지도에서 전반적인 약의 목록을 소개했다면 오늘은 이 계절에 특화하여 야심차게 팔 글루코사민과 콘드로이친, 칼슘과 비타민 D, 마그네슘에 대해 성분별로 생각해 보자.

또한 뼈에만 작용하는 칼슘과 근육마비에 쓰는 마그네슘이라는 선입견을 떨치고 어디에 적용하여 팔 수 있는지 생각해 보자. 물론 그간 공부했던 약들을 병용하여 사용할 수 있다.

1. 칼슘

뼈와 치아를 건실하게 하는 것이 주된 작용이다. 심장근육을 직접 수축시켜 박동하게 하고 신경전달을 제대로 하여 세포에게 정보를 전달함으로써 심장이나 뇌가 정상적인 기능을 하게 하고 지혈이나 면역기능 강화에 작용을 한다.

칼슘과 마그네슘이 2 : 1로 배합되어 있는 것이 좋은데 칼슘과 마그네슘의 흡수와 작용이 서로 보완적이기 때문이다.[1]

① 99%의 칼슘은 뼈와 치아를 구성한다.

30세 전후에 미네랄의 양이 최고로 도달하고 이후 서서히 감소한다. 이 나이의 최고 골량이 높을수록 중년 이후 골다공증이 발생할 확률이 낮아지므로 청소년기 이후 청년기까지 꾸준히 칼슘을 섭취한다.

② 혈액 속에 일정한 농도를 유지하여 체액을 알칼리성으로 유지(1% 미만의 칼슘).

체액의 균형이 깨지면 뼈나 치아에서 칼슘이 유리되어 체액의 균형을 맞추게 된다.[2]

이러한 칼슘 재흡수에 의해 골다공증이나 치주염 다리뼈 통증이 유발되고 과다하게 유리되어 나온 칼슘에 의해 관절이나 연골에 석회화를 일으키기도 한다.

③ 교감신경 흥분 완화와 자율신경 안정화로 심장박동과 혈압을 정상으로 유지.

임산부의 칼슘 복용은 임신성 고혈압 예방과 출산 후 손목 통증 감소뿐 아니라 태아의 키를 키울 수 있으므로 일석삼조이다.

④ 지혈에 관여한다.

⑤ 천연의 신경안정제 역할을 한다.

　　Mg과 공동작용으로 신경과민이나 ADHD 등에도 적
　　용 가능하다.

⑥ 면역력 증가로 대장암과 직장암, 위암의 예방 [3]

　　칼슘의 부족은 면역세포의 기능부전을 일으킨다.

⑦ 칼슘의 종류

－ 오스칼(굴 껍데기), 탄산칼슘(칼트레이트), 구연산칼슘
　(애드칼, 시트라칼디), 오소판, 해조류 칼슘 등이 있다.

－ 오소판 물질은 어린 송아지 뼈에서 추출한 천연성분으
　로 칼슘 외에도 뼈의 다른 구성 성분이 같이 들어있어
　효과가 좋다.

－ 구연산 칼슘은 흡수율, 생체 이용률이 더 높고 흡수 시
　위산의 영향을 적게 받으므로 저산증 환자도 무난히
　복용 가능하다. 그리고 탄산칼슘보다 결석 생성의 위
　험이 적다.

－ 탄산칼슘은 굴 껍데기 칼슘보다 납 중독의 위험이 작다.

－ 해조칼슘은 건식에서 복합제로 많이 사용한다. 마그네
　슘과의 비율을 2 : 1로 맞추고 다른 영양성분을 같이
　포함한 영양제로 많이 출시한다. 아이들 성장 보약에
　도 포함되어 있다.

－ 마이칼정은 철분을 포함한 콜로이드성 인산칼슘으로
　인체에서 흡수되기 쉬운 칼슘, 인, 철의 종합영양제로
　는 임신수유기의 칼슘 보급, 골연화증, 두드러기, 아시
　도시스, 체질성 피부염에 적용한다. [4]

⑧ 칼슘제의 부작용

　　고칼슘혈증이나 신장결석 등은 칼슘제 과량복용보다

신장에서의 칼슘 재흡수와 연관이 크다.

⑨ 주의사항

－ thiazide계 이뇨제와 Ca을 같이 복용하면 칼슘 재흡수
　증가로 고칼슘혈증 야기.

－ digitalis 복용환자의 고용량 Ca 복용은 심장박동을
　너무 강하게 할 수 있음.

－ Fe, Zn 등의 미네랄과 병용 시 흡수 감소

－ 카페인, Na, 육류 단백질[5]은 칼슘 배설을 증가시키며,
　인은 소변에서의 칼슘 배설은 줄이나 대변에서는 배설
　을 증가시킨다.

⑩ 칼슘은 단독으로도 쓰이지만 콘드로이친, 글루코사
　민, 리프리놀과의 복합제로도 쓰인다.

⑪ 칼슘은 채소나 콩 등을 통해 500~700mg를 섭취하고
　나머지는 영양제로 800~1,000mg 정도를 섭취하여
　하루 약 1,500mg을 섭취한다.

　　한 번에 500mg 이하로 먹을 때 흡수율이 높고 불면증
　이 있으면 잠자기 전, 신결석 예방에는 식전에 복용한
　다. 커피, 담배, 술은 칼슘의 배설을 촉진한다.

2. 마그네슘

자연계에 존재하는 신경안정제로 혈관이 수축하는 것을
방지하고 심장근육세포가 강하게 수축하는 것을 약화시켜

혈압을 낮춰준다. 칼슘의 작용에 상호 보완하여 근육의 적절한 이완에 역할을 한다. 또한 마그네슘은 뼈에 작용할 때는 칼슘의 역할을 도와서 뼈를 튼튼하게 한다.[6]

하루 상한 섭취량은 350mg 정도인데 여성이나 노인의 경우는 상한량 이하로 섭취 한다.

비타민 E와 함께 혈액순환장애나 동상에 사용할 수 있다.

① 혈관의 이완으로 고혈압을 낮추고 과도한 심장 수축을 완화시켜 심근경색 예방. 혈관내피세포의 확장으로 혈류 흐름 개선과 심혈관 질환을 예방.

② 인슐린 저항성의 개선과 죽상동맥경화증의 예방. 높은 혈당의 개선과 말초 혈관순환장애의 예방.

③ Ca과 함께 임신중독증(임신성 고혈압) 예방.

④ Ca와 공동작용으로 골다공증 예방. 특히 폐경기 여성의 골밀도를 높여준다.

⑤ 근육 경련의 예방으로 편두통과 천식 발작 빈도 감소.

⑥ Ca와 함께 천연 신경안정제로서의 역할. 신경과민으로 인한 불안, 초조, 불면증과 큰 소리에 잘 놀라거나 밝은 빛 눈부심에 적용. 정신적 스트레스, 예민한 성격, 과도한 노동으로도 Mg 소모량이 늘어난다.

⑦ 근육 경직과 경련의 안정에 사용하는데 스트레스로 인한 뒷목의 뻣뻣함도 풀어줌.

⑧ 머리가 잘 빠지고 생리 전 증후군이나 생리통이 심할 때 Ca, 피리독신과 함께 사용. Mg의 양을 더 많이 (Mg 500mg, Ca 250mg) 해야 한다.

⑨ 신경 손상의 저림, 마비감, 통증이나 신경감각 이상을 완화. 피리독신과 비타민 E와 함께 사용.

⑩ 전신 세포에서 에너지를 만들 수 있으므로 다이어트 시나 에너지가 필요한 운동선수들에게 Ca, Fe, 비타민 B군을 함께 복용.

⑪ 부작용은 대부분 설사 등이며 신기능이 저하된 경우에는 저혈압, 혼수, 심박동 저하, 근력 약화, 호흡 곤란 등을 일으킬 수 있다.

Mg은 다양한 약물의 흡수를 저하시키므로 타약물과 2시간 이상의 간격을 둔다. 특히 digoxin, nitrofurantoin, bisphosphonate, 경구용 항응고제, TC, 퀴놀론계 항생제 등이고 근이완제의 효과를 증대시키므로 마취 시 주의해야 한다.

3. 비타민 D

① 혈중 Ca 농도 조절에 관여해서 노인의 골밀도 감소와 골절 예방.

칼슘과 비타민 D 섭취로 골절 발생률을 현저히 낮추었는데 적정 섭취량은 200~400IU (노인 600IU)이지만 용량을 늘리는 추세에 있다. 특히 아래에 소개된 자가면역질환이나 암 예방에 있어서는 2,000IU까지도 사용한다.

② 세포분화의 촉진과 세포의 과다증식 감소, 면역을 양면으로 조절→건선, 류머티즘에 적용. 세포분화를 촉진하면 분화 없이 증식하는 암세포를 억제할 가능성이 있다(대장암, 신장암, 전립선암, 백혈병).

③ 대식세포의 활성화로 외부 침입물질에 대한 면역을 높이고 T림프구에 의해 매개되는 면역반응을 강화(폐결핵의 치료와 예방에 적용).

④ 근력 향상으로 인한 노인 부상 방지에도 효과가 있다.

⑤ 디고신 복용자는 2,000IU 이상에 부정맥이 생길 수 있다.

4. 글루코사민과 콘드로이친

우리 몸에서 연골을 이루는 글루코사민의 합성이 나이가 들면 점차 감소되어 퇴행성 관절염 등의 질환이 생기게 된다. 이러한 글루코사민은 새우, 게 등의 갑각류의 껍질을 가수분해하여 얻은 키틴에서 생성된다.

① 글루코사민과 콘드로이친을 같이 복용하면 연골재생의 효과가 더 높다.[7]

콘드로이친은 GAGs(glycosaminoglycan) 사슬이며 글루코사민은 GAGs의 일부 구성 성분이다. 이러한

GAGs와 콜라겐과의 결합으로 연골이 구성되고 관절을 윤활하게 할 수 있다.

② 이부프로펜과 글루코사민을 각각 투여하여 관절염 환자의 증상 개선 정도를 보면 이부프로펜은 1~2주 정도, 글루코사민은 2~4주 이후에 증상이 개선되지만 이부프로펜은 연골 손상과 위, 간, 신장의 부작용을 나타낸 반면 글루코사민은 연골을 회복하였다.

③ 살이 찐 사람이나 이뇨제를 복용하는 사람은 글루코사민의 용량을 늘린다.

⑤ 당뇨가 있는 경우 글루코사민은 혈당에 큰 영향을 미치지 않지만 항상 혈당에 주의한다.

⑤ 의약품인 글루코사민 황산염이 효과가 있고 건강기능식품인 글루코사민 염산염과는 효과 차이가 있다.

우리가 칼슘이나 마그네슘의 원론적인 설명을 적용하여 환자들과 상담을 하면 너무 제한된 용도로 약을 주게 된다. 처방 조제와 연계하여 좀 더 적극적인 의미로 약을 해석하고 상담을 해보도록 하자. 물론 우선은 약을 팔 약사와 약사 가족이 먼저 모든 약을 먹어보고 경험을 해야 자신 있게 환자와 상담이 가능함을 잊지 말자.■

[각주]

1) 칼슘 : 마그네슘 : 인의 비율을 2 : 1 : 1로 보기도 한다. 칼슘의 과잉 흡수 침착을 마그네슘이 막아줄 수 있다.

2) 체액을 알칼리로 유지하여 아들 낳는 약이나 알레르기 질환에 사용하기도 한다.

3) 전립선암에 대해서는 칼슘이 암을 증가시킨다는 논란이 있음.

4) 일본 아시모토사에서 1923년 개발한 칼슘제로 일본 내에서 아들 낳는 약이나 총명한 아기를 낳는 약으로 소문이 나 있다. 우리나라에서도 그런 목적으로 많이 사용하였다.

5) 육류 단백질은 체액을 산성화시키므로 이를 알칼리화시키기 위해서 칼슘이 사용 후 소변으로 배설된다.

6) ATP 생산, 핵산과 단백질, 합성 효소 활성화, glutathione 합성에 필요하고 세포 신호전달이나 세포의 이동에도 관여한다.

7) '우리집 주치의 자연의학 자연의학' 의사 이정원 저 동아일보사 간 GAGs는 점액 다당류라고도 하며 글루코사민, 갈락토사민과 같은 아미노당분자와 glucuronic acid 나 lduronic acid 와 같은 산성당분자로 이루어져있다. 이러한 콘드로이친 황산염이나 헤파린 등은 특정 핵심단백질에 연결되어 프로테오글라이칸을 이룬다.

약사가 이끄는 안전한 체중 감량 관리법

식이요법 · 영양요법 · 운동 병행해야, 보조식품은 도움만 줄 뿐
칼로리보다 GI 지수 확인하고 스마트폰 앱으로 관리 효과 '톡톡'

체중 감량을 기준으로 해서 약국의 고객을 나누어 보자. BMI(Kg/m²) 지수가 25.0 이상이고 고혈압이나 당뇨를 가지고 있으면서도 체중 감량을 통한 체질 개선에 전혀 관심이 없는 고객과 BMI 지수 23.0 이하이지만 미용상 체중 감량을 원해서 여러 종류의 다이어트를 시행하고 요요 현상을 겪어본 고객들로 나눌 수 있다.

전자의 경우 지방과 육류의 섭취 증가와 채소, 복합 당질 섭취의 감소를 동반하는 서구식 식이 패턴으로의 변화와 신체 활동량의 감소로 인한 비만인데 특히 젊은 층의 비만 증가가 아주 빠르다. 불행히도 동양인은 서양인과 같은 체중이라도 복부 체지방의 비율이 높기 때문에 당장 고혈압이나 당뇨를 가지고 있지 않더라도 언제든지 질환을 유발하게 되는 대사증후군에 취약하다.[1] 술을 좋아하는 사회 분위기와 맞물려 향후 한국의 건강사회에 큰 악영향을 끼칠 수 있다.

후자의 경우 잦은 다이어트는 폭식과 단식의 반복으로 인해 기초대사량이 감소되어 음식 섭취 시의 발열 효과의 감소, 안정 시 에너지 소비량의 감소 등으로 같은 양의 음식을 먹어도 에너지를 덜 쓰게 되는 방향으로 몸이 변하게 되어 식사량 조절로 더 이상 살을 뺄 수 없는 부류이다.

어떤 경우이든 적절한 식이 요법과 영양요법을 제시하고 운동에의 관심을 유발하여 지속적인 적절한 체중을 유지하도록 관리하여야 한다. 그러나 약국을 방문하여 체중 감량을 원하는 고객들은 비만의 기준인 BMI(Kg/m²) 지수가 25.0 이상인 비만 단계보다 과체중에 못 미치는 단계의 고객들(BMI 지수 23.0 이하)이 많기 때문에 약국 일반의약품

만으로의 체중 감량 관리는 쉽지 않다. 또한 비만 단계 이상의 환자들은 실제 체중 감량의 의지가 없거나 관심이 많지 않다.

약국에서의 체중 감량의 목표는 단지 살을 빼는 것만 아니고 몸의 상태를 건강하게 유지하여 살이 빠지도록 도와주는 것이 중요하다.

1. 렙틴과 그렐린 이야기

렙틴은 지방세포에서 만들어지는 호르몬으로 식욕 억제를 위한 정지신호이다. 이 호르몬이 활성화되는데 걸리는 시간이 10~15분이기 때문에 급하게 먹으면 포만감 이상으로 음식을 섭취하게 된다. 체내 지방량이 많을수록 많은 양의 렙틴이 분비되어 식욕을 억제하고 신진대사를 빠르게 해서 에너지를 소모하는 방법으로 체중과 체지방을 조절한다. 그런데 어느 단계를 넘어선 비만 환자의 경우는 렙틴 저항성으로 인해 렙틴의 신호가 뇌에 전달이 잘되지 않아 살이 더 찐다.

몸이 원하는 칼로리 보다 작은 양의 음식이 섭취되면 체중 조절 시스템이 뇌로 신호를 보내 위에서 분비되는 식욕 촉진 호르몬인 그렐린을 분비하게 한다. 또한 렙틴호르몬이 부족한 상태이므로 신진대사 속도가 저하되어 에너지 소모를 줄이고 배고픔을 느끼게 해서 음식을 찾게 된다.

비만 환자들이 좋아하는 설탕과 액상과당이 들어있는 음식, GI 지수가 높은 음식은 인슐린의 분비를 높여 렙틴 호르몬에 나쁜 영향을 미치므로 피해야 하는 음식이다.

2. 비만을 유발하는 질환은 무엇일까?

① 갑상선 기능 저하증

② 여성호르몬의 복용: 여성호르몬은 수분저류, 지방 축적, 갑상선 저하, 체중 증가 등 유발

③ 염증질환: 호모시스테인이나 C 반응성 단백질, 활성산소종 등이 있을 때

C 반응성 단백질은 렙틴호르몬과 반응하여 렙틴호르몬의 뇌막 통과를 방해하여 포만감을 느낄 수 없게 한다. 활성산소종은 미토콘드리아의 기능을 떨어뜨리고 에너지 생산을 줄인다.

3. 체중 감량의 일반적인 방법

체중 관리는 단기간의 절식을 통한 체중 감량이 대부분을 차지한다.

① 병원의 처방: 식욕 억제제와 열 발생을 위한 여러 약들의 조합으로 구성

② 덴마크 다이어트, Atkins 다이어트 혹은 원푸드 다이어트: 주위 지인의 지식이나 인터넷의 레시피대로 전수받아 시행

③ H 브랜드의 관리 센터를 통한 다이어트

④ 디톡스의 형태로 진행되는 다이어트

절식 후에는 요요현상을 방지하기 위한 철저한 식이습관과 운동습관의 병행이 따라야 한다.

4. 약국에서 파는 체중 감량 보조식품

약국에서 할 수 있는 체중 관리요법은 절식 등을 통한 체중 감량 이후 건강한 체중 유지에 중점을 두고 시행하여야 한다.

① CLA: 반추동물의 고기나 유제품에 존재하며 이 중 trans-10 cis-12 isomer가 체지방 감소와 근육의 증가에 도움이 된다는 결과를 이용해 비만치료 보조식품으로 사용되어왔다. 2007년에 발표된 CLA 효과에 대한 그동안의 연구를 통합한 메타 분석에서 하루 3.2g의 CLA 를 복용하는 것은 중등도 정도의 지방 감소에 효과가 있는 것으로 나타났다. 그러나 장기적인 안정성이나 효과에 대한 검증은 아직 부족하므로 저칼로리 식사요법과 병행하여 시행하도록 한다.

② 식이섬유: 식물, 곡물, 과일로부터 추출된 수용성 식이 섬유는 섭취하면 위 안에서 다량의 수분을 끌어들여 포만감을 느끼게 한다. 고용량을 먹게 되면 효과를 볼 수 있지만 소화기 장애를 동반할 수 있고 저용량의 경우에는 효과가 별로 없다고 한다. 효과가 있다고 해도 초기 체중의 5% 미만의 체중 감소가 더 있을 뿐이므로 큰 효과를 기대하기보다는 변비 해소, 공복감 감소 등의 장점을 이용하도록 한다.

③ 카페인: 교감신경계의 작용을 증가시키며 에페드린과 병용 시 열생성 효과를 강화시키는 것으로 알려져 에페드린과 카페인을 병합한 약제의 경우 체중 감소에 도움이 된다는 연구 결과들이 있다. 그러나 카페인만 이용하였을 때는 유의한 효과가 없고 커피 관장도 근거가 없는 방법이다.

④ 가르시니아 캄보지아: 탄수화물의 지방으로의 전환 억제로 체지방 감소에 이용. 또한 포만감 증가. 에너지 소비 촉진 등의 기전으로 체중 감량에 도움이 된다. 그러나 생활 습관 교정을 병행해야 효과를 볼 수 있다. CLA와의 복합제도 나와 있으며 물을 충분히 복용하여 위장 장애를 예방하도록 한다.

⑤ 알긴산: 위에서 수분을 흡수하여 팽창하므로 포만감을 증진하여 음식 섭취량을 줄이는 목적으로 사용한다. 외국에서는 Glucomannan을 이용하고 우리나라는 카르복실메틸셀룰로오스와 같이 제제화되어 있다.

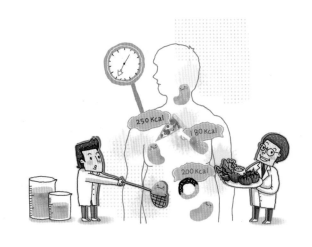

⑥ L-카르니틴: 체지방 감소에 도움이 되는 물질로 식약처의 기능 인정을 받았다. 지방산을 미토콘드리아 내로 이동시켜 체지방이 세포에서 에너지원으로 쓰일 수 있게 하여 체내 지방량을 감소시킨다. 운동을 병행할 경우에 도움이 된다.

⑦ 키토산: 체지방 감소에 도움을 주는 물질로 식약처의 기능 인정을 받았으며 십이지장을 통과한 키토산이 지방산 및 콜레스테롤과 결합하여 위장 내 지질 흡수를 감소시킴으로써 대변으로 배출되는 지방의 양을 늘려 지방 섭취가 과다한 사람의 체지방을 줄일 수 있다.

⑧ 디톡스: 레몬 디톡스나 과채즙, 효소 등을 이용한 디톡스가 있다.

5. 음식 섭취 시 주의점

(절식 후 요요 현상을 막기 위한 식사요법으로도 이용)

① 현미식: 현미에는 식이섬유와 비타민 B군이 풍부하고, GI 지수도 낮다.

② 천천히 꼭꼭 씹어먹기: 렙틴 호르몬의 분비는 20분 정도 걸리므로 천천히 먹어야 한다.

③ 음식을 소량의 그릇에 덜어먹는다.

④ 작은 용기에 음식을 담는다.

⑤ 음식을 잘게 썰어 먹는다.

⑥ 녹차와 마테차: 체지방 감소에 도움, 하루에 2L 이상을 마셔 독소 배출을 돕는다. 기상 직후의 미온수는 내장의

혈액순환을 도와 배변 촉진, 소화기능 향상

⑦ 생야채를 먹거나 녹즙: 효소가 살아있는 생야채나 녹즙은 신체의 대사 활성을 돕고 또한 식이 섬유의 기능을 한다. 아침에 충분한 양의 식이섬유를 복용하면 오후 공복감을 막을 수가 있다.

⑧ 밀가루 음식과 단순당, GI 지수가 높은 음식을 먹지는다. 밀가루나 단순당 음식은 뇌에서 음식물에 의한 중독 증상을 나타낸다.

⑨ 하루 25g의 견과류 섭취: 견과류는 칼로리는 높으나 흡수되는 열량이 낮고 식전 30분 전에 복용하면 가벼운 포만감을 느끼게 해서 폭식을 막아준다. 오메가 지방산으로서의 효능도 있다.

⑩ 하루 세 끼를 꼭 챙겨 먹는다. 먹는 양과 횟수를 줄일 뿐 절대 굶지 않는다.

6. 생활관리요법

① 비타민 D를 충분히 섭취하면 렙틴 호르몬을 활성화

② 일찍 자고 일찍 일어난다: 밤이 늦어지면 실제로 배도 고프지만 정서적인 불안정이 음식을 탐하게 한다. 잠들기 3시간 전에는 먹지 않도록 하여 아침식사와의 간격이 12시간 이상 되도록 한다.

③ 서서 움직이고 버스나 지하철에서도 서 있도록 한다.

④ 스트레스 관리가 중요하다. 배가 고파서 먹는 게 아니라 마음이 허해서 먹을 때가 많다.

7. 운동요법

꾸준한 30분간의 운동은 식욕 조절 중추가 있는 시상하부를 자극하여 식욕을 억제하고, 기초대사량을 높여서 휴식 시에도 지방을 연소하게 함으로 요요 현상을 막는데 큰 역할을 한다. 또한 운동으로 인한 에피네프린과 노에피네프린의 분비는 당과 지방을 분해하는 데 도움이 된다.

심한 과체중의 경우는 근력운동보다는 저강도의 유산소 운동을 꾸준히 시행하는 것이 도움이 된다. 혹시 개인 PT를 받을 수 있다면 스트레칭과 동반한 근력운동도 도움이 되고 고강도 인터벌 트레이닝도 도움이 된다.

8. 당의 GI 지수에 관심을 가지자

GI 지수란 포도당이 소화, 분해될 것도 없이 바로 흡수되어 혈당 수치를 올리는 시간을 100을 기준으로 하여 다른 음식들의 당 지수를 나타내고 있다. 당 지수가 높은 음식은 혈당이 빨리 크게 올라가고 당 지수가 낮으면 혈당이 천천히 적게 올라간다.

식품이나 음식물 개개의 칼로리가 낮은 음식물을 골라 섭취하는 것도 중요하지만 GI 지수라 낮은 음식을 골라 섭취하는 것이 더 중요하다. 예를 들어 감자 1개의 칼로리는 50Kcal에 불과하지만 GI 지수가 88로 높고 고구마는 85Kcal이지만 GI 지수가 44로 낮다.

9. 다이어트에 도움이 되는 영양요법

① 오메가 3: 중성 지방의 합성을 억제

② 코엔자임 Q10: 미토콘드리아의 기능을 활성화(에너지 생산, 지방 산화)하고 활성산소로 인한 다른 항산화제의 기능을 복구

③ 비타민 B 복합체: 활성산소와 만성 염증의 개선에 도움을 주고 에너지 대사 효율을 높인다.

④ 비타민 C: 1~3g 정도의 섭취로 렙틴 호르몬의 작용을 정상화하여 식욕을 억제한다.

⑤ 미네랄: 신경 전달 물질 시스템의 조절, 칼슘, 마그네슘, 아연 등이 필요

⑥ 유산균: 장내 유익균을 늘이고 유해균을 줄여 장 건강과 해독에 도움을 준다.

⑦ 식이섬유: 음식의 섭취 속도를 추고 유해 물질의 배

설에 도움이 된다.

⑧ 효소: 음식의 섭취 과정을 관장하여 체중 감량에 도움을 주는데, 생야채나 데친 야채로 보급을 하고 충분하지 으면 약으로 먹도록 한다.

⑨ 인삼, 홍경천, 가시오가피: 스트레스에 의한 부신 호르몬의 불균형은 체중 증가를 야기. 스트레스와 인체의 전반적인 면역력 강화

⑩ 크롬, 글루타민, 트립토판, 티로신, 비타민 D 등은 음식 중독 예방을 위해 필요

10. 스마트폰의 도움을 받아보자

다이어트에 도움을 주는 앱들이 스마트 폰이나 아이패드에 준비되어있다.

① 식욕과 관련된 앱: 다이어트 일기, 식욕 관리 다이어트, 다이어터의 식사일기, WOW 식욕 억제기

② 운동과 관련된 앱: 요가코치, 피트니스 코치, 건강정보

11. 진단 시약의 도움

20분 이상 꾸준히 운동을 하여 활동에 필요한 에너지가 부족하게 되면 몸에 축적된 비상 에너지를 사용하는데, 우선 체내의 포도당을 먼저 사용하고 이후에 체내 지방을 에지로 사용하게 된다. 이때의 지방이 연소되면서 몸에서는 케톤체가 발생하고 이런 케톤체를 케톤 진단 시약으로 확인할 수 있다. 소변으로 검출되는 케톤의 양은 눈으로 직접 확인할 수 있어 진단 시약의 도움을 빌면 운동 강도를 조정하기에 편하다.

몸이 건강해지면 살도 빠지고 환자의 기본 질환도 좋아진다는 기본 대명제 하에 환자의 음식습관, 생활습관, 운동습관 영양요법까지 약국에서 철저히 관리할 때 비만 시장은 더 이상 약국의 계륵이 아니다.■

[각주]

1) 허리둘레(남자 90cm 이상, 여자 85cm 이상) 고혈압 전 단계(수축기 120mmHg 〉, 이완기 80mmHg 〉), 혈당 110~126, 낮은 HDL, 높은 중성지방혈증 중 3가지 이상을 충족하는 질병 전 단계, 알코올성 간질환도 나타남

비만, 이제 약국에서 관리하자

약물 치료 전 3~6개월간 생활습관 개선이 우선
부작용 반드시 이해시키고 식사관리 등 충분한 상담 중요

1. 비만에 대한 정의

비만이란 의학적으로 체내 지방이 비정상적으로 많아진 상태를 말한다.

체중이 얼마나 많이 나가는가 하는 것보다는 얼마나 체지방이 필요 이상으로 많이 쌓여 있는가로 판단하는 것이 정확한 기준이며 복부에 지방이 쌓이는 남성형 비만이 더욱 위험한 것으로 알려져 있다.

한국 비만학회에서 정의한 한국인의 비만 진단기준이다.

- 체질량 지수(BMI)로 보는 비만 기준은 체질량 지수(BMI) 25kg/m² 이상으로 한다[체질량 지수 = 체중(kg) / 키(m) × 키(m)].

- 허리둘레로 본 복부 비만의 기준은 남자에서는 90cm 이상, 여자에서는 85cm 이상으로 비만을 진단하며 이때 비만은 질환이며 반드시 치료되어야 한다는 개념으로 접근한다.

또한 비만의 병태생리는 에너지 생산과 소비 사이의 균형의 실패이고, 에너지 균형은 중추신경계에 의해 조절된다는 생각으로 장기적으로 살을 빼도록 해야 한다.

2. 비만을 어떻게 치료할 수 있을까

비만 치료는 장기치료가 원칙이므로 약물 치료를 시작하기 전에 적절한 식사 및 운동과 같은 생활 습관 개선을 먼저 시도해야 한다.

식사, 운동, 행동 수정요법으로 3~6개월간 시도해 보았으나 충분한 체중 감량(원래 체중의 10% 이하 또는 1주에 0.5kg의 체중 감량)이 없을 경우 약물 요법을 생활 습관의

변화와 함께 시행한다. 비만 약물 치료에 사용되는 약은 효과 및 안정성이 입증된 것을 사용하여야 하며 사용에 따른 작용, 용량 및 부작용에 대하여 반드시 이해를 시켜야 한다.

이때 중요하게 고려해야 할 요소 중 하나는 체중 감량에 실패하거나 요요현상이 생기는 것은 환자가 게으르거나 의지력이 약해서가 아니라 의도적인 체중 감량은 체내 항상성을 깨트리는 것이라 성공하기 어렵기 때문이다. 따라서 체중 감량을 유도하고 감량체중을 유지하기 위해 적절한 약물을 사용하는 것이 치료에 도움이 된다.

한국 비만학회에 따르면 비만치료에서 약물 치료는 운동, 식사조절, 행동수정요법의 보조적인 치료수단이지만 체질량지수가 25kg/m²이거나 23kg/m²이면서 심혈관계 합병증 및 수면 무호흡증이 동반된 경우는 약물 치료가 일차적인 치료로 고려될 수 있다.

문제는 비만 환자의 체중조절이 약 한 알로 하루아침에 좋아질 수 없으므로 장기적인 관점에서 치료를 지속해야 하지만, 치료 약물의 종류가 다양하지 않고 사용할 수 있는 기간도 짧아 사용에 어려움이 있다.

또한 개국가에서 흔히 볼 수 있는 비만 약제의 병합요법은 아직 연구가 충분히 이루어지지 않았으며, 단일 요법과 비교하여 체중 감소에 도움이 되는 효과가 미진하거나 부작용 발생의 우려가 있으므로 권유되지 않는다. 약제 사용 후 3개월 내에 5~10%의 체중 감량이 없거나 동반 질환의 개선 효과가 보이지 않으면 약제 변경을 고려하는 것이 바람직하다.

3. 처방되는 비만 치료제의 종류

1) 단기간 사용허가를 받은 중추신경성 비만치료제[1)]

① 펜터민, 펜디메트라진, 디에틸프로피온, 마진돌 등이 있다.

이 중에서 펜터민, 펜디메트라진, 디에틸프로피온, 페닐프로판올아민[2)], 마진돌 등은 노르에피네프린계 약물로써 노르에피네프린의 재흡수를 억제하여 이 물질이 장기간 신경세포 접합부 후막에 작용하도록 함으로써 아드레날린성 자극을 증강시켜 식욕을 억제한다.

암페타민 유사체로서 β-phenethylamine 구조를 포함하고 있는 약은 펜디메트라진, 디에틸프로피온, 페닐프로판올아민, 펜터민 등이고 마진돌은 삼환계 식욕억제제이다.

a. 펜터민

1959년 미국 FDA의 승인을 받은 이후 50년 이상 사용되고 있는데 그간의 연구결과를 보면 펜터민 15~30mg을 2~24주 사용하였을 경우 위약에 비해 3.6kg(0.6~6.0kg) 정도의 체중이 더 감량되었다.

펜터민 서방캡슐은 부작용을 줄인 제형으로 체질량 지수 25kg/m² 이상인 한국인 환자에게 12주간 펜터민 서방캡슐 30mg을 투여하였을 때 위약에 비해 체중 감량, 허리둘레, 지질 개선 효과가 뚜렷하였다고 한다.

b. 디에칠프로피온

1965년~1983년 사이의 6~52주간 다양한 연구를 통해 위약에 비해 약 3kg의 체중이 더 감량되었다고 한다.

c. 마진돌

2~20주간의 다양한 연구를 통해 위약보다 2.7kg의 체중이 더 감소하였다.

약의 강도는 '펜터민 〉 펜디메트라진 〉 마진돌' 순으로 식욕억제효과가 강하고 펜터민과 디에틸프로피온은 도파민 시스템에 대한 작용을 덜하여 남용의 위험이 상대적으로 적다고 한다.

② 환자에 대한 복약지도

뇌신경 세포의 말단에서 신경전달 물질인 노르에프네프린의 재흡수를 억제하여 식욕을 억제하고 포만감을 증가시킨다고 설명한다.

단기간의 비만치료제는 장기간 사용에 대한 임상연구결과가 없고 장기간 사용 시 약물의존도(내성)나 남용의 가능성이 높아진다.

따라서 이들 약제는 현재 1개월 사용 후 만족할 만한 치료 반응이 있고 부작용이 없을 때 총 3개월 정도를 최대 사

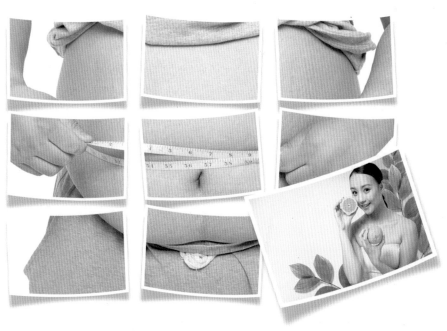

용기간으로 정하였다고 설명하여 너무 약에 의존하지 않도록 한다.

③ 부작용

입 마름, 변비, 두통, 불면, 신경과민, 예민, 빈맥, 고혈압, 그리고 드물게 부정맥을 나타내는데 가벼운 경우는 투여를 계속하면 사라지기도 한다. 그러나 심각하지 않아도 이상반응을 경험했다는 한국인 환자가 50% 정도나 되는 것으로 알려져 있다.

펜터민 서방캡슐의 경우는 부작용을 많이 줄였는데 위약에 비해 입 마름(55%)과 불면(35%) 등이 나타났다고 한다.

④ 금기

조절되지 않는 고혈압 환자나 심혈관계 질환자는 투여하지 않는다.

2) 현재 임상 중인 약물로서 비만 처방에 사용 중인 약

베타 히스틴은 1960년대에 메니에르병의 어지럼증 치료에 허가를 받아 현재도 사용되고 있는 약이다. 이 약을 복용한 환자에게서 체중 감량의 효과가 있는 것으로 밝혀져서 비만에 관한 처방에 응용하고 있으며 중추성 식욕억제제와 함께 처방되는 것을 볼 수 있다.

베타히스틴의 체중 감소 기전은 H_1수용체는 활성시키면서 H_3수용체는 차단함으로써 음식 섭취를 감소시키고 포만감을 증가시켜 체중을 줄이는 것으로 생각하고 있다. 베타히스틴 48mg을 복용한 50세 이하 여자군에서 위약과 비교해서 유의한 체중 감소 효과가 있었고 부작용은 없었다고 한다.

3) 비만 처방에 사용되는 약

① 에페드린 + 카페인:

체중 감량의 정체기에 사용되며 에너지 발생률을 높여 체중 감량을 유도한다. 손끝이 저린 부작용이 있다.

② 알긴산:

위에서 수분을 흡수하여 팽창하므로 포만감을 증진하여 음식 섭취량을 줄이는데 카르복실메틸셀룰로오스와 같이 제제화 되어있다.

③ 방풍통성산:

복부비만이나 변비 환자에 처방되는 약이다[3].

한방내과에서는 지방세포의 cAMP 증가를 유발하여 전신에 있는 백색지방세포를 분해하고 목 뒷부분, 견갑골, 겨드랑이, 심장, 신장 주위의 갈색지방세포의 열 생산을 증가시켜 살을 빼는 것으로 설명한다.

④ L-카르니틴:

지방산을 미토콘드리아 내로 이동시켜 체지방이 세포에서 에너지원으로 쓰일 수 있게 하여 체내 지방량을 감소시킨다.

⑤ 녹차추출물:

폴리페놀 카테킨과 카페인의 두 성분이 함께 작용하여 열 생성을 유발하는 것으로 알려져 있다. 최근 식약처에서 약효 재평가를 거쳐서 제품이 거의 퇴출되었다.

⑥ 방기황기탕:

이뇨제처럼 사용된다.

⑦ 알로에 함유 변비약

4) 장기간의 비만 치료에 사용허가를 받은 약

① 작용기전

올리스타트는 비가역적 위와 췌장의 카르복실에스터 리파제의 억제제로 섭취한 중성지방이 흡수되기 쉬운 지방산 형태로 분해되는 것을 막아 흡수를 억제하고 대변으로 배설시킨다.

120mg을 하루 세 번 복용할 경우 음식 중 지방의 30%는 흡수가 되지 않으므로 하루 150~200Kcal의 에너지 섭취 감소 효과를 나타내어 초기 체중의 5~10% 정도의 체중 감

물 치료를 계속하게 되는데 약물 치료를 중단하면 급격한 체중 재증가가 일어날 수 있다. 따라서 지속적으로 생활 습관 개선을 병행해야 효과를 얻을 수 있다.

5. 약에 대해 질문을 받았어요. 어떻게 대답을 할까요?

Q. 비만 치료제를 장기간 복용하다가 중단하면 금단 현상이 나타날 수 있다고 하던데요?

A. 현재 사용되고 있는 모든 비만 약물이 약물 초기 (3~6개월)에 체중 감량을 일으키고 이후 체중 유지를 하도록 한다. 약물을 사용한다고 해서 지속적으로 체중이 빠지는 것이 아닌데 이는 약물에 의한 내성보다는 체중 감소가 일어날 때 몸 안에서 일어나는 변화 때문이다. 체중 감소가 일어나면 휴식기 에너지 소비량의 감소도 같이 일어나 에너지 밸런스가 이루어지면 더 이상 체중 감량이 일어나지 않는다. 이런 현상은 식이조절, 운동 등 약물 치료 이외의 모든 치료에서도 마찬가지이다.

약국에서 그동안 비만 치료제를 취급하기 힘들었던 이유는 비만을 미용으로 보는 시각을 가지고 있었기 때문이며 상담을 통해 식사일기나 체중 감량의 정도를 파악하고 환자와 교감하는 일에 서투르거나 처방 조제에 바빠 시간을 할애하지 못해서 그런 것으로 보인다.

비만 치료제의 작용기전을 좀 더 상세하게 이해하고 섬세한 시선으로 약국에 오는 비만 환자들과의 교감을 이루기를 바란다. ■

량을 기대할 수 있다. 위약군과 비교하여 6개월 후 2.6kg, 12개월 후 2.9kg 정도의 체중 감량을 보였다.

② 부작용

지방 흡수 장애와 관련된 묽은 변, 절박변, 방귀, 지방 설사, 변실금 등이 나타나지만 오래 지속되지는 않고 섭취하는 지방량을 줄이면 부작용도 줄어든다. 문제는 지용성 비타민의 흡수 불량인데 이는 비타민 섭취 시간을 올리스타트와 달리함으로써 해결한다.

③ 장점

간과 신장으로 배설되지 않아 다른 약물과의 상호작용이 거의 없고 체중 감소와 함께 이상지질혈증의 개선과 당뇨병 예방에 효과적이면서도 혈압에 미치는 영향이 거의 없다.

비만 치료에서 약물 치료를 시행하였을 때 체중이 감소되는 것은 6개월 정도이고 이후에는 체중 유지를 목적으로 약

[각주]

1) 2012 대한임상건강 증진학회 춘계 통합 학술대회, 윤영미, 일차 진료 비만 약물의 새로운 근거편 참조

2) 1996년 미국 예일대학교 연구팀에 의해 PPA가 출혈성 뇌졸중 발병 가능성을 증가시킨다는 사실이 밝혀졌다. 이에 따라 미국식품의약국(FDA)에서는 2000년 2004년 8월 1일부터 PPA 성분이 들어 있는 감기약 167종에 대해 전면 사용 중지 및 폐기 처분을 내렸다. 우리나라 식약처는 국내 역학조사를 마친 2004년 11월부터 PPA 성분이 들어있는 감기약과 다이어트약의 판매를 중지하도록 명령하였다.

3) 일본에서는 변비 경향이며 뚱뚱하고 살집이 단단한 체형의 비만증에는 방풍통성산이 활용되고 살이 희며 물살타입의 비만증에는 방기황기탕이 사용된다고 한다.

위장약·유산균제 공략해 매출 올리기

조제 시 익혔던 처방전 조합 따라 하는 것 제일 효과적
한약 자격증 없는 약사도 취급 가능한 과립제 이용해 보기

약국에서 한번 먹는 약으로 파는 비중을 보면 소화제가 제일 많지 않을까 한다.

1. 약국에서 접하게 되는 증상들에 대해 생각해 보자

① 소화가 안 되고 더부룩하다 혹은 갑갑하다.
② 가스가 차고 윗배가 아프다 혹은 무지근하다.
③ 배가 틀듯이 아프다.
④ 소화가 안 되고 머리가 아프다.
⑤ 속이 쓰리다.
⑥ 윗가슴이 아프다.
⑦ 목에 무엇이 걸린 것 같고 윗가슴이 따갑고 아프다.
⑧ 배가 아프고 설사가 난다.
⑨ 설사는 하지만 배가 아프지는 않다.
⑩ 감기 후에 설사를 한다.
⑪ 술 먹고 구역질이 나고 머리가 아프다.
⑫ 변비가 심하다.
⑬ 장 청소를 하고 난 후에 계속 연변을 보고 배가 아프다.

우선 이런 증상을 문진할 때는 언제부터 아팠는지, 어느 정도 아픈지 불편의 경중에 따라 그리고 위만 아픈지 장이 같이 아픈지에 따라(혹은 윗배, 아랫배로 표현되기도 한다.) 한번 먹을 것을 줄 건지 10알 포장을 줄 건지 결정할 수 있다.

귀찮아하는 환자들도 있지만 이렇게 환자를 문진하는 과정을 거치는 동안 음식이나 생활 습관까지 같이 조언을 한다. 실제 위장 관계의 모든 질환은 음식에서 비롯되기 때문이다.

2. 우리가 팔 수 있는 약들은 무엇이 있을까

정로환 하나면 배탈, 설사, 구역질 모든 것을 막는다고 생각하는 환자들도 있지만 병원 처방은 가벼운 복통 하나에도 장 기능 조절제 2종, 진경제, 유산균제 등이 포함되어 처방된다.

일반의약품으로 위장약을 팔 때도 한 가지만 줄 게 아니라 그간 내가 약을 조제하면서 익혔던 처방전의 조합을 잘 보고 그대로 따라 하는 것이 제일 효과적이다.

① 위장기능조절제: domperidone액, trimebutine정, metoclopramide 복합제[1]

② 위산과다억제제: ranitidine 복합제, cimetidine 복합제, ranitidine정, famotidine정

③ 위점막보호제: 비타민 U, bismuth 함유제, azulene

④ 진경제: scopolamine정, papaverine정, dicyclomine정. papaverine 함유 소화액제 trimebutine정, mebeverine 정제도 진경 작용을 한다.

⑤ 신경성: temazepam

⑥ 각종 소화제: 각종 소화 효소와 가스 제거제가 포함. 7세 이하는 복용 금기.

⑦ 제산제: 위산의 중화를 목적으로 사용. hydrotalcite, NAHCO, $CaCO_3$ 등의 복합정제 almagate 함유제, boehmite 함유제, alginine 함유제 등[2]

당장의 위산 중화효과가 뛰어나므로 속이 많이 쓰릴 때 바로 효과를 볼 수 있다. 따뜻한 한 잔의 물을 겔 복용 후 마시면 위장 벽에 대한 발림성이 좋아져 효과가 빨라진다.

⑧ 지사제: 발열의 유무, 복통의 정도, 구토 증상의 유무,

변의 상태에 따라서 병용약 달라짐. 장운동억제제제(loperamide 복합제), 흡착제(smectite, attapulgite, kaolin 등), 장내 방부 살균제(creosote, berberine, acrinol, nifuroxazide), 유산균, 장 관련 한방제(윤장환, 황련주증환, 평위오령산, 반하사심탕)

⑨ 변비약: 팽창성 하제(차전자피, 마크롤), 자극성 하제(bisacodyl, senna, picosulfate), 윤활성 하제(glycerin), 연변하제(docusate) 염류성 하제(마그밀, 솔린액 오랄), 고삼투압성 하제(락툴로오즈) 그 외 장 청소약, 푸룬, 동규자차, 다시마환, 알로에환 등도 광의의 변비약이다.

⑩ 한방제: 한방 소화환제, 각종 과립제, 까스활명수, 한방이 포함된 소화액제 등. 대부분의 소화기능 증진을 위한 한방 환제는 임신 수유부 투여 금기이므로 조심한다.

⑪ 소아용 시럽: 소화기능 증진(백초DS시럽, 기응환), 지사제(후라베린큐액, 에세푸릴현탁액, 백초DS시럽, 포롱액)

3. 어떤 조합의 약을 줄까

병원 처방에 의한 조제에서는 levosulpride, domperidone, itopride, mosapride 등이 상부 위장관의 배출 능력 강화로 기능성 소화불량에 사용되고 trimebutine정은 하부 위장관의 기능 조절과 진경작용을 목적으로 사용된다. 그러나 일반의약품을 이용하여 위장약을 판매할 때는 trimebutine정 단일제와 metoclopramide 복합제를 잘 활용한다.

우선 1번에 나열된 증상들을 기능성 소화불량증, 위산과다와 역류성 식도염, 설사와 변비 등으로 나누어서 생각해보자.

a. 기능성 소화불량증(1번의 ①, ②): trimebutine정+소화제 환, metoclopramide 복합제

복통(1번의 ③)과 두통(1번의 ④)이 동반하면 복통에는 진경제 액제나 사역산 환을, 두통에는 1회용 진통제를 첨가

두 증상을 한꺼번에 호소하면 복합 부스코판과 사역산환을 이용

b. *위산과다와 역류성 식도염(1번의 ⑤, ⑥): ranitidine 복합제, cimetidine 복합제, ranitidine 단일제+

trimebutine정이나 반하사심탕

*역류성 식도염 증상과 매핵기의 증상(1번의 ⑦)같이 나타남: ranitidine 복합제, cimetidine 복합제, ranitidine 단일제+trimebutine정+반하후박탕 또는 개비스콘+제산제를 이용

c. 설사(1번의 ⑧, ⑨, ⑩): 지사제+윤장환, 황련주증환[3], 평위위령산, 반하사심탕, 유산균제

d. 숙취 후 두통(1번의 ⑪): 알코올 해독제+제산제+1회용 진통제[4]

e. 변비가 심할 때: trimebutine정, metoclopramide 복합제+유산균+비타민 C

f. 장 청소 후의 불편함: 유산균+윤장환

4. 한방제에 대해서 알아보자

우리가 사용할 수 있는 위장기능 조절제가 한정되어 있는 만큼 위장약의 효과를 높이기 위해서는 한방 과립제를 잘 이용한다.

동아제약은 스티렌에 이어 모티리톤정이라는 생약 위장관 기능 증진제를 발매하였는데 이는 한방 소화제 중의 현호색과 견우자를 5 : 1의 비율로 추출하여 만든 정제이다.

견우자는 다양한 한방 소화제(예. 정우신약 소체환)에, 현호색은 까스활명수에 들어있고 임산부 복용금기이다[5].

과립제는 일반의약품이므로 자격증이 없는 젊은 약사님들도 취급이 가능하고 또한 소분혼합조제가 가능해서 필하다면 두 가지 이상을 합방할 수 있다.

① 연라환(삼영환), 태화환(신위단), 소체환 등의 소화기능증진제

② 윤장환, 황련주증환(지장환): 설사에 사용되는 한방환제

③ 반하사심탕: 신경성 소화불량이나 설사

④ 평위오령산(위령탕): 물설사와 구역 복통 동반(한풍제약의 올가과립)

⑤ 반하후박탕: 스트레스로 인해 이물감 호소할 때

⑥ 작약감초탕: 모든 종류의 통증에 들음. 생리통, 복통.

⑦ 기타: 안중산, 시호계지탕, 안중조기환, 사역산, 반하

백출천마탕 등

5. 유산균(프로바이오틱 Probiotics)

유산균은 몸속 장내 미생물 균형을 조절하여 우리 몸의 건강에 도움을 주는 살아있는 미생물이다. 음식물의 소화와 흡수에 도움을 주고 유해균의 번식을 억제하며 다른 유익균의 번식을 돕고, 유해물질의 생산이나 흡수를 억제하여 면역기능을 정상화하는 등의 작용을 한다. 이러한 유산균이 효과가 있으려면 반드시 증식을 해야 하는데 대부분의 유산균은 장에서 임시적으로만 정착을 하여 복용 중지 후 1~2주 안에 장내에서 사라진다. 그러므로 꾸준하게 복용하여야 하고 특히 항생제 복용으로 장의 정상 세균이 줄게 되면 정상 세균을 대신해 장염이나 설사를 일으키는 유해균이 침투하기 쉽다.

유산균을 고를 때에는 단일 균주의 제품보다는 복합 균주인 의약품 유산균을 택하고 정착률을 높이기 위해서는 프리바이오틱(섬유질, 복합당)을 같이 섭취하는 것이 효과적이다.

유산균과 같은 생균제는 식후에 위산이 많이 분비된 상태에서 복용하면 위산 때문에 생균이 사멸할 확률이 높아지므로 공복에 복용하는 것이 권장된다.

또 유산균으로 장 건강을 유지하면 음식 속에서 뼈를 만드는 영양성분의 흡수를 촉진한다.

6. 한 가지 치료제로 소실되는 다른 영양소를 생각해 보자

위산 분비억제제를 오랫동안 복용하게 되면 위장관 내의 산도가 달라져서 티아민, 엽산, 비타민 B12, 비타민 A · D, 칼슘, 철, 아연 등의 흡수가 달라진다. 그로 인해 입안 염증, 잇몸 질환, 우울증, 갑상선 기능저하, 빈혈 등을 야기한다[6].

따라서 위산 분비억제제를 복용할 때는 비타민 B12를 보충할 수 있는 크랜베리 주스를 같이 먹는 것이 좋다. 어르신들이 내과 처방에 의해 위산 분비억제제를 많이 복용하지만 실제 저산증에 의한 소화불량증도 많기 때문에 병원약이 안 든다고 호소를 하신다면 효소제나 betaine이 포함된 제제를 한번 시도하면서 식사습관을 교정해 볼 필요도 있다. 위장 기능은 떨어져 있지만 식욕이 있어 과식을 하거나 급히 먹는 경우가 많기 때문이다.■

[각주]

1) metoclopramide 성분은 안전성 서한에 따라 5일 이상 투여할 수 없도록 되어 있다.

2) 개비스콘은 Sod.alginate 성분이라 Na 함량이 문제가 될 수 있는 심혈관 질환자나 신장질환 환자 주의

3) 황련주증환은 세균성 설사 같은 열성 설사에 이용

4) 숙취 후 약국에서 손쉽게 주게 되는 아세트아미노펜은 간 장애를 유발할 수 있으므로 주의해서 준다.

5) 까스활명수가 의약외품으로 빠지지 않은 이유이다.

6) 수지 코헨은 위산분비억제제를 6개월 이상 복용하면 심장질환, 피로, 칸디다감염, 과민성대장증후군, 시력저하, 고혈압, 암 발생 위험 증가한다고 함

혈액순환제와 철분영양제, 폴산

혈액순환장애의 원인을 잘 파악해 동반되는 약 함께 투여해야
갱년기 여성 승마, 레드클로버 등 천연 여성호르몬 제제 병용

"지난 번 감기약 한번 먹으니 뚝 떨어지던데..
   약사선생님 내가 밤마다 다리가 저려서 잠을 잘 못 자는데..
   이것도 좀 낫게 해주이소."

혈액순환제나 철분영양제 폴산은 서로 다른 카테고리지만 상호보완적인 역할을 한다. 혈액순환제는 평소 약을 복용하는 고객이 사가지만 설, 추석, 어버이날은 선물로 나간다.

지난 5월 어버이날 우리 약국에는 어떠한 약을 많이 팔았는지 한번 생각해 보자.

1. 혈액순환제 좀 주세요

우선 본인이 먹을 것인지, 선물인지를 확인하고 무엇을 줄 것인지 결정한다.

a. 선물로 구매하는 경우

환자의 증상에 대한 설명이 추상적이고 선물을 받는 환자가 흡족해야 하므로 약 포장 겉면에 혈액순환제라고 적혀있는 은행잎, 항산화제, 오메가 3, 써큐란, 비타민 E+Mg 종류 중에서 하나를 선택한다.

구매자의 관계도 굉장히 중요하다. 고가 약을 사러 방문한 부부의 경우 구매 결정력이 여자에게 있는 경우가 대부분이므로 선물을 할 대상에 따라서 제품의 셀링 포인트를 다르게 설정하여야 한다.

* 은행잎: 가격 대비 포장이 우수하고 오랫동안 먹을 수 있는 장점이 있다.

* 항산화제: 관계가 애매하여 잘 파악할 수 없다면 항산화제를 준다. 가장 무난한 선택이다.
   항산화제의 조합은 다양하기 때문에 타제품과의 비교가 힘들어 가격 시비도 덜하다.
* 오메가 3: 홈쇼핑에서도 많이 팔기 때문에 고객에게 제품을 권유하기는 쉽지만 주원료나 주성분의 함량, 냄새나 위장 관계 부작용 등 제품 복용 시의 주의사항에 대한 정보까지 상세히 연구하지 않으면 고객에게 끌려다니며 가격 시비만 일으킨다.
* 써큐란: 일반의약품으로 광고가 잘 되어서 지명 구매하는 경우가 많다.
* 비타민 E+Mg: 안검 경련이나 다리 근육 마비 등 구체적인 증상을 얘기하는 경우 판매 가능

b. 본인이 복용하는 경우

혈액순환제를 40, 50대 이후의 어른들이 먹는 손발 저림이나 어지러움에 관한 약이라고 좁게 보면 은행잎이나 오메가 3, 써큐란 등등 위에서 언급한 단일 제품만 염두에 두어 상담을 하게 되고, 특정 제품을 구매하기 원해서 약국을 방문한 환자를 설득하여 약사가 원하는 방향으로 판매를 이끌기 어렵다.

항상 대화의 시작은 "어디가 불편해서 제품을 구매하길 원하십니까?"이다.

환자의 표현에 따른 증상을 잘 들으면서 환자가 설명하기를 놓친 부분을 간파하고 되묻는 것이 중요하다. 실제 환자가 약을 복용한 후 효과를 빨리 느끼게 하기 위해서는 말

하지 않았지만 불편한 혈액순환장애의 원인을 잘 파악하여 동반되는 약을 같이 투여하는 것이 좋다. 이때 약 포장지 속에 작은 포장이 두 개가 들어있는 경우 큰 통으로 한 종류만 팔기보다는 반씩 쪼개어 두 가지 약을 투여하면 약이 재구매되는 기간도 짧아지므로 한번 시도해 보도록 한다.

약국을 방문할 때 어느 정도 약값 지출을 예정하여 들어오므로 너무 금액이 커지면 다음에 방문한다고 돌아서게 된다.

또한 환자를 위한 제품 선택에서는 항상 환자의 의도가 중요하기 때문에 약사가 권하는 약을 환자가 신뢰하지 못하는 표정을 보일 때는 얼른 환자가 원하는 대안을 제시할 준비를 늘 하고 있어야 한다.

2. 혈액순환이 안 될 때의 표현하는 증상은?

환자들이 혈액순환제를 사러 올 때는 손발이 저리다, 자다가 다리의 경련이 난다, 손발이 차다, 다리가 무겁고 붓는다, 저리고 아파서 잘 수가 없다, 어지럽다, 기억력이 떨어진다, 늘 머리가 무겁고 아프다 등으로 표현한다.

뇌졸중이나 심한 심근경색 등의 혈관질환으로 발전할 수 있으므로 환자의 호소를 들을 때 평소 기저 질환은 없는지 파악해야 한다. 급성 심근경색은 소화불량이나 위산과다로 느껴질 수 있으므로 주의해서 판단하고 병원에서 치료받을 수 있도록 한다.

3. 혈액순환장애의 원인을 살펴보자.

a. 혈관이 깨끗하지 못한 경우(한방의 어혈): 팔다리 저림이나 국소적인 통증이 있음 은행잎, 오메가 3, 바소칸, 항산화제(특히 비타민 E+Mg)

b. 혈관이 튼튼하지 못하고 좁아진 경우: 손발 차가움, 팔다리 저림 은행잎, Ca/Mg, 통심락, 바소칸, 비타민 E+Mg, 비타민 E+γ-oryzanol, lechitin

c. 혈액을 뿜어주는 심장의 힘이 떨어진 경우(심허혈 개선): 숨이 참, 부종, 가슴 통증 써큐란, CoQ10, Ca/Mg, L-카르니틴

d. 혈액이 모자란 경우(한방의 혈허)

e. 혈액을 돌리는 힘이 부족한 경우(한방의 기허)

어르신들의 혈액순환장애는 많은 경우 혈관과 심장의 문제와 혈허와 기허를 동반하고 있으므로 d의 경우 혈액순환제와 함께 철분과 단백질을 공급하고, e의 경우 로열젤리, 인태반, 아미노산, 홍삼, 보기제들을 같이 복용하도록 해야 빠른 효과를 볼 수 있다.

또한 갱년기 여성은 γ-oryzanol 함유 혈액순환제와 승마, 레드클로버 등 천연 여성호르몬 제제를 병용하고 관절통이 같이 온 환자는 글루코사민이나 콘드로이친 병용도 가능하다.

4. 혈액순환제의 성분별 기능을 알아보자.

a. 은행잎: 뇌 혈류 증가로 이명이나 어지러움 · 기억력 개선, 말초 혈류 증가 및 혈관 상태 개선으로 혈관 탄력 증가 · 어혈 상태 개선 A 목 윗부분(뇌), 상체의 혈액 순환이 대상

b. 항산화제: 인체에 유해한 활성산소를 제거하여 심혈관 질환 예방, 암 예방, 노화를 방지하고 면역력 증강에 필요한 제품.

* 항산화 비타민(비타민 A 혹은 베타카로틴, 비타민 C, 비타민 E, CoQ 10), 미네랄(Se, Zn 등), 건강 기능식품(catechin, lecithin, 맥주 효모) 등이 다양한 구성으로 이루어져 있다.

* CoQ10이 포함된 제품은 에너지 생성과 항산화 작용이 탁월하여 고혈압이나 심장병 예방, 고지혈증, 당뇨병, 피부 노화, 치주염, 유방암 예방 등에 사용

c. 오메가 3: 오메가 6와 오메가 3의 비율은 4 : 1로 섭취해야 한다.

d. 써큐란: 산사의 강심작용, 멜리사엽의 신경 안정, 마늘유의 말초혈관 확장으로 심장기능이 떨어진 중장년층이나 불면증과 우울증을 동반한 폐경기 여성이 치료 대상이고 조금 허약한 사람에게 좋다. 반면 건장한 사람은 불필요한 강심작용으로 붓거나 두통이 있다.

e. 비타민 E+Mg: 혈관 확장과 혈관의 경련 상태 개선으로 안면 경련이나 다리근육 마비, 동상에 이용

f. Ca/Mg: 근육과 신경이 약해진 증상 즉 근육통, 어깨 및 허리 · 다리 통증 또는 골절 시 적용

g. 구심, 통심락, 심적환: 어혈과 혈관 상태 개선으로 심장 질환 예방에 이용

h. 바소칸: 낫토키나제가 함유된 제제로 혈관 상태 개선으로 혈전증, 동맥경화, 뇌경색 예방

I. 신경 비타민: 비타민 B1, B6, B12는 신경세포의 에너지 원료로 신경세포를 튼튼하게 한다. 고함량일 때 말초신경장애를 치료하는 효과가 있다. 특별한 원인 없는 저림에 사용

5. 철분영양제에 관한 논의

철분은 주로 혈액 내 헤모글로빈, 저장철인 페리친, 근육의 산소탱크인 미오글로빈의 구성 성분으로 체내 산소 운반과 혈액 생성, 에너지 생성에 중요하다.

* 성장기의 남학생은 체중과 신장이 증가하면서 혈액의 양이 늘고 근육의 양이 늘면서 근육 내 미오글로빈도 철분을 많이 필요로 하기 때문에 철분의 수요가 급격히 늘어난다. 사춘기 여학생은 철분이 더욱 중요해서 철분영양제를 보급하면 집중력 강화나 피로에 도움이 된다.

* 나이가 들면 철분 섭취량을 줄여야 한다. 어지러운 증상이 있으면 철분영양제를 찾게 되지만 실제 어지럽다고 해서 모두 빈혈은 아니다. 메니에르병이나 다른 신경계의 이상으로 인한 어지러움 혹은 약물로 인한 기립성 저혈압 등도 있으므로 다른 요인을 먼저 검토해 본다. 중년 이후의 여성이나 남성이 많은 양의 철분제를 섭취하면 세포의 산화가 촉진되어 심장병의 위험도가 높아질 수 있다.

* 성인 남성에게 철분 결핍성 빈혈이 있다면 위궤양이나 치질을 의심한다. 운동을 심하게 할 경우 운동으로 인한 혈관 확장과 조직의 산소 공급 부족으로 피로하므로 철분이 필요

* 검사 수치상 철분 결핍성 빈혈이 아니라 하더라도 환자가 빈혈 증상을 느끼고 있다면 약국에서 다루어야 한다. 수치상 나타나는 철분 결핍성 빈혈은 2가 철로 이루어진 철분영양제가 효과가 있고 환자가 느끼는 빈혈 증상 해소에는 위장 장애가 덜한 3가철이나 햄철을 섭취하여 치료하도록 한다.

* 햄철이 많이 함유된 음식을 섭취하면 비햄철보다 흡수율이 높을 뿐 아니라 비햄철의 흡수를 촉진시킨다. 햄철이 많이 함유된 음식은 간, 시금치, 아스파라거스, 고기와 어류이다.

6. 폴산에 대해서 알아보자

폴산은 세포 분열 과정에서 유전자를 이루는 핵산을 만드는데 필수적인 조효소이다. 시금치나 미나리에 많이 들어 있지만 음식으로는 흡수되기 힘든 수용성 비타민이다.

폴산은 임신 기간 중 태반과 태아의 세포분열이 지속적으로 이루어지므로 필요량이 계속 증가하는데 폴산이 부족해지면 태반과 태아의 혈류 장애가 생겨 임신 중독증에 걸리게 되고, 태아의 신경이 정상적으로 발달하지 못한다. 폴산은 임신 시작 전부터 복용하는 것이 이상적이지만 아무리 늦어도 임신 12주~16주 사이에는 복용을 시작하여 출산 시까지 유지한다.

성인들은 심혈관계 위험인자인 호모시스테인을 감소시켜 내피세포의 기능을 유지하기 위해서 먹는다(비타민 B6, 9, 12 같이 복용).

약국에서는 주로 400mcg 함유된 엽산을 파는데 이 양은 1일 권장량의 160%에 해당한다.

소포장약을 팔았을 때의 뛰어난 효과와 다른 곳에서 구입한 건강기능식품에 대한 친절한 상담, 약국의 고객에 대한 환대 분위기 등이 환자가 찾는 약국이 되는 지름길이다. 항상 환하게 웃으며 환자를 대해보자. ■

환자 특성 · 기호에 맞는 비타민 복약지도

관련 전문가의 견해를 공부한 후 자기만의 기준 세워 지도
의약품 복용 시 부족한 영양소 확인 후 조제와 연계해 상담

"센트룸 주세요. 얼마예요?"

"_____원인데, 하나 드릴까요?"

"여긴 왜 이렇게 비싸요?"

오늘도 환자의 맘을 사로잡지 못하고 돌려보낸다.

감기약이야 약값 시비라고 해봐야 몇 백 원에서 천 원인데 이런 비타민 영양제는 가격도 만 원을 훨씬 넘길 뿐 아니라 약값 시비를 하고 돌아서면 하루 종일 기분이 좋지 않다.

감기약을 팔 때처럼 머릿속에서 상황을 설정하고 연습을 해보기로 하자.

1. 비타민은 무엇을 말하는 것일까?

① 단일제제

비타민 C 1,000mg, 비타민 E 400IU 등 한 성분으로만 구성

② 복합제제

비타민 중 여러 가지 성분을 섞어 구성 (비타민 B군+비타민 C, 항산화제 비타민)

③ 종합비타민

지용성 비타민 4종과 수용성 비타민 9종 등 13가지 모든 비타민으로 구성

④ 영양제(혹은 멀티비타민미네랄)

종합 비타민에 미네랄을 넣은 것. 시판되는 대부분의 제품은 비타민과 미네랄 섭취 성분 총 23종 중 18종 이상이 들어있다. 각 비타민과 미네랄의 함량에 따라서 자신에게 맞는 것을 선택한다.

2. 고객들은 어디서 비타민을 살까?

약국에서만 구입해야 하는 감기약과 달리 비타민의 경우는 사고 싶은 의도와 사는 행동이 반드시 일치하지는 않는다.

약 구입의 목적이 다양하고 구입 경로가 열려 있기 때문이다.

비타민제는 질병 예방과 건강증진을 위해서 구입하는 경우가 많아 처음에 구입하려던 제품과 다른 비타민제로의 대체 구입이 가능하고 선물용으로도 판매가 된다.

비타민제 중 저함량 비타민은 의약외품이나 건강기능식품으로 분류되어 인터넷이나 백화점 등에서도 구입이 가능한데 수입되어 들어오는 해외 브랜드 비타민의 판매처는 약국보다는 백화점을 선호한다.

특히 선물의 경우는 내용보다 브랜드를 선호하는 경우가 많아서 가격 경쟁력이 중요하다.

따라서 약국에서 비타민을 파는 것은 많은 경쟁자와 제약조건을 이겨내고 어려운 기회를 얻은 것이므로 이 기회에 고객의 마음을 울리는 설명이 필요하다.

3. 약국에서 영양제를 파는 경우를 살펴보자

① 조제 고객과의 연동

본인이 앓고 있는 질병과의 연관성이 중요하다. POP를 잘 활용하면 조제 대기 중에 환자들의 마음을 열 수 있다.

② 일반 구매고객

높은 가격의 영양제를 잘 팔기 위해서는 평소 일반약으

로 감기나 근육통, 술병 등 소포장약을 팔 때 효과를 느낄 수 있게 해야 한다. 봄가을에 한 재씩 먹는 한국인의 보약 복용 습관은 영양제를 쉽게 구입하게 하는 구원투수이다. 어려운 말로 설명하기보다는 환자의 얘기를 들어주면서 환자의 말에 맞장구를 쳐주자. 얼른 팔겠다는 생각으로 서두르지 말고 환자의 가려운 곳을 빨리 파악하고 대처해 주면 상담 잘하는 약사가 된다.

③ 지명 구매 고객

지명 구매하는 약을 찾을 때에는 성심성의껏 장단점을 얘기해 주고 내가 팔고 싶은 약은 다음을 기약한다. 지명 구매의 경우에는 약 이름보다 광고에 나오는 모델의 이름을 얘기하는 경우가 많으므로 신문이나 TV 광고를 유심히 본다. 평소에 각 제약회사 홈페이지를 통해서 광고 제품에 대한 정보를 파악한다.

실제 지명 구매 비타민은 병원이나 지인의 추천 혹은 광고의 영향으로 약을 사게 되기 때문에 욕심을 내서 역매품으로 바꾸면 백전백패다.

④ 특정 질환에 따른 비타민 구매

정비환 약사님이 지으신 영양제 119를 강추한다. 일반 소비자용 서적이지만 꼼꼼히 읽으면 약사들에게 더 큰 도움이 된다.

⑤ 연령에 따른 구매

약 포장에 나이를 표기하지는 않지만 약 내용물에 따라 연령별 영양제를 구별한다.

예를 들면

ㄱ. 노년층: 항산화 비타민이나 연골 건강 성분을 포함한 비타민, 루테인 포함. 눈 비타민

ㄴ. 중년층: 혈행 장애 개선을 위한 비타민, 은행잎, CoQ 10, 실리마린 등 기능성 물질을 함유한 비타민

ㄷ. 청년층: 운동을 많이 하는 남성은 아미노산 포함. 비타민 B 영양제나 멀티비타민미네랄, 다이어트를 하는 여성은 철분, 칼슘, 마그네슘 강화된 멀티비타민미네랄

ㄹ. 성장기 어린이용: 칼슘, 철분, 아연, 비타민 D가 보강된 종합 비타민

ㅁ. 유아용: 일반 의약품은 36개월 이상부터 복용

⑥ 특수 목적용 비타민

ㄱ. 수험생용: 집중력 강화를 위한 인삼, 원지, 피브로인 함유 비타민, 철분과 비타민 B군

ㄴ. 임산부용: 엽산, 철분제, 임산부용 종합 비타민

4. 약사의 경쟁자는 고객이다.

비타민이라는 프로그램이 한번 방영되고 나면 약국에는 그 전날 방영된 제품에 대한 문의와 구매가 증가한다. 그러나 몇 가지 단편적인 지식을 듣고 자기의 입장에서 생각하는 고객을 상대로 상담을 해야 하기 때문에 까다로운 상담이 될 수 있다.

이들은 궁금증이 생기면 네이버 지식인을 통해 어설픈 정보를 찾아본 이후 약국을 찾는 부류이므로 함부로 간섭을 하면 낭패 보기 십상이다.

그리고 비타민과 미네랄은 음식만으로 모자라는 영양을 보충해 주는 제2의 반찬이지 약이 아니라고 이해를 시켜보자.

5. 비타민은 영양권장량과 최적 섭취량이 다르다.

TV나 신문 지상에 소개되는 전문가마다 각 영양소에 대한 권장량이 다르다.

비타민의 영양권장량은 결핍증을 예방하기 위해 섭취하는 양을 말하는 것이고 최적 섭취량은 건강 상태를 최적으

야 한다.

7. 약국에서 파는 모든 영양제는 무조건 먹고 보자.

약사 본인이 섭취하는 것은 물론 부모님이나 어린 자녀나 조카라도 동원해서 약국 내의 모든 영양제를 섭취하도록 한다. 약을 먹은 이후의 사소한 경험 하나라도 놓치지 않아야 환자들과 섬세한 감정의 공유가 가능하다.

무슨 영양제이든 공부한 만큼 보이고 들린다.

매일 공부할 카테고리를 정해서 공부를 하고 환자를 보면 모두 그 영양제가 필요한 환자로 보인다. 소비자들이 TV 비타민을 보면 모두 내 증상과 똑같다고 느끼는 그 심정이다.

8. 의약품 복용으로 고갈되는 비타민과 미네랄

의약품 복용으로 부족해진 영양소들을 확인해놓으면 조제와 연계해서 상담이 용이하다.

- 제산제: 칼슘, 인
- 위궤양 치료제: 비타민 B12, 엽산, 칼슘, 비타민 D, 아연, 철분
- 소염진통제: 비타민 C, 엽산, 칼륨, 철분
- 스테로이드: 비타민 C, 엽산, 비타민 D, 칼슘, 마그네슘, 아연
- 이뇨제, 혈압약: 비타민 B군, 비타민 C, 마그네슘, 아연
- 피임약, 호르몬: 비타민 B군, 비타민 C, 마그네슘, 아연
- 항생제: 비타민 B군, 유산균, 칼슘, 마그네슘, 아연, 철분

로 하기 위해서 필요한 양을 말한다. 영양학회에서 정한 한국인의 1일 영양권장량 중 비타민 C의 권장량은 70mg이지만 비타민 C 예찬론자들은 6,000mg의 섭취를 권장한다.

비타민 B 복합제의 경우 1일 영양권장량에 따라 각 비타민 별로 5mg씩 함유한 제품도 있고 25mg, 50mg, 100mg가 함유된 제품도 있다. 최적 섭취량에 따른 견해 차이도 있고 각 질환의 경중에 따라 약사의 경험을 기준으로 환자에게 다른 용량이 투여되어야 하기 때문이다.

"TV 비타민에서 이렇게 말했는데요." 하는 질문에 대답하는 방법은 비타민에 관한 각 전문가의 견해를 공부한 이후 자기만의 기준을 세우는 것이다.

6. 환자들이 꼼꼼하게 영양제를 고르도록 도와보자.

① 영양제의 기본으로 멀티비타민미네랄을 추천한다.

② 필요하다면 추가로 고함량 비타민 B군이나 몸의 기능을 도와주는 여러 영양소를 추천.

③ 칼슘과 마그네슘의 권장 섭취량은 멀티비타민미네랄로는 공급량이 부족해서 따로 섭취.

④ 철분의 양은 나이가 들면 줄여야 한다.

⑤ 모든 비타민과 미네랄은 상한량을 넘으면 부작용이 생길 수 있다.

⑥ 다른 복용 약물이나 질병과의 상호작용도 늘 생각해

아무리 배가 고파도 첫술부터 배가 부를 수는 없다. 작은 용량의 비타민을 구비해서 일반약 상담 판매 때 열심히 권매를 하고 환자들과 친해져야 한다. 그리고 수지 코헨의 명저 24시 약국, 드럭머거, 좌용진 약사님의 비타민 혁명, 정비환 약사님의 영양제 119 그리고 하나 더 추천한다면 만성피로의 해결사 부신을 고치자까지 3월에는 열심히 공부해 보자.■

봄철 건강관리, 면역체계 균형이 중요

면역체계 균형이 봄철 건강관리에 중요 영양요법 관심 가져야
미네랄, 항산화제로 면역력 높여야, 약사인 나부터 비타민 복용

＊신학기가 시작되면서 초등학생의 독감이 신종 플루 때처럼 마구 퍼지고 있다. 각 도매상마다 타미플루를 구하려는 약국들 문의전화가 쇄도하지만 좀처럼 약은 없다. 왜 하필 우리 집이야? 소아 독감 환자의 어머니들이 약국에 물을 것이다.

"아마 학교에서 옮아왔나 봐요."

"그렇겠죠. 그렇지만 한 반에서 똑같이 생활을 했는데 댁의 자녀만 걸린 거 보면 민국이의 면역이 좀 약한가 봐요."

"어떻게 해야 면역력을 올리지요? 독감 주사도 맞았는데…"

＊＊어르신들은 감기가 안 낫는다고 하소연이다.

"올해 감기 정말 독하다. 한 달이 지나도 안 낫네. 약 좀 독하게 지어줘."

"밥은 잘 드세요?"

"밥맛이 있어야 먹지!"

"약이 독해야 병이 낫는 게 아니에요. 밥 잘 먹고 따뜻한 물 많이 먹고 많이 자야지요."

"당최 잠도 안 와. 그리고 난 찬물 아니면 안 먹어."

"찬 것만 자꾸 드시면 면역이 떨어져서 안 나아요. 용돈 받은 걸로 링거도 좀 맞으시고 영양제도 좀 사 잡수세요."

약사인 우리나 환자들 모두 면역력이란 단어를 생활 속에서 많이 쓰고 있고 그 뜻이 무엇인지 정확히 밝히지 않아도 환자와의 의사소통을 잘하고 있다. 이번 호에서는 상담을 잘하기 위해서 우리가 알고 있는 것을 다시 살펴보자.

1. 면역력을 어떻게 쉽게 설명할까?

면역력은 외부에서 인체로 침입한 적군을 무찌르기 위해 가동되는 첨단 방어시스템이다. 외부 침입자가 비교적 힘이 약한 바이러스나 꽃가루 등일 때는 림프구의 T세포, 이보다 강한 세균을 상대할 때면 과립구, T세포나 과립구로 못 막아낸 적군은 대식세포가 처리하도록 시스템화 되어 있고 각각의 전투 수행 능력의 수준이 인체의 면역력 수준을 결정한다. 면역력이 약하면 각종 질병에 걸리는데 가볍게는 다래끼부터 감기나 독감 혹은 폐렴, 수두, 볼거리, 대상포진, 결핵 등이 대표적이다.

반면 스트레스가 장기간 지속되면 적군에 대한 아군의 긴장상태가 계속되어 면역세포가 예민해지면서 시스템의 이상이 발생한다. 면역세포가 자기 몸속의 정상세포를 적군으로 착각해서 공격하면서 류머티즘 관절염이나 루푸스 등의 자가 면역질환이 생긴다.

2. 봄에는 면역력이 왜 떨어질까?

지난 호에 소개한 부신피로에 관한 책 내용에는 인체가 변화에 적응하는 과정에서 생기는 스트레스를 해소하기 위해 부신에서 스트레스 호르몬을 분비할 때 체내 에너지를 많이 사용한다고 한다. 봄철의 10도 이상의 일교차는 커다란 스트레스 요인이 되므로 면역세포에 할당되는 에너지가 줄어들게 되고 따라서 면역 세포의 힘이 약해진다.

3. 면역력을 높이려면 어떤 영양제가 도움이 될까?

① **비타민 E**: 말초의 점막 혈액순환을 도와 백혈구의 이동

을 손쉽게 한다.

② **비타민 A, C**: 점막을 튼튼하게 하여 외부 이물질의 침입을 막고 비타민 C의 경우는 스트레스 호르몬을 낮출 수 있다.

③ **비타민 B₁**: 몸에 들어온 영양소를 에너지로 바꾸고 식욕부진을 막는다.

④ **아연**: 면역이 떨어져서 염증이 생기지 않게 하고 식욕을 증진. 장기 섭취 시 구리 결핍되므로 같이 들어있는 제품으로 선택

⑤ **인삼**: 전반적인 대사 능력을 높여 건강 유지에 도움. 아답타겐의 효능을 한다.

⑥ **비피더스 요구르트**: 위장관의 기능을 건강하게 유지해 주고 면역체계를 지탱해 준다.

⑦ **항산화제**: 세균, 바이러스, 곰팡이, 암 유발물질에 대한 방어 기능을 한다. 야채로 섭취 가능

⑧ **멀티비타민미네랄, 에키나시아** 등도 도움이 된다.

4. 봄철 면역력을 높이기 위해 어떻게 해야 할까?

① **일교차가 클 때**: 10도 이상의 일교차가 있는 날은 온도에 적응하고 체온을 유지하기 위해 면역세포가 스트레스를 받는다. 따라서 체온 유지를 위해 얇은 조끼나 스카프를 이용한다.

② **운동**: 겨우내 쉬던 운동을 갑자기 무리하게 하거나 운동을 혼자서만 1시간 이상하게 되면 피로물질이 누적되어 면역력이 떨어진다. 동반자와 함께 20분 걷기부터 시작해 본다. 많이 웃으면서 즐겁게 운동할수록 면역세포는 활성화된다.

③ **황사나 꽃가루**: 체내에 들어온 황사나 꽃가루를 면역세포가 처리하면서 산화물질이 많이 쌓이면 면역력이 떨어진다. 코로 호흡하는 습관을 들이고 외출 시는 꼭 손을 씻는다.

코가 건조해지면 감기에 걸리기 쉬우므로 피지오머 등의 해수 습윤제로 비강을 세척, 습윤

④ **춘곤증에 대한 대비**: 낮잠을 20분 정도 자거나 스탠드로 주위를 환하게 하면 좋다.

⑤ **식습관의 교정**

* 물을 충분히 마셔 체내 이물질을 배설한다.

* 단백질 위주의 식사는 단백 분해 시 발생되는 과다 암모니아가 충분히 배출되지 못해 몸에 축적되면 피로가 쌓인다

* 단순당을 많이 섭취하면 비타민 B₁을 많이 소모해 피로물질을 누적시킨다. 따라서 비타민이 많은 봄철 나물을 같이 섭취한다.

⑥ **식욕 저하에 대한 대책**: 봄철 환경 변화에 적응하는 과정에서 교감신경이 흥분하고 기초 대사량이 늘게 되는데 식욕부진으로 제때 먹지 않으면 면역세포가 만들어지지 않는다. 면역세포를 만들기 위해 비타민을 평소 섭취량의 2~3배 정도로 늘려 충분히 섭취한다.

⑦ **술·커피**: 매일 소주 1병 이상을 마시면 간의 피로를, 4~5잔의 커피는 근육 과다 활성화로 피로물질을 누적하게 된다.

⑧ **과체중 또는 비만**: 면역세포가 약하므로 염증이 잘 생긴다.

5. 봄철의 불청객 알레르기 질환을 알아보자.

알레르기 질환은 여러 가지 원인으로 발생하지만 면역력의 약화는 알레르기 질환을 악화시키는 한 중요한 요인이 되므로 봄철 건강관리가 중요하다.

알레르기의 행진이란 나이에 따라 알레르기 질환이 변화하는 것으로 식품 알레르기 → 아토피 피부염 → 반복되는 호흡기 감염 → 천식 → 알레르기 비염이 행진하듯이 순서대로 나타난다.

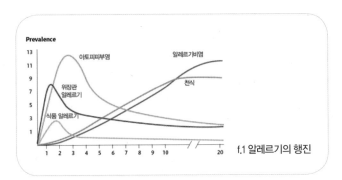

Prevalence

f.1 알레르기의 행진

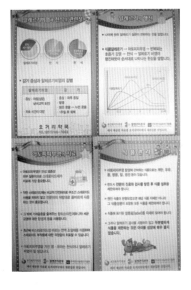

이 알레르기의 행진에 대한 환자 교육이 중요한데 다른 이름을 가진 알레르기가 모두 다른 병이라고 생각하여 각각 병원을 찾아 진찰받고 약물을 중복 투약하는 것을 막기 위해서이다. 또한 환자가 지속적으로 알레르기 증상과 몸의 반응을 관찰하여 다른 증상으로 행진하거나 더 크게 발병할 것을 예방할 수 있게 미리 면역과민반응을 꾸준히 관리하도록 한다.

약국에서는 병원의 처방에 발맞추어서 설명을 해야 환자를 안심시킬 수 있다.

① 아토피 피부염

*아토피 피부염은 만성 염증성 피부질환이므로 스테로이드제가 가장 치료에 중요하다. 증상이 금방 좋아지지 않더라도 꾸준히 치료를 받아야 한다. 스테로이드제에 대한 부작용 우려 때문에 적절한 치료시기를 놓치면 더 높은 농도의 스테로이드와 항생제, 면역억제제를 장기간 사용해야 하므로 의사의 지시를 꼭 따르고 피부를 촉촉하게 관리하는 보습 요법도 재발방지에 아주 중요하다. 이러한 보습 요법은 약국에서 시도할 수 있다.

*약국에서 사용하는 스테로이드 연고도 부위에 따라 여러 강도를 준비한다.
*감마리놀렌산, 올리고당, 유산균, 초유 등은 아토피 피부염 예방에 도움이 된다.

② 알레르기 비염

*전체 비염의 과반수를 차지한다. 발작적인 재채기와 맑은 콧물, 눈과 코의 가려움증, 코막힘이 대표적인 증상이다. 이 중에서 2가지 이상의 증상이 나타나고 하루 중 1시간 이상 증상이 지속되면 알레르기 비염을 의심해야 한다.
*병원 처방의 약물 요법 중 비강분무용 스테로이드제는 코막힘과 눈 증상에 효과적이다. 그 효과는 투여 후 12시간이 지난 후 나타나기 시작하여 5~14일 후 최대 효과를 보이므로 투여를 임의로 중단하지 않도록 한다. 각종 흡입기의 설명서는 아이패드나 스마트폰에서 동영상을 다운받아 환자들에게 보여 줄 수 있다.
*일반의약품 점막 수축제 스프레이는 자주 연용 할 경우 약물 중독성 비염을 일으킬 수 있다. 원인 치료 없이 증상만 없애려고 점막 수축제를 사용하면 내성이 생겨 치료가 어려워진다. 3일 사용 후 3일 쉬는 방법을 택하고 해수 습윤 스프레이를 함께 사용하도록 한다.
*한방제인 소청룡탕과 갈근탕가 천궁신이 혹은 갈근탕 등을 적절한 일반의약품 항히스타민제와 같이 투여하면 효과가 좋다. 1세대 항히스타민제는 졸리므로 저녁에, 2세대 항히스타민제는 졸림이 없으므로 낮에 투여하기 적절하다.

전반적인 면역체계의 균형이 봄철 건강관리에서 제일 중요하다. 약국에서는 질환을 치료하는 병원과 보조를 맞추면서 질환이 빨리 낫고 재발을 막을 수 있도록 보조적인 영양 요법에 관심을 두자. 당장 약사인 나 자신부터 필요한 비타민의 복용을 시작하자.■

안약 사용방법 복약지도 하기

어르신들 '복용하지 않도록' 사용법 납득할 때까지 설명
우선 손 깨끗이 씻고, 2종류 이상 안약은 5분 간격 점안

나이가 들면 아이가 된다더니 할머니들의 한마디에 폭소가 빵 터진다.

"눈약도 밥 먹고 30분 있다 넣나? 밥 먹기 전에 넣으면 안되재!"

진짜 안약도 먹는 약이라고 생각하는 할머니도 있어 얼마 전에는 대학병원 응급실에서 전화가 왔다. 안약을 하루 6번 먹었다고. 세상에나! 아는 것이라도 한 번 더 확인, 또 확인해야 하는 것이 어르신 복약지도이다.

안과 처방전을 받으면 어떤 복약지도를 할 수 있을까?

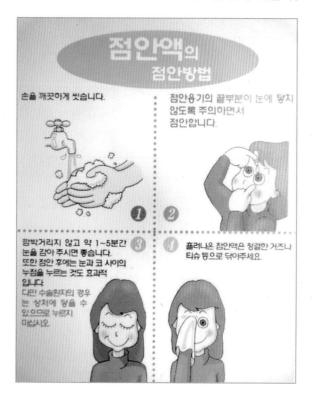

1. 오염이나 감염 예방을 위해 손을 깨끗이 씻는다.
2. 고개를 뒤로 젖히거나 눕는다.
3. 점안할 때 병이나 연고 튜브 끝이 눈에 닿지 않도록 주의하면서 아래 눈꺼풀을 당겨 약액 공간을 만들고 지시된 양을 정확히 점안한다.
4. 안약을 넣고 나서 눈을 감고, 비루관을 1분간 눌러 전신 흡수를 막는다.
5. 2종류 이상의 약을 점안할 때에는 5분 이상의 투약 간격을 둔다.
6. 개봉된 안약은 실온에서 직사광선이 닿지 않는 곳에 보관하며 개봉된 안약의 사용기한은 잘 보관했을 경우 1달, 냉장 보관인 경우는 2달까지 사용한다.

1. 우선 손씻기는 유행성 전염병을 막을 수 있는 제일 중요한 키 포인트이다.

안과 의사들이 유행성 바이러스 눈병이 돌 때 백 명 이상의 환자를 진료하고도 눈병이 옮지 않는 것은 환자를 쳐다보는 것으로는 전염되지 않기 때문이다. 철저한 손씻기와 눈에 손을 대지 않는 습관으로 인해서 눈병을 예방할 수 있다. 병이나 연고 끝이 눈에 닿지 않도록 해야 하는 것은 치료 도중의 재감염을 막기 위한 것이다.

2. 비루관을 1분간 눌러주는 이유는?

점안약의 일부는 누관(눈물관)에서 누낭(눈물주머니)을 거쳐 비루관(코눈물관)으로 이행을 한 후 점막에서 전신으로 흡수가 된다. 눈을 많이 깜빡 거리면 결막낭(눈꺼풀 안

쪽) 안에서의 배설이 매우 빨라지기 때문에 천천히 눈을 감고 누낭부를 눌러 압박하여 비루관으로 약물이 덜 가게 만들어 주어 전신성 부작용을 줄인다.

3. 2종류 이상의 안약을 점안할 때 5분 이상의 점안 간격을 두는 이유는?

두 가지 점안약을 동시에 사용하면 먼저 점안한 약액이 밀려 내려가기 때문에 5분 정도의 간격을 두어야 한다. 5분 정도 지나면 처음 흡수된 약의 98%가 흡수된다.

안약을 넣는 순서를 보면 우선 현탁성 점안약의 경우엔 물에 잘 녹지 않아 눈 표면에 체류되는 시간이 길고 눈 안으로 잘 이행되지 않기 때문에 가능하면 나중에 점안을 한다. 또 유성 점안액이나 안연고의 경우에도 수성 점안액을 겉돌게 한다. 인공 눈물 점안약의 경우는 일반 액제 점안약보다 점도가 높아서 흡수 시간이 좀 더 길어지므로 일반 액제 점안약보다는 나중에 그러나 현탁액보다는 먼저 점안을 하도록 순서를 정한다.

> ▶ Tip: 현탁용 점안제는 스테로이드성 염증 안약, 스테로이드와의 복합제, 가리유니 안약

이러한 기준으로 안약의 순서를 지정해서 일반적인 눈병이라면 일반 액제 안약 → 인공 눈물 안약 → 현탁액제 → 안연고의 순서로 넣도록 하고 녹내장이나 백내장 약이 인

공 눈물 안약과 같이 나오면 주약인 백내장약과 녹내장약을 나중에 점안하도록 한다.

※ 어른신들은 1, 2번을 표기해 준다.

4. 의사의 지시대로 점안하지 않고 약을 많이, 자주 점안하면 좋다고 생각하는 환자

눈꺼풀의 용적은 1방울(=0.05ml) 이하라서 그 이상이 되면 다 흘러나오기 때문에 이론상으로는 1회 1방울을 점안하는 것이 맞다. 정확히 점안하지 못하는 경우에는 2~3방울까지 점안할 수도 있다. 자주 점안하게 되면 눈 안의 약물 농도가 높아지지만 그렇다고 흡수율이 올라가거나 약효 지속시간이 연장되는 것이 아니므로 빨리 낫지 않는다.

5. 안약의 사용기간은 얼마나 될까?

점안약은 일단 개봉하면 세균에 오염될 위험성이 있기 때문에 1회용이 아닌 이상 모두 방부제를 배합하여 제조한다. 가장 대표적인 방부제는 안정성과 뛰어난 항미생물 작용, 긴 보존기간의 장점을 지닌 염화벤잘코늄(BAK)이다[1]. 이렇게 방부제가 들어간 안약의 잦은 점안은 눈물층 외면의 지질층을 파괴하여 더욱 불안정한 눈물층을 만들게 되고 이로 인해 건조증이나 독성 결막염 등을 유발할 수도 있다. 따라서 BAK는 인공눈물의 보존제로는 부적절하지만 국내 시판 인공눈물 안약의 보존제는 대부분 BAK이다.

약의 사용 기한은 유효성분이 90% 이상 존재하는 기간으로 정하지만 안약의 경우에는 실온에서의 한 달이 염화벤잘코늄의 방부 효과가 더 이상 지속되지 못하는 시점이다.

조제 시 유의해야 할 것은 명칭과 함량, 용량의 정확한 확인이다. 함량이 두 개인 fluorometholone 0.1%와 0.02%, carteolol 1%, 2%에 주의하고 복합제와 단일제를 잘 구분한다. 또한 함량과 이름이 같아도 용량이 다르면 처방변경에 해당되니 주의한다[2].

안약 속표지에 유성 네임펜으로 용법을 표시하거나 엘-멘톨 함유 물파스, 뿌리는 파스 등과 함께 보관하면 유성 성분이 약액의 성분을 오염시킬 수도 있으므로 보관에도 주의해야 한다.

환자들의 질문에는 이렇게 대답하자.

Q. 유아들에게 점안하기 너무 힘이 들어요.

A. 울고 있을 때 무리하게 점안하면 눈물과 함께 약액이 흘러나오므로 효과가 없다. 아이들은 놀이처럼 느끼게 해주는 것이 우선이므로 억지로 눈을 뜨게 해서 점안을 하기보다는 편히 눕혀놓고 눈 감은 위에 약액을 떨어뜨리고 눈을 감았다 떴다를 반복하게 해서 점안액이 들어가게 하거나 자고 있는 사이에 점안을 한다.

Q. 가끔 다른 사람의 안약을 사용해도 되나요?

A. 위생적으로 문제가 된다. 안약 용기의 입구에 묻어있는 세균이 옮아 감염이 되는 경우가 있으므로 감염성 질환의 경우는 물론이고 인공 눈물의 경우에도 타인의 약을 사용하지 않는다.

Q. 저희 어머니는 안약을 오랫동안 습관적으로 사용하시던데요?

A. 방부제가 들어 있는 안약을 습관적으로 자주 사용하는 것은 방부제에 의한 부작용으로 건조증이 심해지거나 다른 눈병을 유발할 수 있다. 또한 스테로이드성 점안약을 오래 사용하면 녹내장이나 백내장이 유발될 수 있다.

Q. 귀찮은데 렌즈를 끼고 안약을 사용해도 될까요?

A. 렌즈와 눈 사이의 틈에 점안액이 체류하면서 각결막의 상피세포가 손상되기 쉽다. 또한 렌즈에 약물이 흡착, 축적되어 서서히 방출되거나 굴절률이 바뀌어 시야를 흐릴 수도 있고 렌즈에 방부제가 침착되어 렌즈의 수명을 단축시킬 수도 있다. 점안 후 렌즈의 사용은 최소 10분이 지난 후에 사용한다.

Q. 취침 전에 점안약을 사용하는 것은 괜찮을까요?

A. 잠들기 직전에 점안하고 그대로 눈을 감고 잠들면 점안제가 오래 눈 속에 정체하여 점안제에 포함된 방부제도 눈 속에 오래 머무르게 되므로 눈을 상하는 경우가 있다. 점안약을 점안한 후 5~10분이 지나서 잠드는 것은 상관없다.

Q. 직사광선을 피해서 보관해야 할 안약이 있을까요?

A. ① 차광, 냉장보관 – 삼일제약 옵타낙 점안약(디클로페낙)과 한국화이자 잘라탄, 잘라콤 점안약(녹내장), 한미약품 라타로점안약(녹내장), 태준제약 잘로스트점안약(녹내장).

② 차광 포장 – 한국 엠에스디 티모프틱 점안액(녹내장)과 트루솝 점안액(녹내장)이 있다.

Q. 환자가 안약의 유효기간이 짧다고 항의를 합니다.

A. 안약이 나갈 때 유효기간을 일일이 확인하고 안약이 교부되어 나간 날짜를 안약 겉 표지에 명기해서 내보낸다. 오래전에 타간 안약을 사용하지 않고 방치했다가 유효기간을 이유로 교환하러 오는 환자도 있다. 따라서 우선 약이 교부된 날짜의 처방전을 반드시 확인하고 환자와 대화를 한다. 조금 강한 어조로 환자들의 거센 항의를 맞받아칠 필요가 있다. 환자들의 말을 100% 다 들어주는 것이 진정한 서비스가 아니다.

Q. 눈병엔 어떤 찜질을 할까요?

A. 유행성 눈병엔 냉찜질을, 맥립종에는 온찜질을 한다.■

[각주]

1) BAK 0.01% 1방울은 눈물층 외면의 지질층을 파괴하여 수많은 기름 방울로 만들 수 있다.

2) 요즘은 안약만 납품하는 품목 도매상들이 생기면서 5㎖의 용기를 4㎖나 6㎖로 생산하고 처방을 유도하는 경우가 있다.

Part. **4**
약국 마케팅

"약사가 직접 나선 인테리어 구경하실래예"

**약사 활동의 편의성 위해 기획, 바뀐 환경 빠르게 적응
환자 선택권 최대한 배려…제품 진열 지속적 보완 필요**

필자는 일간지 조선일보의 '실전 MBA코너'를 즐겨본다. 오늘은 부메랑 리더가 조직을 망친다는 제목으로 글이 전개되었는데 아주 흥미로웠다.

'지금도 괜찮은데 왜 일 만들어…비수 같은 이 한마디에 혁신은 사라져'

이 얼마나 눈에 확 띄는 소제목인가?

그런데 이런 얘기가 우리네 조그만 약국과 무슨 관계가 있는가 하는 약사님이 많을 것이다.

얘기의 일부를 따라가 보자.

> 100년 이상 카메라 필름과 현상 분야의 강자였던 폴라로이드는 디지털카메라의 출현으로 성장 곡선이 꺾였다. "제록스 해주세요"라고 해도 '복사해 달라'는 의미가 통하던 제록스도 마찬가지다. GM, 크라이슬러, 코닥, 노키아, 소니 등 한 시대를 풍미했던 초우량 기업들이 몰락했다. 이 초일류 기업들의 몰락 원인은 게임의 룰을 바꾸는 '역량 파괴적 환경 변화(Competence-Destroying Change)'에 대한 조직의 안일한 대응이었다.
> 중요한 건 기업 문화다. "지금도 괜찮은데 왜 일을 만들어?" 조직의 이 한마디에 아이디어는 눈 녹듯 사라진다.[1]
>
> 1) 9월 24일 자 조선일보 기사를 발췌, 전재한 것

의약분업이 시행된 지 14년이 되었다.

초기에 호황을 누리던 약국이 중간에 부침을 겪은 곳도 있고 조금 늦게 시작해도 새로이 좋은 곳에 자리를 잡아 잘

되는 곳이 있는 반면 그냥 한 곳에서 꾸준히 오늘도 내일도 똑같은 모습의 약국을 하는 곳도 있다.

각 약국의 경영 환경은 모두의 얼굴이 다르듯이 전부 다르다.

이런 개별적인 경영 환경들은 입지뿐만 아니라 리더(약국장)의 마음가짐에 따라 많이 달라진다.

'우리 약국은 처방이 많아 약국을 지금처럼 해도 잘 되는데 뭐…나는 문제없어'라고 생각하기 쉽다. 그러나 약국의 집세가 갑절로 뛰거나 약국 위에 위치했던 잘 되던 병원이 다른 곳으로 이전한다면 어떻게 해야 할까? 병원의 일부를 잘라 층 약국이 입점한다거나 조금 더 가까운 장소에 약국이 개설되는 등 수 없는 경영악화 요인들을 여러 약국 관련 매체들을 통해 봐온 기억이 있을 것이다.

지금은 조제가 정말 잘 되는 약국이라 하더라도 약국 경영을 대부분 병원 처방조제에만 의지한다면 처방조제 건수는 점점 줄 수밖에 없다. 현실적으로 편의점에서 일반 상비

의약품을 판매한 이후로 체감되는 병원 진료와 약국의 처방조제가 약 10% 가량 줄었다고 한다. 요즘은 각종 제약회사도 일반의약품의 개발과 판매에 더욱 많은 인력을 배치한다고 한다.

약국 인테리어도 경쟁력

약국이 갖출 경쟁력에는 여러 가지가 있겠지만 우선 약국에 들어서게 하는 요인으로는 깔끔한 인테리어 설비가 큰 몫을 차지한다. 예쁜 간판, 넓은 매장, 말쑥하게 정리 정돈이 되어있는 약국은 어둡고 지저분한 약국보다 분명히 매출에서 우위를 점하게 된다. 올리브영이나 각종 드럭스토어가 젊은 소비자군에 어필한 요인에는 화사한 조명, 다양한 상품군과 함께 기존의 약국과는 다른 인테리어도 있다.

다른 약국과의 차별화된 인테리어에 대한 아이디어는 비즈엠디 파머시저널 '약국인테리어' 코너에서 얻을 수 있다. 2011년 3월부터 숨디자인 김미혜 이사님이 연재했던 코너로 전체적인 인테리어나 부분 리모델링, 셀프 매대 등 다양한 자료가 포함되어 있다.

또한 오원식 약사님의 맛약국 코너에도 멋진 인테리어 아이디어가 있다.

효율성 극대화 위해 직접 조감도 그려

오거리약국의 경우는 1999년에 개국을 했는데 한자리에서 14년째 약국을 하고 있다. 그러나 14년 전과 똑같은 모습은 아니고 옆으로 뒤로 장소를 조금씩 넓혀가면서 리모델링 인테리어만 5번을 했다. 그런데 병원 옆에 있는 약국이라 약국 문을 닫을 수가 없어서 리모델링 인테리어를 쉬는 일요일에만 맞춰 공사를 하였다.

중요한 것은 약국 인테리어라는 하드웨어는 2~3주, 혹은 한 달에 걸친 공사를 통해 완성되어가지만 그것을 채우는 제품 진열이라는 소프트웨어는 그 이후로도 쭉 자식을 키우는 사랑과 관심으로 늘 보완을 해야 한다는 것이다.

After

인테리어 디자이너가 주도하는 약국의 인테리어는 약국이 생긴 평면의 모습을 기준으로 약장과 카운터 테이블을 세팅하는 것이 기본이라 외관이 중요한 점수를 얻는다. 우리에게 조언은 해줄 수 있지만 각종 세부사항에 대한 결정은 우리가 해야 하고 그러면서도 실제 사용하는 사람의 만족감이 극대화되기는 힘들다.

그러나 이번 오거리약국의 리모델링은 약사 활동의 편의성을 극대화한 것으로 필자 스스로 대강의 조감도를 그려틀을 완성했기 때문에 인테리어 이후의 새로운 환경에 적응이 빨랐다.

키워드는 '환자 선택권'

약국 근무를 하다 보면 12시간 이상을 약국에 머물러야 하기 때문에 동선이 길어지면 근무가 즐겁지 않아 효율성을 위해 테이블 중간을 잘랐다. 수납 측면에선 불편하지만 재고관리의 측면에서는 과도하게 많은 주문을 막을 수 있다.

그리고 테이블 사이에 파스 진열대를 놓아 약사와 환자의 동시 접근이 쉽도록 했다. 약사가 바쁠 때는 환자 혼자 구경하고 약사의 설명이 필요하거나 선택을 도와줄 때 편리하다.

리모델링을 하게 된 중요 이유 중의 하나는 환자의 선택권에 대한 요구가 점점 높아진 것도 있다. 마트에서의 쇼핑이 일상화된 환자들이 약사가 집어주는 파스나 밴드에 대해 거부감을 느끼고 마찰을 일으키는 횟수가 점점 잦아지게 되었다.

그래서 환자의 선택권을 존중하는 차원에서 셀프 매대를 계획했다.

셀프 매대를 몇 개를 둘 것인가는 일반의약품을 어느 정도 개방을 할 것인가에 달려있다. 약사님 혼자서 조제약을 주로 하는 약국이라면 셀프 매대에 다빈도 일반의약품을 진열하여 일반의약품 판매에 도움을 받을 수 있다. 이럴 경우는 각 약의 특징을 POP로 잘 적어서 같이 진열하는 것이 좋다.

오거리약국은 일반의약품 판매를 전담하는 약사가 있으므로 일반의약품이나 건강기능 식품은 카운터 뒤로 놓고 셀프 매대를 두 개만 설치하여 의약외품 위주로 진열을 하였다.

이러한 분할은 보건소 점검의 제일 중점사항인 혼합 진열을 방지하는데 장점이 있다.

냉장고도 바깥에 하나 더 설치해서 소비자가 직접 드링크를 골라오도록 했는데 혼합진열을 막기 위해 일반의약품 드링크인 원비, 구론산 일반의약품 소화제 등은 제외하고 진열하도록 한다.

셀프 매대에는 의약외품을 주제별로 집중해서 진열하고 제품에 대한 집중도를 높이기 위해서 사진과 같은 시연품을 만들어 놓는다.

의약외품 진열장 매출 효자 등극

이번 리모델링 중에는 가운데 유리문 하나를 막아서 벽으로 하고 그 전체를 진열장으로 만들었다. 약국 외벽에는 그림을 걸었고 안쪽은 3등분을 하여 염색약과 칫솔, 치간 칫솔, 보호대를 집중적으로 진열하였다.

다양한 가격과 다양한 제품의 보호대가 진열되고 나니 매출이 눈에 띄게 상승하였다.

이런 소코너는 어린이 영양제 코너, 썬크림 코너, 마스크 코너, 화장품 코너 등과 기획 코너 등이 기획되어 있다.

그리고 깨끗한 약국을 유지하기 위해 일반의약품 코 안에 움직이는 형태의 파스 보관장을 만들었는데 상당히 편리하게 사용하고 있다.

약사의 작은 아이디어를 하나하나 디자인에 응용하면 동선 절약으로 효율적이고 편하게 약국 생활을 할 수 있으므로 많은 약사님들과 이러한 아이디어를 공유하고 싶어서 이번 글을 기획하였다. ■

제품 두 곳에 진열했더니 매출 속도 50% 향상

역매품 눈높이에 두고 하이라이트존으로 구매 욕구 자극
의약외품 SET, POP로 회전율 높이고 명절 이벤트도 계획

▲ 매장 배치 및 하이라이트존을 적극 활용한 타약국 사

미래학자 존 나이스빗은 '하이테크, 하이터치'에서 하이테크는 정보기술을 이용해 뛰어난 제품을 만드는 것, 하이터치는 인간다움을 표현할 수 있는 자연스러움이라고 정의하였다. 하이테크의 첨단 디지털 기술은 나날이 발전하여서 약국 안에서도 포스시스템과 아이패드를 이용한 복약지도나 제품 동영상 홍보 등이 자연스레 이루어지고 있다.

나 홀로 약국에서 약국 인테리어를 바꾸기 힘들다면 제일 간단하게는 포스시스템 도입과 매장 진열과 제품 비치만 달리하여도 매출이 달라진다.

지난 호에 오거리약국의 인테리어를 소개한 일이 있는데 이것이 하이테크의 한 영역에 속한다면 이번 호에는 하이터치에 속하는 매장 진열과 이벤트 상품 만드는 법을 알아보자.

인테리어를 한 이후에 매장 배치는 1년여에 걸쳐 자꾸 변하였고 지금도 변화는 진행 중이다. 또한 설을 위한 이벤트 매대도 계획 중이다.

이러한 아이디어는 다른 약국을 탐방했던 자료와 제주 오원식 약사님의 약국운영 기사를 참고하였고 같이 근무하는 근무약사들과 비즈앤이슈의 약국 경영기사나 데일리팜의 연중 기획기사 디테일로 승부하는 약국들을 보고 끊임없이 얘기를 나누는 가운데 생긴다.

1. 약국 매장 정리하기

① 팔고 싶은 것을 눈높이에 배치하라

나의 역매품은 눈높이에 그리고 광고품은 손닿기가 힘들어도 아래위로 배치를 한다.

염색약은 충성고객도 많지만 쓰다가 조금 더 나은 제품을 사기를 원하는 고객들도 많기 때문에 눈높이에 위치한 나의 역매품은 시간이 가면 갈수록 환자들이 관심을 갖게 되고 판매가 늘기 마련이다.

보호대의 경우는 종류가 많을수록 고급 제품이 잘 팔린다는 것을 인테리어를 바꾼 후에 느꼈다. 실제 보호대에 대한 수요가 많았지만 약

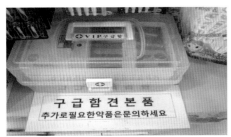

구급함 견본품

설 맞이 이벤트 상품

회전율을 높이기 위한 전면 배치

국에서 취급하지 않았거나 구석진 곳에 있어 충분히 비교 구매하지 못했는데 넓은 곳에 위치하고 나서는 구매 수량이나 구매단가가 현저히 증가하였다.

② 하이라이트 존

셀프 매대이건 기존 약장이건 마찬가지인데 또한 좀 더 눈에 띄게 하고 싶으면 하이라이트 존을 만드는 것이다.

오원식 약사님의 맛약국 인테리어 코너와 데일리팜 디테일로 승부하는 약국에 소개가 된 울산 드림약국의 하이라이트존을 참고하고 강남 필리아약국에서는 색띠를 이용하여 하이라이트를 준 코너와 크지 않아도 따로 자리를 잡아둔 하이라이트 코너를 볼 수 있다.

자리가 넓다면 책상을 하나 놓고 아예 하이라이트존을 만드는 방법도 있다.

오거리약국은 이번 설에 판매대 한쪽을 하이라이트 존으로 만들 계획이다.

그간은 사람들 눈이 주목하는 그 자리에 1회용 비타민을 비치하여 팔았는데 설 명절 동안은 유명 품목을 집중 배치하여 충동구매 욕구를 불러일으켜볼까 생각 중이다.

또한 고급 소화제와 가글을 비치하였던 다른 한 컨은 그 외에 1회용 변비약과 유아용 변비약을 같이 배열하여 역

시 생각하지 못했던 수요를 이끌어낼 계획이다.

그리고 인테리어 직후 모든 약국의 호응을 얻었던 원형 바구니 수납대도 하이라이트 존이 될 수 있다. 올리브 영의 인테리어에서 벤치마킹한 것인데 솔직히 가격대가 낮진 않지만 공간을 차지하지 않아서 좋다.

③ 품목별 배치

품목별 배치는 환자의 동선이 엉기지 않는 장점이 있다.

약국이 내가 원하는 만큼 큰 경우는 많지 않아서 각 코너를 알뜰히 이용해야 한다.

앞선 인테리어에서도 소개되었지만 파스 코너, 일반약 셀프 매대 코너, 어린이 영양제 코너, 어린이·유아 치약 칫솔 젓가락 코너, 보호대 코너, 구강용품 코너, 염색약 코너, 마스크 코너, 화장품 코너, 핫팩 코너, 반창고 붕대 소독약 코너 등을 만들면 자주 방문하는 고객들은 익숙한 장소에서 본인이 원하는 것을 스스로 집어오므로 직원이 많지 않은 경우에 큰 도움이 된다. 또 한가지 부연하자면 시연품을 제품 위아래에 배치하는 것은 정말 중요하고 편리하다. 직접 보면서 설명을 하기 때문에 이해도 빠르고 반품도 적은 편이다.

▲ 직접 활용 중인 시연품

특히 재생밴드 코너는 종류가 많기 때문에 가능한 디스플레이를 할 것을 적극 권장한다.

구급함도 전시 상품을 하나 만들면 설명이 간편하고 구매 의사도 향상시킬 수 있는데 기왕 만들 때 사용 설명서를 하나 만들어 같이 제공하는 것은 어떨까 생각하는 중이다.

④ 환자의 숨어있는 니즈를 자극하는 코너

조제실 앞쪽의 공간을 적절히 활용하고 제품을 한 곳에만 진열한다는 생각은 버린다.

환자의 동선은 각자 다르고 보는 시야도 다르기 때문에 두 곳 이상에 진열을 하는 것은 제품별 구매 횟수 상향에 도움을 준다.

예를 들어 오거리약국은 일반의약품 매대와 조제투약 매대가 분리되어 있어 유리아쥬 립밤을 두 곳에 배치

했더니 매출의 속도가 50% 이상 향상된 것을 확인하였다.

또한 조제실 매대 쪽에는 5,000원 미만의 제품이 조제약과 함께 손쉽게 나가는 편이다.

예쁜 립밤 세트나 구취제거제 등 각종 부외품 중에서 눈길을 끌만한 제품을 고객 반응에 따라 돌려가면서 진열을 한다. 2~3,000원 정도의 어린이 영양제도 괜찮은 아이템이다.

너무 많이 진열하지 않는다면 절대 손해 보지 않는 전략이다.

⑤ 병원 취급 품목을 같이 구비

피부과나 소아과에서 아토피 제품이나 분유를 팔고 있다면 약국에서도 같이 취급해 본다.

병원이 문 닫는 시간이나 휴일에 약국에서 힘들이지 않고 팔 수 있기 때문이다. 가격은 병원과 같거나 약간 싸게 하는 것이 좋다.

병원에서는 의약품은 판매할 수 없고 건기식이나 화장품만 취급 가능하다.

건기식의 경우에는 병원과 같은 거래선을 이용하여 가격을 동일하게 받으면 되고 화장품의 경우는 약국 관련 쇼핑몰이나 다른 인터넷 마켓을 이용하여 제품을 구비할 수 있다.

만약 취급 품목을 구비하지 않는 경우에는 제품에 대한 정보를 확실히 알아 약국 제품의 비교 우위를 주장할 수 있어야 한다.

⑥ 매장 청결은 기본, 플러스 알파는?

올리브영같은 약 없는 드럭스토어의 가장 큰 강점은 특징 있는 매장의 인테리어와 깔끔한 진열, 청결한 매장 상태를 들 수 있다. 물론 마트같이 눈치 보지 않는 자유로운 쇼핑과 친절한 접객도 특징에 들어갈 것이다.

약국의 서비스가 많이 향상되어 많

▲ 품목별 진열

이 친절해졌다고는 하지만 이제 겨우 발걸음을 뗀 정도에 불과하다. 블랙컨슈머의 엉뚱한 요구에는 단호하게 대처하지만 고객 한 사람 한 사람과 눈을 마주치고 웃어주는 여유를 우리 약사들이 가져야 한다. 그래야 직원들도 고객들에게 친절할 수 있다.

⑦ 시럽제나 연고의 배치

역매품이든 광고품이든 다빈도 시럽이나 연고를 손닿기 쉬운 곳에 배치하는 것이 원칙이다.

▲ 품목별 진열

---

2. 이벤트 상품의 구성

창원 김수영약국 김수영 약사님께서는 다른 약국과의 가격 차별화를 위하여 제품을 다양하게 구성하여 묶음 상품으로 제공한다고 하셔서 아래와 같은 제품으로 벤치마킹해 보았다.

① 가글+칫솔

가글액은 일반의약품 매대 한쪽에 놓여있던 의약외품이고 제품 호응도가 좋았다. 그래서 가글 코너에도 같이 비치를 하면서 그 위 진열대에 동일 회사의 칫솔과 같이 묶음으로 구성하였다. 안에 훤히 보이는 가격표 위에 할인된 가격을 새로 찍어 붙임으로써 가격 할인 효과를 눈으로 누리게 하였다.

② 기성제품으로 나오는 이벤트 제품을 활용하는 방법

화장품의 경우는 경품 제공이 가능하므로 이벤트가 철마다 달리 진행이 되는데 이것을 적극적으로 이용하여 가격 할인 효과를 보게 한다. 한정판 이벤트를 시기에 맞게 잘 구입하는 것이 요령이다.

③ 회전이 늦은 부외품을 묶음으로 팔 수 있도록 POP 제작

제품을 다량으로 구매하여 제품 가격을 저렴하게 사입한 경우나 재고가 너무 많은 경우는 팔지 못하여 재고가 쌓이면 손해이므로 제품을 묶음판매를 하면서 다른 경품을 제공하는 POP를 만들어 구매의욕을 불러일으킨다. 이때 반드시 부외품으로 제품을 선정해야 한다. 일반의약품은 경품 제공이 금지되어 있기 때문이다.

제약회사에서 얻은 모든 제품은 다 경품의 대상이라고 생각할 수 있다. 그게 힘들면 10장 정도의 핫팩을 헐어 소분으로 제공을 하거나 이벤트 상품을 제작해 본다. 수량은 항상 한시적으로 제공할 정도여야 한다. 약국에 올 때마다 늘 무언가를 준다면 환자를 재미를 느끼지 못한다.

④ 1회용 비타민의 제공

이벤트 상품으로 구성하지는 않았지만 감기나 구내염 등 면역과 관련된 질환이 오래가는 경우 통으로 판매되는 비타민을 부담스러워하는 고객은 1회용 비타민을 며칠 분만이라도 같이 복용하게 하면 훨씬 만족스러운 결과를 얻을 수 있다. 1회용 비타민도 서너 종류를 같이 구비하여 상황마다 달리 준다.

⑤ 판매 부진 제품 특별 판매전략

판매대 앞에 비치하여 고객의 눈을 사로잡을 기회를 준다.■

10~20대 상권,
개성 있는 B&H 상품 구비해야

50대 이상 여성, 장기 복용약 및 대량 구매, 덤 선호
전통적 비수기 7~8월 상권 분석으로 매출 도약 준비

6월부터 침체된 약국 경기가 전통적인 비수기인 7, 8월에 맞물려 깊은 한숨을 내쉬게 하고 있다. 이럴 때 목 빼고 고객을 기다릴 게 아니라 우리 약국의 고객층은 어떠한 성향인지 분석해 보고 과감히 약국의 판매 품목을 조절해 보자.

얼마 전 한 일간지에 대한민국 100대 상권에 대한 기사가 나온 적이 있다.

100대 상권의 순위를 정한 방법은 ○○텔레콤 약 2천만명의 휴대폰 기지국 트래픽 정보와 전국 상가 업소를 지도정보(GIS)로 분석하여 상가업소 밀집지역인 1,000여 개 상권을 추려낸 이후 카드 매출액을 고려하여 그중 매출 순위 상위 100개를 뽑아서 발표하였다.

이에 따르면 우리 오거리약국이 위치한 부산 사하구 하단 오거리 하단역과 당리역은 5·60대 유동인구가 많은 황혼 상권으로 발표되었다.

요즘은 위의 예와 같이 빅데이터를 이용한 자료 분석이 가능하므로 약국을 새로 개업하거나 기존 약국의 리모델링을 할 때 내 약국의 상권을 분석한 이후 약국 내 취급 아이템을 새로 결정할 수 있다.

내 약국의 상권분석을 하고 싶다면 중소기업청 상권정보시스템을 이용하거나 그 외 여러 가지 상권분석프로그램을 이용해서 분석할 수 있다.[1]

다음은 상권 분석 전문가인 한양사이버대학 김영갑 교수[2]의 blog 내용이다.

위에서 언급된 일간지의 2013년 100대 상권 분석 기사와 2014년 100대 상권 분석 기사에 대해 자료를 비교 분석한 결과

1. 2013년 유동인구와 상권 전체 매출액 사이의 상관관계 계수가 0.4였으나 2014년에는 0.7로 상승하였다. 이러한 결과는 유동인구와 매출액 간의 관계성이 과거에 비해 확대되고 있음을 의미한다.[3]

2. 본 분석에서 추출한 매출액의 합계가 2013년 91조 원 수준에서 2014년 54조 원 수준으로 감소하였다. 이러한 결과는 소상공인 중심의 매출액에 대한 정보이므로 백화점과 같은 대형업체와 소형 업체 간의 양극화가 증대되고 있음을 의미한다.

3. 유동인구가 늘어나면 상권 내 점포의 매출액이 증가하는 것을 유동인구와 매출액을 변수로 하는 회귀분석을 하면 더 명확하게 나타난다. 분석의 결과 유동인구의 매출액에 대한 설명력은 15%(매출액의 총 변화량 중 15%가 유동인구에 의해 설명된다.)로 유동인구가 100% 증가한다면 매출액은 40%가 증가할 것이라 한다.[4]

유형별 대한민국 파워상권

20대 상권

상권	하루 유동인구 (20대 비중)
1위 부산 서면역	36만명(29%)
2위 인천 부평시장역	30만명(22%)
3위 대구 대구역	24만명(25%)
4위 대구 반월당사거리	19만명(27%)
5위 서울 서울대입구역	18만명(21%)

직장인 상권

상권	하루 유동인구 (직장인 비중)
1위 서울 강남역 남부	44만명(47%)
2위 서울 선릉역	42만명(49%)
3위 서울 학동역	38만명(49%)
4위 서울 총각역	33만명(41%)
5위 서울 강남역 북부	33만명(45%)

*유동인구 중 남성 30·40대, 여성 30대를 직장인으로 분류

남성 상권

상권	하루 유동인구 (40·50대 비중)
1위 서울 신당역·동대문역사문화공원역	38만명(24%)
2위 서울 교대역·남부터미널역	31만명(26%)
3위 서울 성수역	30만명(29.36%)
4위 서울 종로3가역	20만명(29%)
5위 서울 잠실역	19만명(25%)

황혼 상권

상권	하루 유동인구 (50대 이상 비중)
1위 부산 자갈치·국제시장	40만명(36%)
2위 서울 영등포시장	23만명(34%)
3위 부산 사하구 하단역·당리역	15만명(35%)
4위 부산 범일동역	13만명(37%)
5위 부산 연산동역	12만명(41%)

2014년도 2월 기준, 자료=SK텔레콤 지오비전

[그림1] 매일경제신문에서 발표한 100대 상권

약국 상권의 특수성

이 분석을 100% 약국에 대입시킬 수는 없을 것이다. 편의점이나 패스트푸드점의 경우는 유동인구 증가에 직접적인 영향을 받겠지만 약국처럼 지식을 파는 고차원의 서비스업종에는 절반 정도만 적용되지 않을까 한다. 그럼에도 상권이라는 것을 무시하고 천편일률적으로 약을 구비하는 것은 비효율적인 일이다.

또한 상권분석과 함께 나의 약국 내 POS 데이터를 이용해서 시간대별 요일별 고객 분석을 하는 것도 중요하다.

나의 약국이 대학병원, 아동 병원, 산부인과 병원 혹은 정형외과 병원 문전이라면 그의 특성에 맞는 아이템을 구비하면 된다. 그러나 대부분의 약국은 작은 동네 의원과 함께 위치하고 있어 조제 부분은 의원과 맞추고 일반의약품의 구색은 병원 업종과 상권에 따라 달리 품목을 구비하는 것이 좋다.

약사의 관심사가 소아에 있어 유아용품을 구비하고자 하여도 근처 상권이 그렇지 못하다면 유아용품이 팔리긴 하지만 그 회전율이 아주 느릴 것이다. 따라서 상권과 약국 내 포스 데이터를 이용하여 제품을 구비하는 것이 맞다. 어쩌다 하나둘 찾는 상품까지 구비하려면 약국 내 재고가 너무 많이 쌓일 것이다.

연령별 상권 분석

I. 10~20대 젊은 상권

대표주자는 부산의 서면과 인천 부평시장역 인근, 대구 중구 대구역 인근, 대구 중구 반월당사거리 인근이고 서울 서울대입구역 주변 상권이라고 분석되었다.

그렇다면 이런 곳에서는 호기심 많은 젊은 층들의 기호에 맞게 새롭고 특징적인 물건을 구비하고 환하고 산뜻한 인테리어를 한다.

이들은 부모의 경제력에 기대면서도 구매 여력이 좋은 층이므로 조금 고가이어도 질이 좋거나 포장이 산뜻하거나 튀는 아이템이면 쉽게 지갑을 열고 충동구매도 잘한다. 장기간 먹는 영양제보다는 소포장 단위의 비타민류나 화장품 등 B&H(Beauty & Health)로 승부를 거는 것이 좋고

대부분 카드를 사용한다고 생각하면 편하다.

그리고 약국에서 휴대폰 관련 아이템 취급이나 휴대폰 충전 서비스 혹은 무선 인터넷 서비스 등을 제공하는 것도 유동인구의 약국 이용을 출입을 쉽게 하는 방법이다.

부산의 서면역은 하루 유동인구 36만 명 중 남성 20대(13.3%)와 여성 20대(15.6%)가 지나다니는 것으로 분석되었다. 다른 상권보다 월등히 20대의 비율이 높고 특히 여성 20대의 비율이 높다. 동일 상권 내에 치과나 성형외과가 같이 밀집해있기 때문에 더욱 B&H에 치중하는 것이 좋다. 그리고 마트나 편의점과의 차별성을 부각하기 위해서 각 제품에 대한 다양한 설명과 다양한 복약지도문을 게첨 하거나 가져갈 수 있도록 준비하는 것이 좋다.

II. 직장인 1번지 상권

서울 강남역 남부와 선릉역 인근, 학동역, 종각역, 강남역 북부 등이라고 분석되었다. 여기에 위치한 약국은 높은 임대료로 인해 넓은 매장을 차지할 수는 없지만 약국의 특성을 극대화할 깔끔한 인테리어에 잘 정돈된 느낌을 주는 것이 중요하다.

직장인 상권에서 제일 중요한 것은 카드 사용 가능과 현금영수증 승인이다.

직장인 상권은 씀씀이가 큰 20,30대 남녀 직장인들이 구매하는 상권으로 올해 2월 기준 총 유동인구 44만 5,213명 가운데 30대 남성은 20.1%(8만 9천여 명), 20대 여성 비중은 11.3%, 30대 여성은 12%를 차지하는 것으로 나타났다.

ㄱ. 골드미스군

한때 된장녀라는 논란을 불러일으켰던 구매력이 아주 큰 골드미스군은 인터넷을 이용한 최신 정보를 항상 접하기 때문에 약국에서는 가격대별 품목별 다양한 제품을 갖추는 것이 중요하다.

이들은 전반적인 물품구매 시 해외 직구에 강하고 브랜드 제품을 선호한다.

그런 반면 본인의 건강에 관심이 많아 일반의약품이나 건강기능식품, 화장품 구매를 할 때 가격을 많이 따지지

않고 효능을 중시해서 비록 유기농 화장품이나 천연 비타민이 고가라고 해도 쉽게 구매한다.

정보력을 가지고 있다고 생각하지만 약국에서 본인이 알고 있거나 이미 구매한 제품에 대해서도 충분히 상담을 해줄 수 있다면 약국의 충성고객으로 확보하기 쉬운 군이기도 하다. 따라서 상담을 통한 구매나 광고에 의한 지명 구매, 디스플레이에 의한 충동구매도 많이 이루어진다.

일을 완벽하게 처리하는 것처럼 여러 가지를 까다롭게 따져보지만 마음에 드는 점포는 blog나 SNS를 통해서 입소문을 잘 내는 계층이기도 하다.

ㄴ. 직장맘

골드미스군과 성향은 같은데 제품 구매 대상이 더 넓어졌다.

특히 아이를 종일 돌보지 못하는 보상으로 아이와 관련한 제품은 최상급으로 구비하고자 한다. 또한 아이의 건강에 관한 상담이 충실하고 관련 제품군이 많은 약국을 선호한다.

이럴 때 판매 범위를 아이가 복용하는 일반의약품, 건강기능식품 외에도 자외선 차단제나 아토피용 화장품, 특수 목적용 분유, 당이 너무 많이 첨가되지 않은 유아용 음료수, 유아용 천연살충제, 유아용 천연살균제, 유아용 치과용품 등 많이 넓힐 수 있다.

유효기간에 민감하기 때문에 다품종 소량 사입 정책을 확실히 하여 재고가 쌓이지 않게 한다.

반면 본인에 관계된 지출은 가능한 줄이게 되므로 본인을 위한 저렴한 고퀄리티 칩 럭셔리 상품(Cheap luxury)을 발굴해 본다.

이럴 때 약국에서는 직장맘 본인의 건강을 챙겨주는 것이 좋다.

ㄷ. 30대 넥타이부대

직장 생활의 연장인 주류문화의 영향으로 숙취와 관련한 간질환이나 피로회복에 관심이 많다.

구매력이 있는 계층이므로 소량씩 포장된 고가의 피로회복제나 장기간 먹는 영양제도 상담을 잘해주면 쉽게 팔린다. 탈모용 제품도 잘 팔리는 편인데 늘 쓰는 제품이다 보니 가격경쟁력에 신경을 써야 한다.

긴 설명을 좋아하지 않으므로 탈모에 관한 책자를 비치했다가 같이 준다.

남성용 화장품과 자외선 차단제에도 관심이 많고 주말에는 각종 스포츠를 즐기기 때문에 관련 상품은 조금 고가이더라도 쉽게 구매하는 편이다.

취미가 같으면 금방 동질감과 친숙함을 느끼기 때문에 고객이 즐기는 스포츠에 대해 관심을 표명해 주면 쉽게 단골 고객이 된다.

처음엔 여러 가지 약을 사지 않더라도 방문기회가 많아지고 그럴 때마다 친절하게 응대하게 되면 가격 이상의 것으로 승부가 가능하다.

III. 40대 상권

40, 50대 남성 비중이 가장 높은 상권은 대부분 교통이 편리한 서울의 환승역 인근으로 분석되었다.

서울 신당역과 동대문역사문화공원역 인근, 지하철 2·3호선 환승역인 서울교대역과 남부터미널역 주변 지역, 지하철 2·8호선이 만나는 잠실 인근, 서울 성수역 인근 상권이다. 환승역 유동인구의 25~30%는 40, 50대 남성이라는 얘기이다.

이 연령대의 남성은 구매력이 양극화되어 있으며, 병원 처방약 조제 이외에 약국 방문을 잘 하지 않으므로 약국에 미치는 영향은 미미하다고 보아야 한다. 따라서 이들을 위해 인테리어를 할 필요는 없다.

다만 기다리는 것을 싫어하는 연령대이므로 동선을 단순화해서 약국 방문 시 일처리가 빠르도록 해주고 휴대를 싫어하므로 소포장 약을 준비하도록 한다.

음주 후 1회용 간장 해독제를 많이 준비하면 된다.

IV. 황혼 상권

50, 60대 유동인구가 많은 황혼 상권을 분석해 보면 부산이 전국에서 고령층 소비가 가장 많은 지역으로 분석됐다. 1위를 차지한 남포동 자갈치·국제시장에서 집계된 하루 평균 50, 60대 유동인구는 총 유동인구의 30%인 약 14만여 명으로 전국 최대였다.

남포동 자갈치시장 상권은 전통시장을 이용하는 고령층의 왕래가 많은데 전국적으로 유명한 약국거리이기도 하다.

ㄱ. 황혼 여성군

50, 60대 여성은 단골약국에 대한 애착이 강하다. 칼슘 보충제, 유산균제, 혈액순환제, 각종 영양제 등 여러 가지 약을 사서 많이 복용하는 편인데 한 약국에서 소위 통약이라고 불리는 장기 복용약 뿐 아니라 파스, 킬라, 밴드 모든 것을 사는 편이다.

특히 대량의 파스 구매도 잘 이루어진다.

다만 깎거나 끼워주는 것을 좋아하기 때문에 요령껏 환자를 상대해야 한다.

만일 조금이라도 환자의 마음에 미흡하면 가차 없이 약국을 바꾸기도 한다.

70대 여성도 약국에서 칼슘제나 다른 영양제를 쉽게 구입하지만 구매력은 낮은 편이어서 포장 단위가 작은 것을 구매하는 경우가 많다.

다만 이런 황혼 상권은 연령에 따른 구매력의 약화나 상실이 제일 큰 문제점이다.

ㄴ. 황혼 남성군

구매력이 양극화되어 있어서 가격이 싼 약국을 선호하는 고객도 있고 고객을 제대로 응대하면 고가의 영양제를 쉽게 구입하기도 한다.

그러나 대부분의 고객은 파스나 두세 번 먹을 약처럼 소포장 단위의 약을 구매한다.

빠른 응대가 필요하므로 황혼 남성과 여성이 각각 약국을 방문했을 경우 여성에게 양해를 구하고 남성을 먼저 처리해 준다.■

[각주]

1) 네이버에 '상권' 이라는 단어를 치면 검색이 가능하다.

2) 김영갑 교수의 상권분석과 마케팅이라는 blog를 운영 중이다.

3) 상관계수를 구하여 상관계수가 0.7 이상이면 매우 강한 관계를, 0.4~0.7 이상이면 상당한 관계로 볼 수 있으며 0.2~0.4 정도면 약한 관계로 본다.

4) 2012년 블로그의 내용을 인용

타업종서 차용 가능한 아이템도 관심을

20~30대 여성, 브랜드와 효능 중시하지만 할인도 민감
젊은 남성 영향력 미미, 여성과 아동 위주로 코너 기획

지난 호에 이야기된 연령별 상권의 특성에 대해서 어떤 구체적인 판매 전략과 이벤트 구성이 가능할지 각 군의 특성에 대해서 살펴보자. 또한 각 군별 특성에 따라 편의점이나 백화점, 의료기 판매상 등 조금은 다른 업종이지만 약국에서 차용 가능한 아이템에 대해서도 관심을 기울여야 한다. 모든 연령군에서 1+1 제품이나 세일 상품은 구매 의욕을 자극할 수 있다. 다만 사각을 없애고 눈에 잘 띄는 디스플레이를 하면서 세일 상품임을 알려줄 필요가 있다.

20~30대 여성을 위한 기획 코너

구강청결제 코너

구강용품 코너

다이어트 코너

러브젤 코너

바디 코너

발관리 코너

발관리 코너

밴드 코너

샤워젤 코너

1. 20~30대 젊은 여성의 특징과 약국의 전략

1) 특징

① 브랜드와 효능을 중요시하지만 쿠폰과 할인도 꼼꼼히 챙긴다. 특히 유명브랜드 리딩 제품은 인터넷 가격을 수시로 비교, 너무 비싸게 받지 않도록 한다.

> ㄱ. 비타민 영양제, 유산균을 브랜드 가격대별로 소량씩 다품종 구비
> ㄴ. 견과류에 대한 수요
> ㄷ. 썬크림을 브랜드, 가격대, 연령대별로 구비. 포장과 발림성이 좋으면 고가라도 무방하다.
> ㄹ. 고급화된 습윤밴드나 각종 밴드류도 쉽게 구매

불황의 세상이어서 명품 화장품 소비가 힘들어지면 명품 화장품 중 상대적으로 저렴한 립스틱의 소비가 폭발적으로 늘어난다고 한다.

따라서 브랜드와 포장이 더욱 중요해진다.

② 영원한 단골은 드물다. 혜택이나 가격 혹은 상황에 따라 잘 옮겨 다닌다.

③ 친절한 상담에 대한 만족도와 리액션이 좋다.

처방전 조제약에 대한 복약지도 시 간단한 설명보다는 질환에 대한 전반적인 이해와 약에 대한 구체적인 설명을 해주는 것을 좋아한다.

일반의약품 구매 시에도 남성보다 상대적으로 설명을 잘 듣고 설명이 이해만 되면 약국의 의도대로 판매가 가능하다.

살균소독 코너

습윤드레싱 코너

어린이 코너

어린이 코너

여성청결제 코너

청소 코너

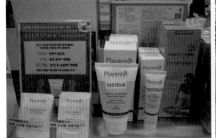

튼살 코너

화상 코너

여성탈모 코너

④ 미세먼지와 황사 등에 예민하다.

황사 관련 마스크나 물티슈 매장을 따로 준비한다. 동국제약에서 목걸이형 황사방지 공기청정기인 에이테이머를 발매하였는데 구매층은 대부분 젊은 여성이었다.

⑤ 애완견에 대한 사랑이 남다르다.

> ㄱ. 기왕 마시는 물도 탄산수를 마신다.
> ㄴ. 다이어트 제품을 한꺼번에 묶어서 진열한다.
> ㄷ. 미용 관련 음료: 롯데칠성의 닥터&닥터, LG 생활건강의 갑바통통 아점한끼, 한국야쿠르트의 룩 등 다양한 신제품이 나와 있다.
> (이 연령대는 신제품을 먼저 사용해 본 이후 블로그에 올리는 신제품 체험단 활동이 아주 활발하므로 신제품 구매 경향이 강하다.)
> ㄹ. 습윤드레싱과 흉터제거제에 대한 관심이 많다. 본인뿐 아니라 어린 자녀의 피부에도 적용되기 때문이다.
> ㅁ. 튼살 크림, 보디 크림, 풋 크림, 핸드 크림 등도 여러 종류를 구비하고 체험용 샘플을 준비해두면 반응이 좋다.
> ㅂ. 비비크림이나 색조화장품, 향수, 캔들도 취급 가능하다.

만혼이 대세이고 아이를 낳지 않는 딩크족도 많아 애완견 관련 제품을 다양하게 구비한다.

고급 애완견용 간식이나 애완견 미용용품도 구매력이 있기 때문에 판매가 가능하다.

⑥ 주된 관심사가 미용과 다이어트이다.

⑦ 마트 이용이 보편화되어 있어 셀프 메디케이션에 강하고 쇼핑에 간섭하는 것을 좋아하지 않는다. 충분히 돌아본 후 혼자의 결정으로 구매를 하고 꼭 필요한 경우에만 도움을 구한다.

⑧ 저렴한 고퀼리티 칩 럭셔리 상품(Cheap luxury)에 관심이 많다.

특히 젊은 주부들에게 인기가 있다.

⑨ 아이들에 관한 제품에는 가격을 아끼지 않는다.

⑩ 유기농이나 친환경 제품에 관심이 많고 구연산 등의 친환경 세제도 잘 사용한다.

⑪ 유효기간에 민감하다.

⑫ 올리브영이나 왓슨 등의 드러그스토어와 친한 연령대이므로 깨끗하게 디스플레이 되면 호감을 나타낸다.

2) 약국에서 기획할 수 있는 코너

위의 제품 카테고리별로 코너를 구성할 수도 있고 다른 카테고리를 대주제로 묶어 코너를 구성할 수도 있다.

① 탈모 코너에 숨어있는 여성 탈모 환자를 위한 상품을 준비한다.

② 여성용품 코너를 만들어 각종 여성세정제, 생리대, 콘돔, 윤활젤, 생리통 완화용 매직워머, 튼살 크림 등을 한꺼번에 모아 코너를 만들 수 있다.

━ 20~30대 남성을 위한 기획 코너 ━

보호대 코너

탈모 코너

③ 여름 일광 화상 방지용 코너

④ 구연산, 베이킹 소다 등이 포함된 여름 청소용품 코너

⑤ 여행용 소포장 코너: 편의점에서 주로 팔리는 여행용 세트를 진드기 퇴치 소포장과 여성세정제 소포장을 만들어 같이 비치해 본다.

⑥ 어린이용 제품을 연령별로 구비한다.

칫솔, 치약, 가글, 모기기피제, 킬라 혹은 매트류의 모기퇴치제, 벌레 물린 후 바르는 약, 어린이용 화장품, 1회용 물티슈

2. 20~30대 남성의 특징과 약국의 전략

1) 특징

① 대체로 많은 설명을 싫어한다.

② 여성과 같이 방문하면 대체로 여성의 의견을 따른다.

③ 부인이나 여자 친구의 심부름으로 약을 대신 구매하는 경우는 일일이 물어 확인해야 하기 때문에 다른 약으로 바꾸기 힘들다.

④ 먹는 약보다는 외용제를 선호하고 꼭 아파서 구입하는 구급약도 최소한의 양으로 산다.

⑤ 술을 좋아하고 바깥 활동이 왕성한 시기이나 본인의 건강을 위한 약을 잘 구매하지 않는다. 약국에 오는 것 자체를 쑥스러워하고 싫어하지만 때로 호기심이 생기면 자기가 원하는 약이 아니더라도 약사의 설명에 따라 다른 약을 쉽게 구매하기도 한다.

⑥ 탈모에 대해 예민하다.

미녹시딜제제도 회사별, 가격대별로 구비하고 먹는 탈모약도 구비한다.

정확한 상담과 자세한 설명을 해주는데 많이 쓰는 미녹시딜제품의 경우 용법, 부작용 효능에 대해 정확하게 설명해 준다.

설명을 싫어하면 탈모에 관한 설명서를 같이 준다(식이, 운동 포함).

⑦ 고가의 보호대 등 외용제는 비싸도 기능이 좋은 것으로 별 무리 없이 구매한다. 그러나 실 구매 장소는 약국이 아닌 경우가 많다.

근처에 20~30대 직장인이 많거나 대학교가 있다면 운동을 한 이후 사용할 보호대, 테이핑, 압박붕대, 코반 에어파스, 파스, 습윤드레싱 등을 구비한다.

⑧ 미용에도 관심이 많다.

남성용 화장품, 남성용 자외선 차단제 구비. 피지 분비가 많은 것을 고려하여 준비한다.

⑨ 몸짱에 대한 관심이 많다.

단백질 제품 구매가 많지만 약국에서 이루어지지 않는다.

⑩ 휴대를 싫어하고 소량으로 구매하고 싶어한다.

간 보호제나 비타민, 피로회복제를 가격대 효능대 별로 소포장으로 구매할 수 있도록 준비한다. 효과를 높이려면 여러 가지 다른 효과의 약을 소포장으로 한꺼번에 주는 방법이 있다.

⑪ 대체로 한약제제를 싫어하지만 한약만을 원하는 경우도 간혹 있다.

⑫ 외국인 노동자들은 본인을 위해서는 보호대를, 외국에 계신 부모님을 위해서는 혈압계나 영양제, 맨소래담 로션 등을 잘 산다.

2) 약국에서 기획할 수 있는 코너

약국에서 젊은 남성의 영향력은 미미하다고 보면 된다. 경제력의 흐름이나 주도권이 여성에게 있는 만큼 구색으로 남성을 위한 제품을 구비하고 약국 인테리어나 약국 상품기획을 여성과 아동 위주로 하는 것이 좋겠다.■

지역 밀착형 전략으로 단골 만들어야

40~50대 여성, 구매력 있으며 다양한 제품 관심
고연령층 위해 탈모 염색약 코너는 고정 위치로

지난 호에는 20~30대 여성·남성의 특징을 알아보고 제품 배치에 관한 이야기를 하였다. 이어서 이번호에는 40~50대 여성·남성, 60~70대 여성·남성의 특징에 대해서 생각해 보자.

3. 40~50대 여성

1) 특징

① 자녀들을 키우며 잃어버린 자아를 보상받고 자신을 바로 세우기 위해 무엇이든지 배운다.

독서, 음악 감상, 미술 감상, 봉사활동 등이 그 대상이다.

② 시간 여유가 있어 건강을 위해 운동도 열심히 하고 약도 잘 먹는다.

③ 건강에 관심이 많아 TV 건강프로그램에 방영된 건강 관련제품은 바로 문의하러 온다.

④ 갱년기를 잘 넘기기 위한 노력을 많이 한다.

⑤ 구매력이 있으며 구매 결정에 있어서 발언권이 강하다.

⑥ 약국과의 감정적인 유대로 쉽게 단골이 되고 약국의 주 이용고객이다.

⑦ 본인이나 가족과 관계된 칭찬에 리액션이 좋다.

⑧ 20~30대 여성 만큼 미용과 다이어트에 관심이 많다.

ㄱ. 화이트닝 제품과 염색약
ㄴ. 대사증후군과 관련한 다이어트
ㄷ. 풀케어 주구매군
ㄹ. 염색약 주구매군
ㅁ. 탈모의 잠재적 고객

⑨ 임플란트의 보편화로 구강 건강을 위한 가글이나 치간, 치솔 구매가 많다.

⑩ 가족들의 심부름으로 사지만 다른 물건으로 대체도 가능하다.

⑪ 본인의 건강을 지키는 것 외에도 결혼한 딸, 사위, 아들, 며느리의 건강까지 챙겨서 약을 사는 경우도 많다.

⑫ 마당발이 많고 활동범위가 넓다. 따라서 가격이 싼 시내약국과 비교를 하는 경우가 많다.

⑬ 친구 따라 강남 가는 경우도 있고 친구를 몰고 오기도 한다. 입소문 마케팅이 가능한 고객군으로 친절함, 가격, 구색, 약효 모든 것을 선전한다.

내가 먹어서 좋은 약을 소개하고 친구가 먹어서 효과 본 약을 친구와 같이 사러온다.

⑭ 무이자 할부와 쿠폰할인을 중요하게 생각한다. 따라서 카드 할부가 용이한 홈쇼핑이나 목돈을 나누어 내도록 하는 ○○식품을 이용한다.

⑮ 마트와 비교해서 매장의 구색을 따지고 깔끔하게 정리된 약국을 선호한다.

⑯ 질환과 관련한 소책자에 관심이 많다.

2) 약국에서 기획할 수 있는 코너

중장년층 여성이 많은 약국이라면 예전의 약국의 기능처럼 동네 사랑방형 지역 밀착형 약국을 지향하는 것이 좋을 것이다.

① 잠시 커피 한잔을 마실 수 있는 쉼터를 한쪽에 마련

한다.

② 20~30대 여성들과 같은 제품군으로 진열하면서도 중장년층을 위한 조금 더 고급스러운 제품을 동시에 디스플레이하면 본인의 약을 사면서 다른 가족들의 약도 한꺼번에 보고 구매하게 된다.

특히 고급 여성세정제나 윤활제, 여성 탈모용품 등을 구비해서 잠재된 구매욕을 자극한다.

③ 관절 보호대 코너: 근골격계 질환이 시작될 연령, 운동을 많이 하기 때문에 필요한데 고급 제품도 같이 구비

④ 어린이 코너: 조부모가 손자녀를 키우는 경우가 많다.

4. 40~50대 남성

1) 특징

① 미래에 대해 불안해하고 건강에 대한 걱정이 앞서는 위로 받고 싶은 나이이다.

사회적 가정적으로 외롭고 자신감이 떨어지므로 잔소리를 많이 하게 되고 몸은 덜 움직이려 하므로 환영을 받지 못한다.

② 구매력에 차이가 생기기 시작한다. 구매력이 있는 고객은 처방의약품 조제뿐 아니라 일반의약품 구매가 활발하고 구매 결정의 발언력도 강하다.

③ 건강에 관한 관심이 높고 건강을 위해 운동을 많이 하는 중년 남성도 많지만 전혀 건강관리를 하지 않는 고객도 많다.

④ 성격이 급해서 우선 처리해 주어야 한다. 특히 여러 고객이 동시에 방문 시 구매력이 작은 고객을 먼저 처리해 준다.

⑤ 혼자 약국 방문하는 것을 싫어하여 본인의 감기약, 설사약, 잇몸약, 위장약 등의 응급약을 사러 부인을 대신 보내는 경우가 많다. 장기적으로 먹을 영양제를 사러 부인과 함께 오면 부인의 말을 따를 때가 많고 부인이 대신 영양제를 사 가는 경우가 대부분이다.

⑥ 잇몸질환이 심해서 먹는 약과 함께 치실, 치간칫솔의 구매가 활발하다.

⑦ 탈모에 관심이 많다.

⑧ 술을 많이 먹지만 그 나이에 필요한 간장약과 남성 갱년기 약을 먹기보다는 술 깨는 약을 사 가거나 겔포스 등을 구매하는 경우가 훨씬 많다.

또한 술을 한잔 먹고 방문하게 되면 필요 없는 말을 많이 하게 되고 따지거나 약국에 소란을 일으키기도 한다.

⑨ 염색을 시작하는 연령대인데 변화를 싫어하여 자리가 바뀌는 것을 좋아하지 않는다.

가그린 코너

남성 노인용 영양제

노인 환자들을 위한 인슐린 주사용 주사침과 미니뜸

여성 갱년기용 제품

욕창 환자를 위한 제품

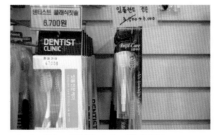

임플란트 환자를 위한 칫솔과 잇몸질환 전문칫솔

⑩ 관절 보호대의 주 고객이다.

운동을 하는 경우에는 파스나 에어로솔 파스, 연고형 파스에 대한 수요가 높다. 노동 강도가 센 경우 재질이 단단한 보호대를 쓰는 경우가 많다. 키네시오 테이핑에 대한 수요도 있다. 그러나 사용법을 잘 모르면 파스를 사는 것이 낫다.

⑪ 여성 보다는 갱년기에 대한 관심도 적고 치료에 대한 관심도 적다.

2) 약국에서 기획할 수 있는 코너

① 탈모 코너나 염색약 코너를 정해놓고 위치를 자주 옮기지 않는다.

② 운동을 많이 하는 중장년을 위한 통증 코너나 파스 코너, 보호대 코너를 만든다.

③ 치과가 옆에 있는 약국은 임플란트 환자를 위한 칫솔, 치간칫솔, 가글 등의 구강용품들을 종류별로 구비한 코 를 만들면 반응이 좋다.

5. 60~70대 여성

1) 특징

① 외모로는 나이를 짐작하기 힘들다.

② 겁이 없어지면서 혼자서 무엇이든지 하고 싶어 한다. 노인대학, 관광 등 건강만 허락하면 적은 돈으로도 얼마든지 즐길 수 있다.

③ 단골약국에 대한 애착이 강하다.

그만큼 요령껏 고객 대접을 해야 한다. 조금이라도 소홀한 대접을 받았다고 생각하면 가차 없이 약국을 바꾸기도 한다.

반면 외로움을 많이 느끼는 노인 단독 가구의 경우 조금 친절하게 대하면 약국에 대한 신뢰가 아주 높아진다. 한마디로 되로 주고 말로 받는다고 생각하면 편하다.

④ 본인의 약도 사지만 아들의 약을 사는 비율도 높다.

⑤ 파스, 잇몸 치료약(먹는 약, 칫솔, 치약, 가글), 염색약, 허리 보호대의 주 고객이다.

임플란트보다는 틀니를 많이 하고 있기 때문에 치간 칫솔보다는 틀니용 세정제나 접착제, 틀니용 칫솔 구비가 더 중요하다.

⑥ 활동력이 제한되어 있다. 이러한 활동력을 높여줄 수 있는 제품이 필요하다.

예. 지팡이, 요실금 팬티, 성인용 기저귀, 틀니용 접착제, 밀고 다니는 보행 보조기 등

⑦ 나이가 들수록 감각기관이 둔해져서 본인이 느끼지 못하는 문제점도 있을 수 있다. 이런 점을 커버할 수 있는 노인 전용제품을 구비한다. 예. 탈취용 세정제나 요실금팬티. 탈취용 캔들, 구취 제거제

⑧ 셀프 메디케이션에 적당하지 않다. 따라서 제품군을 약사의 손이 닿기 쉬운 위치에 두고 건네주는 것이 좋다.

⑨ '이 약 잘 듣는지 모르겠네'라거나 '이 약국은 다른 곳보다 왜 이리 약값이 비싼지 모르겠다' 등의 안 해도 될 말을 잘 한다.

⑩ 돈을 주고받을 때 다른 연령군보다 시비가 많이 생기기 때문에 약값 계산 시 반드시 복명복창을 한다.

⑪ 자녀 명의의 현금영수증을 대부분 발행한다.

⑫ 연령에 따른 구매력의 약화나 상실이 제일 큰 문제점이다.

장년층을 위한 혈행건강 제품

저렴한 바디케어 코너

치간 칫솔 코너

통증 코너

틀니용 코너

홈쇼핑과 눈높이를 맞춘 제품

6. 60~70대 남성

1) 특징

① 구매력이 양극화 되어있다.

구매력은 낮은 노인층은 포장 단위가 작은 약을 반복적으로 구매하는 경우가 많고 구매력이 있는 고객을 제대로 응대하면 고가의 영양제를 쉽게 구입하기도 한다. 약국을 자주 방문하는 소포장단위의 고객과 가끔 오는 구매력 있는 노인 고객이 동시에 방문하게 되었을 때 우선 가끔 오는 고객에게는 양해를 구하고 자주 오는 고객을 먼저 처리한다. 구매력 있는 고객은 빠른 처리시간보다는 정중한 대접이 더 중요하다.

② 남성들은 빠른 응대가 필요하므로 황혼 남성과 여성이 동시에 약국을 방문했을 경우 여성에게 양해를 구하고 남성을 먼저 처리해 준다.

③ 60~70대 여성과 마찬가지로 파스, 잇몸치료약, 염색약 구매의 주 대상이다.

④ 본인과 관련 있는 제품의 가격에 예민하다.

⑤ 관련 없는 말도 쓸데없이 하는 경우가 많고 따지는 사람도 많다. 특히 술을 마셨거나 과거 일정 지위에서 퇴사한 경우 "내가 누군데 못 알아보냐"하며 표시를 내려고 한다.

⑥ 약사의 설명이나 손길이 필요한 연령군이다.

2) 약국에서 기획할 수 있는 코너

① 노인들이 보고 구매할 수 있는 파스 코너, 통증 코너(약국에서 팔고 싶은 에어로졸 파스나 진통제 겔류, 물파스, 요즘 홈쇼핑에도 많이 나오는 영양성분 겔 등)를 만든다.

② 잇몸치료제, 잇몸질환용 치약·칫솔 코너, 틀니용 접착제와 틀니용 세척제 코너를 만들어 생활에 편리함을 주도록 한다.

③ 활동력을 높여줄 수 있는 제품군을 준비한다.

④ 신체 감각기관의 기능이 떨어져서 수반되는 냄새를 커버링 해주는 제품을 준비한다.

⑤ 노인들 영양제로 시니어밀, 홍삼, 소성초 등을 잘 보이는 곳에 두어 구매할 수 있게 한다.

⑥ 자녀들이 홈쇼핑에서 사 온 제품을 다 먹고 나면 약국으로 사러 오는 경우도 있기 때문에 구색을 준비한다.

⑦ 영양제는 조제약을 받는 매대 앞에 있는 것이 전시 효과가 좋다.■

복약지도 스티커 제대로 사용하기⑴
–감기약 · 소염진통제 편–

주제별로 같은 종류 붙이면 손에 익히기 쉬워
중복 투약, 부작용 예방, 소화제 · 정장제로 분류해 사용

처방 조제약에 이용되는 스티커를 직접 만들어 자주 이용하고 있는 우리 약국의 경우에도 아직 일반의약품 스티커의 활용도는 상당히 낮다. 그래서 이번 호는 스티커 사용법을 같이 고민해 보고자 한다.

현재 사용하고 있는 스티커는 가정상비약 스티커 5종과 일반의약품 복약지도 스티커 10종이다.

일반의약품을 상담 판매할 때 15종류 스티커 중 하나를 빠른 시간 안에 골라서 약값 계산을 하며 붙이기는 어려우므로 주제별로 같은 종류의 스티커를 집중적으로 붙이면 손에 익히기 쉬울 것이다.

스티커를 세 가지 부류로 나눠 본다면 우리가 처방약에 대해서 점검하고 있는 DUR(drug utilization review)을 일반의약품으로 확대해서 적용한다고 생각하고 환자의 중복 투약을 예방하기 위해 사용하는 것이 첫째이고 둘째는 약 그 자체나 혹은 술에 의한 부작용을 예방하기 위해서 사용하는 것이 있으며 나머지는 소화제와 정장제 스티커이다.

우선 지금은 환절기라 종합 감기약이나 해열진통제의 수요가 늘 시기이므로 그 약들의 중복 투약 예방과 부작용 방지를 위해 스티커를 사용해 보자.

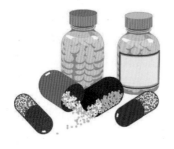

가정상비약 스티커에는 종합 감기약과 해열 진통제 스티커가 있고 복약지도 스티커에서는 아래의 6가지를 이용할 수 있다.

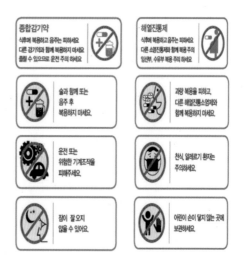

대부분의 종합 감기약은 아세트아미노펜을 기본으로 하여 이루어져 있으므로 감기약에서는 아세트아미노펜의 중복투약과 아세트아미노펜과 다른 소염진통제의 중복투약을 막는 것, 그리고 술에 의한 부작용 방지, 졸음 예방 등을 염두에 두고 스티커를 붙인다.

대부분의 환자들은 시간차를 두고 약을 복용하면 신체에 별로 무리가 가지 않는다고 생각하는 경우가 많으므로 같이 먹지 않도록 주의를 준다.

1. 아세트아미노펜 과다 투여방지 → AAP 함유 일반의약품에 붙이기

미국의 경우 일반의약품 속에 포함된 아세트아미노펜의 과다 복용이나 음주 후 약물 복용으로 인해 부작용이 신고된 건수는 1년에 5만 6,000건에 이르고 급성 간 부전 등으로 인한 사망자수가 1년에 450명에 이른다고 한다. 따라서 식약처는 아세트아미노펜을 한 번에 한 가지 약만 복용하고 한 번에 과다 복용하지 않도록 안전성 서한을 발표하였다.

① 하디코를 코감기약, 타이레놀을 두통약으로 복용
② 액상 차 형태의 테라플루를 6회 이상 차로 마시거나 추가로 타이레놀을 복용
③ 감기와 복통이 겹쳐 종합 감기약에 복합 부스코판을 복용
④ 감기와 생리통이 겹쳐 종합 감기약과 우먼스타이레놀을 복용
⑤ 판피린을 상시 복용하면서 감기로 종합 감기약을 복용
⑥ 두통약으로 타이레놀, 근육통 약으로 리렉스펜(아세트아미노펜 함유 근이완제)을 복용
⑦ 음주 후 두통약으로 게보린, 아세트아미노펜을 복용 (실제 소분으로 판매 가능한 1회용 진통제는 대부분 아세트아미노펜 성분)
⑧ 두통약으로 타이레놀을 먹고 감기로 병원에서 아세트아미노펜 함유 처방약(예. 타이레놀 서방정, 울트라셋) 복용
⑨ 게보린, 사리돈 중독으로 상용하면서 병원 처방으로 아세트아미노펜을 복용.(게보린 사리돈은 임신 수유부 금지)
⑩ 매일 3잔 이상의 음주를 하는 경우, 원래 간질환이 있거나 와파린을 복용 중인 경우는 권장량을 먹어도 부작용이 심해지므로 신중히 투여한다.

⑪ 소아 약의 처방 조제 시 나이와 몸무게를 감안하지 않고 과다한 용량으로 처방되는 경우 추가 해열시럽제 사용량이 과하게 되지 않게 주의하고 해열 시럽제는 어린이 손에 닿지 않는 것이 중요하다.(만 1세 이상부터 판매)

⑫ 임산부의 고열은 태아의 기형과 신경계 손상을 일으킬 수 있으므로 투여를 하는 것이 바람직하다.

2. 소염 진통제 과다 투약 방지 → NSAID에 붙여 주기

약국에서 판매되는 일반의약품을 약효별로 나누어 본다면 비중이 제일 큰 것이 소염진통제이다. 특히 지명 구매되는 게보린 등은 약국의 복약지도 부실로 언론의 타깃이 된 부분인데 약국의 입장에서는 그야말로 "달라는 대로 주는데 무슨 말을 하노!!"

그러나 NSAID로 통칭되는 소염진통제는 효과만큼이나 부작용이 많아서 술과 같이 먹거나 병용 과다 복용을 하게 되면 중추신경계 및 면역체계에 이상 작용을 하여 기저 질환 악화, 간기능 이상, 위출혈, 쇼크, 빈혈 등의 중증 부작용을 야기하게 된다.

처방 조제 환자는 처방 내용의 고려 없이 임의로 진통제를 병용 않도록 스티커를 붙이고 지명 구매의 경우에도 단골이라면 다른 기저질환이 없는지 확인하면서 스티커를 붙인다.

① 아스피린이 혈액순환제로 포함되어 있는 순환기약을 복용하면서 관절약을 매일 병용, 따로 약국에서 나프록센을 치통약으로 구입 복용
② 통증이 심한 관절질환으로 두 가지 소염진통제가 동시에 처방되어 복용 중 인후염약을 사서 복용(스트렙실은 트로키제이나 여러 가지 금기사항이 많으므로 꼭 확인)

③ 당뇨, 심혈관질환자가 두통 때문에 아스피린 500mg 복용(설포닐 우레아계 혈당 강하제–저혈당, 혈전 용해제–출혈 야기)

당뇨, 심혈관질환자가 고용량의 NSAID를 복용하거나 여러 종류의 NSAID를 병용할 때, 또한 알코올을 섭취하는 경우 궤양과 궤양 합병증이 악화되고 이로 인한 사망률 증가

④ 이비인후과에서 스테로이드 처방받은 후 두통으로 NSAID 진통제 구입 복용(궤양은 4배, 궤양으로 인한 합병증은 22배 증가)

⑤ 왈파 복용 환자가 NSAID 소염진통제 복용(위장관 출혈의 가능성 13배 증가)

⑥ mtx 복용 환자가 아스피린 500mg 정제 구입 복용(신 배설 감소로 mtx의 독성 증가)

⑦ 궤양성 대장염 환자의 NSAID 구입 복용(모든 NSAID는 대장궤양을 유발하므로 위험)

⑧ 아스피린은 어린이에 투여 시 상용량에서 Rey's Syndrome(미국 FDA 19세 이하 복용 않도록 권고, 영국 약품안전위원회 16세 이하 복용 금지) 유발 가능

⑨ 해열시럽제는 어린이 손에 닿지 않게 한다.(1세 이상 판매 가능)

3. 복합 감기약에 붙이기

① 종합 감기약에 포함된 항히스타민제인 클로르페니라민, 진해제인 히벤즈 산티페피딘, 클로페라스틴, 구아이페네신 등은 졸음을 일으킬 수

있다. 종합 감기약에는 판콜액, 판피린액, 판토액도 포함된다.

② 코감기나 알레르기약의 항히스타민제도 졸음이 심하다. 판피린액과 콘택 병용 금지

③ 소아 콧물감기 시럽은 2세 이상부터 판매(캅셀제는 7세 이하의 영유아에게 복용 금지, 시럽제는 1일 4회 복용 가능하고 복용간격은 4시간 이상)

4. 카페인 함유 진통제와 에페드린, 슈도에페드린 함유 감기약에 붙여주기

① 에페드린, 슈도에페드린 함유 감기약, 카페인 함유 진통제를 카페인 함유 드링크와 병용하면 심계항진, 불면, 근육 이상 유발.

② 카페인 함유 스티커는 약국용 자양강장제나 카페인 함유된 각종 진통제에 적용

*카페인 함유 진통제: 펜잘, 게보린, 사리돈, 이브퀵, 그날엔, 버퍼린플러스(레이디), 타나센 15세 미만은 복용할 수 없으므로 카페인 함유 스티커를 붙여 안전성 강조.

특히 카페인 함유 드링크가 의약외품으로 전환되었으므로 일반의약품 복약지도 열심히.■

복약지도 스티커 제대로 사용하기(2)
-피부외용제 편-

처방약 치료 부위 적어주고, 일반약 설명서 함께 보관 지도
식약처 홈페이지 자료 적절히 응용, 라벨은 인터넷서 무료 다운

우리의 조제료를 놓고 언론이나 복지부 혹은 의사회가 참 관심이 많다. 모든 재정 적자의 주범은 약국의 조제료에 있다고 하여 결국 의약품 관리료를 삭감하였다. 미국이나 일본처럼 한 건 당 조제료를 만 원 이상 받지도 못하면서 복약지도의 질에 대해 공격을 받는다. 약국에서 어떤 정보를 제공해야 환자들이 만족할 수 있을까?

복약지도를 환자의 눈높이에 맞춰서 한다는 것은 환자와 질병에 관한 정보를 공유한다는 얘기로 바꿀 수 있을 것이다. 이런 정보는 신문 등의 매스컴을 통해서 한 번 기사화되었을 것이고 환자들에게 익숙한 정보이다. 이미 알려진 정보를 약사가 한 번 더 정리를 해주면 환자들은 훨씬 쉽게 이해하고 올바르게 약을 사용할 수 있다.

이번 호에서는 피부 외용제의 복약지도를 다루는데 식약청의 자료를 기준으로 얘기하려고 한다. 발췌된 자료는 식약청의 의약품 안전 사용 매뉴얼 중에서 골랐다. 일반 국민이 실생활에서 의약품을 안전하고 올바르게 사용하는 방법을 쉽게 이해하고 실제 실행에 옮길 수 있도록 만든 시리즈 정보인데 자료의 내용이 상세하여 약사인 우리들의 재교육 자료로도 충분하다고 본다.[1]

1. 피부연고제의 올바른 사용

의약분업 전부터 환자들은 약국에서 연고 사는 데 익숙해 있어서 어르신들의 경우 "처방전을 받지 않고도 연고 정도는 약국에서 살 수

있게 해줘야지."라고 얘기를 한다. 또한 약의 이름은 모른 채 분홍색, 노란색, 초록색 소분용기들 들고 와서 똑같은 약을 하나 더 달라고 얘기를 한다. 이렇듯 무심히 사용하는 경우가 많은 피부연고제이므로 종류에 따라 강도가 다른 연고제의 사용기간이나 횟수, 주의할 점을 일러주고 부작용을 겪지 않도록 도움을 주자.

식약처의 설문조사에 따르면 피부 연고제가 자주 사용되는 질환은 외상(상처 등) 〉 피부염(습진, 아토피) 〉 백선(무좀 등) 〉 타박상 〉 단순 포진(대상포진 포함) 〉 여드름 등의 순으로 나타났다.

환자의 연고제 사용 문제점을 살펴보면 튜브 형식의 연고제인 경우 한 번 개봉한 후 쓰고 남는 것이 많아서 여러 종류의 연고제를 오래 보관하게 되는데 재사용 시 정확한 효능을 모르고 쓰는 경우가 많다고 한다.

따라서 처방 시 나가는 연고의 경우에는 각 연고의 처방 부위를 적어주는 것이 좋고 일반약으로 사 가는 경우에는 설명서를 연고와 같이 보관하도록 복약지도를 한다.

사용 빈도가 낮은 연고의 경우 복약지도 사항을 외우기가 힘들다면 라벨을 이용한 복약지도를 권한다.

라벨은 인터넷에서 무료로 사용 프로그램을 다운받아서 사용하면 되는데 한 종류 당 한 장씩의 라벨을 미리 만들어서 외용약이 입고되면 바로 라벨링을 해놓으면 바쁜 시간에 처방이 나왔을 때 역할을 톡톡히 한다.[2]

구체적으로 효능별 족집게 복약지도를 해보자.

① 항균제 함유 피부연고제

▶ 치료에 필요한 최소 기간만 사용한다.

▶ 항균제 연고를 사용하기 전 상처 부위는 물로 씻어준다.

▶ 환부가 전신에 걸쳐있는 경우에는 주의해서 사용한다.

▶ 상처에 노란 고름이 나오면 항균제 함유 피부연고제로
는 치료가 안 되므로 경구용 항생제를 처방받도록 병원
치료를 권유한다.

② 항진균제 함유 피부연고제

▶ 원인균이 다른 경우가 많아 처음에는 되도록 전문가가
진단을 한 후 적합한 약을 사용.

▶ 1일 2~3회씩 병변과 그 주변부에 바른다.

▶ 증상이 개선된 이후에도 정해진 치료 기간 동안 사용해
야 한다.

▶ 몸 백선인 경우 연고를 바를 때 병변뿐만 아니라 경계를
넘어 8~10cm까지 도포한다.

▶ 정해진 치료 기간 이후에도 증상이 개선되지 않으면 진
균학적인 검사를 실시하여 다른 항진균 요법을 실시한다.

▶ 환부를 시원하고 건조하게 유지한다.

▶ 두드러기, 발적, 홍반, 가려움, 자극감, 병변의 접촉피부
염, 자통, 작열감 시 사용 중지

③ 항바이러스제 함유 피부연고제

▶ 1주일 사용하여도 효과가 없다면 다른 치료방법으로 변
경한다.

▶ 타 부위로의 전염이나 타인 감염을 막기 위해 면봉이나
일회용 장갑을 끼고 바른다.

▶ 면역이 회복될 수 있도록 충분한 휴식과 몸에 맞는 영양
을 섭취한다.

④ 스테로이드제 함유 피부연고제

▶ 피부의 염증을 줄이기 위해 사용하는 스테로이드 연고제
의 부작용은 가려움증, 홍반, 감염, 자극, 상처치유 지연

등으로 나타나므로 증상이 개선되면 사용을 중지한다.

▶ 스테로이드 연고는 강도에 따라 등급이 나누어져 있다.
부위별로 강도를 맞추어 처방되는데 1등급이 가장 강하
며 5등급이 가장 안전하다.

▶ 항문이나 눈꺼풀은 피부가 얇고 흡수력이 높은 곳이라
사용량을 최소화한다.

▶ 아토피 치료를 위한 스테로이드 연고는 단기간에 열심
히 바르고 상태가 호전되면 서서히 횟수와 양을 줄인다.
보습 로션은 씻고 3분 이내에 바르며 충분한 양을 공급
한다.

▶ 씻은 피부는 수화되어 연고 투여가 간편하면서도 흡수
가 잘 된다.
얼굴의 경우 토너(=스킨)를 바른 후 바른다.
로션과 함께 사용 시는 연고 사용 후 로션을 사용한다.
그래야 연고가 희석되거나 다른 데 묻지 않는다.

▶ 연고의 효과는 바른 지 30분 지나서 나타나므로 가려움
을 느끼기 이전에 미리 발라둔다.

▶ 연고를 바르는 횟수는 1회보다는 2회의 효과가 좋다. 그
러나 2회 이후는 동일하다.

▶ 당장 증상이 호전되어도 연고를 끊으면 곧 재발할 수 있
으므로 tapering 스케줄에 따라 서서히 도포하는 횟수를
줄여나간다.

▶ 건선에 사용하는 다이보베트 연고의 경우는 환부보다
작게 바른다.

⑤ 여드름 치료용 연고

▶ 적용 환부가 붉어지고 자극이 있을 수 있으므로 스킨,
로션 이후에 소량씩 사용한다. 바른 후 건조해질 수 있으
므로 수분 공급이 필요하다. 저녁에 바르고 낮에는 자외
선 차단제를 꼭 발라준다.

▶ 듀악겔이나 브레복실겔은 환부에 두드려 발라준다.

▶ 다른 연고들은 얇게 환부에만 펴 바른다.

⑥ 기미 주근깨 치료제

환부에만 소량을 취하여 얇게 펴 바르고 꾸준히 지속적

으로 바른다. 순한 세안제를 사용하고 바른 후 건조해질 수 있으므로 순한 보습제를 사용한다. 취침 전에 바르고 낮에는 자외선 차단제를 꼭 발라준다.

⑦ 벌레 물린 데 사용되는 약

상처 주위를 깨끗이 씻은 이후 상처 부위에 적당량을 발라준다. 어떤 연고제이던 꼭 얘기해 주어야 할 복약지도는 환부를 씻은 후 연고를 바르고 처방된 환부 이외에는 적용하지 않는다. 바르는 신체 부위에 따라 약물이 흡수되는 정도가 다르므로 정해진 부위에 적정량 바른다. 많이 바른다고 효과가 있는 것이 아니라는 것을 꼭 알린다.

2. 발모제 올바르게 사용하기

▶ 미녹시딜 외용액 중 5% 외용액은 남성에게만 사용한다. 여성에게 5% 제제를 사용하면 두피 이외에 얼굴, 팔, 다리에 털이 나는 다모증이 생길 수 있다. 또한 18세 미만과 55세 이상에는 사용을 권장하지 않는다.

▶ 미녹시딜 외용액은 모발과 두피를 완전히 건조시킨 후 최소 4개월간 환부에 도포해야 한다.

▶ 외용액을 바르는 것을 잊은 경우 다음 회에 2배의 용량을 사용하지 않고 해당 양만을 도포한다. 한꺼번에 많은 양을 쓴다 해서 더 많은 효과를 보는 것이 아닌 만큼 천천히 욕심내지 않고 꾸준히 바르도록 한다.

▶ 미녹시딜 외용액은 유전형 탈모에 효능이 있으며 심혈관계 질환자나 혈압 강하제를 복용하는 경우와 출산 후 탈모에는 사용하지 않는다.

▶ 환부에 피부염이 있다면 사용을 보류하고 두피 이외의 부위에는 사용하지 않는다.

▶ 약액을 바른 후 4시간 동안은 유지해야 하므로 수영을 한다면 4시간 후 씻고 운동을 한다.

▶ 퍼머넌트나 염색을 하려면 시술 전에 약액을 완전히 씻어 내야 한다.

▶ 헤어 제품은 이 약을 바른 후 완전히 마른 후에 사용해야 하는데 이 약의 건조를 위해서 헤어드라이어를 사용하면

안 된다. 저녁에는 이 약이 건조를 고려하여 취침 2~4시간 전에 사용한다.

▶ 일시적으로 탈모가 증가될 수 있으나 2주 이상 지속될 때는 사용을 중지하고 의사와 상의.

미녹시딜 외용액의 경우 하루 2ml을 넘지 못하도록 하는데 이때 오거리약국의 복약지도 팁을 하나 소개할까 한다.

스프레이 용기의 경우는 3puff가 0.5ml에 해당한다고 계산하면 된다. 그리고 이 약은 혈압약에서 유래된 약이니만큼 정확한 사용과 부작용을 방지하기 위해서 양을 점차 점진적으로 늘이는 스케줄을 같이 제시한다.

저녁 0.5ml → 아침 0.5ml, 저녁 0.5ml → 아침 0.5ml, 저녁 1ml → 아침 1ml, 저녁 1ml 로 용량을 정해준 뒤 중간에 어지러우면 어지럽지 않은 농도에서 적응을 한 후 용량을 늘이도록 한다.

또한 식약처 홈페이지에는 보도 자료가 나오는데 이를 적절히 수정해서 시의 적절하게 약국에 프린트해 놓는다면 큰 노력을 들이지 않고도 환자들에게 정보를 제공할 수 있다. 작은 노력으로 약국의 환자들을 우리 편으로 만들어 보자. ■

[각주]

1) 이 자료는 식품의약품안전청 온라인 복약정보방(http://medication. kfda. go.kr)에서 다운로드 받을 수 있다.

2) 복약정보방 중에서 자료실에 가면 이 자료가 있다. 그 외에 환자별 증상별 자료가 많이 준비되어 있다. 라벨은 각종 라벨 회사의 무료 다운 프로그램을 이용한다.

복약지도 스티커 200% 활용하기 (3)

제품에 대한 고정관념 깨고 다양한 스티커를 사용해 보자
안전포장 안된 일반약 호기심 많은 아이들에게 조심해야

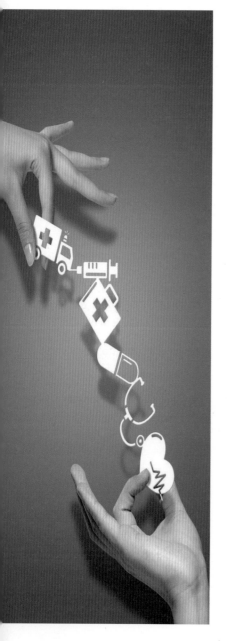

복약지도 스티커 모음 한 뭉텅이가 약국에 아직도 남아있다.

소염진통제만 골라 붙였더니 어떤 스티커는 눈길도 주지 않았고 재미 붙인 스티커는 쓰고 싶은데 남은 수량이 별로 없다. 그래서 이번에는 어렵게 DUR이나 부작용을 생각하지 말고 무조건 붙여보기로 하자.

특히 심심찮게 약가 시비를 일으키는 가격 조사 대표 품목들에 어떤 스티커를 붙이면 우리의 말 수고를 덜면서 환자에게 생색을 낼 수 있는지 한번 고민해 보자.

우리 약국(부산 사하구 오거리약국)의 경우엔 게보린 정에 카페인 함유 스티커를 붙여 팔았더니 딸의 생리통 완화에 카페인 함유된 제품을 더 이상 먹이지 않겠다고 진경제가 포함된 다른 약을 가져갔고, 술과 함께 먹지 말라는 문구를 보고서 다른 약을 원하는 등 환자들이 늘 먹던 약이지만 한 번 더 생각을 하고 약을 구매하는 모습을 보였다.

여러 약사님들은 지난 두 달 동안 어떤 경험을 하였는지 궁금하다.

그리고 여기서 잠깐! 옥에 티 하나를 찾아보자.

앞 호(208호)에서 소개했던 해열진통제 스티커는 대한약사회 공지사항 중 복약지도 스티커 사용 안내문의 이미지를 사용한 것이다. 해열진통제 스티커 마지막 설명에는 '임신부 수유부는 복용을 주의하세요'라고 되어있지만 실제 우리 약국에 도착된 스티커에는 '졸릴 수 있으므로 운전 주의하세요'라고 되어있었다. 인쇄상의 오류라고 생각되지만 덕분에 사용처가 많이 한정되어 버렸다. 수정펜을 이용하여 애정을 담아 고친 다음 적재적소에 사용해 보자.

Ⅰ. 제품별 스티커의 적용

1. 게보린, 펜잘, 사리돈, 암씨롱 등 카페인이 함유된 진통제와 카페인 함유 자양강장제

① 기본 적용 스티커

② 추가 사용 가능: 사용 빈도가 낮은 다음 스티커도 붙일 수 있다.

"어린이에게 사용하지 마세요" 스티커의 경우 사용처가 많이 한정된다. 자극성 있는 멘톨 함유 의약외품, 파프류, 버물리류, 물파스, 멘소래담 로션(위 모두 30개월 이상 사용), 벌레 자극 완화 밴드 중 멘톨 함유 제품(36개월 이상 사용), NSAIDs 함유 겔류나 파스류(15세 이상), 카네스텐 연고(2세 이상)에 사용한다. 그렇지만 외용제에 스티커를 부착하는 것이 번거롭게 느껴진다면 내복약을 상담할 때 "어린이에게 복용하지 마세요"로 고쳐서 사용한다.

2. ① 화콜포르테, 화이투벤 클래식, 하벤 등과 판콜 판피린, 판토 등의 종합 감기약
   ② 하벤코, 속콜 등의 아세트아미노펜, 항히스타민, 슈다페드 함유 제제
   ③ 테라플루 등 차 형태의 감기약
   ▶ 카페인 함유 드링크와 같이 먹지 않도록 복약지도하고 연령 제한 약이 있으니 확인한다.

3. 제로, 이부프로펜 400mg, 나프록센 정, 아스피린, 타이레놀 등의 소염진통제
   ▶ 각 약의 사용 제한 연령과 최대 함량을 파악하고 환자와 상담한다.

4. 콘택 골드, 시노카 에스, 액티피드, 지르텍 등의 항히스타민제와 코푸 정 등 진해거담제
   ▶ 콘택 골드나 시노카 에스는 연령 제한이 있으므로 어린이 복용 제한 스티커의 이용이 가능하다.

5. 지르텍 노즈, 코싹, 알레그라디─항히스타민제와 슈도에페드린 성분으로 스티커 적용
   ▶ 카페인 함유 드링크와 같이 먹지 않도록 복약 지도

6. 근이완제와 수면 유도제─진정 등의 부작용에 중점을 두어 스티커 적용

7. 정로환
   ▶ 어린이 사용 제한 스티커는 '8살 이전 어린이 복용하지 마세요'로 고친 후 이용

8. 소화제, 까스활명수, 시메티딘·라니티딘 함유 위장약

9. 케토톱 등의 파스류, 안티푸라민연고, 맨소래담 로션, 물파스, NSAIDs 함유 겔류나 파스류는 15세 이상, 안티푸라민 연고, 멘소래담 로션, 물파스 등은 30개월 이상에서 사용할 수 있다.

① 기본 사용 스티커(어린이 사용 제한 스티커 그대로 이용)

② 추가 사용 스티커

잠을 깨우는 용도로 안티푸라민 연고를 눈에 바르거나 얼굴의 타박상에 NSAIDs 연고를 사용하는 경우가 있으므로 주의를 주고 6개월 이상 임산부는 파스 사용을 제한해야 하므로 임부 사용 제한 스티커로 고쳐준다.

10. 외용 피부 연고(상처, 피부, 치질), 자외선 차단제, 해충퇴치 밴드, 버물리류, 인공 습윤 밴드

① 기본 사용스티커

② 추가 사용 스티커: 스테로이드의 강도에 따라 어린이에게 함부로 사용해서는 안 되는 것을 약사의 기준에서 판단하여 붙인다. 길초산 베타메타손 등은 스테로이드 강도가 쎄다.

II. 스티커 별 제품 적용하기

적용 범위가 광범위한 아래 두 스티커만 다시 생각해 보자.

1. 임신 수유부는 복용하지 마세요

경구용 NSAIDs와 각종 감기약, 카페인 함유 자양강장드링크, 활명수 등의 액상 소화제, 라니티딘, 시메티딘 함유 위장약, 삼릉이 든 한방 소화제(영위환 소적환,) 오라메디, 터치메드, 비타민 A 과량 함유된 영양제, 쏘팔메토, 근육이완제

*NSAID가 함유된 파스나 겔 제제도 6개월 이상 임부가 사용하지 않도록 지도

2. 어린이 손에 닿지 않게 하세요

약의 색깔이 알록달록하여 아이들이 장난으로 만져 사고를 일으키는 경우가 많다.

안전포장이 없는 일반의약품, 어린이 시럽 외 각종 시럽제, 해열 좌제, 외용 무좀약, 발모제액, 발한 억제제(드리클로), 액상 사마귀 약, 키미테, 금연패치, 각종 연고제, 가그린액, 수은체온계, 매트류, 라이센드액 등 모두 호기심 많은 아이들의 탐구 대상이 되므로 조심한다.

약에 관한 모든 책임을 지닌 직업이 약사라는 자부심으로 열심히 복약지도를 해보자. ■

일반약 스티커 사용법

부산시약사회에서 회원들께 무료로 일반약 복약지도 스티커를 제작 배부하게 되었다.

약의 전문가로서 복약지도 강화에 대한 사회적 요청에 부응하고 약사 역량을 강화하여 의약품 약국외 판매주장에 적극 대응하기 위해서 일반약을 판매할 때 스티커를 활용하여 복약지도를 함으로써 환자의 이해를 돕도록 하기 위함이다.

약국에서 직접 스티커를 만드는 수고를 덜어주고 깔끔하여 보기 좋지만 만들어진 스티커이므로 활용할 때 어떤 용도로 사용할지를 잠시 고민하게 된다.

그래서 스티커를 활용할 몇 가지 사용 예시를 들어보려 한다.

1. 일반약에 적용시

1) 간독성 관련: 아세트아미노펜 함유 진통제, 펜잘, 사리돈, 게보린
2) 위장 관련: 아스피린, 나프록센, 이부프로펜 등 각종 NSIDS
3) 졸음이나 어지러움 관련: 코감기 약, 종합 감기약, 수면 유도제, 알레르기약, 멀미약, 근 이완제, 판피린, 판콜, 판토

처방조제 시에 이 스티커를 사용하고 싶다면 특히 후라시닐정, 로도질정이 들어간 처방 또는 수면제, 안정제 처방에 이 스티커를 잘 활용할 수 있다.

2. 아스피린, 나프록센 250mg, 이부프로펜 400mg, 덱시부프로펜 300mg, 타이레놀 이알 650mg, 펜잘, 게보린, 사리돈, 제로

그 외 각종 진통제(타나센, 버퍼린 플러스, 버퍼린 레이디, 그날엔, 우먼스 타이레놀), 판콜, 판피린, 아세트아미노펜 함유 코감기 약, 종합 감기약

3. 수면유도제, 근육이완제, 멀미약, 알레르기약, 세트리진제제, 코감기 약(코싹, 콘택 골드, 시노카, 액티피드, 하벤코류), 종합 감기약, 키미테

4. 파프류를 제외한 NSAID 함유 플라스터류, 경구용 NSAID(특히 아스피린), NSAID 겔류

5. 박카스, 구론산 원비디 등 카페인 함유된 자양강장제, 카페인 함유 진통제(사리돈, 펜잘, 게보린, 타나센, 버퍼린플러스,이브 퀵, 그날엔), 슈도에페드린 함유 코감기약

6. 라니티딘, 시메티딘 함유 위장약, 삼릉이든 한방 소화제(영위환 소적환), 경구용 NSAID, 활명수, 박카스, 오라메디, 터치메드, 비타민 A 과량 함유된 영양제, 쏘팔메토, 근육이완제

*NSAID가 함유된 파스나 겔 제제도 임신 기간 6개월 이후는 사용하지 않도록 지도.

*소화효소제, 철분제, 타이레놀, 개비스콘, 겔포스 등은 임부가 안심하고 복용 가능함.

7. 외용제로 사용하는 파스나 겔제제(NSIDS나 멘톨 함유된 것), 인공피부용 습윤 밴드. 쉽게 파는 파스나 연고가 피부 알레르기뿐 아니라 천식 발작을 유발한 사 가 있다.

8. 파프류(30개월 미만 금지), 벌레 물린데 사용하는 버물리류(30개월 미만 금지), 벌레 물린데 붙이는 의약외품류 중 멘톨 함유된 것(36개월 미만 금지), 멘톨 함유된 소염진통제 연고류(안티푸라민, 맨소래담, 맨담로션, 30개월 미만금지), 물파스(30개월 미만 금지), NSAID 함유 파스(15세 미만 금지), 카네스텐 연고(2세 미만 금지)

9. 안전 포장이 없는 일반의약품, 어린이 시럽 외 각종 시럽제, 해열 좌제, 외용 무좀약, 발모제액, 드리클로, 사마귀약, 키미테, 금연 패치, 각종 연고제, 가그린, 수은체온계, 매트류 등 정말 무궁무진

10. 상처연고류, 광범위 피부연고, 치질연고 등 각종 연고류 간혹은 약국용 자외선 차단제

그 외 종합 감기약, 소화제, 해열진통제, 정장, 지사제, 카페인 함유라고 지정된 복약지도 스티커가 같이 배부된다. 지정된 용도에 붙이면 되므로 편리하다. 소화제의 경우 액상 소화제는 3개월 미만 영아는 투여하지 않도록 주의하고 카페인 함유 스티커는 자양강장제나 카페인 함유된 각종 진통제 사용할 수 있다. 카페인 함유의 경우는 15세 미만 학생들에게 과다 투여되지 않도록 주의를 수면서 붙여준다.

유통은 PM, 정보는 브로셔 · 홈페이지 참조

의약품은 물론 병원 소개, 버스 번호까지 매사 관심 필요
방송 소개 제품 숙지하고 대중매체로 쉬운 설명법 알아둬야

고객들에게 입소문 나는 약국이 되는 데는 종합선물세트 같은 각종 지식들을 재빠르게 흡수하여 환자들에게 시의적절하게 제대로 전달하는 것이 한몫을 한다.

최근 한 TV 프로그램에서 '코미인'을 사용하면 머리가 난다는 정보가 소개가 되자 각 약국에서는 코미인을 찾는 환자들이 늘었다. 또한 닥터 콘서트에서 언급되는 약이나 각종 생활의 달인들이 먹는 약, 사용하는 약에 대한 수요가 폭발적으로 증가하였다. 이렇게 입소문에 의한 판매를 할 때 내가 얼마나 정확한 정보를 가지고 복약지도를 하는가가 환자들에게 신뢰감을 주고 다음번 제품 구매를 결정 짓는 요소가 된다.

"한번 물어봅시다"로 시작되는 약국의 모든 내방객에게 일반의약품이나 전문의약품에 대한 각종 지식, 외약외품은 물론이고 근처 유명한 병원, 목적지로 가는 버스 번호, 심지어 교통규제에 대한 내용까지 정말 깨알 같은 정보를 주기 위해 매사에 관심을 놓쳐서는 안 된다.

1. 일반의약품 정보

① 방송에서 언급된 약에 대해 환자가 원하는 정보를 구하는 방법

a. 인터넷 확인

예를 들어 발모약으로 한동안 고객들이 찾던 코미인을 알아보자.

코미인은 코퍼펩타이드와 미녹시딜, 이소트레티노인액을 따서 만든 용어이다.

인터넷 블로그 상에서 확인한 코퍼펩타이드의 효능은 DHT 전환을 억제하고, 모발의 성장 주기를 조절해서 모발이 나게끔 도와준다. 이소트레티노인액(상품명 스티바에이액)은 두피 스케일링의 효능으로 미녹시딜의 흡수를 높인다. 미녹시딜은 탈모 억제와 발모촉진 작용을 하는데 사용량을 최소량에서 점차 늘려야 함을 꼭 설명한다. 코미인의 사용 순서는 코퍼펩타이드→미녹시딜→이소트레티노인액이다.

b. 제품 유통이나 수입에 관한 정보는 제약회사 담당 PM을 찾아서 확인한다.

이소트레티노인액은 2년 전 생산과 수입이 중단된 약이어서 환자들이 구할 수 없다.

② 제품의 안전성에 관한 정보

일반의약품에서의 안전성은 소아와 임산부 복용 가능 여부가 중요하다. 소염진통제에 대한 정보는 많이 알려져 있지만 소화제에 대한 정보는 지나치기 쉽다.

임신 중기 이후의 임산부들이 속이 불편할 때 무난히 줄 수 있는 약은 개비스콘과 애시논이다. 겔포스는 흡수가 되는 약이 아님에도 임부 투여 경험이 없어서 권장되지는 않는다.

개비스콘은 소아와 임산부 모두 위산과다, 역류, 소화불량에 쓸 수 있다.

정제 소화제는 임부나 7세 미만 소아 복용 금기이고 마시는 소화제는 1세 이상이면 먹을 수 있는데 광동제약 평위천은 임부의 간헐적 복용(1, 2번 정도)이 가능하다. 까스활명수나 베나치오는 현호색 성분이 있으므로 하혈 가능성 때문에 임부는 복용하지 않는다.

이런 정보는 각 제약회사 소비자 상담실이나 담당 PM을 통해서 얻을 수 있다.

간혹 소비자상담실의 정보가 정확하지 않을 수 있으므로 의문이 해소되지 않을 때는 직접 담당 PM을 통해서 정보를 구하도록 한다.

③ 환자 상담을 위한 영양제의 정보를 구하는 법

최근 각종 TV 매체의 영향으로 코큐텐 수요가 많다. 그리고 영양제도 유행을 타서 지금은 고용량 비타민 B군과 비타민 D의 매출이 약국마다 높은 편이다.

a. 블로그

한 예로 고용량 비타민 B군은 임팩타민을 시작으로 출시되어 각 제약회사마다 모두 나오고 있다. 활성형 비타민 B군의 종류나 다른 영양소의 구성이 다 다르기 때문에 한 가지 회사의 제품만 구비하기보다는 특징별로 두, 세 가지를 같이 구비하는 것이 좋다.

티아민 종류별로 티아민 염산염, 티아민질산염, 푸르설티아민, 벤포티아민, 비스벤티아민등이 제품에 따라 달리 들어있고 각 약의 특징이나 적용 대상이 조금씩 달라진다.

이러한 비타민 B군을 포함하는 각 회사의 제품별 특징은 블로그를 운영하는 약사님들께서 특징별로 표로 잘 만들어 놓으셨기 때문에 꼭 시간을 내서 서치하시기를 권한다.

비타민 B군은 피로를 풀어주는 비타민이라고 환자에게는 쉽게 설명한다. 다른 약을 복용하고 있거나(위산 억제제, 피임약, 항생제 등등 비타민 B의 드럭머거를 먹고 있는 경우)스트레스를 많이 받고 커피나 술, 단 음식을 좋아하고 골고루 먹는지 못하는 현대인에게는 꼭 필요하다고 설명한다.

b. 서적

좀 더 자세한 정보를 원한다면 영양제 119, 비타민 혁명, 비타민 이야기, 드럭머거 등 약사님이 쓰신 책을 구하여 내용을 확인한다. 여기에는 비타민의 최소 섭취량, 최적 섭취량, 상한량 등의 개념이 있다. 지금 나오는 활성비타민 들은 최적 섭취량에 근거하여 만들어진 것이다.

c. 인터넷 강의

④ 일반의약품에 대한 제품 판매정보

각 제품의 특징을 알아야 제대로 약을 팔 수 있다.

a. 제약회사

각 회사 홈페이지에는 각 약의 장점만이 홍보되어 있어

균형 잡힌 판단을 하기는 힘들지만 환자를 위한 복약 설명이나 그림이 잘 나와 있어서 이용하면 편하다.

좀 더 상세한 자료는 담당자나 PM을 통해서 PPT 자료를 구하여 정보를 얻는다.

b. 인터넷 강의

오성곤 약사님의 강의를 포함한 데일리팜, 팜넷의 강의를 추천한다.

⑤ 건강기능식품에 대한 정보

a. 식약처 홈페이지

고시형 건강기능식품과 개별 인정형 건강기능식품의 정확한 정보와 복용량이 나와 있다. 가능한 정보가 공개되어 있는 제품을 골라 약국에서 취급하도록 한다.

물론 고객이나 환자가 기존에 복용하는 약과 상호작용을 늘 고려해서 상담을 하도록 한다.

b. 서적

요즘은 대체의학을 하는 병원도 많기 때문에 대체의학자들이 쓰신 서적도 시중에 많이 나와있다. 읽기 쉽게 설명이 잘 되어있다.

⑥ 각종 질환에 관한 정보

신문이나 인터넷 매체에 나와 있는 정보를 이용하여 환자와 대화를 하면 환자와 눈높이를 맞출 수 있어서 좋다. 예를 들어 하지 정맥류, 미백 등의 기사가 나오면 매대 앞에 붙여서 상담을 유도해 본다.

2. 전문의약품에 대한 정보 구하는 법

① 전문의약품 상세 제품 정보

a. 제약회사에서 얻기

처방 나오는 제품에 대한 기본적인 정보는 제품에 관한 브로셔에서 얻는다.

그러나 이러한 브로셔는 제품의 장점만 나열한 경우가 대부분이므로 자료로서는 많이 부족하다.

제약회사 담당자나 본사 PM에게 부탁하여 의사 교육을 위한 PPT 자료나 학술논문을 요청하여 정보를 확인한다.

b. 드러그인포의 성분 정보 확인하기

드러그인포에는 개별 의약품의 정보뿐 아니라 각 약의 성분별로 작용기전, 상용량, 최대량, 부작용, 해독, 상호작용 등이 잘 나와 있다. 일일이 찾기는 번거롭지만 아주 유용한 정보이다.

c. 전문지를 참조하기

비즈엠디 메디칼이나 메디칼옵저버, 메디칼트리뷴 등의 전문지에서 정보를 확인한다.

d. PUB MED를 이용한 자료 찾아보기

② 각 질환에 대한 정보 구하는 법

a. 가이드라인 확인

만성질환에 대한 정보는 기본적으로 교과서에서 배우지만 가이드라인이 자꾸 업그레이드되므로 고혈압, 당뇨, 고지혈증, 천식, COPD 등의 각종 외국 가이드라인과 한국의 가이드라인을 항상 확인한다.

b. 전문지를 참조하기

c. 환자용 서적

대학병원의 각 클리닉에서는 환자용 서적을 펴내서 질환에 대한 이해를 돕고 있다. 이런 서적에는 질환에 대한 설명이나 약에 대한 설명이 아주 쉬운 용어로 되어 있다. 이 내용으로 식이, 운동, 약 등에 대해 설명하면 된다.

d. 대중매체 이용하기

각 신문에는 늘 헬스코너가 마련되는데 역시 환자들과 눈높이를 맞춘 자료라 차용하여 환자에게 설명하기 좋다. 특히 계절에 맞춘 자료가 많이 나오므로 즉각 이용하기에 좋다.

3, 4월의 황사, 지금 계절의 독감에 대한 자료는 설명의 묘미를 살리기에 좋다.

예를 들어 독감의 경우 시간에 따른 인플루엔자의 변화라던가 변종, 혹은 각 인플루엔자의 특징, 식이요법, 면역을 올리는 법, 대증요법 등을 잘 읽어두었다가 환자 설명에 이용하는 것이다.

③ 전문의약품 품절 여부

a. 각 도매상 홈페이지에서 품절이나 제품 성상 변경 여부를 확인한다.

　문제는 모든 제품 품절 정보가 다 올라오지는 않는다는 것

b. 각 제약회사 PM에 확인하는 방법

　각 제품의 일시 품절 여부나 장기 품절 여부는 제약회사 PM에게 확인하는 것이 제일 정확하다.

　일시 품절인 경우는 품절이 풀리는 날짜를 알아서 도매상 담당자에게 알려주면 조제에 차질을 빚지 않게 약을 구할 수 있다.

　장기 품절이어서 약을 더 이상 구할 수 없는 경우는 회사에서 품절에 관한 공문을 받아서 근처 처방 나오는 병원에 미리 알려서 협조를 구한다. 다른 회사 의약품이나 다른 성분으로 미리 의논을 하면 병원과의 트러블을 막을 수 있다.

　예를 들어 현재 테라마이신 안연고가 장기 품절 중이고 2014년 2월 17일 이후 유통된다는 대답을 들었지만 여전히 품절 중이다. 오늘 확인하니 출고되었다 하고 당분간 계속 출고될 것이라 한다. 외국계 제약회사의 조제약들은 연말 연초에 품절이 잦으므로 많이 쓰는 약은 자주 도매상 재고를 확인하도록 한다.

　각 제약회사 전화번호는 인터넷 홈페이지를 확인하여 이용한다.

3. 각종 반품 관련 정보

　몇 년간 담당 제약회사 PM을 통해서 구한 정보이다.

① **글락소스미스클라인**: 2년에 한번 부정기적으로 반품을 받는다. 그러나 따로 연락이 오지는 않으므로 도매상 게시판을 부지런히 확인하거나 담당자에게 미리 알려달라고 한다.

② **로슈와 화이자, 한국 릴리**: 유효기간 경과품에 대해 우선 반품 처리하는데 인슐린 주사라도 1팩의 수량만 맞으면 반품이 가능하다.

③ 나머지 대부분의 외자회사 소분약은 3년에 한번 정도 하는 약사회 반품 때 반품을 하는데 유효기간 경과품을 약국 조제 공간 내에 진열하면 보건소 감시에 걸릴 수 있으니 창고 등 다른 곳에 보관하도록 한다. 이러한 경우에도 인슐린 주사약이나 소분 시럽, 연고는 반품이 되지 않는다.

④ 국내 제약회사의 소분약은 도매상에서 받는 경우가 많기 때문에 담당자와 협의하도록 한다.

⑤ 반품이 힘든 약을 반품 가능하게 하는 알짜 정보

　소분되어 있지만 도매상에 일괄 반품하기엔 용이하지 않은 약을 반품하는 방법이다.

a. 낱개로 소분된 인슐린 주사약

　절대로 도매상에서 받아주지 않는다지만 조금 번거로운 절차를 거치면 반품이 가능하다. 냉장보관 제품이라 약국으로 배송될 때도 한 통씩 사입이 되는 제품이기 때문에 항상 재고관리에 신경 써야 한다. 처방이 끊겨 유효기간이 가까워오고 있다면 우선 노보노디스크의 인슐린 주사약은 녹십자로 휴물린은 릴리로 전화를 해서 담당자에 반품 협상을 한 이후 도매상에 제품을 보낼 때 담당자의 이름을 꼭 알려준다. 이때 제품 수량이 한 통이 맞아야 반품이 가능하므로 모자라는 수량은 교품을 통해 확보하도록 한다.

b. 소분 반품을 하기 위한 절차

　도매상 담당자가 처리하기 힘들면 제약회사의 협조를 구해서 도매의 구매부장과 얘기한다. 절차는,

　ⅰ. 제조사와 판매사가 다를 경우 판매회사를 확인한다.

　ⅱ. 본사에 전화해서 반품 규정을 확인한다.

　ⅲ. 반품이 가능하다면

　・내가 거래하는 도매상 담당자의 이름과 휴대폰 번호를 받는다.

　・담당자와 반품 승인 통화를 한다.

　・도매상에 담당자의 이름과 휴대폰 번호를 준다.

　・담당자와 도매상 통화 후 반품 완료■

명절맞이 어르신 영양제 '이것'이 중요하다

우황청심원 가장 무난하고 오메가 3는 중성지방이 높을 때 적합
복용 중인 약 확인하고 꾸준한 구매 위해 적당 가격 골라야

민족 최대의 명절 설이 돌아왔다. 선물 대신 직접 현금을 드리는 경우도 많지만 지갑이 얇은 요즘, 선물 하나를 잘 고르면 열 현금보다 나은 경우도 있다. 명절 선물로 받으면 기분 좋고 선물 주는 사람 성의가 돋보이는 어르신들 영양제에 대해 알아보자.

영양제는 다양한 기준으로 고르는데 선물 받는 어르신이 가지고 있는 질환에 영향을 미치지 않으면서 꾸준히 먹어야 하므로 너무 비싸지 않은 것으로 고른다.

제품 포장도 굉장히 중요해서 포장 앞면에 효능이 크게 적혀 있어야 선물 효과가 크다.

1. 선물의 왕 '우황청심원'

친지 방문용으로 제일 무난한 선물이다. 옛날부터 집안에 급한 일이 있을 때 제일 먼저 찾는 상비약으로 70대 이상의 선물로 적합하다. 가격은 변방과 원방, 사향 함유 여부에 따라 달라진다.

지금은 사향이 수입되지 않으므로 사향이 함유된 제품은 광동제약에서만 생산되고 있는데 다른 제품에 비해 가격이 많이 높다.

원방 청심원은 사향 대신 수입된 영묘향이 제품의 주성분을 이루어 동의보감에 근거한 처방대로 생산한 것이고, 변방청심원은 영묘향의 양은 줄이고 다른 보약 성분을 추가하여 생산한 것이다. 당연히 원방 청심원의 가격이 높다. 급할 때마다 청심원을 먹고 병원에 가야 할 시기를 놓쳐서는 안 된다.

2. 중성지방이 높을 때는 '오메가 3'

두 집 건너 한 집은 먹는 '오메가 3'는 누구나 다 먹을 수 있지만 특히 고지혈증이 있을 때 더욱 효과를 볼 수 있다. 혈관의 탄력을 유지해 주므로 혈압 당뇨의 만성질환을 앓고 있을 경우 합병증을 예방할 수 있고 성분의 구성상 두뇌나 눈 건강에 도움이 된다.

제품을 구입할 경우 앞표지에 적힌 1,000mg에 현혹되지 말고 DHA+EPA 함량에 주의를 해야 한다. 재작년까지는 저함량의 제품도 있었으나 2012년부터 DHA+EPA 함량 기준을 강화하면서 고함량인 제품을 팔도록 되어있다. 하루 섭취량이 500mg~2,000mg 이상을 복용해야 하고 이러한 함량은 제품 뒷면의 영양기능 정보에서 확인할 수 있다.

굳이 식물성인 오메가 3를 고가로 구입해서 먹을 필요는 없고 가격은 DHA+EPA의 함량에 따라 달라진다.

주의할 점은 병원에서 처방받아서 먹는 만성질환 치료제에 아스피린이나 혈액순환제가 포함되어 있는 경우가 많아서 중복되기도 하므로 약을 짓는 단골약국에 오메가 3를 같이 먹어도 되는지 꼭 확인하도록 한다.

3. 손발 저림과 이명, 치매 예방에 탁월한 '은행잎'

은행잎 혈액순환제는 제품 가격이 비싸지 않으면서 다양한 효과를 볼 수 있으므로 꾸준히 먹으면 좋다. 어지러움, 귀울림, 두통, 기억력 감퇴, 집중력 장애, 말초 혈액순환장애를 가진 경우 먹을 수 있는데 치매 예방의 효능도 알려져 있다. 제품 포장에 이러한 효능이 잘 표시되어 있어 혈액순환제 선물로는 탁월한 선택이다.

역시 병원 처방약과의 혈액순환제가 중복되지 않는지 확인하는 것이 좋다.

가격은 제품 함량이 40mg, 80mg, 120mg 세 종류가 있어 모두 다르지만 한 달에 만 원 이내로 먹을 수 있다.

4. 몸의 활력과 젊음을 찾아주는 '코큐텐'이나 '항산화제'

항산화제로 구성된 혈액순환제는 가격이 적절하면서도 다양한 효능을 갖는다. 항산화제는 인체에 유해한 활성산소를 제거하여 심혈관 질환과 암 예방, 노화를 방지하고 면역력 증강에 도움이 되는데 여러 가지 종류가 있다.

특히 CoQ10이 포함된 제품은 에너지 생성과 항산화 작용이 탁월하여 고혈압이나 심장병 예방, 고지혈증, 당뇨병, 피부 노화, 치주염, 유방암 예방 등에 이용되는 영양성분이다.

가격은 한 달에 만 원 이내로 복용 가능한데 CoQ10가 고농도로 들어있는 제품의 경우는 가격이 비싸다.

5. 하루 한 알 '종합 비타민'과 '아미노산 영양제'

나이가 들수록 밥은 잘 먹는데 힘이 없다거나 도저히 입에 밥이 들어가지 않는다고 어른들이 표현할 때 적절한 영양제 선물이다. 밥은 잘 먹는다고 하는 경우는 종합 비타민을 하루 한 알 복용하는 것으로도 효과를 보지만 도저히 밥

맛이 없다고 하면 영양주사액 성분으로 이루어진 아미노산제제를 복용해야 효과를 볼 수 있다.

어지러움을 호소하는 어른들에게 빈혈을 치료하는 철분제와 함께 복용할 경우 큰 효과를 보기도 한다.

종합 비타민의 경우는 한 달에 만 원 이내의 금액으로 살수 있고 아미노산 영양제는 가격이 조금 더 비싸다.

6. 다른 선택을 하고 싶다면

관절이 약하고 허리가 아프신 부모님께는 글루코사민과 콘드로이친을 선물할 수 있다. 당뇨에 큰 영향을 미치지는 않으나 당뇨가 있으실 경우는 혈당체크를 정기적으로 하도록 한다. 위장장애가 있을 수 있으므로 꼭 식사 후에 드시도록 한다.

백내장 수술을 하셨거나 녹내장 혹은 황반 변성이 진행되고 있는 부모님께는 루테인을 선물할 수 있고 몸에 나쁜 콜레스테롤이 있다고 진단받은 경우에는 폴리코사놀을 선물할 수 있는데 수치가 많이 높다면 병원에서 처방받는 약으로 치료하는 것이 원칙이다.

잇몸 영양제와 함께 틀니를 사용하시는 부모님의 경우 틀니세정제나 틀니 접착 크림, 틀니용 칫솔 등도 저렴하면서 효과적인 선물이 될 수 있다.■

좁은 공간의 블루오션 '동물의약품 매대'

개설신고서 · 약국 개설등록증 사본 제출하면 누구나 가능
6개월 이상 되면 3개월에 한 번 몸무게 따라 구충제 복용

오거리약국에서 동물의약품 면허를 언제 받았는지 정확히 기억은 나지 않는다. 약국의 매출 증진에 도움이 될 것이라는 막연한 기대로 하트캅, 파라캅, 오라더밀, 수로란, 옥시마이신, 파워자임 등 디알팜 추천제품들을 위주로 사입하고 판매하였다.

그런데 홍보가 제대로 되지 않은 탓인지 하트캅을 제외한 나머지 품목들은 판매가 부진해서 항상 유효기간이 임박해서 폐기하거나 디알팜에 사정해서 교품을 하곤 했다. 면허 허가사항에는 약의 조제도 허용되어 있었지만 묻는 사람도 없고 처방도 없어서 한 번도 조제를 한 적은 없다.

2013년 8월 2일부터 동물의약품의 선택 의약분업이 시작된다고 하니 이번엔 제대로 공부를 해서 다시 한 번 이 블루오션에 도전해 볼까 한다.

동물의약품에 관한 이번 글은 임진형 약사의 '약국 동물용 의약품 가이드'와 농림축산식품부 해양수산부의 보도자료를 발췌 · 정리한 것이다.

1. 동물의약품은 어떻게 의약분업이 되었을까?

동물용 의약품은 의약품임에도 보건복지부의 관리를 받는 것이 아니라 농림축산식품부와 해양수산부의 관리를 받도록 되어 있다. 두 부서는 2012년 2월 동물용 의약품의 오 · 남용 방지를 통해 축산물 · 수산물의 안전성을 확보하여 국민보건 향상에 기여하기 위해 2013년 8월 2일부터 수의사 · 수산질병관리사의 동물용 의약품 처방제를 시행하기로 하였다. 이에 따라 2013년 5월 3일 농림축산식품부 · 해양수산부의 공동 고시로 처방 대상 동물용 의약품을 지

정함으로써 2013년 8월부터 동물의약품 의약분업이 시작될 예정이다. 처방 대상으로 지정된 동물용의약품은 오남용 우려 동물용 의약품, 전문지식을 필요로 하는 동물용의약품 등 97개 의약품으로 수의사 또는 수산질병관리사의 처방 하에 판매하여야 한다.

시행 초기이므로 마취제인 Acepromazine 등 전체 동물용의약품의 15%에 해당하는 품목을 우선 적용한 것이고 2017년까지 향후 5년간 20%까지 단계적으로 확대하기로 예정되어 있다.

이렇게 의약분업이 예정된 약품 중 동물용 마취제는 대부분의 국가에서 처방제로 선정하여 관리하는 제품으로 범죄에 악용하여 사회문제를 초래하고 있어 철저한 관리의 필요에 의해서 선정되었고, 동물용 호르몬제는 잘못된 용법 · 용량으로 사용할 경우 동물에서의 기형이나 유산뿐 아니라 축산물에 잔류하여 사람에게도 영향을 미치기 때문에 적용되었다. 항생 · 항균제는 사람 또는 동물의 건강에 위해를 끼칠 성분 중 위험도가 있는 품목부터 지정하였고 생물학적 제제는 광견병 등의 생균백신을 우선으로, 전문지식이 필요한 의약품은 Atropine 등 15종으로 신경 · 순환기계 작용 약을 우선으로 적용하였다.

2. 동물의약품을 취급할 때 주의할 점이 무엇일까?

동물용의약품은 모두 일반의약품으로 분류되어 있으며 이에 대한 관리는 위에서 언급한 대로 약사법 85조 〈동물용의약품 등에 대한 특례〉 조항에 의해 식약처가 아니라 농림축산식품부에서 담당하고 있다.

동물용 의약품의 경우는 수의사의 처방전이나 대한민국약전, 식품의약품안전처장이 지정하는 지정서에 따라 약사가 직접 조제하도록 되어있어 선택분업인 셈이다. 처방 대상으로 지정된 동물의약품은 수의사의 처방전이 없이는 동물약 도매상에서 판매할 수 없도록 규제가 되며 약사가 조제하는 동물약국에서는 처방 대상의 약품일지라도 주사용 항생제와 주사용 생물학적 제제를 제외하고는 기존처럼 처방 없이 조제, 투약할 수 있다. 이때 주의할 것은 처방 대상 의약품을 동물약국에서 처방전 없이 조제, 투약할 경우에는 수량, 판매 일자, 용도, 판매처를 기록해 1년 동안 보관해야 한다.

3. 동물의약품을 취급하기 위해서 약국에서 해야 할 신고 절차 어떻게 될까?

동물의약품을 제외한 사료, 용품, 의약외품, 의약부외품의 약국판매는 별도의 인허가 사항이 필요 없으며 동물의약품을 판매하기 위해서는 동물약품 취급규칙에 따라 동물약국 개설등록을 시청 또는 구청의 축산담당자에게 신고서를 접수하고 허가를 받으면 된다.

현행 동물의약품 취급규칙 제3조2항에 의하면 "이미 약국을 개설한 약사가 동물약국을 개설할 때에는 개설신고서와 약국 개설등록증 사본을 제출하면 된다"고 명시되어 있다.

나 홀로 약국을 운영하는 경우 민원24(http://www.minwon.go.kr) 을 이용하여 간편하게 동물약국 개설 신청을 할 수 있다.

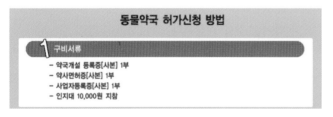

[그림1] 온라인 의약품 도매상인 the shop에서 제시하는 동물약국 허가신청 방법

4. 동물의약품을 처음 판매할 때의 참고 자료

① 심장사상충 구제약: 레볼루션, 애드보킷, 하트캅, 하트가드, 하트웜플러스, 밀베마이신 등을 몸무게에 따라 구분하여 구비하고 판매하는데 한 달에 1번 투여한다.[1]

콜리나 오스트레일리안 셰퍼드, 올드 잉글리쉬 쉽독, 셔틀랜드 쉽독, 롱헤어드 휘핏처럼 이보멕틴 성분에 민감한 개에게는 밀베마이신을 먹인다.

② 바르거나 뿌리는 외부 기생충(진드기, 이, 개선충, 벼룩) 구제약

a. 스프레이형: 그린틱스, 벤질벤 로오션, 슈퍼바이오, 네구벤질

b. 스팟온형: 프론트라인, 킥아웃, 리펠러

c. 외부 기생충 예방용 목걸이: 프리벤티크

③ 내부 기생충 구제약: 파라캅, 안텔민, 드론탈플러스, 파나쿠어 정을 두 달에 한 번씩 복용

④ 피부질환제: 삼양연고, 세파마스티연고, 오리더밀, 수로란

⑤ 귀질환치료제: 오리모덤, 오리더밀, 수로란, 폴리신액

⑥ 안검염: 핑크아이, 핑크스킨, 옵티케어

⑦ 스프레이식 피부병 치료제: 핑크스킨, 알러스프레이(장모종에 쓰는 상처소독약)

⑧ 피부병 샴푸: 케토클로(니조랄과 유사한데, 클로르헥시딘이 첨가), 마이클로, 페록시덤

⑨ 소화정장제: 한동미산, 락토라제, 아조딜

⑩ 약국에서 동물의약품을 구비하는 순위[2]

심장사상충 약 〉 바르는 외부 기생충 약 〉 귀 질환 치료제 〉 내부 기생충 약 〉 백신 종류 〉 스프레이식 피부병 치료제 〉 피부병 샴푸 〉 기타 전문약

5. 동물의약품을 구입할 수 있는 곳

the shop, 팜스넷, 유팜몰, 데일리몰 등 인터넷 도매상에는 모두 입점해 있으므로 편리하게 구입할 수 있고 디알팜(www.drpharm.co.kr)에서도 구입이 가능하다.

6. 동물의약품뿐만 아니라 반려견 전반에 관한 정보를 얻고 싶을 때

'임진형의 동물약국'이라는 블로그, 'apo 동물약국'이라는

다음카페에 가입하여 자료를 얻을 수 있다. 약준모에서도 동물의약품에 관련한 게시판이 개설되어 있고 임진형 약사가 집필한 '약국 동물용 의약품 가이드'에서는 더 자세한 자료를 얻을 수 있다.

7. 동물용 의약품 무엇이든 물어보세요

Q. 강아지 구충제는 생후 몇 개월부터 먹나요?

A. 종합 구충제로는 파라캅, 안텔민, 드론탈플러스, 파나쿠어 정 등 있다. 구충 프로그램은 아래 스케줄을 따르는데 심장사상충약을 먹이더라도 촌충과 편충의 구체를 위해 별도의 종합 구충제로 완전히 구충을 해야 한다.

- 생후 2주~3개월령: 2주 간격으로 구충
- 생후 3개월 령~6개월령: 한 달에 한번 구충
- 생후 6개월령 이상: 3개월에 한 번 구충

파나쿠어 정은 임신견에 쓸 수 있는 안전한 구충약이고 파라캅, 안텔민은 비슷한 성분을 가진 종합 구충제이다. 드론탈 플러스는 광범위 종합 구충제로 임신견[3]과 아주 소형견에도 쓸 수 있게 1/4의 분할선을 가진 장점이 있다. 레볼루션은 바르는 심장사상충 약이면서 외부 기생충 구제도 가능하다.

Q. 반려견의 심장사상충이란?

A. 개의 심장과 폐동맥 주위에 서식하는 실과 같이 가늘고 흰색의 형태를 가지고 있는 기생충을 말한다. 모기에 의해서 전염되기 때문에 전파속도가 굉장히 빠르다. 개의 심방과 대동맥에 기생하는 심장사상충의 성충이 유충을 낳아 이 유충이 혈액을 타고 전신을 이동할 때 모기가 흡혈하면 흡혈한 모기 몸속에서 성장을 하여 다른 개를 물때 다른 개에 전파된다.

심장사상충은 개뿐 아니라 고양이 등 주위 동물에도 기생하고 사람에게도 옮겨질 수 있다.

모기가 활동하는 시기인 4월부터 예방약을 투여하여 11월까지 매달 1회씩 복용을 하여 예방을 하는 것이 필수적이고 따뜻한 아파트에서 거주하는 실내견이 많기 때문에

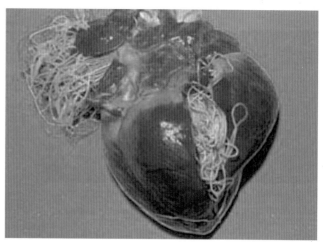

[그림2] 심장사상충

실제 연중 내내 심장사상충을 예방하도록 권장하고 있다.

생후 6주령부터 먹이기 시작하는데 더 커서 심장사상충약을 투약하였거나 4월~11월까지만 투약을 하는 경우에는 심장사상충 검사를 매년 받도록 한다.

Q. 강아지 몸무게가 7Kg 인데 하트캅 소형견용(11Kg 이하) 1정을 다 먹여야 하나요?

A. 하트캅은 심장사상충을 구제하기 위한 약으로 절반으로 분절했을 경우 균등하게 약이 분포되었다는 자료가 없기 때문에 1정을 모두 먹여야 한다. 강아지들은 몸무게에 따라 약을 투약하므로 이렇게 높은 용량의 약을 먹이면 소형 강아지에게 문제가 생기지 않을까 걱정할 수 있다. 하트캅 내의 약 들은 안전역이 높은 약이라 안전하고 약을 적게 먹여서 심장사상충에 걸리는 것보다는 작은 강아지라도 1정을 다 먹이는 것을 권장한다.

다만 성분 내의 일부가 쓴맛이 돌아 토하는 경우가 종종 발견되므로 으깨서 음식과 함께 먹이거나 반 알 먹이고 3~4시간 후에 반 알을 먹이는 것이 구토 예방에 도움이 된다.

약을 잘 먹지 못하는 강아지의 경우 고기 맛 츄정인 하트가드가 편리하다.

임신견의 경우에도 먹일 수 있고 약의 종류가 매번 바뀌어도 아무런 문제가 없다.

Q. 개 심장사상충 약을 고양이에게 투여해도 되나요?

A. 고양이와 강아지의 심장사상충 약은 성분은 똑같지만 함량이 다르다. 고양이는 심장사상충의 메인 숙주가 아니라서 심장사상충에 걸려도 사상충이 많이 번식하지는 않지만 폐혈관이 개보다 좁기 때문에 성충이 아닌 유충만으로도 증상을 나타내고 치명적인 경우가 많다.

투여 가능한 약물로는 하트가드 고양이용, 레볼루션 고양이용, 밀베마이신 정이 있다. 밀베마이신은 개에 적용하는 것으로 적혀있지만 고양이에게도 쓰는데 이 경우 개는 0.5mg/Kg으로 적용해서 약을 먹이지만 고양이는 2mg/Kg의 용량으로 계산해서 약을 먹인다.

Q. 사람의 회충약을 강아지에게 먹여도 되나요?

A. 약국에서 가장 많이 취급하는 구충제 성분은 알벤다졸 400mg로 외국에서 동물 구충제로 쓰이고 있는 성분이라 동물에게 먹이는 것 자체는 괜찮다.

문제는 강아지들은 몸무게에 따라 약 용량을 달리해서 먹이므로 용량 400mg의 알벤다졸 1정은 보통 8~16kg의 강아지가 먹을 수 있는 용량이다. 즉, 생후 1~2개월의 말티즈, 요크셔테리어, 토이푸들, 포메라이언 등 작은 반려동물의 경우는 반으로 쪼개 투약한다 해도 용량이 과하게 된다. 이로 인한 부작용으로는 쉽게 지치고 마르고 기운이 없어지는 골수억제(bone marrow depression)가 발생한다.

8. 소형약국에서 동물의약품 취급이 가능한가?

0.25평 정도의 공간을 할애하여 많은 투자금 없이 한 두 품목만 구비하여도 취급이 가능하다. 동물용의약품 취급은 약사들의 고유 권한이므로 약국 경영에 새로운 매출을 기대할 수 있다.

정보공개와 공유는 모든 분야로 확대되고 있다. 사람의 조제약 처방 내역처럼 이미 가족의 일원이 된 반려견의 조제약 처방 내역도 공개되는 시대에 접어들었고 또한 동물의약품 약값도 천차만별 마음대로 받던 지난날과 달리 가격경쟁력을 가지고 약국에서 취급할 수 있게 되었다. 수의사들의 많은 반발이 있지만 동물의약품 역시 엄연한 의약품이니 만큼 약사의 관심 아래 약물의 오남용을 막고 반려동물이 지나친 과잉진료와 비싼 약값으로 인해 보호받지 못하고 도태되는 현실이 시정되어야 할 것이다.■

[각주]

1) 레볼루션과 애드보킷은 피부도포형, 나머지는 경구 투여이다.

2) the shop 추천 순위. 책에서 제시한 상품명과 실제 인터넷 도매상에서 파는 상품명에 차이가 있고 인터넷 도매상에서 구입하기 힘든 것도 있다.

3) 임신 40일 이내에는 사용하지 않고 분만 10일 전, 2주 후에 복용시킨다.

약사와 상담 후 병원 방문하는 시스템 전환의 열쇠

2014년 11월 10일부터 체외 진단시약 1,750종 의료기기로 전환
조기 진단 따른 의료비 절감 위해 약사 교육적 재무장 나서야

1. 또 하나의 변화

2014년 11월 10일부터는 약국에서 사용되던 체외 진단용 의약품이 의료기기로 전환돼 편의점과 온라인 등에서도 판매할 수 있도록 법이 개정되었다.

약국에서 판매되던 임신 테스트기, 배란 진단시약 등을 포함한 일반의약품 제품뿐 아니라 병의원에서 사용하는 전문의약품 체외 진단용 제품 모두가 의료기기로 전환된다. 당장 약국으로서는 2012년 11월 의약외품의 편의점 판매에 이어 또 하나의 약국 파이를 잠식당할지도 모른다는 우려와 공분의 목소리가 크다.

실제 병원에서 간이 질병 진단을 위해 사용했던 전문의약품 체외 진단시약은 의료기기로 전환되지만 전문가용으로 제한이 되어 당장 약국에서 취급할 수 없다.

만일 전문가용 의료기기를 약국에서 취급하려면 소비자용 임상을 거치고 사용법을 확정한 후 소비자용 의료기기

로 새로이 허가를 받아야 취급이 가능하니 어느 의료기기 회사가 막대한 비용을 다시 들여 불확실한 시장을 보며 소비자용을 만들까 하는 걱정도 생긴다. 다시 말하면 히알루론산 성분의 인공눈물이 일반의약품 제품이 없는 것과 마찬가지이다.

그럼에도 불구하고 진단시약 시장은 우리의 새로운 먹거리임에 분명하고 적극적으로 참여해야만 할 당위성이 있다.

각종 진단시약의 사용법과 진단 결과가 무엇을 뜻하는지 의미를 제대로 해석할 수 있는 직능은 약사가 제일 적합하기에 힘들어도 새로이 집중해서 공부한다면 질병 치료 과정에 약사가 적극 참여할 수 있는 길이 열리는 것이다.

따라서 두 가지의 관점에서 이번 변화를 살펴보려 한다.

첫 번째는 변화하는 체외 진단 시장에서 약사가 취할 수 있는 파이가 무엇인지 확인하고, 두 번째는 소비자 안전의 관점에서 의료기기로의 전환으로 인해 안전성에 영향을 미칠 수 있는 요인은 무엇인지 파악하는 관점으로 글이 구성되었다.

2. 변화되는 내용

체외 진단용 의약품의 의료기기 전환은 지난 2009년 식약청 내 체외 진단 의료기기 TFT에서 논의가 되어왔고 주 내용은 체외 진단용 제품의 관리체계를 일원화하며 관리등급을 책정하고 각 관리등급에 맞는 GMP를 설정해 철저한 등급별 질 관리를 하고자 하여 이루어졌다.

한국과 일본을 제외한 모든 국가의 체외 진단시약은 의료기기로 규정이 되어있으나 국가의 엄격한 관리를 받고

있다. 반면 한국의 경우 각종 진단 기구는 의료기기로, 체외 진단분석기용 시약(진단시약)은 약사법의 관리를 받는 일반의약품으로 이원화되어있고 의료장비의 질 관리를 위한 등급체계가 미비하였다.

다시 말하면 혈당 간이 측정기와 혈당 스트립이 모두 같은 체외 진단시약임에도 의료기기와 의약품으로 나누어 관리해왔다는 것이다. 2010년 3월 식약처는 모든 체외 진단용 시약의 의료기기 전환 방침을 확정한 바 있으며, 2014년 11월부터 일반약 238품목, 전문약 1,514품목 등 체외 진단용 의약품을 의료기기로 통합 관리하도록 하였다. 이에 따라 '체외 진단분석기용 시약'을 '체외 진단용 제품'으로 명칭을 변경하고 3년에 걸쳐 등급에 따라 단계적으로 의료기기로의 품목허가를 완료하였다.

아래는 전 세계적으로 대체로 적용되는 의료기기의 분류 체계이다.

> · **Class 1등급**: II, III, IV에 들어가지 않는 위험성이 낮은 제품
> · **Class 2등급**: 중간 정도의 위험성(자가 혈당 시스템을 제외한 모든 자가 시험용 제품)
> · **Class 3등급**: 혈당, Serology, Virology, Bacteriological 감염, PSA 등 차상위 위험군
> · **Class 4등급**: ABO system, HIV 감염, HBV, HCV 등 혈액형 판별 및 감염성 질환 제품

3. 외국의 체외 진단시약 시장의 관리 상황

일본을 제외한 외국의 경우는 의료기기의 일종으로서 관리하고 있다는 점에서 일치하고 있다. 하지만 실제 법령 및 규제 시스템에서는 차이가 있는데, GHTF(의료기기 국제조화기구; Global Harmonization Task Force), 호주, 캐나다 및 유럽 등에서는 체외 진단 제품을 의료기기이지만 별도의 체계로 국가에서 관리하고 있으며, 미국은 의료기기로 FDA와 의료기기 안전 관리국에서 관리한다. 반면 일본은 체외 진단분석기는 의료기기, 체외 진단시약은 체외 진단제품으로 별도 관리하는데 일본의 약사법에는 의약품, 의약외품, 체외 진단용 의약품, 의료기기를 모두 포함하고 있다.

4. 체외 진단시약이란?

체외 진단(IVD, In Vitro Diagnostics)은 혈액이나 요(尿) 같이 인체에서 유래한 물질을 검사하는 시약, 소모품, 그리고 분석기 등을 포함한다.

IVD 시장은 검사 방법에 따라 면역학적 진단, 임상화학적 진단, 임상미생물 진단, 조직 진단, 분자진단(Molecular Diagnostics), 자가혈당 측정, 현장검사(POCT, Point-Of-Care Testing), 혈액 진단, 지혈 검사 등으로 나눌 수 있다. IVD 시장은 기술 변화 주기가 빠르게 변화하는 분야로 2012년 현재 전 세계적으로 IVD 시장의 매출규모는 456.8억 달러였으며, 2014년까지 연평균 성장률 5.4%로 성장할 것으로 전망하고 있는데 면역화학시장(41.1%) 〉 자가혈당측정시장(18%) 〉 POCT 시장(13%) 순이다. 2013년 현재 식약처에 따르면 국내 체외용 진단제품 중 의약품 시장규모는 연간 약 1,139억 원, 의료기기는 약 7,840억 원에 달하는 것으로 파악하고 있다.

의료기기로 전환될 의약품으로는 임신 진단시약, 배란 진단시약, 뇨화학 검사시약 등 일반약 236개, DNA칩 등 전문약 1,514개 등 1,750개 등이고 기존 허가받은 의료기기는 혈당측정지(스트립), 혈당측정기, DNA칩 분석기, 체외진단분석기용 시약 등 3,827개로 총 5,577품목의 관리가 일원화되게 되었다.

5. 체외 진단시약의 약국 취급의 당위성

– 질병의 조기진단, 치료와 동반된 진단기술을 요구하는 방향으로 체외 진단시스템이 이용되고 있어 약국에서 손쉽게 진단시약을 구입하게 되면 적극적인 조기진단을 통한 의료비 절감, 국민건강증진을 이룰 수 있다.

– 노령화, 소득 수준 향상, 해외 의료 서비스에 대한 접근성 향상 등의 환경 변화로 인해 소형화, 간편화한 체외 진단시약을 이용하는 것은 조기진단과 조기치료를 위한 필수 요건이다.

– 개인 중심의 생활 패턴에 따라 스스로 자신의 건강 상태를 손쉽게 점검하여 관리하고 개인 맞춤형 의료 서비스를 받기 원하는 욕구가 점점 증대된다.

– 기존 병원에서 환자의 건강을 진단하여 관리하던 헬스케어에서, 가정에서도 환자의 건강을 모니터링 하는 anytime, anywhere 개념의 U-헬스케어, U-wellness로의 변화

6. 업계에서 가능성을 검토하고 있는 가정용 진단시약 종류

해외에서 팔리고 있는 제품을 참조로 하여 약국에서 팔릴 수 있는 제품을 알아보자. 우리의 기준으로 보면 현재 전문의약품인 것이 대부분이고 일반의약품, 공산품도 있다. 이 중 기존 전문의약품과 일반의약품 모두 의료기기로 변경되지만 전문가용과 소비자용으로 구분되고, 공산품으로 되어있던 것은 그대로 적용된다.

국내는 건강검진 비용이 해외보다 저렴하고 앞으로 한동안은 체외 진단시약 구입에 건강보험이 적용되지 않을 것이므로 소비자 가격이 저렴하고 1회용으로 OX를 판별하는 제품(rapid test)이 주류가 될 것이다. 물론 시장이 성숙되는 수년 이후에는 기기 연동 진단시약(현재 혈당검사기 형태)이나 고가 진단시약도 시장이 크게 형성될 것이다. 세월이 흘러 고가이면서도 시장이 크게 형성될 제품은 DNA 반도체칩(암 관련 진단에 사용되는 바이오칩), 모바일기기와 연동되어 판매될 차세대 제품(ICT기반의 만성질환 관리제품이나 호르몬 관련 진단시약)이다. 대기업에서 눈독을 들이는 시장이다.

7. 체외 진단시약이 의료기기로 전환될 때 당장 취급 가능한 품목은?

체외 진단시약이 의료기기로 전환될 때의 가장 큰 의미는 장기적 관점으로 볼 때 병·의원에서 사용 가능했던 전문가용 의료기기 중 일부를 약국에서 취급하고 점점 그 품

1	hCG(임신 진단시약)	약국 취급→편의점 취급 예상
2	LH(배란 진단시약)	약국 취급
3	FSH(폐경기 진단시약)	약국 취급
4	Abnormal pregnancy test(자궁외임신 진단시약)	전문가용→차후 약국 취급 가능
5	FOB(대변내 잠혈검사)	전문가용→차후 약국 취급 가능
6	Ketone body(케톤체 검사)	약국 취급
7	Rota/Adeno virus(로타/아데노 바이러스 검사)	전문가용
8	Shyphilis(매독검사)	전문가용→차후 약국 취급 가능
9	HAV IgG test(A형 간염 항체 양성검사)	전문가용→차후 약국 취급 가능
10	HCV Ab test(C형간염 항체검사)	전문가용
11	질내 pH test	수입 예정
12	Cholesterol test(콜레스테롤 수치검사)	약국 취급
13	Drug test in urine(뇨중 약물 양성 반응 검사)	약국 취급(납품용)
14	Drug test in hair(모발중 약물 양성 반응 검사)	약국 취급(납품용)
15	알레르기테스트	약국 취급
16	Triglyceride test(중성지방 수치검사)	약국 취급
17	HIV-1 in blood(HIV 감염검사)	전문가용
18	Alcohol test(알코올농도 검사)	공산품
19	AFP(간암및 산전 기형아 진단검사)	전문가용
20	PSA(전립선 특이항원 진단검사)	전문가용→약국 취급 예정
21	CEA(대장암및 특정암 진단검사)	전문가용
22	Nicotine(니코틴 농도 검사)	공산품(납품용)
23	Testosterone(남성호르몬 검사)	전문가용
24	TSH(갑상선호르몬 검사)	전문가용
25	Chlamydia(클라미디아 성병감염검사)	전문가용→약국 취급 예정
26	Hemoglobin(빈혈 검사)	약국 취급
27	HbA1C(당화혈색소 검사)	약국 취급
28	HSV(단순포진바이러스 검사)	전문가용
29	Urine strips 11종	약국 취급
30	요로감염 진단시약	수입 예정
31	비타민 D 진단시약	수입 예정
32	방광암 재발 진단시약	약국 취급

목을 늘려 새로운 약국시장의 개척을 기대하는 것이다.

약국에서 취급할 진단시약의 형태는 대부분 1회용으로 즉시 검사 결과를 확인할 수 있는 간이진단시약(현장검사형 체외 진단시약 POCT)이다.

이들 진단시약은 당장 진단시약 코너를 만들어 자연스럽게 시장을 형성할 제품군과 소비자 임상을 거쳐서 차후에 약국서 취급 가능한 진단시약군으로 나누어 볼 수 있다.

우선 세트 진열을 할 진단시약군은 케톤테스트(포장의 분리로 다이어트와 임신·당뇨로 나누어짐), 코르틴 테스

트(니코틴 진단), 알코올 스크리닝 테스트, 감도나 편리성에서 차별화된 고가 임신 진단시약, 배란 진단시약, 폐경 진단 시약, 간 · 신장 기능 평가용 소변검사지 등이다.

소비자 임상을 거쳐 제품이 나올 예정인 진단시약군은 헬리코박터 테스트, 심근경색, 인플루엔자 테스트, 말라리아 테스트, 간염 진단(A, C) 유산 가능성이나 자궁외 임신을 판단하는 진단시약, 다낭성난소증후군 진단시약, 각종 성병 진단시약 등 10여 종이 될 것이다.

전문적이고 체계적인 분류를 갖춘 체외 진단시약 코너를 갖추는 데는 몇 년의 시간이 걸리겠지만 그럼에도 이 체외 진단시약은 약사 경쟁력의 원천이 될 것이다. 궁금한 것을 눈으로 확인하고 병원에 가기 전 즉, 질병이 되기 전 단계에 약국의 영양요법 케어가 가능하다.

중요한 것은 체외 진단시약으로 검사를 한 이후 소비자의 건강 상태를 파악하기 위한 진단 결과의 해석이 제일 중요한 관건이므로 여기에 약사의 역할이 집중되어야 한다. 체외 진단시약을 어디에서 구입했다 하더라도 약국에서 약사와 건강을 상담하여 건강 관련 제품을 구입하게 되고 아니면 약사와의 상담 이후 병원을 방문하는 시스템으로 전환되는 계기가 될 수 있다. 따라서 이번 체외 진단시약의 의료기기로의 전환은 우리 약국의 위기이자 기회가 될 것이다. 이를 위해 우리 약사들이 여기에 대한 교육적 재무장을 해야 한다. 먼저 관심을 가지는 약사가 시장을 선점하고 블루오션을 창출할 수 있을 것이라 생각한다.

8. 규제 없이 풀린 의료기기의 안전성을 담보하기 위해서는?

의료기기법 개정의 가장 큰 문제점은 생산과 허가 부분에 있어서는 아주 세밀하게 규정을 적용한 반면 판매에 있어서는 규제관리가 전혀 되어있지 않은 것이다. 현행 법규대로면 이 진단시약을 편의점과 마트는 물론 미장원 피부관리소 등등 의료기기 판매업 허가를 받고 근린생활시설이 된 곳이면 누구나 취급 가능하다. 따라서 미비한 법규를 두 가지 관점에서 개정하는 데 힘을 모아야 한다. 먼저 진단시약을 판매하는 자는 편의점의 안전상비의약품 취급자나 건강기능식품 판매업자와 마찬가지로 교육을 반드시 이수하도록 하고 타 상품과의 분리 진열을 필수로 해야 한다.

약사회와 힘을 합쳐서 법규 개정을 이루어야 진단시약의 안전성을 담보하고 국민의 건강권을 지킬 수 있다.

마지막으로 약사회는 약국에서 취급 가능한 품목을 늘리기 위해서 소비자 임상을 최소한만 실시하게 하도록 하는 법규 개정에 최선을 다해야 한다.■

서비스·직원복지 좋지만 독과점 피할 수 없어

약사 없이 법인 설립 가능, 거대 도매상이 체인약국 운영
정부의 '셀프 메디케이션'지원 속 전문성 갖추고 친밀도 높여

2013년 3월 13일부터 3월 16일까지 비즈엠디 주관 일본 경영연수단의 연수프로그램에 참여하였다. 이번 연수는 제 32회 건강박람회 및 실버종합박람회와 2014년 Japan Drug Store Show 참관과 일본의 4가지 형태의 약국 탐방으로 구성이 되어있다.

1. 일본 법인약국에 대한 이해

일본 법인약국은 명치시대부터 시작되었는데 초기의 개인 약국들이 세무상 이점 등의 이유로 많은 수가 법인으로 전환되었다. 대부분의 법인약국은 거대 자본력으로 시설과 약국 서비스에 투자를 함으로 소비자에 대한 서비스 응대 수준을 높이고 근무 약사나 직원에 대한 복리 후생 혜택을 강화하고 있다. 반면 법인에서 운영하는 대형 체인 약국 특히 드럭스토어가 하나 들어서면 주변의 모든 약국, 편의점, 소매점 모두가 초토화된다.

일본 법인약국은 회사법에 의해 영리 법인으로만 가능한데 법인 약국 설립 시 구성원 중 약사가 전혀 포함되어 있지 않아도 약국 법인을 설립할 수 있어 개설자와 관리약사가 다른 경우가 대다수이다. 제약회사가 법인약국을 운영하는 경우는 거의 없지만 도매상의 경우 많은 회사들이 체인 약국을 운영하고 있다.

일본에서 약국을 개인으로 할 것인지, 법인으로 할 것인지의 결정은 세금이나 업무의 편의성 등을 고려해서 선택하는데 의약품 재고관리의 일원화, 약품 조달, 소비품 일괄 구입, 인력 관리와 세금, 사회적 신용도 등의 모든 사항에서 법인 형태가 많은 장점을 가진다고 한다. 그러나 개인 약국의 약사이든 법인약국의 약사이든 월급이나 정년퇴직에는 큰 차이가 없다.

동네약국인 마리약국은 1인 법인약국의 형태이다.

반면 대규모 자본에 대응하여 지역의 소규모 자영업자들이 힘을 합한 것을 볼룬터리 체인(Voluntary chain)이라고 한다. 독립자본을 가진 다수의 소매점이 모여서 각자가 가진 기능의 일부를 체인 본부에 위탁하여 체인시스템을 갖추고 영업을 하는 것으로 이때의 체인점은 체인본부와 수평적인 관계를 유지하며 공동 마케팅이나 공동 수익 분배의 운영 형태를 가진다.

우리나라의 온누리 체인은 볼룬터리 체인에 가까운 형태이다.

일본은 경기 침체 속에서도 법인 약국체인이 꾸준히 성장하였지만 최근 성장세가 둔화되면서 체인 간 M&A나 다른 변화를 모색하고 있다. 마츠모토 기요시의 경우 2008년부터 일본 제약 주식회사와 연계하여 면분업[1] 조제 약국에 진출을 시도하고 있다.

2. 셀프 메디케이션에 대한 이해

일본은 2014년 기준으로 65세 이상 노인인구가 3,094만 명에 이르는 초고령사회이고[2] 저출산의 영향으로 경제 인구가 줄어들면서 노인층에 대한 보험, 연금 등의 사회보장 제도가 붕괴되고 있다. 따라서 일본은 어려운 보험 재정[3]을 극복하기 위한 대안으로 셀프 메디케이션 제도를 도입하고 셀프 메디케이션을 제도화시킬 주체로 드럭스토어를 주목하고 있다.

일본은 2009년 6월부터 약사법을 개정하여 의약품의 리스크에 따라 약을 3분류하고 간단한 약은 등록판매관리사가 정보를 제공하고 1등급에 속한 약은 약사가 정보를 제공하여 의약품을 사용하도록 하였다.[4] 또한 적극적으로 전문약을 스위치 OTC로 변경하고 있다.[4] 이런 법령 개정을 통해 고령화에 따른 장기적인 생활습관병이나 만성질환으로 인한 의료비 급증을 막고 예방의료와 질병 전 상태의 개선(미병 개선 未病 改善)을 목표로 셀프 메디케이션을 추진하고 있다.

셀프 메디케이션은,

① 생활습관병, 만성질환의 중증질병 발병을 억제시키거나 예방한다.
② 고액의료를 필요로 하는 중증질병이나 장기화되는 만성질환의 발병을 지연시킬 수 있다.
③ 건강수명을 연장시켜 삶의 질을 대폭 개선할 수 있다.
④ 개호[5]를 원하는 노인 숫자를 감소시키거나 필요한 시기를 늦출 수 있다.

이를 시행하기 위해서 의약품 관계자인 셀프 메디케이션 지원 전문가의 육성이[6] 꼭 필요하다.

특히 셀프 메디케이션은 와상(뇌졸중이나 골다공증 등에 의한 골절), 생활습관병, 치매, 개호 예방에 매우 유효하다고 알려져 있다. 현실 생활에 기반을 두고 서비스를 받아야 하기 때문에 생활 반경 내에 있는 드럭스토어가 셀프 메디케이션의 한 축을 담당하기에 적절하다.

이러한 셀프 메디케이션을 지원하기 위해 일본체인 드럭스토어협회에서는 매년 Drug Store Show를 열어 소비자들에게 새로운 건강 트렌드를 소개하고 책자를 만들어 소비자를 교육하고 있다. 약국의 형태가 어떠하던 각 약국에는 환자교육용 책자가 비치되어 각 질환에 대해 소개를 하고 환자들을 위한 식생활 개선과 영양소 보충을 소개하기 위한 월간지도 제공되고 있다. 이런 책자는 각 약국에서 만든 것이 아니라 제약회사에서 만들어서 약국에 제공한 것이다.

한국에서는 이러한 역할을 단골약국이 맡아주어야 하는데 약국의 혈압·당뇨의 자가 측정은 의료법상 금지행위이다.

3. 대형 드럭스토어 약국

대형드럭스토어 약국인 HAC는 CFS(Customer First Store) 기업의 드럭스토어체인 중 하나이다. 연수단이 방문한 HAC는 요코하마시에 30년 전에 오픈한 매장으로 450여 평 가량 된다. 오픈 초기에는 의약품과 화장품, 잡화 등이 주를 이루었지만 고령화사회의 진전으로 원스톱 쇼핑을 원하는 고객이 많아지면서 식품을 포함하여 지금 취급하는 품목은 25,000여 개에 달한다.

HAC의 가장 큰 특징은 매장 중앙에 위치한 하카루바(자가측정 코너)이다. 혈관 연령과 스트레스, 체지방, 혈압, 골밀도, 간 등을 자가 진단할 수 있는 자가 측정 기기들이 칸막이를 사이에 두고 설치되어 있다. 자가 측정 후에는 영양 상담 코너에서 영양사의 상담을 받고 문제가 있으면 소비자가 건강 상담을 받을 수 있도록 근처 병원으로 연계를 해준다.

셀프 메디케이션 중의 하나가 질환이 있지만 병원 진료

를 받지 않는 소비자들을 병원으로 연계하여 더 큰 중증질환으로 발전하는 것을 예방하는 것이므로 HAC는 그 역할을 충실히 하고 있는 셈이다. 건너편에는 자가 측정기기를 판매하여 가정 내 질환 관리를 유도하고 있다.

대형 드럭스토어인 HAC도 조제 업무를 수행하는 데 투명한 조제실 인테리어와 조제 실명제를 실시하고 있다. 전문의약품은 2,000여 종으로 일일 70건 정도의 처방전을 처리한다. 7명의 약사 중 4명은 전일 근무약사이며 처방조제 업무 외에 재택 개호를 위해서 환자의 집을 방문하기도 한다. 일본은 1994년 재택의료법을 제정하여 의료인인 약사들이 환자의 집을 직접 방문해 투약 및 복약지도를 하게 하였다. 약을 배달하는 역할도 하는데 여기에 따른 조제수가는 별도로 인정받는다. 현재 처방의 14%가량이 재택 방문을 통해 이뤄지고 있다.

근무약사들은 HAC에 직접 고용된 것이 아니라 약사 인력을 관리하는 업체의 파견 약사이다.

4. 조제 전문 체인 약국

망성쯔루미 약국은 일본의 3대 조제전문약국 체인 중 하나인 망성약국의 지점이다. 이 체인은 제2의 의약분업[7]이 시작된 1975년 설립되어 처방전 보험조제를 중심으로 자체적으로 개발한 조제 자동화 시스템과 종합 처방감사 시스템[8], 약력관리 시스템 등을 사용한다. 망성쯔루미 약국은 2007년 개국하여 1,700여 가지 의약품을 구비하고 하루 60매 정도의 처방전을 수용하는데 근무약사 3명과 파트타임 약사 1명이 근무하고 있다.

망성쯔루미 약국의 가장 큰 특징은 조제 사고 방지를 위한 처방 체크 시스템이다. 연령별 금기 의약품과 용량을 점검하고 처방 오류는 의사에게 확인을 한다. 환자에 대한 기본적인 금기 의약품 외에 질환에 따른 금기 의약품도 걸러준다. 또한 처방 약물의 중복과 약물 부작용을 막기 위해 약 수첩을 이용한다.

망성쯔루미 약국에서는 약을 PTP의 형태로 받아 가지만 원하면 1포화 조제를 해준다.

우선 PTP로 약이 나가는 경우를 살펴보자. 조제실의 모든 의약품이 자체 바코드 시스템을 통하여 관리가 되는데 조제실에 입력된 의약품 데이터는 핸드스캐너로 전송되고 이 스캐너를 해당 진열대 바코드에 접촉시켜 동일 의약품이라고 확인이 되어야 다음으로 넘어갈 수 있다. 잘못 접촉시키면 경고음이 울린다. 이러한 작업은 조제 시간이 오래 걸리기는 하지만 처방약 오투약을 막는 데 있어 중요한 점검 체계로 어떤 약이 나갔는지 일일이 기록이 되므로 오투약으로 인한 환자와의 갈등을 미연에 방지할 수 있다.

일포화 조제의 경우는 158개의 약이 심어진 ATC기계로 약을 짓기 때문에 오투약 방지 외에도 약을 손으로 만질 일이 없다.

산제 조제는 오투약을 막기 위해 병 라벨을 스캔하여 검수하는 이중 검수 시스템을 채용하고 시럽의 경우도 각 시럽병 별로 도장을 달아 확인하도록 하였다.

5. 조제 전문 기준 약국

지난해 2월에 개국을 한 오시마리후 약국은 환자에 대한 배려가 특징인 약국이다.

약국 내부는 환자에게 쾌적한 대기 환경을 만들어주기 위해서 독감 등 바이러스에 감염된 환자나 우는 아기들이 이용할 수 있도록 유리 칸막이를 설치하여 공간을 분리한 것이 인테리어의 포인트이다.

개인정보의 보호를 위해 칸막이가 설치된 투약 책상에서 약을 받는 환자도 있지만 거동이 불편하거나 아이를 데리고 온 보호자의 경우에는 카운터 바깥 의자까지 약사가 나와서 환자와 동일한 눈높이에서 복약 상담을 하는 모습이

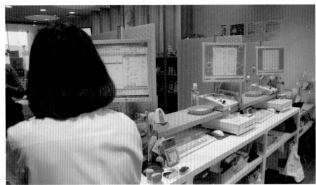

굉장히 인상적이었다.

또한 오시마리후 약국에서는 소니와 협력하여 전자 약수첩 시범사업을 하고 있었는데 약국에서는 PC로 환자들은 스마트폰으로 약력을 관리하는 방식이다.

오시마리후 약국은 650여 종의 전문의약품으로 하루 50건의 처방전을 받는데 약품이 소진되면 자동으로 약이 주문되고 하루에 5~6번 정도 유통회사에서 의약품을 공급받기 때문에 재고관리에 특별히 신경을 쓸 필요가 없다. 또한 6개월 이상 쓰지 않은 의약품은 체인 약국끼리 교환하거나 다른 체인 약국과 교품을 한다.

오시마리후 약국이 생각하는 드럭스토어 내 조제 약국에 대한 경쟁력은 복약지도의 전문성과 지역주민과의 친밀도였다. 우리가 법인약국을 이기기 위해서 취할 수 있는 제일 현명한 답이 아닐까 한다.

6. 1인 1법인 동네 약국

50년 전통의 마리 약국은 70세 어머니와 30대 아들이 약제사이고 아버지와 딸, 며느리는 등록판매관리사인 전형적인 가족 약국이다. 현재 마리 약국은 1년 364일 근무하며 700여 종의 전문의약품으로 월 300건 정도의 처방을 접수한다. 6년 전 인근에 드럭스토어가 생기기 전에는 월 매출이 2,000만¥(화장품 매출만 700만¥)에 달했으나 지금은 월 매출 500만¥으로 줄어들었다. 지금의 매출은 전문의약품, 일반의약품이 각 30%이고 화장품 20%, 기타 잡화 등으로 이루어져 있다.

그럼에도 그동안 철저하게 약력을 관리하고 정보 제공하

며, 포인트 카드와 스탬프 카드 등으로 단골 고객을 유지해오다 보니 일본의 높은 조제수가 덕에 약국경영이 유지된다고 생각한다.

2013년 6월 시행된 의약품의 인터넷 판매는 크게 매출에 영향을 미치지 않았다고 한다.

우리라면 매출 하락에 대해 좀 더 창의적으로 약국을 하지 않을까 하는 생각이 들었다.

7. Japan Drug Store Show

올해 Drug Store Show의 테마는 "다정함이 넘치는 드럭스토어! 셀프 메디케이션이 일본의 미래를 창조한다"로 ① 규제완화에 대응 ② 초고령사회에 대응 ③ 셀프 메디케이션 추진에 대응 ④ 네트워크 판매 시대에 대응이라는 네 가지 과제를 푸는데 중점을 두었다. ■

[각주]

1) 다양한 병원의 처방을 수용하는 조제약국. 문전약국의 처방수용과 반대되는 개념이다.

2) 2014년 현재 인구수는 1억 2,700만명 추산, 총 인구 3년째 감소하고 있다. 고령화율 24.4%.

3) 국민의료비가 매년 3~4%, 1조엔 씩 증가 확대되는 의료비의 구조를 개선한다.

4) EPA를 고지혈증치료를 위한 일반의약품으로 전환하였다.

5) 질병이나 신체장애 등으로 인한 후유증으로 혼자서 정상적인 일상생활을 영위할 수 없는 사람들을 위한 수발·간병 보험이다. 우리나라의 노인장기요양보험에 해당한다.

6) 일본의 경우 치매환자가 인구의 10% 이상인 300만명을 넘어섰다.

7) 1974년 의사들에게 원외처방전 발행 인센티브를 100엔에서 500엔으로 5배 높여 지급하면서 처방전 발행률이 늘기 시작했다.

우리나라는 심사평가원의 DUR 시스템을 이용할 수 있어 약국서비스의 평준화가 이루어져 있다.

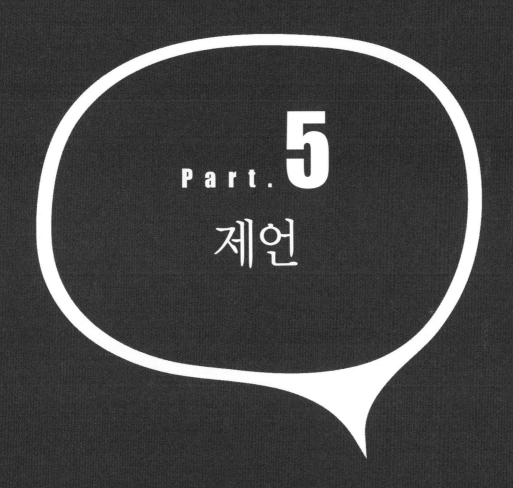

Part. **5**

제언

황은경 약사의 나의 복약지도 노트

부정불량의약품 보고 활성화를 위한 제언

I. 문제 제기와 연구 방법

한국 얀센은 2013년 4월 타이레놀 시럽 함량 과다로 판매 금지와 함께 제품을 회수하였다.[1] 2009년 4월 석면 탈크 함유 의약품 조제 방지와 회수 수거[2] 이후 국민을 불안에 빠트린 최대의 사건이다.

이번 타이레놀 시럽 회수 건은 편의점에서 판매가 된 제품도 있었지만 대한약사회의 결단으로 약국으로 회수 창구를 단일화 하여 무사히 회수를 마무리하였다.

이렇게 약국에서 이루어진 부정불량의약품의 회수는 부정불량의약품 보고 시스템의 일부로 의약품 부작용 보고, 의약품 안전사용교육과 함께 약사의 존재를 약사답게 만드는 요체이다.

부정불량의약품의 발생은 약국에서 환자와의 마찰을 야기하고 치료 예후에 영향을 미치며 약국 업무를 가중시킨다. 바쁜 약국 업무에 부정불량의약품까지 보고해야 하나 하는 회의적인 시선도 있다.

따라서 각 개국 약국에다 부정불량의약품의 보고를 독려하려면 손쉬운 부정불량의약품 보고 절차와 책임감 있는 처리가 반드시 이루어져야 한다.

각 시도지부 부정불량의약품 센터는 보고받은 부정불량의약품에 대해 신속하게 처리함과 동시에 보고된 부정불량의약품은 홈페이지에서 접수와 진행 현황, 처리 결과를 시간 흐름에 따라서 표시하도록 한다.

그리고 연말에는 비공개로 올라온 모든 자료들까지 약사의 이름을 제외하고 제약회사와 약품명 불량의 종류를 명기하여 통계화하여 지부 홈페이지에 게시한다.

또한 대한약사회에서는 각 지부의 자료를 포함해서 통계를 내고 다빈도 불량의약품의 리스트를 공개하도록 하면 각 회원약국에서 더욱 관심을 가지고 부정불량의약품을 처리하지 않을까 한다.

각 시도지부에서는 대한약사회 부정불량의약품 센터와 처리 기준을 동일하게 유지하면서 제약회사의 보고서를 이끌어냄과 동시에 다빈도 부정불량의약품을 생산하는 제약회사는 각 시도지부 약사회 회보에 사과 광고를 게재하는 등 다각도로 압박을 하고 약사법 위반 정도가 심하거나 동일한 불량 유형이 많이 누적된 경우는 식약처에 약사 감시를 의뢰해서 행정처분을 유도하도록 한다.

그리고 식약처에서는 대한약사회의 부정불량의약품 통계자료를 공유하여 각 제약회사에다 의약품 부작용보고처럼 유형별 불량의약품 신고 건수가 일정 정도 누적되면 자동적으로 제형을 변경하도록 하고 그 횟수를 기준으로 감사를 실시한다면 많은 불량이 개선될 것이라고 생각한다. 물론 제형 변경에는 재밸리데이션을 포함한 수고와 비용이 들겠지만 결국 이러한 조치는 국민의 건강권 향상과 그로 인한 사회적 비용을 감소를 가지고 올 것이다.

또한 부정불량의약품 기록의 의무화로 인해 적발될 시 경고나 법률적 제재를 받는 약사법은 약국마다 취급하는 약의 가지 수가 달라 형평성에 문제가 있고 약사들을 또 다른 범법자로 만들 가능성이 있다. 그보다는 보고를 많이 할 수록 우수 기준 약국에 적합한 약국으로 인증을 하여 다른 혜택을 주도록 하는 것이 더 실효성이 있다.

또한 부정불량의약품의 자진 회수나 강제 회수가 결정되면 전문의약품의 경우는 처방전 조제시스템을 통해 급여중지를 알리고 나머지는 핸드폰 카톡 시스템과 팩스 전송을 통해 약국에 직접 정보를 전달하도록 해야 효율적으로 의약품의 회수가 진행된다.

본 연구는 다음과 같은 방법으로 진행된다.

1. 대한약사회에서 정의한 부정불량의약품의 범위와 다

국적 제약회사의 부정불량의약품의 기준을 살펴볼 것이다.

2. 2010년 이후의 부정불량의약품 실태를 대한약사회, 부산시약사회, 오거리약국의 순으로 살펴볼 것이다. 특히 반복되는 부정불량의약품을 몇 가지 명시하고자 한다.

① 대한약사회: 2010년~2013년 사이 홈페이지 내에 신고된 부정불량의약품에 대한 자료

② 부산시약사회: 부산시 불량의약품센터에 2010년~2013년까지 보고된 자료

③ 오거리약국: 부산시 불량의약품센터에 보고했거나 보고되지 않은 모든 부정불량의약품 자료

④ 반복되는 부정불량의약품은 대한약사회와 부산시약사회 오거리약국의 자료를 모두 취합하여 명시한다.

3. 오거리약국에서 3년간 회수한 부정불량의약품에 대한 불만보고서 148건을 파악하여 각 불량의약품을 유형별로 분류하여 분석하여 유형별 모범 답안을 도출하고 품질 개선에 도움이 될 수 있는 대안을 제시한다. 아울러 오거리약국에 모범 불만보고서를 제출한 상위 5개 회사와 불량불만보고서 하위 5개 회사를 거명할 예정이다.

4. 부정불량의약품이 동네약국에 미치는 영향을 알아본다.

5. 대한약사회 홈페이지 및 각 시도별 홈페이지를 확인하여 어느 지부가 부정불량의약품 센터를 배너에 달고 있는지 그 외 타 지부는 어떤 식으로 운영하고 있는지 살펴본다.

6. 각 회원약국에서 부정불량의약품 신고를 어떻게 할 것인지를 알아본다.

7. 한국 얀센의 타이레놀 시럽 함량과다와 웨일즈 제약 유통기한 조작사태를 맞아 효율적인 의약품 회수시스템에 대해 살펴볼 것이다.

II. 고찰

1. 어떤 것을 부정불량의약품으로 보고할 것인가?

1) 범위

2003년 대한약사회에서 규정한 부정불량의약품의 보고 범위는 아래와 같고 2013년 지금의 기준으로 수정을 할 필요가 있다.

a. 가짜 의약품: 가짜 노바스크

b. 불법유통 의약품: 무자격자에 의해 공급되는 의약품

c. 혼입 의심 의약품: 카두라, 코프렐 같은 사례

d. 불량한 포장 상태나 이물 혼입 등이 의심되는 의약품

e. 포장 단위 기재 숫자와 총량이 맞지 않는 의약품

f. 유통과정 및 생산과정에서 변질·변패·오염·파손되어 공급되는 의약품

g. 건강식품 중에 의약품으로 오인할 수 있도록 제조하여 슈퍼 등에서 유통되는 경우

h. 변질 의심 의약품(시럽 관련 제재 등)

i. 유통기한이 경과되어 공급되거나 임박하여 공급되는 의약품

j. 품목 도매를 통해서만 공급되는 의약품

k. 특히 향정신성 의약품의 경우 숫자 불일치 및 파손 의약품

l. 기타 부정불량의약품

이 중에서 품목 도매를 통해서만 공급되는 의약품, 전문 의약품 중 불법유통 의약품, 가짜 의약품, 건강식품 중 의약품으로 오인할 수 있도록 제조하여 슈퍼 등에서 유통되는 경우는 보고 목록에서 빼는 것이 옳다고 본다.

2) 우리나라의 부정불량의약품 위해성 등급평가기준

우리의 부정불량의약품 보고 이후 식약처에서 해당 의약품의 문제성을 판단할 때 국민에게 미치는 위해정도에 따라 등급을 매겨 1등급, 2등급에 해당되는 경우는 강제회수 조치를 실시하고 3등급에 해당되는 경우는 제약회사의 판단에 따라 자진 회수조치를 실시한다.

a. 1등급: 의약품으로 인해 완치 불가능한 중대한 부작용 발생 또는 사망, 치명적인 성분의 흡입, 표시 기재가 잘못되어 생명에 영향을 미칠 수 있는 경우

b. 2등급: 의약품으로 인한 일시적 또는 의학적으로 완치 가능한 부작용, 주성분의 함량이 초과 등 품질 기준에는 맞지 아니하나 치명적이지는 아니한 경우[3]

c. 3등급: 의약품 사용으로 인한 부작용은 거의 초래하지 아니하나 색깔이나 맛의 변질, 포장재의 변형 등이 발생하

여 안전성 유효성에 문제가 있는 경우

다국적 제약회사들은 각 회사별로 내부 기준을 정해 기준에 못 미칠 때 자진 리콜하는 경우가 있다.

최근 유씨비의 유시락스정[4], 그락소의 팍실정, 화이자의 커버젝트 주사, 노바티스의 디오반 정 등이 있다. 이때 회수율은 공개되지 않아서 알 수 없지만 20% 미만으로 짐작한다.

이러한 문제의약품의 자진회수율은 의료공급자에게는 공개하는 것이 옳지 않을까 생각한다.

3) 다국적 제약회사의 부정불량의약품에 대한 위해성 가이드라인

① 노바티스는 위험성 정도에 따라 Clitical complaints(우리의 1등급), Major complaints(2등급), Minor complaints(3등급)으로 나누어 관리하고 있다.

Clitical complaints는 교차감염, 이물 혼입 예견, 제품 라벨이나 함량 이상, 잘못된 설명서, 외부포장 유효기간 이상, 제품에 구멍이 뚫린 경우, 주사제의 색깔 이상 등이 발생했을 때로 정의한다.

노바티스사의 경우 Critical complaints의 경우 보고, 조사, 완료까지 대략 1.5개월 이 걸리고 Major, minor complaints의 경우 노바티스가 제조원일 경우 대략 1.5개월이 걸리고 수탁 제조원일 경우 대략 2개월 정도 걸린다고 한다.

② MSD는 제품별로 설정된 품질 기준을 만족하지 못할 때 품질 결함으로 정의하고 긴급 불만과 일반 불만으로 나누어 처리하고 있다. 긴급 불만은 광범위하거나 치명적인 제조 결함, 라벨/인쇄 오류, 교차오염, 어린이의 약물사고 방지를 위한 안전용기의 결함, 위조약 의심 건 등이고 나머지는 일반 불만에 속한다. 긴급 불만은 불만 접수 후 조사 완료까지 3일에 완결되도록 하고 일반 불만의 경우 60일 이내에 조사가 완료된다.

4) 처리 절차

처리 절차는 대한약사회의 매뉴얼대로 각 시도지부에서도 실행하도록 하고 처리 기준도 공유한다.

홈페이지에는 배너를 달아 손쉽게 찾도록 하고 그 외 전

화, 팩스, 우편을 통해 접수하면 약사법 위반 여부를 확인해서 20일 이내에 처리결과를 신고자에게 회신토록 한다.[5]

이물질 혼입, 생산과정상 변질−오염되어 제조된 의약품 등 약사법 위반사항이 확인되는 경우는 식약처에 약사 감시 의뢰하고 파손 의약품 등 경미한 사안은 해당제약사에 시정을 요구한다.

오거리약국의 경우 2012년에는 부산시약사회를 경유하지 않고 직접 제약회사에 불량의약품을 보고하고 품질 불만 보고서를 받는 형식을 취했더니 제약회사와 담당자의 무성의로 보고서를 받기 힘들었다. 그래서 2013년에는 부산시약사회 산하 불량의약품센터를 통해서 일괄 보고를 하였다.

2. 2010년 이후의 부정불량의약품의 실태

1) 밸리데이션이란 무엇인가?

부정불량의약품을 지속적으로 보고하는 것은 품질 개선을 이루기 위해서이다.

WHO GMP에 의하면 밸리데이션이란 "제조공정의 개발 단계에서부터 제조공정에 이르는 전 과정이 의도한 결과에 따라 일관성 있고 지속적으로 유지될 수 있다고 확신하는 자료의 수집과 평가를 하는 방법"으로 현 GMP 수행 과정에서 가장 중요한 역할이라고 할 수 있다.

이 중에서 공정 밸리데이션이란 어떤 제조공정이 미리 설정된 기준과 품질특성에 적합한 제품을 일관되게 제조할 수 있다는 것을 확실하게 보증할 수 있고 그 결과를 문서화 하는 것을 말한다.

국내 제약회사의 경우는 식약처에 의약품 공정밸리데이션 자료를 제출하고 그 자료에 의해 제품을 생산하도록 되어있고 다국적 제약회사의 경우는 의약품 수입자가 공정밸리데이션을 보관하고 있다가 약사 감시가 이루어질 때 공정 밸리데이션 자료를 확인하도록 되어있다.[6]

2) 대한약사회에 집계된 부정불량의약품의 집계

대한약사회의 부정불만의약품 집계는 홈페이지의 자료를 취합하고, 비공개가 많아서 자료가 미비한 경우는 약사 공론과 데일리팜에 나온 자료를 보완하여 사용하였다.

① 2010년부터 2013년까지의 연도별 부정불량의약품의 추이

불량의약품 발생유형	2010년	2011년	2012년	2013년
파손	39	44	37	28
의약품 변질 · 변색	7	11	7	3
외형 불량		11		
수량 부족	10	4	10	6
이물 혼입 · 오염	3	7	12	2
PTP 공포장		4	4	3
접착 불량 누출	1			
성상 불량, 색상 편차 불량	5	4	4	7
의약품 악취		1		
용기 · 포장 불량	9			
시럽제 부유물 발생				
건조시럽제 현탁 지연	1			
표시기재사항 불량 및 위반	1		2	2
다른 성상 제품 포장 or 혼합 포장				
실리카겔 파손	2	1	2	
의약품 상호 접착	3			
병 공포장 공급	3			
미봉함	1			
기타	13			
계	98	88	78	51

② 외자회사와 국내회사의 부정불량의약품의 양상

(2005년과 비교) [7]

불량의약품 발생 유형	2005국내	2005외자	2012국내	2012외자
파손	19	4	11	4
변질 변색	7	1	2	2
수량 부족	1	2	6	2
악취 발생	2	1		
건조 시럽 현탁 지연	1			
시럽제 부유물	1			
성상 불량	3		8	2
이물질	5	1	4	1
유효기간 이중 포장		1		
임박분 공급		2		
PTP 공포장	2	1	2	
접착 불량	4			2
동일약 이중포장	3			
실리카겔 파손			3	
계	48	13	36	13

③ 대한약사회에 신고 된 다국적 제약회사와 국내 회사의 부정불량 의약품의 양상[8]

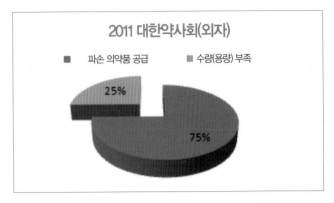

2011 대한약사회(외자)
■ 파손 의약품 공급   ■ 수량(용량) 부족
25% / 75%

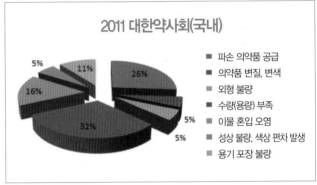

2011 대한약사회(국내)
■ 파손 의약품 공급
■ 의약품 변질, 변색
■ 외형 불량
■ 수량(용량) 부족
■ 이물 혼입 오염
■ 성상 불량, 색상 편차 발생
■ 용기 포장 불량
5%, 11%, 26%, 5%, 5%, 32%, 16%

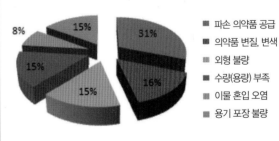

2012 대한약사회(국내)
■ 파손 의약품 공급
■ 의약품 변질, 변색
■ 외형 불량
■ 수량(용량) 부족
■ 이물 혼입 오염
■ 용기 포장 불량
8%, 15%, 31%, 15%, 15%, 16%

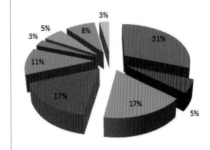

2012 대한약사회(국내)
■ 파손 의약품 공급
■ 의약품 변질, 변색
■ 외형 불량
■ 수량(용량) 부족
■ 이물 혼입 오염
■ PTP 공포장
■ 성상 불량, 색상 편차 발생
■ 실리카겔 파손
■ 병공포장 공급
3%, 5%, 8%, 3%, 11%, 31%, 17%, 17%, 5%

대한약사회 부정불량의약품 신고센터에 집계된 양상은 2011년도 다국적 회사의 파손비율이 높은 것을 제외하고 각 유형별 다양한 비율을 나타내고 있다.

3) 부산시약사회에 집계된 부정불량의약품의 집계

① 2010년부터 2013년까지의 연도별 부정불량의약품의 추이

불량의약품 발생 유형	2010	2011	2012	2013 (현재)
파손	30	79	57	29
의약품 변질 · 변색	5	8	2	
외형 불량	1		1	
수량 부족	9	6	6	3
이물 혼입 · 오염	2	5	2	3
PTP 공포장	4	4	1	
접착 불량 누출	2	1		
성상 불량, 색상 편차	5	9	1	4
의약품악취			1	
용기 · 포장 불량	3		2	
시럽제 부유물 발생	1			
건조시럽제 현탁 지연	1			
동일 포장 의약품 규격 이상		1		
포장과 내용물 용량 차이	1			
표시기재사항 불량 및 위반		2		
다른 성상 제품 포장 or 혼합 포장		1		
기타	의약품 비닐 부착	흡입제 불량	흡입제 불량	시럽 중간 마개 불량
기타		상품명 인쇄 누락	안약 중간 마개 파손	시럽 중간 마개 불량
기타		점안액 부재&침전물		
계	65	120	75	41
오거리약국 신고건수	8	9	0	18

② 연도별 각 외자회사 부정불량의약품 양상과 다빈도 부정불량 의약품

	2010	2011	2012	2013	총계
노바티스	4	1	2	1	8
바이엘	4	2	3		9
엠에스디	1	6		2	9
화이자	2	3	3	2	10
한독	5	2	1	1	9
얀센	1	4	6	3	14
글락소스미스클라인		1		2	3
아스트라제네카		1	2		3
로슈		3			3

부산시약사회 불량의약품센터에 보고된 대표적 불량의약품은 한국 얀센의 타이레놀이알 서방정으로 2010년 1건, 2011년 3건, 2012년 5건, 2013년 3건이었다. 로슈의 경우는 마도파정, 바이엘의 경우는 칼디비타 츄어블정, 엠에스디는 코자류와 자누메트류, 화이자는 할시온정, 한독의 경우는 테베텐류, 노바티스는 다이나써크와 스타레보정이 대표적이다.

③ 다국적 제약회사와 국내회사의 부정불량의약품의 양상

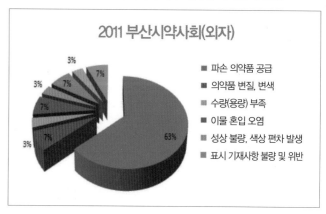

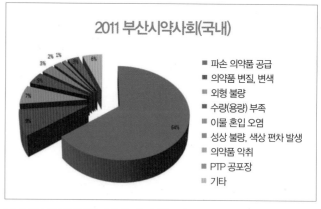

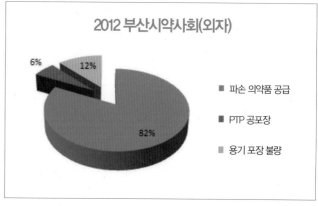

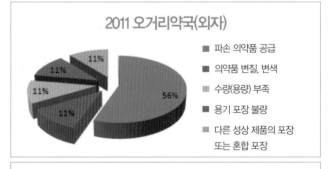

2012 부산시약사회(국내)

- 파손 의약품 공급
- 의약품 변질, 변색
- 외형 불량
- 수량(용량) 부족
- 이물 혼입 오염
- 의약품 악취
- 용기 포장 불량

(75%, 9%, 5%, 2%, 4%, 2%, 3%)

부산시약사회에 신고된 연도별 유형별 그래프는 다국적 제약회사나 국내 제약회사 모두 파손 비율이 제일 높다.

4) 오거리약국에서 신고한 부정불량의약품의 집계

① 2010년부터 2013년까지의 연도별 부정불량의약품의 추이

불량의약품발생유형	2010	2011	2012	2013(현재)
파손	4	15	26	34
의약품 변질 · 변색	1	7	1	
외형 불량		1	2	
수량 부족	3	3	5	3
이물 혼입 · 오염	4	3	4	4
PTP 공포장		1		
접착 불량 누출		1		
성상 불량, 색상편차	7	4	6	4
의약품 악취			1	
용기 · 포장 불량	2	1	1	1
표시기재사항 불량 및 위반		라벨훼손		
다른 성상 제품 포장 or 혼합 포장		1		
실리카겔 파손			2	
미봉함		1		
기타		한방액체		
기타		침전물과다		
기타		안약누액		
계	21	40	48	47

② 오거리약국에서 보고한 2010~2013년 사이의 다빈도 불량의약품(다국적 제약회사)

제약회사	빈도수	제약회사	빈도수
노바티스	12	화이자	3
엠에스디	10	바이엘	2
얀센	7	글락소스미스클라인	2
한독	3	머크	1
나이코메드	3	유씨비	1
베링거잉겔하임	3	다이찌산쿄	1

③ 오거리약국에서 보고한 2010~2013년 사이의 다빈도 불량의약품(국내회사)

제약회사	빈도수	제약회사	빈도수
유한양행	10	경동제약	3
신풍제약	9	씨제이	3
한미약품	8	SK제약	2
일화약품	7	한국유나이티드	2
바이넥스	5	삼천당제약	2
한불약품	5	태극제약	2
고려제약	4	제일약품	2
동아제약	3	안국약품	2
대웅제약	3	국제약품	2
삼진제약	3	한올바이오	2
유영제약	3	일성신약	2
경동제약	3	한국유니온	2

* 기타 빈도수 1인 제약회사 19곳

④ 다국적제약회사와 국내회사의 부정불량의약품의 양상

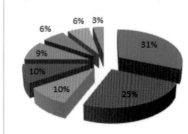

2011 오거리약국(외자)

- 파손 의약품 공급
- 의약품 변질, 변색
- 수량(용량) 부족
- 용기 포장 불량
- 다른 성상 제품의 포장 또는 혼합 포장

(56%, 11%, 11%, 11%, 11%)

2011 오거리약국(국내)

- 파손 의약품 공급
- 의약품 변질, 변색
- 외형 불량
- 수량(용량) 부족
- 이물 혼입 오염
- 접착 불량
- 용기 포장 불량
- 시럽제 부유물 발생

(31%, 25%, 10%, 10%, 9%, 6%, 6%, 3%)

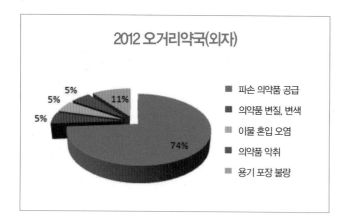

2012 오거리약국(외자)

- 파손 의약품 공급 74%
- 의약품 변질, 변색 5%
- 이물 혼입 오염 5%
- 의약품 악취 5%
- 용기 포장 불량 11%

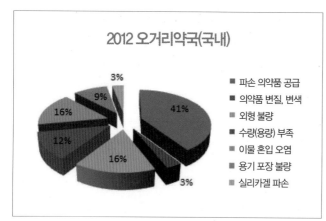

2012 오거리약국(국내)

- 파손 의약품 공급 41%
- 의약품 변질, 변색 3%
- 외형 불량 16%
- 수량(용량) 부족 12%
- 이물 혼입 오염 16%
- 용기 포장 불량 9%
- 실리카겔 파손 3%

오거리약국의 경우는 2011, 2012년 모두 다국적 제약회사의 경우는 파손이 제일 많은 비중을 차지하고 국내사의 경우에도 파손의 비율은 높지만 다양한 불량유형을 확인할 수 있다.

5) 2010~2013년 사이의 다국적 제약회사별 다빈도 부정불량의약품

앞에서 부산시약사회의 다빈도 부정불량의약품을 언급했는데 대한약사회의 자료, 오거리약국의 자료를 병합하여 정리를 해보자.

① 한국얀센

타이레놀ER 서방정 파손 16건, 울트라셋 파손 4건, 리스페달 반절 정제 2건, 울트라셋 이알 파손 1건, 콘서타오로소 변색 1건, 파리에트 PTP 공포 1건 등이다.

일반의약품은 타이레놀ER PTP공포장(오거리약국 2009), 타이레놀 500mg PTP공포장(대한약사회 2013)

② 한국MSD

자누메트 파손 7건, 코자류 파손 및 혼입 포장 7건, 시네메트 변색 1건, 리비알 의약품 없음 및 파손 1건 등이 보고되었다.

③ 한국노바티스

스타레보 반절 및 코팅 불량 3건, 다이나써크 파손 2건, 디오반 성형불량 1건, 엑스포지 파손 및 블리스터 파손, 수량 부족 3건, 가브스메트 파손 5건, 엑스자이드 포장 불량 1건 등이 보고되었다.

④ 한국화이자

할시온 PTP 공포 및 파손이 5건, 카듀엣 파손 및 수량 부족 2건, 세레브렉스 파손 및 호일과 의약품 접착이 4건, 뉴론틴 파손 및 PTP 내 이물이 3건, 바이브라마이신 파손이 4건. 노바스크 잉크 오염 1건, 디트루시톨 수량 부족 1건이 보고되었다.

⑤ 바이엘코리아

칼디비타츄어블정 파손 7건, 아스피리프로텍트 파손 3건, 프로기노바 변색 1건 등이다. 칼디비타츄어블정은 빈번한 파손 의약품 보고와 보상 교환 끝에 수입 중단을 하였다.

⑥ 한독약품

테베텐류 파손 5건, 라식스 변색 1건, 아마릴 파손 2건. 센틸 파손 2건, 코다론 파손 2건, 무노발 블리스터 오염 등이 보고되었다.

⑦ 한국 로슈

마도파 파손 4건, 로도질 파손 및 이물 혼입 2건, 렉토 파손 1건이 보고되었다.[9]

⑧ 아스트라제네카

크레스토 파손 및 PTP 내 공포장 3건, 넥시움 반절 정제 1건이 보고되었다.

⑨ 유씨비제약

케프라 파손 및 제형 이상 4건, 유시락스 색상 이상 및 오염, 이물질 혼입이 4건이 보고되었다.

⑩ 한국 그락소스미스클라인

헵세라 파손 2건, 라믹탈 파손 2건, 박사르 파손 1건, 발트렉스 이물 혼입 1건이 보고되었다.

⑪ 나이코메드

카비드 파손 3건, 판토록 정제 불량 1건 등이 보고되었다.

6) 국내 제약회사의 다빈도 불량의약품

고려제약 뉴로메드정, 부광 훼로바유정, 부광 씬지로이드정, 삼남 마그밀정, 셀트리온 소멕스정, 신풍 페리손정, 아주 베셀듀에프 연질캅셀, 영풍 칼리크레인정, 유유 크리드정, 유니메드 디부루펜정, 유한 보글리코스정, 일동 캐롤에프정, 일화 아크라톤정, 프라임제약의 씨엔정, 한미 아모잘탄정, 한불 알리신정 등이 다빈도로 보고된 약이다.

3. 오거리약국에 제출된 품질 불만 보고서의 분석

오거리약국에서 2010년부터 2013년까지 부정불량의약품 센터를 통하거나 직접 제약회사에 보고를 해서 받은 품질 불만 보고서는 148건에 이른다. 여기에 대한 양상은 위의 표에서 나타내었다.

부산시 부정불량의약품 센터에 보고된 총건수의 301건의 절반에 해당한다.

MSD나 노바티스의 경우 시약사회나 대한약사회보다 빈도가 많이 높은 편인데 다국적 제약회사이므로 더욱 상세히 약을 살피고 보고를 하게 된다.

1) 보고서의 양상

국내 제약회사로는 유한양행이나 제일약품, 한미약품, 동아제약, 신풍제약이 다국적 제약회사로는 한독약품, 한국유씨비, 한국 머크가 문제점을 고치기 위해 아주 다각도로 원인을 분석하고 대안이나 해결책을 제시하고 있다.

반면 국내 제약회사는 성원애드콕, 일양약품, 일화, 국제약품, 한올바이오파마가 다국적 제약회사 중 한국얀센, 노바티스, 엠에스디, 화이자가 형식적인 보고서를 내는 경우가 많다. 특히 한국 얀센의 2012, 2013년도 보고서는 별 내용이 없다.

① 의약품 파손에 대한 보고서

의약품의 파손은 총 보고건의 50%를 차지한다.(151건 중 75건)

정제 성상 자체, 파손 정제 검수 과정, 용기 투입과 투입 이후 전수검사, 유통과정에서 발생 가능하다.

이 보고서 중 21건(파손 건의 28%)은 경도의 상향 조절(자누메트정, 아나록소정 등 외 총11건), 타정시 습도주의(세타돌정), 경도의 최솟값과 최댓값의 편차를 줄임(보글리코스정), 마손도를 낮게 관리(유로트린정), 캡핑 오류의 가능성 관리(프라네어 캡슐), 정제 충전기 감도 조절(포부틴정), 포함되는 실리카겔 포장 재질의 변경과 제조원 변경(헵세라정), 분할선 부위의 경도 강화와 PTP 포장으로의 변경(휴터민정), PTP 포장 이후 전수검사 실시와 감도 높은 카메라 시스템을 도입하는 것(센틸정), 제품 성상 변경(오로디핀정), 소포장 수입과 육안검사 추가실시(카비드 츄어블정) 등의 대책을 내놓았다.[10]

나머지 파손에 대한 보고서는 대부분 유통상의 문제로 인한 파손으로 책임을 전가하는데 충진재 보충, 외부 포장 강화, 유통 시 주의사항 삽입 등을 제시하였다. 유한양행의 보고서가 제일 모범적이다.

② 수량 부족에 대한 보고서

수량 부족은 14건으로 총 보고 건수의 10%에 해당한다.

정제를 충진하는 과정과 충진 이후 용기를 검수하는 과정에서 발생한다.

이 보고서 중 7건(수량 부족의 50%)은 수량 전인검사 후 충진(펜틴정), 제품 공정 라인 검사 강화(칸세틸플러스정), 수량 부족분 별도 격리 보관과 최종 포장 전 전수 중량 체크(자니딥정), 충전 전후의 병 무게 체크로 오차 보정과 이전 수동 전수검사(졸피드정), 수량체크 센서 보완과 중량 체크 작업원 재교육(자이데나정), 덕용포장기 도입(칸세틸정), 자동계수기 감지 센서 점검과 용기 품질 관리강화(씬지로이드정)등의 대책을 내어놓았다.

나머지 수량 부족에 대한 보고서는 고성능 중량선별기 도입과 선별작업자 재교육을 제시하였다. 수량 부족의 경우는 각 제약회사의 개선 팁을 모두 고려하면 좋을 것 같다.

③ 성형불량에 대한 보고서

반절정제 코팅의 경우는 정제선별작업에 문제가 있거나

정상 정제가 코팅 과정에서 깨어지는 경우로 나눌 수 있고 코팅이 벗겨지는 경우는 코팅 작업 이후 선별이 되지 않은 경우와 운송 중 파손이 되는 경우로 나누어볼 수 있다.

17건(총 건수의 12%)의 성형 불량 중[11] 8건(파손의 47%)에서 코팅량 증량과 비닐 삽입(올메텍정), 코팅 과정 중 커버 박스 사용(자누메트정), 제형 변경(훼로바유정), 코팅드럼 개선과 건조종말점, 타정기 조정에 관한 점검, 코팅 후 검사보강(스타레보정), 포장 변경(멜린씨정) 코팅 인쇄 후 선별로 공정 과정 변경(사미온정), 제제학적 개선(게스테린정), 파손에 대한 전수검사 실시(스타브론정) 등을 제시하였다.

나머지 보고서는 유통 상의 문제로 성형 불량이 일어난다고 보고하였다. 이중 제일약품의 스타브론정의 성형 불량에 관한 보고서는 표준으로 삼을 만하다. 부광약품의 훼로바유정, 셀트리온의 소멕스정과 엘지의 미오날정, 씨제이의 아로베스트정은 필름 코팅정으로 성상을 바꾸었다.

④ 이물 혼입에 관한 보고서

이물 혼입은 15건(총 건수의 10%)으로 이물은 탈취제(올메텍정), 윤활제(팜 빅스정), 포장공정 중 부자재(아토르바정), 작업장 청소섬유(아나록소), 약 투입 전 병의 이물(티미드정), 질소 충전으로 약 내용물이 튐(크라목신 건조시럽 병의 이물), 충전 과다(알러쿨 점안액), 공장 바닥 먼지(코스페시럽 이물), 먼지(글루코반스정), 원료 외 자재(안타손크림) 등의 원인이 있고 나머지는 원인 미상이다.

이물의 원인들은 모두 위험하지만 특히 작업 청소용구인 섬유나 알 수 없는 병의 이물, 공장 바닥 먼지 등은 절대 용인될 수 없는 이물이다.

이 보고서들 중에서 글루코반스의 경우는 동일한 불만이 보고되어 이미 원인을 제거했으나 동일한 사안이 또 보고되면 제품 전체를 회수하기로 하였다.

⑤ 색상 변색에 관한 보고서

색상 변이 보고서들은(글리메피리드정, 프로기노바정, 이솝틴정, 알마게이트정, 오구멘틴 건조시럽류, 옴니세프 건조시럽, 레브로콜 시럽, 맥시부펜 시럽 등) 각종 색상의 변색은 약효에는 영향을 미치지 않는다고 회신하였다.

2011년 유시락스정의 검은 반점 변색의 경우는 역시 품질이나 이상반응에의 영향은 없으나 환자의 복약순응도를 고려해서 여러 가지 시정 조치를 하였다. 습도 기준 강화와 실리카겔 추가 투입, 옥수수전분 수입지 변경 등을 시행하였다. 2013년에는 노란색 변색으로 자진 회수를 시행하였다.[12]

⑥ 의약품 변질에 관한 보고서

덱시부프로펜정은 온습도에 민감한 약이라서 외부 필름 코팅이 벗겨지거나 함습되는 등의 변질이 일어났는데 3건의 보고서는 모두 약효에는 이상이 없으니 유통에 주의하겠다고 회신하였고 약국 보관에 주의하라고 첨언하였다.

2) 각 부정불량의약품에 대한 개인적인 대안 제시

① 파손

a. 정제가 함습되기 쉽거나 경도가 약한 경우는 성상 변경을 고려한다. 경도 강화를 위해 결합제 비율을 높이거나 건조 시 수분 함량 하한선 관리를 추가한다. 이러한 변경이 힘들다면 병포장보다는 PTP 포장으로의 변경을 권한다. 특히 만성질환용 약이라면 가능하면 변경을 해야 한다.

파손이 잦은 칼슘 츄어블도 PTP 포장을 고려할 수 있다.

b. PTP로의 변경이 어려운 경우는 딱딱한 실리카겔을 소프트한 재질로 바꾸거나 뚜껑에 실리카겔이 포함된 용기로 개선한다.

c. 용기 내 비닐 대신 다른 완충재 삽입한다. 비닐에 약이 싸여서 손실되는 경우가 있다.

d. 수량에 적절한 크기의 용기를 사용한다.

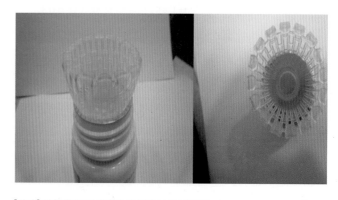

[사진] 대웅제약에서 채택한 비닐 아닌 다른 완충재

[사진2] 정제 크기보다 너무 큰 정제 용기

② 수량 부족

만성질환용 경구약제나 향정신성 의약품의 수량 부족은 PTP 포장으로 변경하여 해결한다.

③ 색상 변색

색상 변색이 잦은 정제는 알루미늄호일 포장으로 포장한다.

④ 의약품 변질

덱시부프로펜정의 온습도 안정성을 위해 일반 판매의약품의 형태인 네오솔연질캅셀을 채용하거나 코팅 양의 증가, 혹은 실리카겔 량을 증가하는 방법을 택할 수 있다.

⑤ 제품 혼입

포장을 개봉한 후 다시 원상 회복할 수 없는 용기로 다이찌산쿄의 봉함을 추천한다.

3) 부정불량의약품의 성상 개선 사례

① 유시락스정의 희고 검은 반점: 부형재인 옥수수전분의 수입지 변경과 수분관리로 문제 해결

② 센틸정 파손: 신규 카메라 구입, 제조공정 밸리데이션 변경, 디블리스터링 공정개선으로 파손 방지

③ 헵세라정 파손: 실리카겔 재질 변경과 수입원 변경으로 파손 방지

④ MSD 미봉함: 2014년부터 점차 실시하기로 함

⑤ 휴터민 파손: PTP 포장으로 변경

⑥ 훼로바유 당의정 코팅 불량: 필름 코팅정으로 변경

⑦ 아로베스트정 당의정 코팅 불량: 필름 코팅정으로 변경

⑧ 아나록소정 이물: 청소용구 관리 강화로 이물 혼입 방지

⑨ 타가메트약병 불량: 용기 개선

4. 부정불량의약품이 동네약국에 미치는 영향

78.6%에 이르는 나 홀로 약국들에 부정불량의약품은 확실한 시비 요인이 될 수 있다.

동네약국 약사들의 부정불량의약품의 불만 보고가 쌓여 공정 개선과 제형 변경을 이루는 것이 차후의 불량을 최소화할 수 있는 유일한 길이다. 또한 동네약국은 직접 환자들 대하는 일선 창구라는 점에서 최종 소비자인 환자에 대한 방패막이로서 중간 소비자의 입장으로 부정불량의약품을 대해야 의약품에 대한 신뢰를 회복할 수 있다.

그리고 의약분업 이후 약국에서 소비되는 의약품의 총량이 전체 생산량의 절반에 해당한다. 따라서 약국이 보유하고 있는 부정·불량의약품 발생량이 타 병원이나 기관에 비해 많을 것이다.[13]

[그림1] 요양기관종별 의약품 사용량

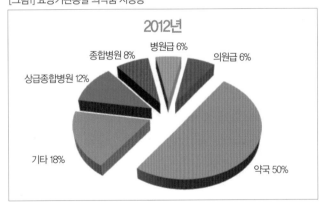

[그림2] 투여경로별 의약품 사용 현황

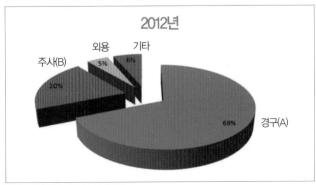

1) 파손

동네약국에서는 30T 포장으로 처방일수에 맞추어서 혈압약이나 당뇨약 외 만성질환에 쓰는 약들을 구비한다. 조제를 해서 나가는 경우에는 약을 구하는 동안의 조제 시간 지연으로 환자와 시비가 생기거나 환자가 약국을 두 번 방문해야 하는 번거로움이 생긴다.

병이나 PTP 형태로 처방약을 받은 노인 환자의 경우 시력 약화로 파손 정제의 절반은 먹고 절반은 버리게 된다. 반절로 분할되어 들어있는 경우도 마찬가지이다.

2) 수량 부족

동네약국에서 제일 많이 발생하는 시비는 수량 부족으로 인한 환자의 불만에서 비롯된다. 30T 병 포장으로 처방약을 받은 경우 수량 부족이 발생하는 원인은 두 가지로 노인 환자가 집에서 약병 속의 비닐을 제거하면서 알약을 흘리는 경우이다. 다른 원인은 정말 약 개수가 모자란 경우이다.

3) 이물 혼입

이물질 혼입은 식약처에 바로 보고가 들어가야 할 제품 품질과 관련한 사안이므로 약국에서는 최대한 세심하게 살피고 시럽제의 이물 혼입은 조제 과정에서 쉽게 판단할 수 있으므로 주의해서 조제하도록 한다.

4) 의약품의 변질 변색

실온에서 일어나는 정제의 변질은 온습도에 민감한 덱시부프로펜에서 잘 나타나고 시럽의 경우는 오구멘틴 시럽류에서 많이 생긴다. 또한 개봉하여 혼합 포장하면 제품이 쉽게 변질되는 제품은 텔미사르탄과 그 복합제, 리마프로스트, 카르베딜롤, 염산아세틸 엘카르니틴이다.

특히 오구멘틴 시럽의 경우 소비자의 보관 부주의로 생긴 시럽 변질도 자주 생기는 문제이다.[14] 이러한 변색 변질의 문제는 약효에 영향을 미치지 않는다 해도 복약순응도가 떨어질 수 있다. 철분이 함유된 건강기능식품은 철분이 함유된 검은색 반점들이 불규칙하게 보일 때가 있다.

5) 악취

스티렌이나 아세틸시스테인 캡슐의 냄새는 민감한 환자의 항의를 받는다.

6) 색상 편차

환자들은 각 약의 식별표시를 외우지 못하기 때문에 색상에 굉장히 민감하다. 특히 노인 환자일수록 그 경향은 더하다. 따라서 색상이 생산 Lot 넘버에 따라 다른 경우 환자들은 약이 바뀌었다고 약국을 오해하고 치료 예후에 악영향을 준다.

7) 성형 불량

코팅 이상은 처방이 0.5알로 나왔을 경우 문제가 된다. 온습도의 영향에 의해서 여름에는 코팅이 균질하지 못하여 반 알로 자르면 코팅이 벗겨지고 제품의 손실도 많이 발생한다. 셀트리온의 소멕스정, 프라임의 씨엔정, 일화의 아크라톤 등이 대표적인 코팅 불량제품들이다.

8) 유효기간[15] 짧음

유효기간 짧은 약은 양질의 의약품을 공급받을 환자의 권리를 빼앗는 것이다.

국내 제약회사의 경우 유효기간이 짧은 경우는 도매나 제약회사 공장의 선입선출 원칙이 지켜지지 않거나 유효기간 짧은 소포장 의약품의 우선 소진을 위해서 약국으로 출고된다.

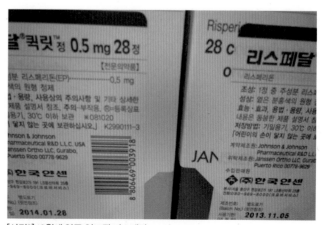

[사진3] 10월에 약국 입고된 리스페달

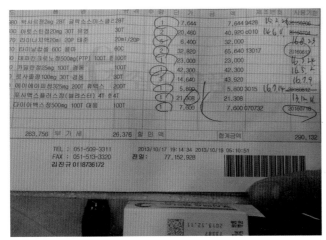

[사진4] 포사맥스플러스

다국적 제약회사의 경우는 수입된 약이 소진이 되지 않으면 다음 의약품을 수입하지 않기 때문에 처방 나온 약의 유효기간이 짧은 경우가 많다. 타미플루[16]나 화이자의 카두라 엑스엘(2012) 얀센의 레미닐 피알과 리스페달 퀵릿(2013)이 모두 유효기간이 짧다.

제품의 안정성 문제로 원래 유효기간이 짧은 경우는 MSD의 포사맥스플러스류와 가브스메트가 있다. 수입되는 기간까지 포함되다 보니 약국에 입고될 때는 항상 유효기간이 짧다.

일반의약품 중 한국와이어스의 센트룸은 항상 유효기간이 짧고 챕스틱도 유효기간 문제를 일으킨 적이 있다 (2010).

9) 미봉함[17]

MSD의 약품은 그간 약사법의 예외 적용을 받아 봉함이 되어 있지 않은 수입완제품을 유통하였다. 2011년 오거리약국의 코자정과 코자플러스정의 혼입 사건 이후로 제품 봉함을 요구하여 2014년부터 점차로 봉함을 하고 우선 한국에

[사진5] 코자 류의 봉함 전과 봉함 후

수입되는 제품에는 먼저 봉함을 하겠다고 알려온 바 있다.

2013년의 SK의 코스카병에 코스카플러스에프가 든 불량의약품도 미봉함 문제로 추정되었다.

5. 손쉬운 부정불량의약품 보고를 위한 배너 달기
1) 시약 홈페이지에 배너가 있는 분회

경상남도약사회, 경상북도약사회, 전라남도약사회, 전라북도약사회, 충청남도약사회, 대구시약사회 특히 전라북도약사회에는 배너 바로 밑에 부정불량의약품 처리대장 견본을 다운받을 수 있도록 해 놓았다.

전라남도약사회는 부정불량의약품신고센터가 있지만 배를 클릭하면 한국의약품 안전관리원으로 넘어가도록 되어 있다.

2) 시약 홈페이지 속에 부정불량의약품센터가 있지만 찾아 들어가야 하는 분회

대한약사회 홈페이지(e 민원센터), 부산시약사회 홈페이지(회원마당), 서울시약사회 홈페이지(참여마당)[18]에 자리하고 있다. 특히 대한약사회 홈페이지는 로그인을 한 이후라야 e 민원센터로 들어갈 수 있다.

3) 시약 홈페이지에서 부정불량의약품센터를 찾기 힘든 곳

강원도약사회, 경기도약사회, 충청북도약사회, 제주도약사회, 대전시약사회, 인천시약사회, 광주시약사회이고 이 중 제주도약사회는 홈페이지를 대한약사회와 같이 쓰면서 로그인을 하면 대한약사회의 e 민원센터로 들어갈 수 있다.

대한약사회 홈페이지 배너에는 대한약사회 회원이 로그인을 하면 각 지부에 로그인이 된다는 안내가 되고 있으나 실제 각 분회에 들어갈 수 없어서 타 지부의 부정불량의약품 상황을 알 수가 없다.

6. 약국에서는 어떻게 부정불량의약품을 신고할 것인가?

일선 약국에서 부정불량의약품을 발견하면 각 시도지부 약사회 내 부정불량의약품 신고센터에 전화나 팩스로 보고를 하거나 혹은 홈페이지 상에서 보고를 하면 된다.

첫째, 부정불량의약품의 실물을 약국에 보관하는 경우이다. 이때 해당 제품의 로트 번호와 유효기한을 꼭 기재하여야 동일한 불만사항이 있는지 확인이 가능하므로 실물과 별개로 핸드폰이나 디지털카메라 등으로 제품의 앞뒤, 유통기한, 로트번호를 촬영해 신고하고 기록으로 보관한다.

둘째, 약국에서 실물 보관과 사진 촬영이 쉽지 않으면 이런 의약품을 부정불량의약품 신고센터에 보내서 보고를 할 수도 있다. 두 번째 방법이 훨씬 수월하게 일처리를 할 수 있는데 이 경우 반드시 약 이름과 로트번호, 보고일 정도는 기록을 해놓아야 한다.

해당 시도 부정불량의약품신고센터에서 각 제약회사로 연락을 취했다 하더라도 그 이후 절차가 잘 진행되지 않고 시간을 끄는 경우도 있기 때문이다.

7. 의약품 회수시스템

2010년 민주당 이낙연 의원은 당시 최근 5년간 의약품 회수율이 18%에 불과한데 회수율이 0%에 이르는 곳도 4개 제약회사임을 밝히고 회수는 업체 자율이 아닌 강제회수 방식을 제안하였다. 2013년 새누리당 신의진 의원 보고에 따르면 2010년부터 2013년 7월까지의 품질부적합 의약품 28개의 회수율이 2.7%에 불과한 실정이다. 이는 유통약의 소진 시기가 짧아 회수되기 전에 소비되는 이유도 있지만 정부가 추진 중인 RFID 사업이 보편화되지 않아 약이력 관리가 제대로 되지 않기 때문이다.[19] 2010년 식약처가 구축한 의약품 회수관리시스템 역시 약의 유통 이력을 역추적하여 회수율을 높이고자 시도한 것이지만 지금은 흔적조차 없다.

GMP 다수 위반 품목의 회수와 급여 정지가 실질적으로 이루어질 수 있는 시스템은 지금처럼 처방청구시스템과 연관지어 실시하는 것이 제일 현실적이다. 그러나 자진 회수의 경우에는 급여 정지가 되지 않고 각 Lot 별로 회수되는 것이 다르므로 청구시스템을 이용하기 어려운 면이 있다.

아마 타이레놀시럽과 웨일즈 전 품목 회수에 뒤이은 아주 세파드록실의 강제회수는 앞의 두 품목과 달리 정보가 제대로 전달되지 않아 원활히 이루어지지 않았을 것이다.

반면 동화약품의 락테올정이나 프라임제약의 라비트 정의 경우 급여 중지가 먼저 이루어지고 청구프로그램을 통해 뒤 게 약사들에게 정보가 알려지면서 많은 혼란이 있었다. 급여 중지가 이루어진 당일 중지 결정 이전에 처방되었던 약에 대한 문제가 남기 때문이다. 처방의약품이든 일반의약품이든 의약외품이든 약국 품목의 강제회수나 자진회수가 결정되면 각 약국에 대한약사회에서 팩스를 넣던지 모든 약사의 핸드폰 카톡을 통해서 자동적으로 대한약사회의 정보가 흘러가는 시스템을 구축하는 것만이 회수율을 높일 수 있는 유일한 방법이다.

더욱 중요한 것은 의약품 회수시스템을 가동하기 이전에 유소아용 의약품이나 다소비 의약품과 약국에서 누적 보고된 다빈도 부정불량의약품 등에 대해서는 실사 주기를 단축해서 효율적인 감사가 되도록 해야 한다.

Ⅲ. 결론

반복되는 부정불량의약품을 확인하고 손쉽게 부정불량의약품을 보고할 수 있게 하는 것은 의약품의 품질을 개선하고 국민의 건강권을 지키는데 아주 중요하다.

따라서 부정불량의약품보고센터의 부정불량의약품에 대한 처분 기준을 확립하고 위반의약품의 정보를 공개하여 실질적인 개선이 이루어지도록 해야 한다.

또한 부정불량의약품의 회수 실적을 높이기 위해서는 자발적 회수시스템을 강제적 회수시스템으로 바꿔야 할 뿐 아니라 이에 관련한 정보를 적극적으로 각 약사에게 알릴 수 있는 시스템을 찾아서 해당 약국에서는 회수에 반드시 협조해야 한다. 이번 웨일즈의 유통기한 조작 사태나 타이레놀 함량 과다 시럽 회수를 본보기로 하여 일정 기간 내에 행정처분을 거듭 받은 품목의 경우는 품목제조허가를 취소하는 것은 물론 그 제품에 대한 강제회수조치나 일시적인 급여 중단, 징벌적 과징금 제도 도입 등을 단행하여 제약회사의 경각심을 높이도록 한다.[20]

의약품은 상품이 아니라 환자의 건강을 담보하는 공공재이기 때문이다.■

[각주]

1) 안전성 문제를 알고도 판매중지 등 필요한 조치 지체, 수동 충전 방식으로 제조한 문제로 제품 강제 회수와 함께 품목 제조정지 5개월의 행정처분을 받았다.

2) 탈크 함유 의약품 회수는 최초의 부형제 안전성을 확보했다는데 의의를 둘 수 있다.

3) 2013년 식약처에서 실시한 2등급 위해로 인한 강제회수에는 타이레놀시럽과 락테올을 비롯한 유산균, 아주의 세파드록실 캅셀, 프라임제약의 라비트정이 해당된다.

4) 제품 출고 직후 문제점을 인식하고 곧바로 회수를 시작하여 내부적으로 회수율을 90%로 산정한다고 함.

5) 2009. 01. 19. 대한약사회 부정불량의약품 처리 지침에 관한 데일리팜 보도

6) 2009년 9월 식약처의 의약품 품질과의 새 GMP 밸리데이션 관리 방안이라는 문서에 수입의약품 품질 문제 사례로 GSK의 팍실 CR정, 화이자의 리리카캡슐, 얀센의 펜타닐패치, AZ의 풀미코트 에어로솔 리콜 등을 들었다.

7) 2005년 자료는 대한약사회 자료를 토대로 2006. 04. 10일 데일리팜의 자료에서 발췌한 것, 2012년 자료는 대한약사회 홈페이지 자료를 추려서 구성한 것. 총 보고 건수 78건 보다 건수가 작은 것은 비공개 자료를 확인할 수가 없어서이다.

8) 통계자료에 사용된 것은 대한약사회 불량의약품보고센터의 자료를 비공개 자료를 빼고 그래프화 한 것이라 2011년 다국적 제약회사의 그래프가 엉성하게 보인다.

9) 마도파 파손 건은 2005년에도 공론화되었을 만큼 대표적 다빈도 부정불량의약품이다.

10) 테베텐 플러스정의 경우는 결합제 양의 증가나 PTP 포장으로의 전환 등 전향적으로 가능성을 타진하였지만 한국에 도입할 수 없어 운송 시 파손에 대비하겠다는 대책을 제시하였다(총 5건).

11) 이중 자누메트 정과 아크라톤 정은 파손과 중복된다.

12) 회사에서는 자진 회수율을 90% 이상으로 보고 있으며 각 도매에서 Lot 별로 재판매된 약의 판매 경로 관리가 되지 않아서 문제 Lot를 회수하는 데 어려움을 겪었다고 한다.

13) 대학병원 앞 문전약국은 취급하는 경구용 약이 대량이어서 소포장의 수량 부족이나 파손 등의 불량의약품에 신경을 쓰지 않는다. 2004년부터 시작된 병원약사회 부정불량의약품 센터는 주사제가 우선이다.

14) 오구멘틴시럽류의 불량은 대한약사회부정불량의약품 센터의 노력으로 많이 시정되었다.

15) 약의 유효기간은 각 약의 성상에 맞추어 약효의 90%에 이르는 시점을 정하게 된다. 따라서 유효기간은 일률적으로 2~3년으로 정해진 것이 아니다 보니 같은 날 입고되는 약의 유효기간이 제각각이다.

16) 타미플루는 신종플루 대란 당시 유효기간 5년을 7년으로 늘린 대표적인 약이다.

17) 약사법에는 포장 또는 용기를 개봉한 후 쉽게 개봉 전의 상태로 회복시킬 수 없도록 제조해서 유통하고 이를 위반 시 200만 원 이하의 벌금과 행정 처분(1차 위반 시 당해 품목 제조정지 1월)을 받도록 되어있다.

18) 서울시약사회에서는 6월부터 부정불량의약품 센터를 강화하여 지금 현재 6건 정도가 등록되어 있다.

19) 2013. 08. 26 데일리팜 불량약 회수율에 관한 기사 발췌

20) 2013년 5월 8일 국회에서 열린 '타이레놀 시럽 리콜 사태로 본 GMP 개선 문제점과 개선 방안' 토론회에서 제시된 바 있고 본인은 동의하는 바이다.

어린이 약물 오투약 방지를 위한 제언

I. 서론

사회가 복잡해지고 맞벌이 부부가 늘면서, 아이들의 보호가 노부모나 유아원에 맡겨지는 경우와 혹은 아이 혼자 방과 후를 보내야 하는 경우가 많다. 따라서 약국에 처방약을 타러 오는 경우에도 어르신이 약을 타러 오거나 아이 혼자서 약을 타러 오는 경우도 많다. 이러한 경우는 충분한 복약지도를 할 수 없을 뿐 아니라 대형 약화 사고의 위험을 안기도 한다.

또한 부모가 약을 먹이는 경우에도 복잡한 약물 투여법으로 인해 제대로 약을 먹이지 못하거나, 혼합해서 투약을 하다 보니 정확한 양을 투약하기 힘든 경우가 많다.

따라서 본 소고에서는 어린이 약물 오투약을 막고 나아가 시럽 병 용기의 문제로 부당한 행정처분을 받을 수밖에 없는 현실에 대한 인식 제고도 같이 하려 한다.

II. 본론

어린이의 약물 투여의 safety와 efficacy는 두 가지 요소에 의해 결정된다. 소프트웨어적인 부분은 아이를 돌보는 보호자의 역할과 유소아약의 제형에 따라 달라지고 하드웨어적인 부분은 투여 약물의 안전성을 좌우하는 용기의 부분이다.

1. 유소아의 안전한 약물 투여를 위한 약국의 역할

어린이 약물 오투약 문제를 다시 정리해 본다면 약 투약상의 문제, 약 보관의 문제, 약물 부작용의 문제로 구성될 수 있다.

약물 투약상의 문제는 우선 어린이에게 약물을 투약하는

주체에 따라 복약 설명이 달라져야 하는 부분과 약물을 제대로 먹이기 힘든 요인에 대한 분석, 쉽게 일어날 수 있는 약물 사고의 유형을 파악해야 한다.

그리고 약물 보관상의 문제는 보관 온도에 따른 보관을 하고 있는지의 여부, 처방받은 약을 임의로 투약 중단하고 다음을 위해 보관하는 인식의 문제, 안전 포장 용기의 문제, 시럽 스푼, 투약 용기의 부정확한 계측과 함께 시럽 용기의 보관 상태일 것이다.

마지막으로 정확한 어린이 약물 투약 방법과 약물 오투약으로 인한 약물 부작용을 살펴보아야 한다.

1) 약 투약상의 문제

① 약을 먹이는 주체

먼저 어린이에게 약을 먹이는 주체에 관해 살펴보기로 한다. 부모가 약을 교부받아 약을 투약하는 경우와 조부모가 약을 교부받거나 어린이가 직접 약을 교부받는 경우가 있고, 교부는 부모가 받으나 점심의 투약이 어린이집에서 이루어지는 경우 등으로 나누어 살펴볼 수 있다.

젊고 교육 수준이 있는 환자 부모의 경우는 짧은 몇 마디의 복약지도 만으로도 약을 먹일 수가 있다. 그러나 노인이 처방약을 교부하는 경우는 노화에 따른 단기 기억력의 저하와 청력, 시력 감퇴가 대표적인 약물 오투약의 원인이 될 수 있고 유소아가 처방약을 교부하는 경우는 집중도의 저하와 용어 이해 부족에 따른 기억력의 부재가 오투약의 원인이 된다. 따라서 가루약 1가지와 시럽 1가지 이상의 용법으로 약이 교부될 때는 말로만 하는 설명보다는 기억력 유지나 설명을 전달하기 위한 첨부 문서가 반드시 필요하다. 종류는 건조시럽의 조제, 현탁정의 사용법이나 패치제의 사용법 등일 것이고 약 봉투에는 들어간 약 종류를 시럽 몇 개, 점안약, 혹은 패치제 혹은 연고의 식으로 표기해 준다.

형제가 방문한 경우는 숫자나 색깔 다른 네임펜으로 반드시 구분을 해주어야 하고 날짜별 약이 상이할 수 있으므로 꼼꼼히 투약 봉투의 날짜도 명기해 준다.

건조시럽을 물에 타서 복용하는 경우에는 필요한 경우 반드시 냉장 보관을 할 것을 나타내는 '냉장 보관' 표시를, 요시에 먹게 되는 소염 진통 해열제의 경우는 '해열제' 표시와 함께 '필요 시'를 나타내는 라벨을, 가글제와 같은 함수제와 칼라민 로숀과 같은 외용제의 경우에는 절대 마실 수 없게 '외용제'와 '가글'이라는 라벨을 붙여서 교부한다.

한편 1일 3회가 아닌 1일 2회 제형의 경우 약이 빠지는 점심에 약을 잘못 먹을 수 있으므로 '아침, 저녁'을 표시한 라벨을, 지사제인 스멕타 현탁액의 경우에는 '식후 2시간' 라벨을, 록시스로마이신 과립의 경우에는 '식전' 라벨을 미리 제작하여 붙여준다.

1일 3회 경우에도 아침과 점심, 저녁의 약이 다를 수 있으므로 가능하다면 아침, 점심, 저녁이 크게 명기되어 있는 분포지를 이용하여 약을 교부하면서 주의를 한 번 주고 투약 봉투에도 표시대로 복용할 것을 알리는 용법란에 표시를 하여 준다면 오투약으로 인한 사고가 많이 줄어들 것으로 보인다.

약국에서는 소분 용기로 시럽 병을 많이 사용하게 되는데 점심 약 투약이 어린이집에서 이루어지는 경우에는 바쁘더라도 소분 투약 병에도 냉장보관 표기와 여분의 투약 봉투에 약을 따로 담아 갈 수 있게 배려하여 각종 표시를 하여주는 것으로 약물 오투약의 상당 부분을 막을 수 있을 것이다. 이때 여분의 라벨과 투약 봉투를 셀프로 챙길 수 있도록 하는 방법을 사용한다면 약사의 인력 낭비를 막을 수 있다.

② 약을 먹이기 힘든 요인

다음은 약물 오투약의 직접적인 원인을 제공하는 약을 먹이기 힘든 요인을 살펴보고자 한다.

우리나라의 경우 한 번에 투여되어야 하는 약물의 양이나 가짓수가 많은 용량 과다의 부분과 따로따로 챙겨 먹어야 하는 용법의 복잡성 등이 문제가 된다.

항생제 과다 처방으로 양과 종류가 많아지면 투약 병에 1회분 약을 한꺼번에 넣고 흔들어 약을 먹이는 방법을 택하게 된다. 이럴 때 우선 항히스타민제나 해열진통제에 가루약을 섞고 항생제를 넣는 경우가 많은데 양이 많아지면 아이가 먹기 힘들까봐 항생제의 필요 투여량 전부를 제대로 먹이지 못하는 경우가 생긴다. 또한 투약 병이나 시럽 병의 눈금이 정확하지도 않지만 약을 먹이는 보호자들도 세심하게 용량을 재지 않고 적당히 맞추는 경우가 적지 않다.

일부 병원에서는 투약상의 편리함에만 초점을 두어 약국에 소아 약물 투여 방법을 지시할 때 2일이건 3일이건 모든 종류의 시럽을 한 병에 담고 가루약을 섞어 투약하도록 하는 처방 행태를 나타내기도 한다. 그러나 이러한 방법은 약물의 stability 측면과 efficacy 유지 면에서는 최악의 방법이다.

③ 소아 관련 약화사고

다음으로 약국에서 흔히 일어날 수 있는 소아 관련 약화사고를 살펴보기로 한다.

약포지의 표시를 무시하고 먹이거나 시럽 용량을 과다하게 먹이는 경우, 형제의 약을 바꾸어 투약한 경우, 아이가 시럽을 한 번에 다 먹은 경우, 어른의 약을 씹어 먹은 경우 혹은 구충제를 한꺼번에 많이 먹은 경우, 시럽 병에 든 다른 액체(예. 주방 세제)를 잘못 먹인 적이 있다거나 탄툼 가글을 아이가 삼킨 적이 있거나 열이 많이 나서 해열제를 연거푸 먹인 경험 등으로 나뉠 수 있을 것이다.

이러한 안전사고를 막는 방법은 위에서 기술한 대로 정확하고 꼼꼼한 라벨링과 함께 지금 국가 시책으로 진행되고 있는 성인용 약과 소아 시럽의 안전용기의 채용, 그리고 약국 내 조제로 나가는 시럽 용기의 눈금이나 소분 스푼의 용량을 계량화함으로써 해결된다.[1]

이웃 일본에서는 시럽제를 소분할 때 메스실린더를 이용하여 정확한 양을 재어서 소분하여 교부한다. 우리의 경우는 단지 소분 시럽 병의 눈금에 의지하여 약을 소분하다 보니 부정확한 오차가 발생한다. 용량이 다른 시럽 병·스푼의 문제는 간단히 넘길 일이 아니다. 시럽 용기를 제조하는 인쇄소들의 영세성으로 인해 눈금 보정을 일 년에 한 번 정도 한다고 하니 보정 직전과 보정 직후의 시럽 용량은 큰 차이가 날 것이고 이로 인해 특히 소아 환자의 경우 의약품 오투약의 직접 원인이 된다.

조제 과정에서 시럽 용량의 부족 등 차이가 발생할 경우 이는 변경·수정 조제에 해당돼 1차 자격정지 15일, 2차 1달, 3차 면허취소의 행정처분을 받게 되며, 또한 약사법에 의거해 1년 이하의 징역 또는 300만 원 이하의 벌금 처벌을 받게 된다.

약국에서 오차를 보정할 수 있는 방법은 한 달에 한 번 정도 메스실린더를 이용하여 계측을 실행하는 것이다. 사회적 제도의 보완이 이루어지기까지는 많은 시간이 필요하므로 귀찮지만 실행하여야 할 것이다.

2) 약 보관의 문제

오투약의 다른 요인 중 하나는 약물 보관상의 문제이다. 같은 건조시럽이라 하더라도 냉장보관을 해야 하는 것이 있고 실온에 보관해야만 하는 약물이 있고[2], 일반적인 가루약과 일반 시럽은 냉장고에 보관하지 않도록 하는 등의 주의점을 라벨링과 구두 설명, 봉투 표기로 해주어야 한다. 좌제나 오래 사용해야 하는 알레르기 안약 등은 반드시 냉장 보관이 필요하고, 차광시럽인 경우에도 호일 포장이나 차광 표시가 필요하므로 적절한 라벨링을 통하여 정확히 인식시켜야 한다.

또 다른 의미의 보관상의 문제는 내복약과 외용약을 포함한 모든 종류의 약을 아이들의 손에 닿지 않는 곳에 보관하고 또 소분 용기도 안전용기를 채택하여 아이들이 임의로 약을 만지거나 복용하지 않도록 막는 것이다.[3]

약국에서 쉽게 실수할 수 있는 부분 중의 한 가지가 시럽 병 보관이다. 자외선 살균과 개별 비닐 포장을 해서 운반되는 일본의 시럽 병과 달리 우리나라의 경우 단가 상승을 이유로 커다란 비닐봉지에 1,000병씩 담겨온다. 이러한 시럽 병이나 투약 병은 잘 살펴보지 않으면 이물질이 쉽게 혼입된다. 고의가 아니라 하더라도 이러한 시럽의 이물질 혼입은 보건소 행정 처분의 대상이다. 따라서 세심하게 청결을 유지하는데 유의해야 한다.

3) 약물 부작용의 문제

마지막으로 유소아의 올바른 약물 사용법과 약물 오투약으로 인한 약물 부작용에 대해서 살펴보고자 한다.

유소아는 성인의 축소판이 아니다. 따라서 약이 체내에 머무르는 시간이 길어지고 적은 양으로도 부작용을 일으킬 수 있다. 이런 사항을 감안한다면 유소아는 반드시 어린이용 제형의 약을 먹이는 것이 중요하며 정해진 양을 계량기나 소분 시럽 병 등을 통해 정확히 투여하는 것이 중요하다. 또한 잘 토하는 경우에는 토한 직후 바로 약을 한 번 더 먹이고 피부 연고제는 정해진 양 만을 정해진 횟수대로만 얇게 펴서 발라준다.

최근의 석면 탈크 파동에서도 보듯이 우리나라 식약처도 일반 의약품에 대한 사용 주의를 강화하고 있다. 2008년 1월 식약처는 미 FDA 유해사례·자문위 평가 등을 반영하여 2세 미만의 영·유아에게 감기약(일반의약품)을 사용할 경우 반드시 의사의 진료를 받도록 하고 꼭 필요한 경우가 아니면 복용하지 않도록 하고 2-11세 소아에 대해서는 제품설명서의 투약 지시사항을 따르도록 했다. 비처방 감기약(비충혈제거제, 거담제, 항히스타민제, 기침억제제)으로 인한 유해사례 분석 결과 '비처방 감기약이 증상을 완화시킬 뿐 근본적인 원인을 치료하지 않으므로 2세 미만의 영·유아에게 안전하거나 효과적이라고 여겨지지 않는다'는 자문위원회 평가에 따라 비처방 감기약을 2세 미만에 사용하지 않도록 권고한데 따른 것이다.

해열제의 경우에도 3개월 미만의 영아나 몸무게 7kg 이하의 영아에게는 사용을 권장하지 않는다. 반드시 해열제 병에 표시된 나이 이후부터 먹이도록 한다. 특히 37.5도는 미열에 불과하고, 해열제를 사용하는 온도는 38.5도부터이므로 체온을 재지 않고 이마를 손으로 짚어보고 무조건 해열제를 사용하는 행태는 고쳐져야 한다. 해열제는 투여 간격이 4시간 이상이어야 하고 고열이 나는 경우에도 해열제를 과량 쓰기보다는 열을 식힐 수 있는 물찜질을 병행하고 수분을 공급하여 열을 내리도록 한다.

2. 유소아의 안전한 약물 투여를 위한 공급업자의 역할

1) 제약회사

유소아들이 편리하고 효과적으로 질병을 치료하기 위해서는 그들에게 맞는 약물 제형이 있다. 5세 이하의 어린이나 유아의 경우 경구투여를 위해서는 고형제제보다는 액상의 제제가 더욱 바람직한데 구체적으로 보면 향이 가미된 수용성제제, 시럽제, 현탁액 등이 있고 이를 스푼이나 경구투여용 소분 용기를 이용해 투여하는 것이 바람직하다.[4] 또한 고형제로서는 과립제를 들 수 있다. 혹은 삼키기 어렵거나 구토를 동반한 경우는 좌제나 패치제를 이용할 수 있다. 예전보다는 많은 시럽제나 과립제가 개발되고 있지만 더 많은 종류의 약이 유소아용 약으로 개발되어야 한다. 그리고 시럽제의 경우에도 쓴 맛을 마스킹 하는 방법을 좀 더 개발하여 약물 투여를 용이하게 하여야 하며 소비자의 기호가 까다로워지고 정보 수집의 능력이 증대된 만큼 몸에 해로운 타르 색소 등이 들어간 시럽을 더 이상 만드는 일은 없어야 할 것이다. 물론 시럽의 stability와 차광을 위해 요한 것이 색소이지만 타르를 대신할 수 있는 천연색소를 개발해 주기를 바란다. 그래서 성인의 약을 소분 분쇄하여 정확한 양을 투여할 수 없음으로 인해 과량의 약물을 투약할 수밖에 없는 상황은 없어야 할 것이다.

2) 소분 용기 공급 회사

시럽 용기의 재질은 우리나라의 경우는 대체로 PP재질이나 PE재질로 이루어진다.[5]

소분용 시럽 병의 경우 의약품이 직접 투약되는 용기로 화학적 안정성이 입증돼야 함에도 불구 실제 약국에서 사용되고 있는 소분 시럽 병, 약포지와 분쇄기, 절단 가위 등 조제 편의 기구는 의료용구나 의약품 용기에 해당되지 않아 안정성 검사가 전혀 이뤄지지 않고 있다.

소분용 시럽 병의 경우 제약사에서 시럽제 구입 시 소량 제공하는 제품과 일반 도매 취급품, 약국 직접 구입 등으로 이뤄지지만 안정성 검사가 시행되고 있는 제품은 제약 공급분 정도로 나머지 제품의 경우 의약품 삽입 시 안정성을 보장받지 못한 상황이다.

3. 유소아의 안전한 약물 투여를 위한 병원의 역할

병원의 처방에 의한 조제투약을 효과적으로 하기 위해 가능하면 유소아용 제형의 선택 확대가 필요하다. 또한 나이보다는 체중에 의한 약물 투여가 우선 되어야 한다. 체중당 mg에 따라 투여되어야 한다.

III. 결론

인터넷의 발달과 국민 건강 증진에 대한 인식이 제고됨에 따라 소비자는 많은 정보를 지니고 제품이나 약국을 선택하고 있다. 의약품의 슈퍼 판매 문제가 불거지는 이유도 소비자의 편익을 위한 것이며 소비자의 선택이 모든 상황을 결정하는 시대가 되었다. 의약품의 슈퍼 판매를 저지할 수 있는 방법은 약사들이 모든 제품에 대해 안전성을 확보하는 방법 밖에는 없다. 앞에서 여러 가지 살펴보았듯이 유소아는 성인의 축소판이 아니어서 부작용을 일으키기도 쉽고 스스로 투약할 수 없어 절대적으로 보호자가 안전성을 책임지고 있는 상황이다. 따라서 약국의 철저한 복약지도는 유소아의 건강에 크나큰 영향을 미친다. 약사에게는 사소하고 단순한 한마디 말일지라도 약을 먹이는 환자 보호자에게는 큰 정보가 될 수 있을 것이며 또한 오남용을 막는 차단기가 될 수 있을 것이다. 세심하고 철저하게 약을 검수하고 라벨링을 하고 청결하게 시럽 병을 관리하는 등의 행동으로 약물 안전성을 확실히 담보하도록 하자. ■

[각주]

1) 2007. 04. 26 약업신문 용량 다른 '시럽 병·스푼'…까딱하면 '자격정지' 제하의 기사에는 용기 간 눈금이 달라 약사가 입는 불이익에 대해 기술하고 있다.

2) 대표적으로 실온에 보관해야 하는 건조시럽은 클래리시드 건조시럽, 포리부틴 건조시럽, 바난 건조시럽 등이다.

3) P78 Lermer Packing Corporation사의 노인이 편한 어린이 보호용 처방용 용기,Owens−Brockway Prescription product 사의 처방 용기의 어린이 보호용 안전 마개 P85 Baxa Corporation 사의 유아용 액상 경구제제의 투여 용기 Angel's Pharmaceutical Dosage Forms and Drug Delivery Systems, 8th

4) 미국의 경우는 시럽제가 발달되어 있고 일본의 경우는 다양한 과립제가 나와 있다.

5) 2002. 04월 데일리 메디에서 '약국 소분 시럽 병·약포지 등 안전성 사각지대 개국가, 2차 감염 우려 제기…의약품 용기 포함 안돼'라는 제하의 기사에는 소분용 시럽 병의 안전성에 대해 기술하고 있다.

김수겸 약사의 실전 한방강의 - 감기편-

김수겸 | 264p | 22,000원

이 책은 한방의 관점에서 다양한 질병 중 기본이라고 할 수 있는 감기에 초점을 맞추어 그 원인과 증상에 따른 다양한 치유법을 쉽게 풀어냈다. 총 25개의 장과 28개 방제들로 구성되고 한·중의 한의학 역사와 발전과정을 시작으로 기침, 콧물, 발열, 두통, 오한, 몸살, 쉰 목소리 등에 이르기까지 감기의 모든 증상들에 적합한 방제들을 각각 그 시초인 조문과 함께 기전, 구성 약재, 치유원리를 자세하게 설명하는 책은 한방을 공부하고자 하는 약사들의 '길잡이'이자 필독서이다.

김준영 약사의 재미있는 스포츠약학

김준영 | 216p | 19,000원

이 책은 총 216페이지에 4개 Part와 부록으로 구성되어 있다. 스포츠약학의 정의와 관련 기구 및 조직부터 각종 의약품·생약 등의 성분과 부작용, 건강기능식품 및 보조제의 올바른 섭취, 다양한 사례에 이르기까지 스포츠약사를 준비하는 이들에게 필요한 내용들을 담고 있다. Part 1 '개론', Part 2 '도핑금지물질', Part 3 '보충제와 도핑', Part 4 '금지약물의 정당한 사용, 치료목적사용면책(TUE)', 부록 '실제 약국의 상담 케이스' 등 스포츠약학에 관한 내용을 총망라했다.

바이오의약품 임상약리학

최병철 | 450p | 50,000원

최근 암, 면역질환, 희귀난치성질환 및 각종 만성질환의 치료에서 합성의약품은 한계에 도달했다. 이를 극복하기 위해 바이오의약품(생물의약품)의 많은 연구·개발이 더욱 중요해지고 있는 실정이다. 이 책은 다른 책들과는 달리 임상약리학을 중심에 두고 바이오의약품을 14가지로 구분하여, 각 PART 별로 해당 약제에 관한 전반적인 이해, 약리 기전, 주요 약제의 특성, 현재 국내에 승인되어 있는 약제 현황 등으로 구성하였으며, '하이라이트'에는 최근 연구되고 있는 신약 관련 내용을 소개하였다.

최해륭 약사의 쉽고 빠른 한약 · 영양소 활용법

최해륭 | 380p | 25,000원

이 책은 한국의약통신에 3년간 연재된 '최해륭 약사의 나의 복약 지도 노트'를 한 권의 책으로 엮은 것이다. 한약제제와 건강기능식품, 일반약을 중심으로 약국에서 환자들로부터 받을 수 있는 질문과 그에 대한 대처방안을 실었으며, 치험례의 경우 실제적인 약국 임상 사례를 들어서 설명을 하였다. 책의 구성은 건강 개선을 위한 주제별 약국 에피소드, 질환별 한약 제제, 약국 대처법, 주요 영양소의 특성 및 구분 점, OTC, 환자 상담사례 등으로 정리하여, 약국 약사들의 학술에 부족함이 없음은 물론, 약국 임상 실전에서 쉽게 적용이 가능하도록 하였다.

우리 아이 약 잘 먹이는 방법 소아 복약지도

마츠모토 야스히로 | 338p | 25,000원

이 책은 소아 조제의 특징, 가장 까다로운 소아약 용량, 보호자를 힘들게 하는 영유아 약 먹이는 법, 다양한 제형과 약제별 복약지도 포인트를 정리하였다. 또한 보호자가 걱정하는 소아약 부작용, 임신·수유 중 약 상담 대응에 대해서도 알기 쉽게 설명해 준다.

특히 책의 끝부분에 소개된 43가지의 '도움이 되는 환자 지도 용지'는 소아복약지도의 핵심이라고 할 수 있다.

알기 쉬운 약물 부작용 메커니즘

오오츠 후미코 | 304p | 22,000원

"지금 환자들이 호소하는 증상,
혹시 약물에 따른 부작용이 아닐까?"

이 책은 환자가 호소하는 49개 부작용 증상을 10개의 챕터별로 정리하고, 각 장마다 해당 사례와 함께 표적장기에 대한 병태생리를 설명함으로써 부작용의 원인을 찾아가는 방식을 보여주고 있다.

또 각 장마다 부작용으로 해당 증상이 나타날 수 있는 메커니즘을 한 장의 일러스트로 정리함으로써 임상 약사들의 이해를 최대한 돕고 있다.

최신 임상약리학과 치료학

최병철 | 본책 328p | 부록 224p | 47,000원

이 책은 2010년 이후 국내 및 해외에서 소개된 신약들을 위주로 약물에 대한 임상약리학과 치료학을 압축 정리하여 소개한 책이다. 책의 전반적인 내용은 크게 질병에 대한 이해, 약물치료 및 치료약제에 대해 설명하고 있다. 31개의 질병을 중심으로 약제 및 병리 기전을 이해하기 쉽도록 해설한 그림과 약제간의 비교 가이드라인을 간단명료하게 표로 정리한 Table 등 150여 개의 그림과 도표로 구성되어 있다. 또 최근 이슈로 떠오르고 있는 '치료용 항체'와 '소분자 표적 치료제'에 대해 각 31개를 특집으로 구성했다. 부록으로 제작된 '포켓 의약품 인덱스'는 현재 국내에 소개되어 있는 전문의약품을 21개 계통별로 분류, 총 1,800여 품목의 핵심 의약품이 수록되어 있다.

약료지침안

유봉규 | 406p | 27,000원

'약료지침안'은 의사의 '진료지침'과 똑같이 약사가 실천하는 복약지도 및 환자 토털 케어에 가이드라인 역할을 할 수 있는 국내 최초의 지침서이다.

이 책은 갑상선 기능 저하증, 고혈압, 녹내장, 당뇨병 등 약국에서 가장 많이 접하는 질환 18가지를 가나다순으로 정리하였으며, 각 질환에 대해서도 정의, 분류, 약료(약료의 목표, 일반적 접근방법, 비약물요법, 전문의약품, 한방제제, 상황별 약료), 결론 등으로 나눠 모든 부분을 간단명료하게 설명하고 있다.

특히 상황별 약료에서는 그 질환과 병행하여 나타나는 증상들을 빠짐없이 수록하고 있다. 예를 들어 고혈압의 상황별 약료에서는 대사증후군, 당뇨병, 노인, 심장질환, 만성콩팥, 임신 등 관련 질병의 약료를 모두 해설하고 있는 것이다.

노인약료 핵심정리

엄준철 | 396p | 25,000원

국내에서 최초로 출간된 '노인약료 핵심정리'는 다중질환을 가지고 있는 노인들을 복약 상담함에 앞서 약물의 상호작용과 부작용 그리고 연쇄처방 패턴으로 인해 발생하는 다약제 복용을 바로 잡기 위해 출간 됐다. 한국에서 노인약료는 아직 시작 단계이기 때문에 미국, 캐나다, 호주, 영국 등 이미 노인약료의 기반이 잘 갖추어진 나라의 가이드라인을 참고 분석하였으며, 약사로서의 경험과 수많은 강의 경력을 가진 저자에 의해 우리나라의 실정에 맞게끔 필요한 정보만 간추려 쉽게 구성되었다.

약국의 스타트업 코칭 커뮤니케이션

노로세 타카히코 | 200p | 15,000원

이 책에서 알려주는 '코칭'은 약국이 스타트업 할 수 있도록 보다 미래지향적이며 효율적인 소통법이다. 약국을 찾은 환자를 배려하면서 환자의 의지를 실현시켜주는 것이며, 환자가 인생의 주인공으로서 능력을 발휘하게 서포트 해주는 것이다. 따라서 코칭을 지속적으로 하게 되면 환자와 약사 사이에 신뢰감을 형성하면서 진정한 소통으로 인한 파급력을 얻게 된다.

문 열기부터 문닫기까지 필수 실천 약국 매뉴얼

㈜위드팜 편저 | 248p | 23,000원

'약국매뉴얼'은 위드팜이 지난 14년 간 회원약국의 성공적인 운영을 위해 회원약사에게만 배포되어 오던 지침서를 최근 회원약사들과 함께 정리하여 집필한 것으로 개설약사는 물론 근무약사 및 약국 직원들에게도 반드시 필요한 실무지침서이다. 주요 내용은 약국 문 열기부터 문 닫기까지 각 파트의 직원들이 해야 할 업무 중심의 '약국운영매뉴얼', 고객이 약국 문을 들어섰을 때부터 문을 닫고 나갈 때까지 고객응대 과정에 관한 '약국고객만족서비스매뉴얼' 등으로 구성돼 있다.

김연흥 약사의 복약 상담 노하우

김연흥 | 304p | 18,000원

이 책은 김연흥 약사가 다년간 약국 임상에서 경험하고 연구했던 양·한방 복약 상담 이론을 총 집대성 한 것으로, 질환 이해를 위한 필수 이론부터 전문적인 복약 상담 노하우까지, 더 나아가 약국 실무에 바로 적용시킬 수 있는 정보들을 다양한 사례 중심으로 함축 설명하고 있다. 세부 항목으로는 제1부 질환별 양약 이야기, 제2부 약제별 생약 이야기로 구성돼 있다.

KPAI 톡톡 일반약 실전 노하우

양덕숙·김명철 등 12인 | 450p | 52,000원

이 책은 7,000여명의 약사가 공유하는 학술 임상 카톡방 커뮤니티 한국약사학술경영연구소(KPAI)에서 명강사로 활약하는 12인의 약사들이 공동 집필하였다. 일반약, 건강기능식품, 한약 등을 중심으로 소화기 질환과 약물, 인플루엔자와 감기약, 비타민과 미네랄 등 22가지의 질병별 챕터와 한약제제 기초이론 의약외품과 외용제제 등이 부록으로 실렸다.

각 챕터별로 약국에서 많이 경험하는 환자 에피소드를 넣었으며, 각 장기의 구조 설명, 생리학, 병태생리학 등 기초적인 지식 다음에 약물에 대한 이야기가 나오고, 마지막에는 원포인트 복약지도 란을 만들어 환자와 바로 상담할 수 있도록 하였다.

약국실습가이드

사단법인 대한약사회 실무실습표준교재발간위원 | 570p | 비매품

약학대학 6년제 시행에 따라 약대생에 대한 지역약국 실무실습 진행과 관련해 교육자용 표준교재가 필요하다는 요청에 따라 개발을 잰행해 왔다. 표준교재는 약사의 직능과 윤리, 조제 및 청구, 복약상담, 일반의약품 선택상담 및 복약지도, 한약제제 및 약국품목, 약국경영, 관계법령 및 참고자료 등으로 구성되어 있다. 발간위원으로는 최광훈 회장, 백경신 부회장, 정경혜 약학교육위원장, 윤영미 정책위원장, 서영준 약국 위원장, 신용문 약학교육위원회 전문위원, 임진형 동물약국협회장, 성기현 노원구분회 약학위원장, 최재윤 신안산대학교 겸임교수, 한혜성 서울지부 학술위원, 구현지 약사가 참여했다.

스마트폰 실명(失明)

카와모토 코지 | 194p | 15,000원

초등학생 3시간, 중학생 4시간, 고등학생은 5시간 스마트폰을 만지고 있다. 스마트폰으로 근시가 되면 나이가 들어 실명하게 된다. 안과의사인 저자는 인생 100세 시대 '실명 인구'가 폭발적으로 증가할 것을 예측하며, 의료 현장의 실태와 최신 데이터를 바탕으로 대응책을 제시 한다. 특히 저자는 대학원에서 연구한 행동경제학 프레임워크를 사용하여 스마트폰과 멀어지는 행동변용 방법을 소개한다. 초중고생은 물론 성인, 학부모들이 필독해야할 책이다.

지구 처방전

로라 코니버 | 280p | 18,000원

지구 처방전(earth prescription)은 미국의 의사 로라 코니버가 사람이 맨발로 땅을 밟음으로써 지구에서 제공하는 전도성 있는 치료약으로 육체적, 정신적, 영적으로 활력을 흐르게 하는 실체적이고 구체적인 방법을 과학적 근거를 통해 제공하는 책이다. 이 책은 봄, 여름, 가을, 겨울 사계절에 맨발로 걷기, 땅 밟으며 운동하기, 계절별 작물 수확하기, 밤하늘 보기, 동물을 통해 접지하기 등 다양한 접지를 통해 일어나는 효과를 여러 가지 증거에 기초해서 자세히 설명해줌으로써 누구나 실제적인 체험을 실천할 수 있게 해준다.

부모님께 챙겨드리는 놀라운 치매 예방 식사를 바꾸면 된다
후지타 코이치로 | 154p | 14,000원

식사와 생활습관 개선으로 치매를 예방할 수 있는 59가지 방법을 의학적 근거를 바탕으로 쉽고 친밀감 있게 정리한 책이다. 책의 서두에서 '치매는 약으로 낫지 않는다. 부모님이 치매에 걸리면 의사가 어떻게 치료해주겠지' 라고 막연히 생각하지만, 치매약이 처방되는 것은 인지 기능 저하를 완만하게 하는 것이 목적일 뿐, 아직까지 현대 의료로 치매를 고치는 것은 불가능하다. 따라서 부모님의 뇌가 아직 건강할 때 뇌세포 지키기를 부모와 지삭이 함께 실천하는 것이 훨씬 간편하고 쉬운 일이다.'라고 강조한다. 이 책은 제1장 '부모님이 70세가 넘으면 아침 식사를 거르게 한다' 등 4장으로 구성되어 있다.

주치의가 답해주는 치매의 진단 · 간병 · 처방
가와바타 노부야 | 445p | 27,000원

치매를 전문으로 하는 의사가 일반 의사들에게 치매의 올바른 진단과 처방에 대한 지식을 65개의 Q&A를 통해 설명하는 가장 정확하고 이해하기 쉽게 해설한 책이다. 특히 치매 환자의 증상을 재빨리 알아차리는 방법, 알츠하이머 치매인지, 나이가 들어 생기는 건망증인지 구분하는 법, 그리고 화를 잘 내는 치매와 의욕 없이 얌전한 치매의 약물요법 등 의사뿐만 아니라 상담약사, 환자가족 모두가 읽어야 할 필독서이다.

100세까지 성장하는 뇌 훈련 방법
가토 도시노리 | 241p | 15,000원

1만 명 이상의 뇌 MRI를 진단한 일본 최고 뇌 전문의사 가토 도시노리(加藤俊德)가 집필한 '100세까지 성장하는 뇌 훈련 방법'은 뇌 성장을 위해 혼자서도 실천할 수 있는 25가지 훈련 방법을 그림과 함께 상세히 설명하고 있다.

이 책에서는 "사람의 뇌가 100세까지 성장할 수 있을까?"에 대한 명쾌한 해답을 주기 위하여 중장년 이후에도 일상적인 생활 속에서 뇌를 훈련하여 성장시킬 수 있는 비결을 소개하고 있다. 또 집중이 잘 안 되고, 건망증이 심해지는 등 여러 가지 상황별 고민을 해소하기 위한 뇌 트레이닝 방법도 간단한 그림을 통해 안내하고 있어 누구나 쉽게 실천해 나갈 수 있다.

현기증 · 메니에르병 내가 고친다

코이즈카 이즈미 | 168p | 15,000원

이 책은 이러한 현기증과 메니에르병을 자기 스스로 운동과 생활습관으로 치료할 수 있는 방법을 가르쳐주는 책이다. 이 책의 내용은 현기증 및 메니에르병의 셀프 체크에서부터 병이 일어나는 원인, 병의 작용 메커니즘, 그리고 병을 치료할 수 있는 운동법과 생활습관 개선 방법에 대해 평생 이 분야의 진료와 연구에 전념해온 성마리안나의과대학 전문의 코이즈카 이즈미 교수가 바른 지식과 최신요법을 설명해주고 있다. 특히 이 책은 모든 내용이 한쪽은 설명, 한쪽은 일러스트 해설로 구성함으로써 누구나 쉽게 이해할 수 있도록 편집되어 있는 것이 특징이다.

치과의사는 입만 진료하지 않는다

아이다 요시테루 | 176p | 15,000원

이 책의 핵심은 치과와 의과의 연계 치료가 필요하다는 것이다. 비록 일본의 경우지만 우리나라에도 중요한 실마리를 제공해 주는 내용들로 가득하다. 의과와 치과의 연계가 왜 필요한가? 저자는 말한다. 인간의 장기는 하나로 연결되어 있고 그 시작은 입이기 때문에 의사도 입안을 진료할 필요가 있고, 치과의사도 전신의 상태를 알지 못하면 병의 뿌리를 뽑는 것이 불가능 하다고. 저자는 더불어 치과의료를 단순히 충치와 치주병을 치료하는 것으로 받아들이지 않고, 구강 건강을 통한 전신 건강을 생각하는 메디코 덴탈 사이언스(의학적 치학부) 이념을 주장한다.

항암제 치료의 고통을 이기는 생활방법

나카가와 야스노리 | 236p | 15,000원

항암제의 발전에 따라 외래에서 암 치료하는 것이 당연한 시대가 되었다. 일을 하면서 치료를 계속하는 사람도 늘고 있다. 그러한 상황에서 약제의 부작용을 어떻게 극복할 것인가는 매우 중요한 문제이다. 이 책은 암 화학요법의 부작용과 셀프 케어에 관한 이해를 높이고 암 환자들에게 생활의 질을 유지하면서 치료를 받는 데 도움을 줄 것이다.

腸(장)이 살아야 내가 산다 −유산균과 건강−

김동현 · 조호연 | 192p | 15,000원

이 책은 지난 30년간 유산균에 대해 연구하여 국내 최고의 유산균 권위자로 잘 알려진 경희대학교 약학대학 김동현 교수와 유산균 연구개발에 주력해온 CTC 바이오 조호연 대표가 유산균의 인체 작용과 효능효과를 제대로 알려 소비자들이 올바로 이용할 수 있도록 하기 위해 집필한 것으로써, 장과 관련된 환자와 자주 접촉하는 의사나 약사 간호사 등 전문인 들이 알아두면 환자 상담에 크게 도움을 줄 수 있는 내용들이 많다. 부록으로 제공된 유산균 복용 다섯 가지 사례에서는 성별, 연령별, 질병별로 예를 들고 있어 우리들이 직접 체험해보지 못한 경험을 대신 체득할 수 있도록 도와주고 있다.

일러스트 100세까지 건강한 전립선

타카하시 사토루 | 172p | 15,000원

전립선비대증과 전립선암은 중노년 남성을 괴롭히는 성가신 질병이다. 하지만 증상이 있어도 수치심에서, 혹은 나이 탓일 거라는 체념에서 진찰 받는 것을 주저하는 환자가 적지 않다. "환자가 자신의 질병을 바르게 이해하고, 적절한 치료를 받기 위해서 필요한 정보를 알기 쉽게 전달" 해주기 위한 목적으로 만든 책이다.

글로벌 감염증

닛케이 메디컬 | 380p | 15,000원

'글로벌 감염증'은 일본경제신문 닛케이 메디컬에서 발간한 책을 도서출판 정다와에서 번역 출간한 것으로서 70가지 감염증에 대한 자료를 함축하고 있다. 이 책은 기존 학술서적으로서만 출판되던 감염증에 대한 정보를 어느 누가 읽어도 쉽게 이해할 수 있도록 다양한 사례 중심으로 서술했으며, 감염증별 병원체, 치사율, 감염력, 감염경로, 잠복기간, 주요 서식지, 증상, 치료법 등을 서두에 요약해 한 눈에 이해할 수 있게 했다.

내과의사가 알려주는 건강한 편의점 식사

마츠이케 츠네오 | 152p | 15,000원

편의점 음식에 대한 이미지를 단번에 바꾸어주는 책이다. 이 책은 식품에 대한 정확한 정보를 제공함으로써 좋은 음식을 골라먹을 수 있게 해주고 간단하게 건강식으로 바꾸는 방법을 가르쳐준다. 내과의사이자 장 권위자인 저자 마츠이케 츠네오는 현재 먹고 있는 편의점 음식에 무엇을 추가하면 더 좋아지는지, 혹은 어떤 음식의 일부를 빼면 더 좋은지 알려준다. 장의 부담이나 체중을 신경쓴다면 원컵(One-cup)법으로 에너지양과 식물섬유량을 시각화시킬 수 있는 방법을 이용할 수 있다.

미녀와 야채

나카무라 케이코 | 208p | 13,000원

'미녀와 야채'는 일본 유명 여배우이자 시니어 야채 소믈리에인 나카무라 케이코(中村慧子)가 연구한 7가지 다이어트 비법이 축약된 건강 다이어트 바이블이다. 나카무라 케이코는 색깔 야채 속에 숨겨진 영양분을 분석하여 좋은 야채를 선별하는 방법을 제시하였으며, 야채를 먹는 방법에 따라 미와 건강을 동시에 획득할 수 있는 비법들을 이해하기 쉽게 풀어썼다.

임종의료의 기술

히라카타 마코토 | 212p | 15,000원

임상의사로 20년간 1,500명이 넘는 환자들의 임종을 지켜본 저자 히라가타 마코토(平方 眞)에 의해 저술된 이 책은 크게 세 파트로 나뉘어져 있다. 첫 파트인 '왜 지금, 임종의료 기술이 필요한가'에서는 다사사회(多死社會)의 도래와 임종의료에 관한 의료인의 행동수칙을 소개하였고, 두 번째 파트에서는 이상적인 죽음의 형태인 '노쇠(老衰)'를 다루는 한편 노쇠와 다른 경위로 죽음에 이르는 패턴도 소개하였다. 그리고 세 번째 파트에서는 저자의 경험을 바탕으로 환자와 가족들에게 병세를 이해시키고 설명하는 방법 등을 다루고 있다. 뿐만 아니라 부록을 별첨하여 저자가 실제로 경험한 임상사례를 기재하였다.

만성질환, 음식으로 치유한다

주나미·주경미 | 255p | 19,000원

100세 시대를 사는 우리에게 건강한 식생활 관리는 가장 필요하고, 중요한 숙제이다. 건강한 사람뿐 만 아니라 유병률이 높은 고혈압, 당뇨병, 이상지질혈증, 뇌질환, 뼈질환 등 5대 질병을 앓고 있거나 위험군에 있는 사람에게도 건강한 식생활은 가장 먼저 고려되어야 할 사항이다.

이 책은 식품영양학 교수와 약학박사가 각 질환의 핵심 포인트, 푸드테라피, 그리고 쉽게 해먹을 수 있는 레시피를 실물 사진을 통해 소개하고, 음식에 관한 일반적인 설명, 특정 재료에 대한 정보제공, 조리방법 팁을 첨가하였다.

100세까지 내 손으로 해먹는 100가지 음식

주나미·주경미 | 132p | 15,000원

영양 부족이나 고혈압, 당뇨병, 치은 및 치주질환, 관절염, 위염 등 시니어에게 많이 일어나는 질병의 예방과 치료에 도움이 되도록 만든 건강한 식생활을 위한 요리책이다. 숙명여대 식품영양학과 교수인 저자 주나미 박사는 지속적으로 실버푸드를 개발해온 전문가인 만큼 재료 선택과 조리방법을 시니어의 특성에 맞추어 구성하였다. 또한 손수 해먹을 수 있는 요리로 영양과 소화, 입맛을 고려하였고, 부재료는 물론 양념장이나 소스 하나도 기본 재료와 영양학적 균형을 맞춘 것으로 사용하였다.

봉직의 3년 전문병원 개원하기

박병상 | 352p | 40,000원

이 책은 개원을 준비하는 의사들이 꼭 알아야 할 내용부터 개원 이후 병원 운영까지를 한권에 담았다. 개원입지, 개원할 병원의 종류, 병원의 시설, 병원 건축과 장비, 인적자원, 세무와 자금조달, 의료기관 개설, 개원 초 운영 팁에 이르기까지, 그동안 저자가 출간한 저서와 강의 자료, 언론에 기고한 '개원'과 관련된 부분이 종합적으로 정리되어 있다. 저자는 각 주제마다 관련된 논문 등을 찾아 코로나 이후 최신 개원 경향까지 궁금증을 모두 풀어냈다. 또 관련 법규와 정부의 공신력 있는 통계, 논문 자료 등을 정확히 인용하고 있다.

병원이 즐거워지는 간호사 멘탈헬스 가이드

부요 모모코 | 170p | 15,000원

현장의 간호사들의 업무에는 특수성이 있다. 업무 중 긴장을 강요당하는 경우가 많은 것과 감정노동인 것, 그리고 사람의 목숨을 다루는 책임이 무거운 것 등 업무의 질이 스트레스를 동반하기 쉽다는 점이다. 이 책은 이러한 업무를 수행하는 간호사들을 지원할 수 있는 특화된 내용을 담았다. 간호사의 멘탈헬스를 지키기 위해 평소 무엇을 해야 할지, 멘탈헬스가 좋지 않은 사람에게 어떻게 관여하면 좋은지를 소개한다. 저자가 현장에서 직접 경험한 것을 바탕으로 제시한 대응법이라 어떤 것보다 높은 효과를 기대할 수 있을 것이다.

환자의 신뢰를 얻는 의사를 위한 퍼포먼스학 입문

사토 아야코 | 192p | 12,000원

환자의 신뢰를 얻는 퍼포먼스는 의·약사 누구나 갖춰야 할 기본 매너이다.

이 책은 일본대학예술학부교수이자 국제 퍼포먼스연구 대표 사토 아야코씨가 〈닛케이 메디컬〉에 연재하여 호평을 받은 '의사를 위한 퍼포먼스학 입문'을 베이스로 구성된 책으로서, 의사가 진찰실에서 환자를 상담할 때 반드시 필요한 구체적인 테크닉을 다루고 있다. 진찰실에서 전개되는 다양한 케이스를 통해 환자의 신뢰를 얻기 위한 태도, 표정, 말투, 환자의 이야기를 듣는 방법과 맞장구 치는 기술 등 '메디컬 퍼포먼스'의 구체적인 테크닉을 배워볼 수 있다.

환자와의 트러블을 해결하는 '기술'

오노우치 야스히코 | 231p | 15,000원

이 책은 일본 오사카지역에서 연간 400건 이상 병의원 트러블을 해결해 '트러블 해결사'로 불리는 오사카의사협회 사무국 직원 오노우치 야스코에 의해 서술되었다. 저자는 소위 '몬스터 페이션트'로 불리는 괴물 환자를 퇴치하기 위해서는 '선경성' '용기' '현장력' 등 3대 요소를 갖춰야 한다고 강조한다. 특히 저자가 직접 겪은 32가지 유형을 통해 해결 과정을 생생히 전달하고 있으며, 트러블을 해결하기 위해 지켜야 할 12가지 원칙과 해결의 기술 10가지를 중심으로 보건 의료계 종사자들이 언제든지 바로 실무에 활용할 수 기술을 제시하고 있다.

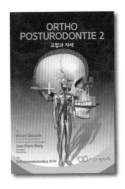

교합과 자세

Michel Clauzade·Jean-Pierre Marty | 212p | 120,000원

자세와 교합, 자세와 치아 사이의 관계를 의미하는 '자세치의학(Orthopo sturodontie)' 이라는 개념은 저자 미셸 클로자드와 장피에르 마티가 함께 연구하여 만든 개념으로써, 자세학에서 치아교합이 핵심적인 역할을 지니고 있다는 사실을 보여준다. '교합과 자세'는 우리가 임상에서 자주 접하는 TMD 관련 증상들의 원인에 대해 생리학적 관점보다 더 관심을 기울여 자세와 치아에 관한 간단한 질문들, 즉 치아 및 하악계가 자세감각의 수용기로 간주될 수 있는 무엇인가? 두 개 하악계 장애가 자세의 장애로 이어질 수 있는 이유는 무엇인가?에 대한 질문들에 답을 내놓고 있다

병원 CEO를 위한 개원과 경영 7가지 원칙

박병상 | 363p | 19,000원

'병원 CEO를 위한 개원과 경영 7가지 원칙'은 개원에 필요한 자질과 병원 경영 능력을 키워줄 현장 노하우를 담은 책이다.

이 책은 성공하는 병원 CEO를 위해 개원을 구상할 때부터 염두에 두어야 할 7가지 키워드를 중심으로 기술하였다.

가까운 미래에 병원CEO를 꿈꾸며 개원을 준비하는 의사들과 병원을 전문화하거나 규모 확장 등 병원을 성장시키고자 할 때 길잡이가 될 것이다.

일본 의약관계 법령집

도서출판 정다와 | 368p | 30,000원

'일본 의약관련 법령집'은 국내 의약관련 업무에서 일본의 제도나 법률이 자주 인용, 참조되고 있음에도 불구하고 마땅한 자료가 없는 가운데 국내 최초로 출간되었다. 책의 구성은 크게 약제사법(藥劑師法), 의약품·의료기기 등의 품질·유효성 및 안전성 확보 등에 관한 법률(구 藥事法), 의사법(醫師法), 의료법(醫療法) 및 시행령, 시행규칙의 전문과 관련 서류 양식이 수록되어 있다.

출|간|예|정|도|서

약국약사를 위한 외래 암환자 약물요법 입문

감수 야마쿠치 마사카즈 | 262p | 닛케이 BP사 발행 | 2024. 1월 출간 예정

이 책은 Part1에서 암 약물 치료를 받는 환자에게 최상의 의료를 제공할 수 있도록 암 약물 치료의 기초 지식과 부작용 관리에 대한 외래 증례를 소개하고, Part2에서는 실제로 약국에서 환자로부터 많이 받는 질문에 대한 답변을 퀴즈 형식으로 확인할 수 있도록 구성하고 있다. 날로 늘어나는 암 환자를 위한 암 약물요법과 복약지도에 도움이 되는 내용을 수록하여 약사의 암 환자 상담에 크게 도움될 수 있는 지침서이다.

상호작용이 관여하는 약의 부작용과 구조

스기야마 마사야스 | 320p | 닛케이 BP사 발행 | 2024. 1월 출간 예정

이 책은 약국약사가 접하는 여러 가지 질환의 증상으로부터 알 수 있는 약의 상호작용에 의해 일어나는 부작용과 그 구조 및 대책에 대해 해설한 책이다. 이 책은 일본 최고의 약학 전문잡지 「닛케이 드럭 인포메이션」에 연재한 '약의 상호작용과 구조' 중에서 부작용이 관여하는 약역학적 상호작용(협력 및 길항작용) 20개 항목을 선택하여, 20개의 SECTION으로 업데이트한 것으로 환자를 위한 약국약사들의 필독서가 될 것이다.